LICITAÇÃO ATRAVÉS DO REGIME DIFERENCIADO DE CONTRATAÇÕES PÚBLICAS – RDC

(COM ÊNFASE NO DECRETO Nº 7.581, DE 11.10.2011, ALTERADO PELO DECRETO Nº 8.251, DE 23.05.2014, QUE REGULAMENTOU A LEI Nº 12.462, DE 5.8.2011 – LEI DO RDC)

SIDNEY BITTENCOURT

Flavia Daniel Vianna
Prefácio

LICITAÇÃO ATRAVÉS DO REGIME DIFERENCIADO DE CONTRATAÇÕES PÚBLICAS – RDC

(COM ÊNFASE NO DECRETO Nº 7.581, DE 11.10.2011, ALTERADO PELO DECRETO Nº 8.251, DE 23.05.2014, QUE REGULAMENTOU A LEI Nº 12.462, DE 5.8.2011 – LEI DO RDC)

2ª edição revista e atualizada

Belo Horizonte

2015

© 2012 Editora Fórum Ltda.

2015 2ª edição

É proibida a reprodução total ou parcial desta obra, por qualquer meio eletrônico, inclusive por processos xerográficos, sem autorização expressa do Editor.

Conselho Editorial

Adilson Abreu Dallari
Alécia Paolucci Nogueira Bicalho
Alexandre Coutinho Pagliarini
André Ramos Tavares
Carlos Ayres Britto
Carlos Mário da Silva Velloso
Cármen Lúcia Antunes Rocha
Cesar Augusto Guimarães Pereira
Clovis Beznos
Cristiana Fortini
Dinorá Adelaide Musetti Grotti
Diogo de Figueiredo Moreira Neto
Egon Bockmann Moreira
Emerson Gabardo
Fabrício Motta
Fernando Rossi

Flávio Henrique Unes Pereira
Floriano de Azevedo Marques Neto
Gustavo Justino de Oliveira
Inês Virgínia Prado Soares
Jorge Ulisses Jacoby Fernandes
Juarez Freitas
Luciano Ferraz
Lúcio Delfino
Marcia Carla Pereira Ribeiro
Márcio Cammarosano
Marcos Ehrhardt Jr.
Maria Sylvia Zanella Di Pietro
Ney José de Freitas
Oswaldo Othon de Pontes Saraiva Filho
Paulo Modesto
Romeu Felipe Bacellar Filho
Sérgio Guerra

Luís Cláudio Rodrigues Ferreira
Presidente e Editor

Coordenação editorial: Leonardo Eustáquio Siqueira Araújo

Av. Afonso Pena, 2770 – 16º andar – Funcionários – CEP 30130-007
Belo Horizonte – Minas Gerais – Tel.: (31) 2121.4900 / 2121.4949
www.editoraforum.com.br – editoraforum@editoraforum.com.br

6241 Bittencourt, Sidney
Licitação através do Regime Diferenciado de Contratações Públicas: RDC: com ênfase no Decreto nº 7.581, de 11.10.2011, alterado pelo Decreto nº 8.251, de 23.05.2014, que regulamentou a Lei nº 12.462, de 5.8.2011: Lei do RDC. / Sidney Bittencourt – 2 ed. rev. e atual. – Belo Horizonte: Fórum, 2015.

343p.

ISBN 978-85-450-0065-5

1. Direito administrativo. 2. Licitações. 3. Contratos administrativos. 4. Direito constitucional.
I. Título. II. Bittencourt, Sidney.

CDD: 342
CDU: 342.9

Informação bibliográfica deste livro, conforme a NBR 6023:2002 da Associação Brasileira de Normas Técnicas (ABNT):

BITTENCOURT, Sidney. *Licitação através do Regime Diferenciado de Contratações Públicas*: RDC: com ênfase no Decreto nº 7.581, de 11.10.2011, alterado pelo Decreto nº 8.251, de 23.05.2014, que regulamentou a Lei nº 12.462, de 5.8.2011: Lei do RDC. 2. ed. rev. e atual. Belo Horizonte: Fórum, 2015. 343p.

À memória do mestre Carlos Pinto Coelho Motta, lacuna impreenchível no Direito Administrativo brasileiro.

Agradecimentos

Um agradecimento especial a minha Marcia.
Seu auxílio foi especial.

Viver é desenhar sem borracha.
(Millôr Fernandes)

SUMÁRIO

PREFÁCIO
Flavia Daniel Vianna 17

APRESENTAÇÃO 19

CAPÍTULO 1
INTRODUÇÃO: O RDC – LINHAS GERAIS 29
1.1   A discussão sobre a inconstitucionalidade da Lei do RDC 33
1.2   O possível legado 36
1.3   O instrumento regulamentar do RDC (Decreto nº 7.581/2011) 41

CAPÍTULO 2
A INSTITUIÇÃO DO REGIME DIFERENCIADO DE CONTRATAÇÕES PÚBLICAS (RDC) 43

CAPÍTULO 3
OS OBJETIVOS DO RDC 49
3.1   A aplicação subsidiária da Lei Geral de Licitações
(Lei nº 8.666/93) ao RDC 52

CAPÍTULO 4
DEFINIÇÕES ADOTADAS NO RDC 55

CAPÍTULO 5
OS PRINCÍPIOS DO RDC 61
5.1   Outros princípios a serem observados no uso do RDC 68
5.1.1   A primeira quebra de paradigma: o tratamento diferenciado
nas aquisições públicas para microempresas 71
5.1.2   A segunda quebra de paradigma: as licitações sustentáveis 73
5.1.3   O Princípio do desenvolvimento sustentável no RDC 75
5.1.4   Outros princípios a serem observados no uso do RDC 78

CAPÍTULO 6
DIRETRIZES 83
6.1   As diretrizes do RDC 83
6.1.1   Padronização do objeto 84

6.1.2	Padronização do instrumento convocatório e da minuta contratual	85
6.1.2.1	A padronização do objeto pretendido pela Administração e a indicação de marcas	87
6.1.3	Empenho para o alcance da maior vantagem para a Administração	89
6.1.4	Condições compatíveis com as do setor privado	89
6.1.5	Uso de mão de obra, materiais, tecnologias e matérias-primas locais	92
6.1.6	Parcelamento do objeto	93
6.2	Normas a serem respeitadas no RDC	95

CAPÍTULO 7
AS VEDAÇÕES DO RDC 99

7.1	A participação do autor do projeto como consultor ou técnico	102
7.2	A participação indireta	102
7.3	A elaboração do projeto executivo pelo contratado	102
7.4	Vedações referentes à contratação direta	103

CAPÍTULO 8
SEQUÊNCIA DE ATOS PARA A VALIDADE DA LICITAÇÃO 105

8.1	A fase preparatória (ou interna) da licitação	106
8.1.1	O termo de referência	108
8.1.2	A exigência de amostra	111
8.1.3	A exigência de carta de solidariedade emitida pelo fabricante	113
8.1.4	A exigência de certificação de qualidade do produto ou do processo de fabricação	115
8.1.5	A previsão de requisitos de sustentabilidade ambiental	117
8.1.6	A comissão de licitação nos certames que adotem o RDC	118
8.1.6.1	A responsabilização solidária dos membros da comissão de licitação	119
8.1.6.2	As atividades da comissão de licitação	120
8.1.7	Diligências nas licitações que utilizem o RDC	124
8.1.8	O instrumento convocatório das licitações que adotem o RDC	125
8.1.8.1	A definição do objeto licitado (inc. I)	128
8.1.8.2	Regras procedimentais	129
8.1.8.2.1	Requisitos para a participação na licitação	129
8.1.8.3	Penalizações	131

8.1.9	Anexos ao edital	132
8.1.10	O orçamento estimado da contratação – a questão do orçamento sigiloso	136
8.1.11	A possibilidade de subcontratação de parte da obra ou serviço de engenharia	141
8.1.12	A publicidade do instrumento licitatório	142
8.2	A fase externa (ou de execução) da licitação	146
8.2.1	A preferência pela forma eletrônica	146
8.2.2	Disposições gerais do certame licitatório	148
8.2.3	As formas de disputa nas licitações que adotem o RDC	148
8.2.3.1	As declarações de atendimento aos requisitos de pequena empresa – O prévio credenciamento – A verificação de conformidade das propostas	150
8.2.3.2	O modo de disputa aberto	151
8.2.3.2.1	A possibilidade da admissão de apresentação de lances intermediários	152
8.2.3.3	O modo de disputa fechado	156
8.2.3.4	A combinação dos dois modos de disputa	157
8.2.4	Critérios para julgamento das propostas	157
8.2.4.1	Licitação adotando o critério menor preço ou maior desconto	159
8.2.4.2	Licitação adotando o critério técnica e preço	163
8.2.4.3	Licitação adotando o critério melhor técnica ou melhor conteúdo artístico	164
8.2.4.4	Licitação adotando o critério maior oferta de preço	166
8.2.4.5	Licitação adotando o critério maior retorno econômico	168
8.2.5	Critérios de desempate e de preferências	170
8.2.5.1	Os critérios de desempate	170
8.2.5.1.1	O tratamento diferenciado oferecido às micro e pequenas empresas pela Lei Complementar nº 123/2006	171
8.2.5.1.1.1	O empate ficto	173
8.2.5.1.2	A disputa final, em que os licitantes empatados poderão apresentar nova proposta fechada (inc. I, do art. 25, da Lei do RDC)	174
8.2.5.1.3	A avaliação do desempenho contratual prévio (inc. II, do art. 25, da Lei do RDC)	175
8.2.5.1.4	Critérios estabelecidos no art. 3º da Lei nº 8.248/1991, e no §2º, do art. 3º, da Lei nº 8.666/1993 (inc. III, do art. 25, da Lei do RDC)	176
8.2.5.1.5	Sorteio (inc. IV, do art. 25, da Lei do RDC)	178
8.2.5.2	Os critérios de preferência	179

8.2.6	Análise e classificação de proposta	181
8.2.6.1	Propostas com valores inexequíveis	182
8.2.6.2	Propostas com valores superiores ao orçamento estimado	182
8.2.6.3	A verificação da conformidade das propostas	183
8.2.6.4	A classificação final e a negociação com o vencedor	188
8.2.7	A fase de habilitação	193
8.2.7.1	A ordem das fases de julgamento e habilitação	196
8.2.8	A participação em consórcio	201
8.2.9	A fase recursal das licitações que adotarem o RDC	205
8.2.9.1	A manifestação de intenção de recorrer, as razões do recurso e os procedimentos e prazos recursais	206
8.2.10	Do encerramento da licitação	210
8.2.10.1	A negociação na etapa de encerramento da licitação	211
8.2.10.2	O encerramento da licitação com a deliberação da autoridade superior	212
8.2.10.3	Normas concernentes à anulação e revogação da licitação	212
8.2.10.4	A convocação de remanescentes	216
8.2.11	Das sanções administrativas em face da recusa pelo licitante vencedor	217

CAPÍTULO 9
OS PROCEDIMENTOS AUXILIARES 221

9.1	A pré-qualificação permanente	221
9.2	O cadastramento	224
9.3	O Sistema de Registro de Preços (SRP)	227
9.3.1	A sistemática de registro de preços na Lei do RDC	229
9.3.1.1	Definições no SRP	231
9.3.1.1.1	Sistema de Registro de Preços (SRP)	232
9.3.1.1.2	Ata de Registro de Preços	236
9.3.1.1.3	Órgão gerenciador	237
9.3.1.1.4	Órgão participante	238
9.3.1.1.5	Órgão aderente (Órgão não participante)	238
9.3.1.1.6	Órgão participante de compra nacional	239
9.3.1.1.7	Compra nacional	239
9.3.2	Modos de disputa no SRP/RDC	240
9.3.3	A indicação orçamentária	241
9.3.4	Atos concernentes ao Órgão Gerenciador	242
9.3.5	Contratos de obras previstas no plano plurianual	257

9.3.6   Contratos relativos a serviços contínuos para os objetos
        previstos nos incs. I a III do art. 1º da Lei nº 12.462/2011 262
9.4   O Catálogo Eletrônico de Padronização 280

REFERÊNCIAS 283

LEGISLAÇÃO
Lei nº 12.462, de 4 de agosto de 2011
(*DOU*, 05.08.2011, ed. extra; retif. 10.08.2011) 291
Decreto nº 7.581, de 11 de outubro de 2011
(*DOU*, 13.10.2011) 309
Lei nº 8.666, de 21 de junho de 1993 –
Artigos expressamente mencionados na Lei do RDC
(*DOU* 22.06.1993, rep. 06.07.1994; retif. 06.07.1994) 329
Lei Complementar nº 123, de 14 de dezembro de 2006 –
Artigos expressamente mencionados pela Lei do RDC
(*DOU* 15.12.2006, rep. 31.01.2009, 31.01.2012 e 06.03.2012) 341
Lei nº 8.248, de 23 de outubro de 1991 – Artigo
expressamente mencionado pela Lei do RDC (*DOU* 24.10.1991) 343

PREFÁCIO

O convite a prefaciar um livro é sempre uma homenagem ao prefaciador. Mas, neste caso, é uma homenagem amplamente qualificada em vista do elevado gabarito que possui o autor, que não é somente renomado e consagrado escritor; é, indubitavelmente, o maior pesquisador e escritor sobre a matéria de licitações no território nacional. O Prof. Sidney Bittencourt é autor do maior número de obras e trabalhos publicados sobre o tema no país e, inquestionavelmente, o profissional mais requisitado na atualidade quando o assunto envolve as licitações e os diversos tipos de acordos e atos administrativos. Suas obras são marcadas por diferenciador único no Direito Administrativo brasileiro, qual seja, a aprofundada e acirrada pesquisa sobre cada tópico que escreve, em que percorre impecavelmente a legislação, a doutrina e a jurisprudência. Referido marco pessoal do autor o diferencia de todos os demais, na medida em que além da contribuição intelectual e científica — que exerce com maestria — traz, de maneira altamente didática, verdadeira enciclopédia sobre cada ponto que aborda em suas obras, fruto da investigação completa e profunda, constituindo real contribuição intelectual e prática a todos aqueles que atuam no ramo licitatório.

Assim é sua mais recente obra sobre o Regime Diferenciado de Contratações Públicas (RDC). Com o rigor técnico e jurídico que lhe é peculiar, o autor, muito longe de tratar a matéria de modo sumário, além de traçar os delineamentos iniciais para a análise, aplicação e interpretação do RDC, percorre todo o cenário e caminhos essenciais sobre o assunto, enfrentando com inquestionável segurança aspectos mais espinhosos acerca do novo tema sobre o qual há pouquíssimos estudos realizados, trazendo um potente foco de luz às licitações e contratações processadas pelo RDC em torno da Lei nº 12.462, de 5.8.2011, e do Decreto nº 7.581, de 11.10.2011.

Com invejável naturalidade, originalidade, clareza e precisão, o autor aborda detalhadamente aspectos fundamentais sobre o RDC, introduzindo soluções práticas e eficazes para a imediata aplicação e interpretação do novo Regime Diferenciado de Contratações Públicas. O percurso ao longo da pesquisa faz com que o autor se debruce em agradável leitura sobre os princípios, objetivos, flexibilização e novidades do RDC, além de temas ardilosos dentre os quais orçamento sigiloso, inexistência de modalidades licitatórias, novos critérios de julgamento de propostas, pré-qualificação de empresas ou objetos, fases da licitação e saneamento de defeitos nas propostas.

A contribuição desta obra à literatura jurídica brasileira é imensurável, advindo como obra clássica na bibliografia nacional, trabalho referencial de leitura obrigatória a todos aqueles que atuam com licitações para Copas e Jogos Olímpicos. O Direito Administrativo e seus leitores só têm a ganhar com o estudo das linhas que seguem escritas não por um jurista comum, mas por um jurista iluminado pelo dom da pesquisa, de espírito incansável à resolução das dúvidas mais sagazes e exigentes.

Flavia Daniel Vianna
Professora de Direito Administrativo, com especialização em licitações e contratos. Coordenadora técnica e consultora jurídica da Vianna & Consultores Associados. Autora de obras jurídicas.

APRESENTAÇÃO

Com a proposta de simplificar as licitações e de agilizar a realização das obras necessárias aos megaeventos esportivos de projeção internacional a ocorrerem no Brasil, notadamente, a Copa do Mundo de Futebol, já transcorrida em 2014, e as Olimpíadas de 2016, publicou-se, em 5.8.2011, a Lei nº 12.462, que instituiu o Regime Diferenciado de Contratações Públicas (RDC).

Esse novo regime trouxe para o ordenamento jurídico licitatório nacional, inúmeras inovações e, como não poderia deixar de ser, questões polêmicas que passaram a ser debatidas em várias frentes.

Posteriormente, foi editado o Decreto federal nº 7.581, em 11.10.2011, alterado ulteriormente pelo Decreto nº 8.251, de 23.05.2014, que, ao longo de seus 114 artigos, disciplinou todo o procedimento licitatório no âmbito do RDC, dando efetividade aos dispositivos contidos na Lei nº 12.462/2011.

As regras do RDC foram recebidas com entusiasmo por muitos, que as consideraram uma verdadeira evolução do regime das licitações. Profissionais de peso fazem parte desse elenco de entusiastas. Os professores Carlos Ari Sundfeld e Mario Shapiro, por exemplo, concluindo que o regime diferenciado era extremamente positivo, apontaram que "parece ser uma lei de licitações cujo objetivo é permitir melhores caminhos de contratação para a Administração Pública (...) as suas inovações decorrem de boas experiências da Administração Pública e também das más experiências proporcionadas pela Lei 8.666".[1] Nessa linha, também o professor Guilherme Jardim Jurksaitis, que, em artigo

---

[1] SUNDFELD; SHAPIRO. Uma Copa para uma nova licitação?

defendendo a inovação, exaltou a novidade, dispondo que "a mudança promovida pelo RDC não é apenas no curso da licitação ou da execução contratual. Mais do que isso, é uma nova forma de enxergar a licitação no Brasil".[2]

Outros, diversamente, as receberam com pedras nas mãos, considerando-as, ao contrário dos que as exultavam, um enorme retrocesso. O ex-deputado e ex-ministro Luis Roberto Ponte, um dos autores intelectuais da Lei nº 8.666/1993, sustentou, nesse cenário, que o RDC "ressuscita dispositivos obscuros do Decreto-Lei nº 2.300/1986 e legaliza sorrateiros mecanismos de corrupção ainda hoje utilizados, mas apenas quando não se cumpre a atual Lei Geral de Licitações". Da mesma forma, pululuaram análises de prestigiadas organizações da sociedade civil repletas de críticas à nova legislação, como as divulgadas pelo reconhecido Instituto Ethos, que vaticinou que "em vez de aperfeiçoarmos uma legislação que garanta e amplie a transparência das contas públicas para a sociedade, estamos andando na mão inversa".[3] Em reforço ao sustentado por esse grupo, registre-se que o RDC já foi alvo de duas ações de inconstitucionalidade (Adin nº 4645 e Adin nº 4655), uma delas tendo como impetrante a Procuradoria-Geral da República.[4]

---

[2] PONTE. Em defesa do Regime Diferenciado de Contratações. *Sociedade Brasileira de Direito Público – SBDP*.

[3] RDC pode ser retrocesso na transparência das contas públicas. *Instituto Ethos*.

[4] O jornal *O Estado de S.Paulo* noticiou: "O procurador-geral da República, Roberto Gurgel, enviou hoje ao Supremo Tribunal Federal (STF) ação direta de inconstitucionalidade contra a Lei do Regime Diferenciado de Contratações Públicas (RDC). (...) Para Gurgel, segundo texto publicado no site da Procuradoria-Geral da República, a lei contraria a vertente da legalidade. Ele argumenta que a norma não fixa parâmetros mínimos de identificação das obras, serviços e compras que devam seguir o RDC. (...) O procurador ressalta que a experiência mostra o risco que essa delegação representa para o patrimônio público (...) ainda afirma no documento que 'deficiências graves no planejamento e organização do Poder Executivo para a realização da Copa do Mundo de 2014 já se anunciam, visto que a matriz de responsabilidade prevista na lei em questão não tem recebido a imprescindível e tempestiva atualização.' Por isso, defende Gurgel, 'a transferência, ao Executivo, do regime jurídico de licitação pública, sem quaisquer critérios preordenados na lei, além da ofensa ao artigo 37, inciso XXI, da Constituição Federal, conspira contra os princípios da impessoalidade, moralidade, probidade e eficiência administrativa'. Gurgel destaca duas características do RDC que contrariam esses parâmetros constitucionais. Uma delas é que as obras e os serviços serão contratados sem que,

Avaliando a questão, ainda no seu nascedouro, o saudoso jurista Carlos Pinto Coelho Motta refletiu lucidamente sobre a real necessidade — sob a louvável intenção de apressar os procedimentos para os megaeventos — de se editar novas regras licitatórias com situações inusitadas, ao arrepio da legislação preexistente, nas quais seriam suprimidas instâncias, reduzidos prazos, escamoteados veículos e tempos de divulgação, ceifados recursos e eliminados controles.

Consideramos que a transcrição de grande parte do texto do mestre Carlos Motta, uma verdadeira aula, é uma obrigação, pois reúne tudo aquilo que gostaríamos de ter escrito sobre a matéria:

> É preciso enfrentar algumas questões em aberto. A primeira: os problemas gerados pela cultura administrativa brasileira, que sempre emperraram a aplicação da própria Lei nº 8.666, serão resolvidos pela aprovação do novo RDC? O novo regime solucionaria a irrealidade das estimativas de preços e custos, o desmazelo dos projetos básicos e executivos, a pressão política sobre o processo decisório, o sobrepreço e o superfaturamento, a inconsistência e a inexequibilidade de propostas, a flacidez da gestão contratual? Com boa vontade, imaginemos que sim. Navegando sobre as dúvidas, vamos acreditar que tudo corra bem e que, efetivamente, se consiga agilidade e eficiência nos preparativos para o grande acontecimento. Coloca-se, então, a segunda pergunta, não menos relevante: como ficam os outros setores que também constituem prioridade nacional, tais como a educação, a saúde popular, a segurança? Como ficam, por exemplo, as rodovias que escapam ao zoneamento específico da Copa? Um exemplo muito próximo é a BR-381 (trecho BH–Ipatinga): por que não conferir a mesma prioridade e facilidades emergenciais às obras de sua duplicação e reconstrução? A resposta a essas dúvidas seria uma só: a convicção, aliás expressa pela via constitucional, de que todos os cidadãos brasileiros são destinatários dos serviços públicos essenciais, que devem ser acessíveis de modo igualitário e não discriminatório.
>
> Um regime diferenciado de licitações não vai solucionar as patologias existentes e agilizar as contratações como seria necessário,

---

previamente, se tenha definido, de forma clara, o seu objeto. 'A definição prévia do objeto é um imperativo decorrente do princípio da isonomia dos concorrentes, pois é a partir dele que as diversas propostas podem ser objetivamente comparadas' (...)".

ou seja, de forma consistente e isonômica. A via sensata seria proceder a alterações na Lei nº 8.666, incorporando os pontos fortes do projeto; há margem para reduzir prazos de divulgação, adequar regras sobre tempos recursais, admitir a inversão de fases etc. As novas regras, uma vez submetidas ao debate parlamentar e ao crivo da constitucionalidade, seriam perenizadas pela inserção em um diploma já depurado e internalizado na cultura administrativa brasileira. Cumpre, sobretudo, fortalecer o instituto da licitação e confirmá-lo em suas premissas básicas: o princípio republicano, a igualdade de oportunidades, a economicidade na contratação e o controle do dispêndio público.[5]

Numa espécie de resposta às incômodas questões levantadas por Carlos Motta, a Lei do RDC foi alterada para abranger as licitações e os contratos relacionados a outros objetos:
- Ações integrantes do Programa de Aceleração do Crescimento (PAC) (Lei nº 12.688/2012);[6]
- Obras e serviços de engenharia no âmbito do Sistema Único de Saúde (SUS) (Lei nº 12.745/2012);[7]
- Obras e serviços de engenharia no âmbito dos sistemas públicos de ensino (Lei nº 12.722/2012);[8]
- Obras e serviços no âmbito do Programa Nacional de Dragagem Portuária e Hidroviária (PND II) e, subsidiariamente, o RDC se estendeu às licitações de

---

[5] MOTTA, Carlos Pinto Coelho. Licitações para a Copa. *Estado de Minas*, Belo Horizonte, 16 jun. 2011.

[6] Art. 28. Os arts. 1º e 43 da Lei nº 12.462, de 4 de agosto de 2011, passam a vigorar com as seguintes alterações: "Art. 1º (...) IV – das ações integrantes do Programa de Aceleração do Crescimento (PAC)".

[7] Art. 4º O art. 1º da Lei nº 12.462, de 4 de agosto de 2011, passa a vigorar com a seguinte alteração: "Art. 1º(...) V – das obras e serviços de engenharia no âmbito do Sistema Único de Saúde – SUS."

[8] Art. 14. O art. 1º da Lei nº 12.462, de 4 de agosto de 2011, passa a vigorar com a seguinte alteração: "Art. 1º (...) §3º Além das hipóteses previstas no caput, o RDC também é aplicável às licitações e contratos necessários à realização de obras e serviços de engenharia no âmbito dos sistemas públicos de ensino."

concessão de porto organizado e de arrendamento de instalação portuária (Lei nº 12.815/2013);[9]
– Modernização, construção, ampliação ou reforma de aeródromos públicos (Lei nº 12.833/2013);[10]
– Contratações pela Companhia Nacional de Abastecimento (CONAB), de todas as ações concernentes à reforma, modernização, ampliação ou construção de unidades armazenadoras próprias, destinadas às atividades de guarda e conservação de produtos agropecuários em ambiente natural (Lei nº 12.873/2013);[11] e
– Obras e serviços de engenharia para construção, ampliação e reforma de estabelecimentos penais

---

[9] Art. 54. (...) §4º As contratações das obras e serviços no âmbito do Programa Nacional de Dragagem Portuária e Hidroviária II poderão ser feitas por meio de licitações internacionais e utilizar o Regime Diferenciado de Contratações Públicas, de que trata a Lei nº 12.462, de 4 de agosto de 2011.
Art. 66. Aplica-se, subsidiariamente, às licitações de concessão de porto organizado e de arrendamento de instalação portuária, o disposto nas Leis nºs 12.462, de 4 de agosto de 2011, 8.987, de 13 de fevereiro de 1995, e 8.666, de 21 de junho de 1993.

[10] Art. 5º. A Lei nº 12.462, de 4 de agosto de 2011, passa a vigorar acrescida do seguinte art. 63-A: "Art. 63-A. Os recursos do FNAC serão geridos e administrados pela Secretaria de Aviação Civil da Presidência da República ou, a seu critério, por instituição financeira pública federal, quando destinados à modernização, construção, ampliação ou reforma de aeródromos públicos. §1º Para a consecução dos objetivos previstos no caput, a Secretaria de Aviação Civil da Presidência da República, diretamente ou, a seu critério, por intermédio de instituição financeira pública federal, realizará procedimento licitatório, podendo, em nome próprio ou de terceiros, adquirir bens, contratar obras e serviços de engenharia e de técnicos especializados e utilizar-se do Regime Diferenciado de Contratações Públicas – RDC.

[11] Art. 1º – Fica a Companhia Nacional de Abastecimento – CONAB autorizada a utilizar o Regime Diferenciado de Contratações Públicas – RDC, instituído pela Lei no 12.462, de 4 de agosto de 2011, para a contratação de todas as ações relacionadas à reforma, modernização, ampliação ou construção de unidades armazenadoras próprias destinadas às atividades de guarda e conservação de produtos agropecuários em ambiente natural.
Art. 2º – A Companhia Nacional de Abastecimento – CONAB, por conveniência administrativa, poderá contratar instituição financeira pública federal, dispensada a licitação, para atuar nas ações previstas no art. 1º desta Lei, tais como contratação e fiscalização de obras, serviços de consultoria, inclusive outros de natureza técnica, e aquisição de bens e equipamentos e, também, gerir recursos financeiros direcionados pela União para reforma, modernização, ampliação e construção de Unidades Armazenadoras Próprias.
§1º – A instituição financeira pública federal contratada fica autorizada a utilizar o Regime Diferenciado de Contratações Públicas – RDC, instituído pela Lei nº 12.462, de 4 de agosto de 2011, para a contratação de todas as ações previstas no caput deste artigo.

e unidades de atendimento socioeducativo (Lei nº 12.980/ 2014);[12]
– Contratações destinadas à execução de ações de prevenção em áreas de risco de desastres, e de resposta e de recuperação em áreas atingidas por desastres (art 15-A da Lei 12.340/2010, com texto incluído pela Lei nº 12.983/2014).[13]

Há, ainda, como relembram Ronny Charles e Flávia Vianna, disposições que admitem a utilização do RDC em favor da Secretaria de Aviação Civil (SAC), dispostas no art. 63-A, incluído pela Lei nº 12.833/2013, e as dispsições previstas na Lei nº 12.865/2013, voltadas para atender à Secretaria de Políticas para a Mulher (SPM), que autorizam o Banco do Brasil, ou suas subsidiárias, a utilizar o regime diferenciado para tal fim.[14] [15]

---

[12] Art. 1º A Lei nº 12.462, de 4 de agosto de 2011, passa a vigorar com as seguintes alterações: "Art. 1º (...) VI – das obras e serviços de engenharia para construção, ampliação e reforma de estabelecimentos penais e unidades de atendimento socioeducativo."

[13] Art. 15 – A – Aplica-se o disposto na Lei nº 12.462, de 4 de agosto de 2011, às licitações e aos contratos destinados à execução de ações de prevenção em áreas de risco de desastres, e de resposta e de recuperação em áreas atingidas por desastres.

[14] Art. 18 – É a União, por intermédio da Secretaria de Políticas para as Mulheres da Presidência da República (SPM/PR), autorizada a contratar o Banco do Brasil S.A. ou suas subsidiárias para atuar na gestão de recursos, obras e serviços de engenharia relacionados ao desenvolvimento de projetos, modernização, ampliação, construção ou reforma da rede integrada e especializada para atendimento da mulher em situação de violência.
§1º É dispensada a licitação para a contratação prevista no caput.
§2º Os recursos destinados à realização das atividades previstas no caput serão depositados, aplicados e movimentados no Banco do Brasil S.A. ou por instituição integrante do conglomerado financeiro por ele liderado.
§3º Para a consecução dos objetivos previstos no caput, o Banco do Brasil S.A., ou suas subsidiárias, realizará procedimentos licitatórios, em nome próprio ou de terceiros, para adquirir bens e contratar obras, serviços de engenharia e quaisquer outros serviços técnicos especializados, ressalvados os casos previstos em lei.
§4º Para os fins previstos no §3º, o Banco do Brasil S.A. ou suas subsidiárias poderão utilizar o Regime Diferenciado de Contratações Públicas (RDC), instituído pela Lei no 12.462, de 4 de agosto de 2011.

[15] Regra que surpreende, tendo recebido o seguinte comentário de Ronny Charles: "o mais curioso é que esses dispositivos permitem que o Banco do Brasil represente-os, para fins de licitação; em outras palavras, esses pseudo Ministérios terceirizam, ao

No entanto, a questão do alargamento do uso das normas do RDC continua a causar algumas dúvidas. Celso Antônio Bandeira de Mello, por exemplo, mantendo o descrédito quanto à adoção continuada, considerou, em livro editado em 2014, que as normas ainda não mereceriam muita atenção:

> Por se tratar de uma lei destinada, de início, a reger contratos para tão somente alguns eventos esportivos e com épocas certas de realização, após quê ela será inoperante, e ao depois estendida a determinadas situações específicas, não parece ser o caso, por enquanto, de dedicar-lhe atenção muito minuciosa, o que, possivelmente, terá de ser feito caso sua utilização *in* concreto vier a se tornar frequente.[16]

Passados mais de 3 anos da edição das normas sobre o RDC, verifica-se que a prática destoa da projeção evolutiva prognosticada pelos seus defensores. O regime, apesar dos ótimos mecanismos para aceleração das obras e serviços, não conseguiu apressar o cronograma de projetos de mobilidade urbana e de melhorias em aeroportos.

Segundo levantamento do Sindicato da Arquitetura e da Engenharia (Sinaenco) e do Conselho de Arquitetura e Urbanismo do Brasil (CAU-BR), apenas quatro contratos, de um total de 20 empreendimentos incluídos no regime especial, foram concluídos antes da Copa do Mundo de futebol. De acordo com o estudo, somente as melhorias na pavimentação e no acesso ao Estádio Beira-Rio (em Porto Alegre), a ampliação do pátio de estacionamento de aeronaves e a construção da nova torre de controle do aeroporto de Salvador (considerados dois contratos independentes), além de contratos de serviços técnicos de apoio à Empresa Brasileira de Infraestrutura Aeroportuária

---

Banco do Brasil, a gestão de seus certames licitatórios! Sendo o Banco uma Sociedade de economia Mista, essa transferência parece-me inusitada".

[16] MELLO, Celso Antônio Bandeira de. *Curso de Direito Administrativo*, 31 ed, Malheiros, p. 679.

(Infraero), foram totalmente executados antes do evento. Os outros 16 projetos que fazem parte do RDC continuam a enfrentar atrasos nas obras.

Na comparação com os valores investidos, a eficácia do RDC torna-se ainda menos relevante, na medida em que apenas os projetos menos complexos e mais baratos foram concluídos a tempo para a Copa de futebol. De um total de R$ 3 bilhões de contratações pelo regime especial (R$ 2 bilhões para aeroportos e R$ 1 bilhão para mobilidade urbana), apenas R$ 40,7 milhões – R$ 8,7 milhões das obras do entorno do Estádio Beira-Rio e R$ 32 milhões dos aeroportos – foram concluídos. Isso representa apenas 1,35% do total de recursos destinados ao RDC.

Como exposto, o RDC buscou simplificar as concorrências para obras públicas, permitindo a redução, de 120 para 60 dias, do prazo das licitações. No entanto, a prioridade para os menores preços, em detrimento dos critérios técnicos nas licitações, e a contratação de obras com base apenas no anteprojeto infelizmente fizeram o RDC surtir o efeito contrário. Em vez de baratear e apressar as obras, o regime resultou em mais atrasos e sobrepreços.[17] [18]

---

[17] MÁXIMO, Wellton. *RDC não agilizou obras da Copa do Mundo, mostra levantamento*. Disponível em <http://agenciabrasil.ebc.com.br/geral/noticia/2014-05/rdc-nao-agilizou-obras-da-copa-do-mundo-mostra-levantamento>

[18] Marcelo Pinho, em matéria no Jornal Valor Econômico, faz um balanço do uso do RDC no pós-Copa, trazendo opiniões de especialistas:
"(...) muitas obras que deveriam estar prontas a tempo para o mundial seguem a todo o vapor, escondidas por tapumes. Cerca de metade das obras prometidas há sete anos, quando o País foi escolhido para sediar os jogos, não foi entregue no prazo. Mas, especialistas em mobilidade defendem o lado positivo do legado deixado pela realização da competição. Para o professor da Universidade do Estado do Rio de Janeiro (UERJ), Alexandre Rojas, especialista em transportes, as cidades brasileiras são tão carentes de projetos de mobilidade que qualquer avanço deve ser comemorado. (...) No caso do Rio de Janeiro, segundo Rojas, as obras de mobilidade voltadas para a Copa foram restritas e entregues com atraso. A linha de BRT Transcarioca, que liga o aeroporto internacional do Galeão à Barra da Tijuca, foi entregue com apenas algumas estações funcionando. (...) Para o coordenador do curso de engenharia do IBMEC, Altair Ferreira Filho, os atrasos se deveram basicamente a falhas de projeto. Segundo ele, objetivos políticos e eleitorais forçam a definição de prazos impossíveis. "Muitas vezes, vemos desculpas como problemas em desapropriações, problemas na obtenção de licenças ambientais, mas

Editorial do jornal *O Globo*, de maio de 2012, retratou acertadamente a questão:

> Incompetência gerencial do Poder Público, indícios de esperteza (de agentes envolvidos nos processos de liberação, contratação e realização de obras) e dogmatismo militante. No primeiro caso, fica patente que os governos envolvidos no projeto Copa (em maior escala, o federal, fonte da maior parte dos recursos a serem desembolsados) não estão dando conta de seus compromissos; no segundo, suspeita-se haver, em certos casos, o mesmo movimento verificado na preparação do Pan de 2007, de se criar embaraços para reduzir o tempo de execução de projetos, de modo a abrir o campo para a entrada de expedientes como a burla a legislações e revisões orçamentárias, em nome da premência do tempo (mesmo que as obras já se beneficiem de um regime especial); no terceiro, com empecilhos principalmente na modernização administrativa dos aeroportos, estão as digitais do preconceito ideológico contra a necessária privatização da gerência dos terminais.[19]

---

tudo isso deveria ter sido levado em consideração no momento do planejamento". Outra obra que traria benefícios para a população local, o monotrilho de São Paulo, também foi descartado para a Copa do Mundo. O Metrô trabalha com o prazo de fim de 2015 para a entrega parcial do projeto, com o funcionamento total em 2016. Apesar disso, Ferreira Filho destaca que as obras no Estado de São Paulo deixarão algum legado, como as obras viárias ao redor do estádio de Itaquera e o novo terminal do aeroporto de Guarulhos. Em Natal, apenas parte das obras foram entregues. O novo aeroporto da cidade ficou pronto a tempo do mundial, mas, importantes obras viárias estão incompletas. As obras de acesso ao aeroporto só ficarão prontas no segundo semestre deste ano. Manaus é outra cidade cujas obras não ficaram prontas para o mundial. "O aeroporto está com as obras atrasadas. Previam também a construção de um monotrilho que ficou para depois. Agora a conclusão dessas obras é incerta. Vai depender do cronograma político da região", diz Ferreira Filho. Algumas das obras da Copa inacabadas, ou não, têm ainda condicionantes para seu uso diário pela população. É o que destaca o professor de engenharia de transporte José Eugênio Leal, da Pontifícia Universidade Católica (PUC-Rio). Para ele, em locais como Recife, onde o estádio foi construído fora do perímetro urbano, será preciso a cidade crescer para lá para que as obras façam sentido após os jogos. Além de Recife, Leal cita as obras de Natal como uma das que correm o risco de ficarem restritas ao local do estádio. "Há um risco de, além de o estádio virar um elefante branco, a infraestrutura de mobilidade urbana também se tornar inútil". Belo Horizonte foi uma das que conseguiram entregar a tempo mais projetos. Desde o começo do ano está em operação o BRT/Move, que custou R$ 1,3 bilhão e funciona em 23 km de vias exclusivas para ônibus articulados. Mas a capital mineira teve problemas para a conclusão das obras do Aeroporto de Confins, que estão ainda pela metade.

[19] ATRASOS na Copa são preocupantes. *O Globo*.

Diante de todo esse quadro, e considerando que, mesmo que seja pouco, ainda há tempo para as obras deslancharem corretamente, o presente trabalho objetiva apreciar os dispositivos que dão suporte à elaboração de uma licitação com o uso do RDC, buscando correlacionar os artigos do decreto regulamentar com os mandamentos da lei regedora, sempre considerando a vertente operacional dos certames.

Sidney Bittencourt
E-mail: sidney-bittencourt@uol.com.br
Site: www.sidneybittencourt.com.br

CAPÍTULO 1

INTRODUÇÃO:
O RDC – LINHAS GERAIS

No dia 5.8.2011, em edição extra do *Diário Oficial da União*, foi publicada a Lei nº 12.462, que, entre outras medidas, instituiu o Regime Diferenciado de Contratações Públicas (RDC), aplicável às licitações relacionadas aos Jogos Olímpicos e Paraolímpicos de 2016, à Copa das Confederações da Federação Internacional de Futebol Associação (FIFA) 2013, à Copa do Mundo FIFA 2014 e às obras de infraestrutura e de contratação de serviços para os aeroportos das capitais dos estados da federação distantes até 350 km (trezentos e cinquenta quilômetros) das cidades sedes dos eventos mencionados.

Posteriormente, sob as mais diversas críticas, a Lei nº 12.688, de 18.7.2012, surpreendentemente estendeu a aplicação do regime diferenciado às obras do Programa de Aceleração do Crescimento (PAC). Depois, como exposto na apresentação deste trabalho, o governo fez com que as asas do RDC se alongassem sobre outros escopos: ações integrantes do Programa de Aceleração do Crescimento (PAC) (Lei nº 12.688/2012); obras e serviços de engenharia no âmbito do Sistema Único de Saúde (SUS) (Lei nº 12.745/2012); obras e serviços de engenharia no âmbito dos sistemas públicos de ensino (Lei nº 12.722/2012); obras e serviços no âmbito do Programa Nacional de Dragagem Portuária e Hidroviária

(PND II) e, subsidiariamente, o RDC se estendeu às licitações de concessão de porto organizado e de arrendamento de instalação portuária (Lei nº 12.815/2013); à modernização, construção, ampliação ou reforma de aeródromos públicos (Lei nº 12.833/2013); a contratações pela Companhia Nacional de Abastecimento (CONAB), de todas as ações concernentes à reforma, modernização, ampliação ou construção de unidades armazenadoras próprias, destinadas às atividades de guarda e conservação de produtos agropecuários em ambiente natural (Lei nº 12.873/2013); às obras e serviços de engenharia para construção, ampliação e reforma de estabelecimentos penais e unidades de atendimento socioeducativo (Lei 12.980/2014); a contratações destinadas à execução de ações de prevenção em áreas de risco de desastres e, ações de resposta e de recuperação em áreas atingidas por desastres, (art. 15-A da Lei 12.340/2010, com texto incluído pela Lei nº 12.983/2014) e, ainda, a adoção em favor da Secretaria de Aviação Civil (art. 63-A da Lei do RDC, incluído pela Lei nº 12.833/2013) e em atendimento à Secretaria de Políticas para a Mulher (Lei nº 12.865/2013).

Independentemente desses extemporâneos alcances, é cediço, como maciçamente divulgado, que a norma se impôs, a princípio, em função de o Brasil ter assumido a responsabilidade de organizar e realizar os megaeventos esportivos mencionados.

É certo também, em virtude da enorme projeção mundial acarretada pelos eventos, que o Brasil permanecerá, por um longo período, na berlinda da mídia internacional.

É de se registrar-se que a Medida Provisória nº 527/2011, que originou a Lei do RDC, não trata do tema inicialmente. Entretanto, durante a tramitação na Câmara dos Deputados, apresentou-se um projeto de lei de conversão que acrescentava ao texto original, diversas disposições voltadas às licitações necessárias à Copa do Mundo de Futebol de 2014 e às Olimpíadas de 2016, resultantes de acalorada discussão, acordos, concessões recíprocas e entendimentos costurados a duras penas pelos partidos governistas e opositores, como só ocorre, como bem dispôs Ivan Barbosa Rigolin, "em elaborações legislativas sobre temas polêmicos e momentosos, de que todos anseiam colher dividendos políticos e eleitorais".[1]

A elaboração de um diploma legal específico se alicerçou na ideia de que as normas já existentes sobre contratações públicas não seriam suficientes para as licitações e as celebrações dos contratos necessários para tal fim, uma vez que a realização de eventos de tamanha proporção demandaria um conjunto de obras diferenciadas – de grande monta e com tamanha urgência – premente de tratamento apartado.

A nova regra licitatória veio à luz, nesse diapasão, para atender a determinada necessidade pública circunstancial, a pretexto de conferir mais eficiência e celeridade aos processos de licitação e de contratação pública.

A prática tem demonstrado o contrário. Apesar de o mecanismo realmente determinar mais rapidez nas licitações, as obras contratadas, conforme levantamento do Sinaenco e do CAU/BR, não tem garantido uma entrega mais rápida. A razão é clara: o uso do regime de execução "contratação integrada", ou seja, a falta de um projeto completo para a obra, após a licitação, ter início imediato.

Sobre a questão, José Roberto Bernasconi, presidente do Sindicato da Arquitetura e da Engenharia, observa:

> Estudo Sinaenco em relação às obras de mobilidade urbana e aeroportuárias ligadas à Copa 2014 e Olimpíada 2016 com a utilização do RDC mostrou que essa modalidade tem índice pouco superior a 1% de entrega, isto após até mais de dois anos de sua contratação. Sabe-se, também, que há obras do Dnit, contratadas pelo RDC/contratação integrada, que após mais de um ano da definição da construtora vencedora da licitação, não conseguiram sair do papel. Isto, porque os responsáveis não conseguiram desenvolver o projeto ou analisar e aprovar os projetos apresentados, obter as licenças ambientais, definir e qualificar as desapropriações, entre outros, e,

---

[1] RIGOLIN. RDC: Regime Diferenciado de Contratações Públicas. *Fórum de Contratação e Gestão Pública – FCGP*, ano 10, n. 117.

assim, não foi possível colocar sequer um trator para movimentar terra. A pressa, também neste caso, é inimiga da qualidade.[2] [3]

Não obstante, discute-se bastante a ampliação do uso do regime para todas as obras públicas do país, como é a intenção do governo federal.

A iniciativa tem sido sistematicamente reprovada por analistas, notadamente por profissionais de arquitetura e engenharia, como, por exemplo, a manifestação de Jeferson Salazar, Presidente da Federação Nacional dos Arquitetos e Urbanistas (FNA):

> Como sugere o próprio nome, o RDC teria que ser um regime diferenciado, para situação de excepcionalidade que pode ocorrer na gestão da coisa pública e que, em nome da lisura e da transparência, teria que ser caracterizada, limitada e definidos os critérios para sua aplicação. O gestor público tem a obrigação moral de respeitar diretrizes orçamentárias tendo por base um bom planejamento. A extensão do RDC para todas as obras públicas será a institucionalização da falta de planejamento como regra geral na administração pública. É a inversão de valores na contramão do caminho da probidade administrativa e financeira que o país necessita, escancarando os recursos públicos para a fanfarra desavergonhada e para a gestão temerária e sem controle destes recursos.[4]

Em resumo, evidencia-se que a intenção inicial de estabelecimento de um disciplinamento transitório não se confirmou, haja vista, conforme mencionado, que o regime foi ampliado para outras importantes finalidades.

---

[2] BERNASCONI, José Roberto. Lei de Licitações: A pressa é inimiga da perfeição nas licitações RDC. *Valor Econômico*, 2.09.2014.

[3] Jorge Fraxe, diretor geral do Dnit, defende outra tese: "Nas contratações integradas, o contratado pode apresentar soluções diferentes e inovadoras. Há tempo para apresentar alternativas, o que, ao final, em termos globais, possibilita a redução do cronograma. Utiliza-se mais tempo estudando alternativas da construtora até se chegar a um consenso para a execução, o que vai representar um ganho expressivo de cronograma e de valor." (RDC, um caminho sem volta, *Valor Econômico*, 18 set. 2014).

[4] SALAZAR, Jeferson. A apologia à falta de planejamento na gestão pública tem nome: RDC. Disponível em: <http://www.iab.org.br/artigos/apologia-falta-de-planejamento-na-gestao-publica-tem-nome-rdc>.

Nesse curso, é fato que a incidência do RDC avançou e se firma no sistema geral licitatório nacional.

1.1 A discussão sobre a inconstitucionalidade da Lei do RDC

Todo esse cipoal procedimental normativo tem sido severamente criticado em diversas frentes, porquanto, como já se tinha pleno conhecimento dos eventos de antemão há mais de três anos (no caso da Copa do Mundo) e há mais de um ano (no caso das Olimpíadas), caberia indagar, como bem obtemperou Renato Monteiro de Rezende, o que impediu o Poder Executivo de ter encaminhado há mais tempo um projeto de lei ao Congresso Nacional,[5] tampouco de ter acionado sua base para aprovar o projeto de reforma da Lei Geral em tramitação.

Destarte, como acentuou o analista, o afã de recuperar o tempo perdido mediante a lei aprovada poderia resultar em frustração ou, no mínimo, demandar prolongadas discussões judiciais, conflitando exatamente com a celeridade pretendida pelo Governo.[6]

Nesse contexto, também bastante preocupados com as justificativas que levaram à edição da lei são os comentários de Daniel Ferreira e José Abduch Santos:

> Entretanto, as pretendidas "celeridade" e "eficiência", supostamente justificadoras do RDC gestado de afogadilho, poderão restar comprometidas e mesmo inviabilizar alguns processos de licitação por

---

[5] A propósito, *vide* os comentários de Ariosto Mila Peixoto: "Lamentavelmente, a instituição do novo Regime (RDC), parece-me, não surgiu pela necessidade de mudanças nas atuais contratações, mas pelo atraso nas obras e ineficiente (melhor dizer: inexistente) planejamento por parte do Governo que, mesmo tendo conhecimento da escolha do Brasil como sede da Copa do Mundo – em 2007 – não agiu, ao contrário, omitiu-se ao dever de eficiência e celeridade, e agora, às vésperas dos grandes eventos, institui, às pressas, um regime polêmico de contratações que merecia mais discussão e amadurecimento" (PEIXOTO. RDC: Regime Diferenciado de Contratações).

[6] REZENDE. O Regime Diferenciado de Contratações Públicas: comentários à Lei nº 12.462, de 2011. *Textos para Discussão*, n. 100.

conta da má-interpretação ou, ainda, da implantação equivocada das "novidades" introduzidas no regime jurídico-licitatório pátrio.[7]

Tal cenário foi determinante para que parte preponderante dos analistas considerasse a inconstitucionalidade das regras. Esse fato determinou, inclusive, a propositura de duas ações diretas de inconstitucionalidade: a primeira protocolada pelos presidentes dos partidos políticos PSDB, DEM e PPS,[8] e a segunda pelo então Procurador-Geral da República, Roberto Gurgel,[9] sob a alegação de que o RDC contém dispositivos que dificultam a transparência e o controle dos gastos do governo.[10] [11] [12]

---

[7] FERREIRA; SANTOS. Licitações para a Copa do Mundo e Olimpíadas: comentários sobre algumas inovações da Lei nº 12.462/2011. *Fórum de Contratação e Gestão Pública* – FCGP, ano 10, n. 117, p. 46-58.

[8] ADIn nº 4.645.

[9] ADIn nº 4.655.

[10] A Procuradoria-Geral da República concluiu pela existência de afronta ao processo legislativo (CF, art. 62); incompatibilidade de dispositivos da referida norma em relação aos princípios regentes da administração pública (CF, art. 37, *caput*); e violação ao que dispõe a Constituição em relação às licitações (art. 37, XXI).

[11] Em síntese, os vícios de inconstitucionalidade da Lei do RDC dividem-se em formais (ausência de relevância e urgência – art. 62, da CF, para edição da MP nº 527/2011, posteriormente convertida na Lei nº 12.462/11; e abuso do poder de emenda parlamentar, já que a redação original da MP nº 527/11 não tratava do RDC, tendo o assunto sido inserido no âmbito do Congresso Nacional através de emenda parlamentar – arts. 2º, 59 e 62 da CF) e materiais (ampla margem de discricionariedade para regulamentação por parte de entidades administrativas – arts. 22, XXVII, e 37, XXI, da CRFB; a instituição da "contratação integrada", com a elaboração do projeto básico pelo licitante vencedor; a "remuneração variável"; e a restrição à divulgação, conflitando com o princípio da publicidade).

[12] A Advocacia-Geral da União (AGU) apresentou ao STF manifestações nas Ações Diretas de Inconstitucionalidade nºs 4.645 e 4.655, que questionam a legalidade do Regime Diferenciado de Contratações (RDC). Nas manifestações, a Secretaria-Geral de Contencioso (SGCT) da AGU defende que o Regime Diferenciado de Contratações não fere a Carta Magna e se encontra em consonância com as leis do país e as modernas técnicas licitatórias adotadas no Direito Internacional e recomendadas por organizações estrangeiras, argumentando que se trata de uma forma de incentivar o particular, que será remunerado conforme sua eficiência e economicidade no trato da coisa pública. Sustentou a AGU que o RDC é uma alternativa ao modelo tradicional de contratação, que busca desburocratizá-la e dar agilidade ao processo, constituindo-se numa modalidade diferente de licitação pública, que não é regida pela Lei nº 8.666/1993, possuindo regras próprias, mas que alguns pontos específicos da lei se aplicam subsidiariamente às regras da Lei Geral de Licitações. O objetivo seria aumentar a eficiência e economicidade do Poder Público. Sustenta, ainda, que

Nesse contexto, Fabianne Mazzaroppi sutentou com veemência a inconstitucionalidade:

> O Brasil foi eleito para sediar a próxima Copa do Mundo em 30/10/07, portanto, desde outubro de 2007 o Poder Público tomou ciência do seu dever de investir para tornar a estrutura do país viável a receber o evento desportivo de 2014. Logo, mesmo tendo se eximido de tal responsabilidade por quase quatro anos, não pode agora, em 2011, criar uma lei inconstitucional para tentar se redimir quanto ao tempo perdido, e acelerar as licitações compreendendo sigilo de gastos e desigualdade entre particulares interessados no certame. Conclui-se, assim, que é inaceitável a vigência da Lei nº 12.462/2011 no ordenamento jurídico brasileiro cujo elemento norteador é a Constituição de 1988, que privilegia, entre outros, os princípios da publicidade e moralidade da Administração Pública e a igualdade entre os particulares.[13]

Outros, entrementes, defenderam a constitucionalidade da regra.

Em artigo sobre a matéria, Merval Pereira destacou que o Presidente do Tribunal de Contas da União, Benjamin Zymler, se disse perplexo com as críticas e a intensidade da retórica utilizada para a avaliação desfavorável ao regime diferenciado de licitações:

> Parecia algo extremamente casuístico, elaborado pelo governo para permitir que as contratações para a Copa do Mundo e as Olimpíadas pudessem ser feitas de forma rápida, apressada e sem controle. E esse, segundo Zymler, não é o espírito da nova legislação. Ele defendeu a tese de que, como qualquer lei, o Regime Diferenciado de Contratações tem que ser testado no mundo real antes de ser criticado e considerou um avanço a aprovação do novo regime, que estava parado no Congresso há muitos anos. Zymler destacou "inovações interessantes" trazidas pelo RDC, que se utiliza de experiências

---

houve urgência e relevância para edição do diploma originário (MP) e que essa é uma decisão político-administrativa, tomada exclusivamente pelo presidente da República, destacando, por fim, que o Congresso Nacional enviou informações afirmando que a matéria foi tratada nas casas legislativas dentro dos mais restritos trâmites constitucionais.

[13] MAZZAROPPI. A inconstitucionalidade do Regime Diferenciado de Contratação.

realizadas sob a Lei 8.666 para a sedimentação de práticas bem-sucedidas, principalmente na aplicação da lei do pregão.[14]

Flávio Amaral Garcia, também partidário dessa tese, concluiu, em palestra na Procuradoria-Geral do Estado do Rio de Janeiro, que "não há inconstitucionalidade no RDC. Há, como em qualquer regime ou instituto jurídico, a possibilidade de ser bem ou mal aplicado".[15]

A nosso ver, apesar do RDC carregar fortes indícios de inconstitucionalidade,[16] – conforme buscaremos demonstrar ao longo deste trabalho – tem a seu favor, em contrapartida, o grande mérito de absorver inovadoras regras licitatórias, tais como as do Pregão e das Parcerias Público-Privadas (PPPs),[17] que têm surtido efeito altamente positivo na aplicação prática.

Ademais, como, em função da premente necessidade de modernização das contratações públicas, essas novas regras se impuseram, vislumbramos que o regime diferenciado de contratação para os eventos esportivos impôs-se, por si só, diante da indispensável obrigatoriedade de criação de meios mais ágeis para tornar realidade projetos fundamentais para a realização dos grandes eventos – que fizeram e farão do Brasil, o centro das atenções em todo o mundo.

1.2 O possível legado

Independentemente da discussão quanto à constitucionalidade do diploma, é de suma importância não descurar

---

[14] PEREIRA. RDC em discussão. *O Globo*.
[15] GARCIA. Regime Diferenciado de Contratações Públicas: RDC: a nova sistemática da Lei nº 12.462 de 05.08.11.
[16] Além de ser incontestável que colide com diversos dispositivos da Lei Geral de Licitações (Lei nº 8.666, de 21.06.1993).
[17] É o que também sustentam Fernando Vernalha Guimarães e Egon Bockmann Moreira: "Enfim, o RDC não é tão diferente assim – aproxima-se do regime já exitoso do pregão, bem como de previsões das concessões e parcerias público-privadas. Ao instalar uma nova racionalidade para as contratações públicas, antes cooperativa e geradora de ganhos compartilhados, pretende o encurtamento dos prazos, a simplificação do procedimento e o cumprimento de metas público-privadas. Mas o primeiro passo para atingir a almejada eficiência é a respectiva desmistificação do RDC" (Por que é necessário um "regime diferenciado". *Gazeta do Povo*).

do legado que esses tipos de megaeventos proporcionam às cidades que os patrocinam, porquanto, incontestavelmente, são indutores de políticas que impulsionam a economia, as práticas de sustentabilidade, as melhorias na infraestrutura, entre outros fatores.

Sobre a herança de conhecimento e bens materiais e culturais que poderá ser transmitida às próximas gerações, discorrem com propriedade Maria Silvia Bastos Marques e Augusto Ivan Pinheiro:

> O legado urbano dos megaeventos pode ser entendido a partir de dois conceitos: o primeiro é o que resulta num conjunto de bens materiais, e o segundo o que possibilita a apropriação ou a construção de bens de natureza imaterial. Bens materiais são as instalações esportivas, as redes de transporte, as vilas de moradia dos atletas e todos os demais aparatos de lazer, turismo, comunicação e segurança incorporados à paisagem da cidade-sede em função dos eventos. Como bens imateriais destacam-se a capacitação dos envolvidos na organização, o estímulo à prática esportiva, a produção de conhecimento, as alterações na percepção e no comportamento dos cidadãos em relação ao espaço urbano e, em última análise, sua identificação com a própria cidade.[18]

Esse legado foi um dos assuntos discutidos no debate "O GLOBO no Arq.Futuro", realizado em março de 2012, na Casa do Saber, no bairro da Lagoa, Rio de Janeiro. O evento teve a participação da arquiteta americana Karen Stein, professora da School of Visual Arts de Nova York, e do economista José Alexandre Scheikman, que transmitiram suas experiências e emitiram opiniões sobre o assunto, notadamente sobre o tipo de herança que os Jogos Olímpicos podem deixar na cidade do Rio de Janeiro e seu impacto futuro. Consoante a arquiteta, as Olimpíadas devem constituir pretexto para resolver os problemas da cidade, citando o exemplo de Barcelona, na Espanha, sede dos jogos de 1982:

---

[18] MARQUES; PINHEIRO. A cidade e o legado. *O Globo*.

Barcelona era uma cidade que não recebia atenção durante muito tempo e onde havia um grande atraso. Mas os investimentos ali foram muito grandes e trouxeram um resultado bastante positivo. Se as Olimpíadas servirem como uma espécie de prazo para que as coisas de que a cidade precisa sejam realizadas, já será uma vitória.

Nesse diapasão, José Scheikman apresentou ponderação importante:

> Esse tipo de evento cria um estado de urgência para a solução de problemas da cidade. Mas os investimentos têm que ser bem coordenados. Não p odemos esquecer do exemplo de Montreal, que ficou anos pagando as dívidas geradas pelos Jogos Olímpicos realizados ali em 1976.

Realmente, diferentemente das Olimpíadas ocorridas em outros países, onde a herança foi altamente negativa,[19] os

---

[19] "As edições mais recentes dos Jogos tiveram poder destrutivo suficiente para ajudar a mergulhar na crise o continente mais desenvolvido do planeta. É consenso entre os economistas europeus que a gastança desenfreada promovida para a Olimpíada de Atenas, em 2004, foi uma das grandes culpadas pelo atoleiro de que a Grécia tenta fugir hoje. Mais catastrófica ainda é a constatação de que a dinheirama consumida pelo evento foi simplesmente jogada no lixo – as milionárias instalações olímpicas de Atenas agora são inúteis e estão abandonadas" (LEPIANI). Legado olímpico: depois das medalhas, o maior desafio. *Veja*).
Outro exemplo de herança maldita dos Jogos são as Olimpíadas de Pequim/2008. Considerada a maior olimpíada da história (custo de US$34 bilhões, em valores de 2008, hoje, cerca de R$61,8 bilhões), apesar de se notar melhorias no transporte público e na infraestrutura da cidade, verifica-se que, quatro anos depois, as instalações construídas para o megaevento estão subutilizadas ou abandonadas, drenando as finanças públicas. Reportagem de *O Globo*, de 10.04.2012, retrata a situação atual: "Descritos pelo presidente do Comitê Olímpico Internacional (COI), Jacques Rogge, como arenas 'lindas' e 'sem precedentes', o Ninho de Pássaro (sede de futebol e atletismo) e o Cubo D'Água (esportes aquáticos) são exemplos claros dos famigerados elefantes brancos em que se tornaram os locais de competição, apesar de, pelo menos nos dois casos, serem arquitetonicamente deslumbrantes. Consideradas as 'joias da coroa' são, hoje, mais conhecidas por atrair uma onda de turistas curiosos – cerca de 4,61 milhões de visitantes em 2011 – do que por sediar grandes eventos esportivos. (...) A administração do estádio estima que, no ritmo atual, serão necessárias três décadas para recuperar os 3 bilhões de iuanes (US$480 milhões) gastos na construção. (...) Já o vizinho Cubo D'Água teve prejuízo de cerca de 11 milhões de iuanes (R$3,17 milhões) no ano passado, mesmo com contínuo subsídio do Estado. A instalação, que não mais recebe eventos esportivos, foi transformada em um parque aquático, o maior da Ásia, com o objetivo de fazer dinheiro com a fama do local. (...) Em outros locais menos badalados, a situação é ainda pior. A instalação onde foram disputadas as provas de canoagem, por

resultados colhidos em Barcelona são entusiasmantes, motivo pelo qual o projeto costuma ser apontado como um exemplo positivo do poder de transformação dos Jogos.

Giancarlo Lepiani retrata o ocorrido na cidade catalã:

> A cidade não era exatamente um exemplo de dinamismo e modernidade urbana quando foi escolhida para sediar a Olimpíada de 1992, sete anos antes. O impacto dos Jogos, no entanto, foi nada menos que assombroso. Passadas duas décadas do fim do evento, Barcelona é uma cidade irreconhecível para quem a conhecia antes do projeto olímpico. Além das transformações profundas e radicais em sua trama urbana, a metrópole experimentou uma espécie de revolução social e demográfica: de cidade degradada e pouco próspera, passou a capital cultural, polo de negócios e destino turístico que atrai milhões de visitantes. Também ganhou muito em quesitos difíceis de mensurar, como influência, diversidade e charme. A realização da Olimpíada, é claro, não foi um toque de mágica que, sozinho, enriqueceu e embelezou a cidade. Mas ninguém nega que os Jogos foram a pedra fundamental para a reinvenção de Barcelona – o que a coloca, invariavelmente, em qualquer discussão sobre qual deve ser o legado deixado por uma Olimpíada.[20]

Na prática, transcorrida a Copa do Mundo de Futebol de 2014, não se verificou um legado satisfatório. Estudo de 2010, realizado pela Ernst & Young e pela Fundação Getúlio Vargas (Brasil Sustentável – Impactos Socioeconômicos da Copa do Mundo 2014), concluiu que o evento produziria um total de R$ 142,39 bilhões na economia brasileira até o seu encerramento, com geração de 3,63 milhões de empregos/ano e R$ 63,48 bilhões de renda para a população, impactando o mercado de consumo interno. Seria uma bela herança.

---

exemplo, está completamente abandonada: o que restou de água no local estava sendo transposto por um grande tubo para irrigar um parque nas cercanias durante a primavera seca de Pequim. A sede do remo, localizada em um subúrbio de difícil acesso no nordeste de Pequim, agora é ocupada principalmente por pequenos barcos locais. Nenhum dos esportes é bem conhecido na China, o que explica parcialmente o abandono. (...) A cidade continua envolta em uma fumaça asfixiante, mesmo após o fechamento de fábricas poluentes. Onde antes havia orgulho por ter sediado os Jogos Olímpicos, especialmente após o país liderar o quadro de medalhas em 2008, agora há críticas e duros questionamentos" (O 'legado' de Pequim-2008).

[20] LEPIANI. Barcelona, 20 anos depois: a Olimpíada e a nova cidade. *Veja*.

Porém, conforme dispôs Gilberto Cantú, presidente do Sindicato das Empresas de Transportes de Cargas do Paraná, as expectativas não se confirmaram: o saldo de contratações com carteira assinada em maio de 2014, por exemplo, foi de apenas 58,8 mil vagas, o pior para o mês desde 1992, segundo o governo.

O megaevento esportivo mostrou não somente a evolução que o país precisa ter em termos de futebol, mas, ainda mais importante, deixou expostas as feridas econômicas, políticas e culturais do Brasil.[21]

O jornal Estado de São Paulo, em importante trabalho de autoria de Lourival Sant'anna e Marina Gazzoni,[22] mostrou as reais dimensões do legado da Copa.

Os projetos vinculados à infraestrutura eram 83 na lista divulgada em 2010. Caíram para 71 – e a maioria está longe da conclusão. Em contrapartida, os gastos saltaram de R$ 23,5 bilhões para R$ 29,2 bilhões. Os prometidos trens e monotrilhos foram substituídos por meros corredores de ônibus – sem que a despesa diminuísse. Os projetos de construção do VLT de Brasília e de Manaus ficaram no papel. O monotrilho de Cuiabá ficou para ser concluído no segundo semestre de 2015. Em São Paulo, o Expresso Aeroporto, trem que ligaria o centro da cidade a Cumbica, foi cancelado em 2012. O monotrilho do Morumbi ainda está em construção.

Como as obras de mobilidade urbana continuam no papel, os congestionamentos que diariamente atormentam os brasileiros não paralisaram as cidades-sede graças à decretação de feriados ou pontos facultativos nos dias de jogos e à antecipação das férias escolares por numerosos estabelecimentos de ensino. Essa maquiagem ocorreu, por exemplo, nos corredores do BRT (espécie de corredor exclusivo de ônibus) Norte-Sul e Leste-Oeste de Recife e no metrô de Salvador. No primeiro, apenas quatro das 45 estações

---

[21] CANTÚ, Gilberto. *O Legado da Copa*. Gazeta do Povo.
[22] SANT'ANNA, Lourival; GAZZONI, Marina. Copa deixa legado de infraestrutura menor e mais caro do que o prometido. *Estado de São Paulo*.

funcionaram. Nos dias de jogos, os dois meios de transporte só puderam ser utilizados por aqueles que portavam ingressos.

A boa qualidade do transporte aéreo, aprovada por 76% dos turistas estrangeiros em pesquisa realizada pelo Datafolha, resultou de operações especiais organizadas pelas próprias empresas, uma vez que as obras previstas para os aeroportos não foram concluídas a tempo. Em Fortaleza, enterrou-se R$ 1,7 milhão num puxadinho construído.

Único segmento que não sofreu baixas, como ressalva a reportagem do *jornal, os* estádios consumiram R$ 8 bilhões – 98% originários dos cofres públicos –, 50% maior do que a prevista em 2010. Aprovadas por 92% dos estrangeiros – também segundo o Datafolha –, as arenas Padrão Fifa já começaram a definhar. Quem foi à Estádio Arena Pantanal para assistir ao jogo entre Vasco da Gama e Santa Cruz, pela série B do Campeonato Brasileiro, espantou-se com o lixo e o entulho dentro e fora do estádio, com a iluminação precária no entorno, com o policiamento quase inexistente e com a falta de informação. Na sala de imprensa não havia cadeiras, mesas, cabos de energia nem internet wi-fi.

Aprovada por 95% dos turistas, a hospitalidade dos brasileiros é uma das poucas coisas que permanecerão.[23]

1.3 O instrumento regulamentar do RDC (Decreto nº 7.581/2011)

Com o intuito de regulamentar a execução do disposto no Capítulo I, da Lei nº 12.462/2011,[24] o Governo Federal editou o Decreto nº 7.581, de 11.10.2011, publicado no *DOU* de 13.10.2011, que, infelizmente, já nasceu sendo alvo de críticas, notadamente devido à sua extensão, além da

---

[23] NUNES, Branca. *O legado imaginário da Copa das Copas foi embora junto com os turistas.* Ficou com os brasileiros a conta da Copa da Roubalheira. Disponível em <http://veja.abril.com.br/blog/augusto-nunes/o-pais-quer-saber/o-legado-imaginario-da-copa-das-copas-foi-embora-junto-com-os-turistas-ficou-com-os-brasileiros-a-conta-da-copa-da-roubalheira/>.

[24] Atendendo ao preconizado no art. 64, da Lei nº 12.462/2011: "O Poder Executivo federal regulamentará o disposto no Capítulo I desta Lei".

malsinada prática de adoção da regulamentação para inovar no ordenamento jurídico.[25]

Posteriormente, com a intenção de aprimorar e esclarecer pontos dúbios, além de incorporar experiências acumuladas pelos diversos órgãos que se utilizam da modalidade de contratação, notadamente, o aperfeiçoamento das regras para contratação integrada; o aumento da concorrência e a eliminação de vantagens no processo de licitação; a diminuição do tempo para realização de obras, com a permissão do uso do Sistema de Registro de Preços (SRP) em contratações, bem como a facilitação da fiscalização e do acompanhamento dos órgãos de controle em relação aos empreendimentos contratados, como informou o Ministério do Planejamento,[26] o instrumento regulamentar foi alterado pelo Decreto n° 8.080, de 20 de agosto de 2013, e, posteriormente, pelo Decreto nº 8.251, de 22 de maio de 2014.

---

[25] Ao mencionar o regulamento na nova edição do festejado livro *Direito administrativo* (Ed. Atlas), a professora Maria Sylvia Zanella Di Pietro assinala que muitas das normas do decreto estão em descompasso com a lei regulamentada.

[26] BRASIL. Ministério do Planejamento. *Decreto aperfeiçoa regras do Regime Diferenciado de Contratação*. 21. ago. 2013. Disponível em: <http://www.planejamento.gov.br/conteudo.asp?p=noticia&ler=10216>.

CAPÍTULO 2

A INSTITUIÇÃO DO REGIME DIFERENCIADO DE CONTRATAÇÕES PÚBLICAS (RDC)

Como esposado, a Lei nº 12.462/2011 instituiu, entre outras medidas, o Regime Diferenciado de Contratações Públicas (RDC), inicialmente para a aplicação exclusiva nas licitações relacionadas com os Jogos Olímpicos e Paraolímpicos de 2016, à Copa das Confederações da Federação Internacional de Futebol Associação (FIFA) 2013, à Copa do Mundo FIFA 2014, às obras de infraestrutura e de contratação de serviços para os aeroportos das capitais dos estados da federação distantes até 350 km (trezentos e cinquenta quilômetros) das cidades sedes dos eventos mencionados[1] e às ações integrantes do Programa de Aceleração do Crescimento (PAC),[2] conforme inciso incluído pela Lei nº 12.688/2012.

---

[1] Ao tratar dos megaeventos a ocorrerem no Brasil, a Lei nº 12.462/2011 utiliza a expressão "mundiais". O Decreto Regulamentar nº 7.581/2011 adota acertadamente a expressão "competições": "Art. 2º O RDC aplica-se exclusivamente às licitações e contratos necessários à realização: (...) III - de obras de infraestrutura e à contratação de serviços para os aeroportos das capitais dos Estados distantes até trezentos e cinquenta quilômetros das cidades sedes das competições referidas nos incisos I e II do *caput*".

[2] O Programa de Aceleração do Crescimento (PAC) é um plano do Governo Federal que objetiva estimular o crescimento da economia brasileira, através do investimento em obras de infraestrutura (portos, rodovias, aeroportos, redes de esgoto, geração de energia, hidrovias, ferrovias etc.). O programa foi lançado pelo Governo Lula, no dia 28.01.2007, prevendo investimentos da ordem de R$ 503,9 bilhões até o ano de 2010. O capital utilizado no PAC é originário das seguintes fontes principais:

Consoante antes ressaltado, o diploma decorreu da assunção por parte do Brasil da responsabilidade de organizar e realizar tais megaeventos esportivos.

Evidentemente, o que justifica o regime autônomo e excepcional de contratação pública é a necessidade de celeridade, além de simplificação e eficiência.

Já asseveramos sobre o risco que a Administração corre ao se apoiar na celeridade para atingir a eficiência, uma vez que, para o atendimento de seus propósitos, tais práticas devem sempre andar de mãos dadas com um minucioso planejamento.

Cintra do Amaral trata dessa questão com maestria:

> Na prática, o planejamento de uma contratação (elaboração do projeto básico, ou do termo de referência da obra ou serviço, ou, ainda, especificação de um bem, especialmente de um equipamento sob encomenda) termina sendo ineficiente pela preocupação que se tem em fazê-lo rápido e ágil. Não se costuma *perder* tempo com o planejamento. Com isso, causa-se prejuízo que uma licitação rápida e ágil não tem o dom de reparar. O planejamento de uma contratação não deve ser conduzido às pressas, embora isso ocorra, na prática, com frequência indesejável.[3]

Por outro lado, a adoção do regime diferenciado para as obras do PAC (modificação inserida pela Lei nº 12.688/2012), com a intenção de dar um fim ao ritmo lento das obras do chamado PAC 2,[4] provocou críticas de toda a ordem, pois, sem dúvida, esse não parece ser o método apropriado para destravar a emperrada máquina pública.[5]

---

recursos da União (orçamento do Governo Federal), capitais de investimentos de empresas estatais (exemplo: Petrobras) e investimentos privados com estímulos de investimentos públicos e parcerias.

[3] CINTRA DO AMARAL. Eficiência na Licitação ou Eficácia da Contratação? *Comentários CELC*.

[4] O PAC 2, lançado em 29.03.2010, prevê recursos da ordem de R$1,59 trilhão em uma série de segmentos, tais como transportes, energia, cultura, meio ambiente, saúde, área social e habitação. São 6 as áreas de investimentos do PAC 2: Cidade Melhor, Comunidade Cidadã, Minha Casa, Minha Vida, Água e Luz para todos, Transportes e Energia. Sobre o assunto, *vide* <http://www.brasil.gov.br/pac/> e <http://www.planejamento.gov.br/PAC2/2balanco/index.html>.

[5] O ritmo lento das obras de infraestrutura em várias frentes incomoda o Governo

Avaliando a questão, obtemperou Guilherme Campos:

> Ampliar o RDC nada mais é do que um reconhecimento do governo de que a Lei de Licitações não está sendo eficaz e precisa de mudanças. Usar o regime diferenciado para a Copa, OK, pois os jogos realmente são uma excepcionalidade. (...) Mas não podemos fazer disso uma regra.[6]

O senador Aécio Neves criticou a medida veementemente:

> Estamos impondo um novo e perigoso risco à licitude dos processos licitatórios no País. Estamos permitindo que o governo federal estabeleça quais obras serão licitadas pela Lei 8.666 e quais serão por esse esdrúxulo novo regime diferenciado. Salta aos olhos a razão primária dessa iniciativa do governo: ela traz o reconhecimento da absoluta falta de competência gerencial do governo, que no último ano não conseguiu executar sequer 20% das obras do PAC para as quais existiam recursos garantidos.

Apesar das críticas quanto ao uso para obras do PAC, a Lei do RDC foi alterada para abranger as licitações e os contratos relacionados a outros objetos: obras e serviços de engenharia no âmbito do Sistema Único de Saúde (SUS) (Lei nº 12.745/2012); obras e serviços de engenharia no âmbito dos sistemas públicos de ensino (Lei nº 12.722/2012); obras e serviços no âmbito do Programa Nacional de Dragagem Portuária e Hidroviária (PND II) e, subsidiariamente, o RDC passou a abranger licitações de concessão de porto organizado e de arrendamento de instalação portuária (Lei nº 12.815/2013); modernização, construção, ampliação ou reforma de aeródromos públicos (Lei nº 12.833/2013); contratações pela Companhia Nacional de Abastecimento (CONAB), de todas as ações con-

---

Federal. Nesse passo, o governo argumenta que o RDC é um expediente provisório até o Congresso discutir e aprovar uma reforma ampla da Lei de Licitações. Nesse viés, o deputado federal Luiz Pitiman, presidente da Frente Parlamentar Mista de Gestão Pública assevera: "As primeiras experiências com o RDC, levadas pela Infraero, demonstram que esse pode ser um instrumento bem mais eficiente. O tempo médio das licitações da Infraero, por exemplo, caiu de 250 para 80 dias" (CINTRA. Diferenciado para quem? *Carta Capital*).

[6] CAMPOS. Saída para reduzir burocracia. *O Globo*.

cernentes à reforma, modernização, ampliação ou construção de unidades armazenadoras próprias, destinadas às atividades de guarda e conservação de produtos agropecuários em ambiente natural (Lei nº 12.873/2013); obras e serviços de engenharia para construção, ampliação e reforma de estabelecimentos penais e unidades de atendimento socioeducativo, (Lei nº 12.980/ 2014); contratações destinadas à execução de ações de prevenção em áreas de risco de desastres e de resposta e de recuperação em áreas atingidas por desastres (art. 15-A da Lei 12.340/2010, com texto incluído pela Lei nº 12.983/2014), além das disposições que admitem a utilização em favor da Secretaria de Aviação Civil (SAC), dispostas no art. 63-A, incluído pela Lei nº 12.833/2013, e as previstas na Lei nº 12.865/2013, voltadas para atender a Secretaria de Políticas para a Mulher (SPM), que autorizam o Banco do Brasil ou suas subsidiárias a utilizar o regime diferenciado para tal fim. O alargamento da abrangência foi de tão monta, que fez com que Celso Antônio Bandeira de Mello comentasse com desalento: "após a delimitação inicial, este regime do RDC disseminou-se como praga."[7]

Preliminarmente, o inc. I, do art. 1º, da Lei do RDC, ao tratar dos Jogos Olímpicos e Paraolímpicos de 2016, faz menção a uma "Carteira de Projetos Olímpicos", a ser definida pela Autoridade Pública Olímpica (APO).[8] [9]

Da mesma forma, ao discorrer sobre a Copa das Confederações da Federação Internacional de Futebol Associação (FIFA) 2013 e a Copa do Mundo FIFA 2014 (inc. II), remete às contratações a serem definidas pelo Grupo

---

[7] BANDEIRA DE MELLO, Celso Antônio. Curso de Direito Administrativo. 31. ed. São Paulo: Malheiros, p. 678.
[8] Consórcio público, sob a forma de autarquia em regime especial, conforme prevê a Lei nº 12.396/2011, que ratifica os termos do Protocolo de Intenções celebrado nesse sentido entre a União, o estado do Rio de Janeiro e o município do Rio de Janeiro.
[9] A criação da Autoridade Pública Olímpica (APO) é uma das garantias oferecidas pelo Brasil ao Comitê Olímpico Internacional (COI) durante a candidatura da cidade do Rio para sediar os Jogos Olímpicos e Paraolímpicos de 2016. O objetivo, entre outros, é a coordenação de ações governamentais para o planejamento e a entrega das obras e dos serviços necessários à realização dos Jogos.

Executivo (GECOPA) 2014 do Comitê Gestor, instituído para definir, aprovar e supervisionar as ações previstas no Plano Estratégico das Ações do Governo Brasileiro para a realização da Copa do Mundo FIFA 2014 (CGCOPA) 2014, restringindo, na hipótese de obras públicas, às constantes de uma "matriz de responsabilidades" celebrada entre a União, estados, Distrito Federal e municípios.[10] Essa previsão, entrementes, como registram Ricardo de Andrade e Victor Veloso,[11] não assegura a perfeita distinção de quais seriam as obras sujeitas ao RDC, pois a própria Controladoria Geral da União admite que os valores e projetos apresentados nas matrizes de responsabilidades serão atualizados na medida em que novas ações forem incluídas.

Anote-se, que a redação do *caput* que dispõe que o regime é aplicável exclusivamente às licitações e aos contratos necessários à realização dos eventos, é bastante indefinida, não indicando, com precisão, os objetos passíveis de serem licitados pelo RDC. Todavia, é possível inferir, permeando-se alguns dispositivos da lei, que a norma se presta tão somente a obras, serviços, aquisições, alienações e locações.

É o que também observou Alécia Paolucci Bicalho, que, com propriedade, comentou:

> Contudo, no sentido de evitar possíveis mal-entendidos, a letra legal deveria relacionar com clareza, os objetos passíveis de enquadramentos no regime diferenciado, procedendo, também expressamente, às presumíveis exceções.[12]

---

[10] O elenco de obras e serviços relacionados à matriz de responsabilidades pode ser consultado em: <http://www.portaltransparencia.gov.br/copa2014/saibamais.seam?textoIdTexto=24>.
[11] ANDRADE; VELOSO. Uma visão geral sobre o Regime Diferenciado de Contratações Públicas. *Informativo Justen, Pereira, Oliveira e Talamini*, n. 60.
[12] BICALHO, Alécia Paolucci Nogueira; MOTTA, Carlos Pinto Coelho. *RDC – Comentários ao Regime Diferenciado de Contratações*. 2. ed. Belo Horizonte: Fórum,. 2014. p. 49.

CAPÍTULO 3

OS OBJETIVOS DO RDC

O §1º do art. 1º da Lei do RDC registra os objetivos do regime contratual diferenciado, que são:
a) ampliar a eficiência nas contratações públicas e a competitividade entre os licitantes.
b) promover a troca de experiências e tecnologias em busca da melhor relação entre custos e benefícios para o setor público.
c) incentivar a inovação tecnológica.
d) assegurar tratamento isonômico entre os licitantes e a seleção da proposta mais vantajosa para a administração pública.

A ampliação da eficiência nas contratações públicas e da competitividade entre os licitantes, a garantia de tratamento igualitário entre os licitantes e a seleção da proposta mais vantajosa para a Administração Pública são objetivos já traçados no regime licitatório comum. Inexiste novidade, portanto, nesse particular. Destarte, para alcançá-los, independentemente dos regimes de contratação adotados, devem os agentes públicos responsáveis dotar-se de todas as cautelas possíveis, buscando a qualificação necessária.

Já a promoção de troca de experiências e tecnologias, perseguindo uma melhor relação entre custos e benefícios para a Administração, apesar de não se constituir num objetivo pioneiro em termos legislativos,[1] traz, de certa forma, inovação para o âmbito licitatório, porquanto, não raro, o agente público possui necessidades, mas não detém conhecimentos técnicos e tecnológicos suficientes para especificar o objeto-solução.

A inserção da busca da inovação tecnológica nos objetos a serem licitados através do RDC é bastante auspiciosa. Na prática, determina que, ao pensarem no objeto a ser definido para a compra pela Administração, deverão os agentes responsáveis ter em mente que esse objetivo há de ser considerado nas especificações do mesmo. O objetivo atrai beneficamente para o âmbito das compras públicas o estímulo à construção de ambientes especializados e cooperativos de inovação, conforme dispõe a chamada Lei Nacional de Inovação Tecnológica (Lei nº 10.973/2004, regulamentada pelo Decreto nº 5.563/2005), que, dentre outros importantes fatores, estimula a criação de ambientes especializados e cooperativos de inovação.

Vide que, para fomento à inovação tecnológica, a Lei do RDC registra expressa previsão no §1º do art. 20:

> Art. 20 - No julgamento pela melhor combinação de técnica e preço, deverão ser avaliadas e ponderadas as propostas técnicas e de preço apresentadas pelos licitantes, mediante a utilização de parâmetros objetivos, obrigatoriamente inseridos no instrumento convocatório.
> §1º O critério de julgamento a que se refere o *caput* deste artigo será utilizado quando a avaliação e a ponderação da qualidade técnica das propostas que superarem os requisitos mínimos estabelecidos no instrumento convocatório forem relevantes aos fins pretendidos pela administração pública, e destinar-se-á, exclusivamente, a objetos:
> I - de natureza predominantemente intelectual e de inovação tecnológica ou técnica; ou
> II - que possam ser executados com diferentes metodologias ou tecnologias de domínio restrito no mercado, pontuando-se as

---

[1] Ao alterar a Lei nº 8.666/1993, a Lei nº 12.349/2010 já autorizara que os editais de licitação poderão, mediante prévia justificativa da autoridade competente, exigir que o contratado promova, em favor de órgão ou entidade integrante da Administração Pública ou daqueles por ela indicados a partir de processo isonômico, medidas de compensação comercial, industrial, tecnológica.

vantagens e as qualidades que eventualmente forem oferecidas para cada produto ou solução.

§2º É permitida a atribuição de fatores de ponderação distintos para valorar as propostas técnicas e de preço, sendo o percentual de ponderação mais relevante, limitado a 70% (setenta por cento).

A garantia de tratamento isonômico entre os licitantes, quinto objetivo traçado para as licitações que adotam o RDC, aborda, como não poderia deixar de ser, o princípio preconizado no art. 3º da Lei nº 8.666/1993,[2] que funda-se no art. 37 da CF. Em síntese, a adoção do princípio é a garantia do oferecimento, a todos, de iguais oportunidades para a apresentação de propostas, visando a celebração de um contrato com a Administração Pública.[3]

Sobre o assunto, anotou Ronny Charles:

> A isonomia deve ser respeitada, tanto pelos órgãos executores da norma, quanto pelo próprio legislador. Ela não exige um tratamento igualitário absoluto e formal a todos, mas desigual, diante de situações desiguais, na medida dessas diferenças. O Supremo Tribunal Federal já proclamou que a lei pode, sem violação do princípio da igualdade, distinguir situações, a fim de conferir, a uma, tratamento diverso do que atribui a outra. Para que se possa fazê-lo, contudo, sem que tal violação se manifeste, é necessário que a discriminação guarde compatibilidade com o conteúdo do princípio. A isonomia impõe, à Administração, assegurar, durante todo o procedimento licitatório, que sejam asseguradas as mesmas condições aos licitantes participantes. Contudo, esse princípio pode sofrer mitigação, quando se passa a considerar a existência de situações que geram desigualdades legalmente autorizadas.[4]

---

[2] Art. 3º A licitação destina-se a garantir a observância do princípio constitucional da isonomia, a seleção da proposta mais vantajosa para a administração e a promoção do desenvolvimento nacional sustentável e será processada e julgada em estrita conformidade com os princípios básicos da legalidade, da impessoalidade, da moralidade, da igualdade, da publicidade, da probidade administrativa, da vinculação ao instrumento convocatório, do julgamento objetivo e dos que lhes são correlatos. (*Redação dada pela Lei nº 12.349, de 2010*).

[3] TCU. Acórdão 925/2009. Plenário – Não pode prosperar a licitação eivada de procedimentos anômalos não devidamente justificados no processo e que fazem malograr a prevalência de princípios básicos da licitação pública, tais o da isonomia e o da publicidade.

[4] CHARLES, Ronny; MARRY, Michelle. *RDC – Regime diferenciado de contratações*. Salvador: Juspodivm, 2014.

Observa-se, diante dos objetivos elencados, como bem obtemperou Jorge Ulisses Jacoby,[5] que o RDC constitui-se, incontestavelmente, num instrumento capaz de corrigir deficiências na execução das licitações e contratos administrativos, sob o regime da vetusta Lei Geral de Licitações (Lei nº 8.666/1993), pois a experiência na aplicação aos megaeventos desportivos balizará seu aperfeiçoamento. Configura-se, por conseguinte, um ótimo prelúdio para uma eficiente modernização da Lei Geral.[6]

3.1 A aplicação subsidiária da Lei Geral de Licitações (Lei nº 8.666/93) ao RDC

O §2º do art. 1º da Lei do RDC prevê que a opção pelo regime diferenciado deverá constar, de forma expressa, no instrumento convocatório, o que "resultará no afastamento das normas contidas na Lei nº 8.666, de 21.6.1993, exceto nos casos expressamente previstos nesta Lei".

Evidentemente, o legislador buscou evitar a combinação entre os modelos licitatórios dos diplomas, o que resultaria num hibridismo inaceitável. Todavia, na interpretação do dispositivo, não se deve concluir, equivocadamente, que inexista a possibilidade de aplicação subsidiária da Lei Geral de Licitações nas eventuais lacunas da Lei nº 12.462/2011.

Vanice Lírio do Valle sustenta esse entendimento com a clareza que lhe é peculiar:

---

[5] JACOBY FERNANDES. Objetivos do Regime Diferenciado de Contratações Públicas: RDC. *Capital Público.*

[6] Nesse diapasão, Carlos Ari Sundfeld e Mario Schapiro concluíram que: "Não é o RDC que veio para salvar a Copa do Mundo, mas a Copa do Mundo que se colocou como uma janela de oportunidades para uma necessária reforma da lei de licitações – a Lei 8.666." – Uma Copa para uma nova licitação? – http://fgvnoticias.fgv.br/noticia/uma-copa-para-uma-nova-licitacao-artigo-de-carlos-ari-sundfeld-e-mario-schapiro Da mesma forma, Lucas Martins Magalhães da Rocha: "Conforme se observa, a nova lei traz uma série de inovações frente à Lei de Licitações, (...) é de se esperar que o Governo utilize o RDC como 'laboratório de análise' para uma possível substituição das atuais normas de licitação e contratos administrativos por outras semelhantes (...)" (Regime Diferenciado de Contratações: RDC começa a ser utilizado em Licitações. *Azevedo Sette Advogados*).

(...) a compreensão de que a exclusão de incidência da Lei nº 8.666/1993 expressa no art. 1º, §2º da Lei nº 12.462/2011 não seja absoluta — mas incida tão somente nas hipóteses em que não tenha reivindicado o legislador do RDC a prerrogativa de dispor diferenciadamente — se apresenta, diria, de forma imperativa, como consectário mesmo da segurança jurídica, vetor que se reconhece como inerente ao Estado Democrático de Direito. Tal atributo, que se apresenta como exigível em qualquer área de incidência da normatividade, será ainda mais relevante no campo das contratações de que especificamente cogita a Lei nº 12.462/2011 que envolverão necessariamente intervenções relacionadas ao provimento de infraestrutura e outras que compreendem igualmente vultuosos investimentos públicos. (...) Resta claro, portanto, que a incidência da Lei nº 8.666/93 é de se ter por certa nos temas em relação aos quais cogite especificamente a Lei nº 12.462/11 — sem prejuízo da aplicação subsidiária da norma geral quando expressamente prevista, e ainda quando a leitura exclusivamente da estrutura preceitual do RDC não oferecer qualquer critério normativo de solução.[7]

Da mesma forma, a lúcida reflexão de Alécia Paolucci Bicalho:

A despeito do "afastamento" legislativo, não parece factível, na fase de interpretação construtiva do RDC, radicalizar a independência absoluta entre os diplomas, buscando toda uma reconstrução autônoma. A atividade hermenêutica desenvolvida ao longo dos anos, em torno da Lei nº 8.666/1993, carreou importantes subsídios à inteligência do sistema de contratações públicas no país, daí, porque falecem razões para, no processo de depuração e interpretação de eventuais lacunas da nova normatização, renunciar a tais conhecimentos adquiridos. É de se imaginar, a partir da leitura do §2º em tela, que a Lei Nacional de Licitações (LNL) tenha sido peremptoriamente "afastada" dos domínios do RDC, ressalvadas as exceções acima registradas. Entretanto, essa percepção inicial não corresponde exatamente à verdade, como se verá pelo exame gradual de dispositivos da Lei nº 12.462/2011. Reconheça-se, é certo, determinada parcela de criação – ou "recriação" – dos regramentos tradicionais da LNL. Contudo, muitos artigos da nova lei simplesmente reproduzem,

---

[7] VALLE. Viabilidade jurídica do regime diferenciado de contratações: sobre a arte de evitar que a cauda abane o cachorro. *Fórum de Contratação e Gestão Pública – FCGP*, ano 10, n. 117.

com as mesmas palavras, ou com mínimas diferenças redacionais, conteúdos da lei geral.[8]

Por outro lado, ao considerar que o §2º registra norma absolutamente inconstitucional, Toshio Mukai obtempera:

> Uma lei específica sobre licitações e contratos não pode afastar as normas gerais sobre licitações e contratos, sob pena de incidir em duas inconstitucionalidades: violar o art. 22, inciso XXVIII, da Constituição Federal, que dá competência à União para baixar normas gerais sobre licitações e contratos observáveis pela União, Estados, Distrito Federal e Municípios, em suas administrações direta, autárquica e fundacional; subverter o comando hierárquico do art. 24 da CF, que faz os Estados e os Municípios (e mesmo a União), nas suas legislações específicas, observarem as normas gerais, baixadas pela União (§1º do art. 24).[9]

---

[8] BICALHO, Alécia Paolucci Nogueira; MOTTA, Carlos Pinto Coelho. *RDC – Comentários ao Regime Diferenciado de Contratações*. 2. ed. Belo Horizonte: Fórum,. 2014. p. 87.

[9] MUKAI. Contratações Diferenciadas para Eventos Esportivos: flexibilizações para quê e para quem? *Revista Síntese Licitações, Contratos e Convênios*, São Paulo, n. 6.

CAPÍTULO 4

DEFINIÇÕES ADOTADAS NO RDC

Dando continuidade aos aspectos gerais do RDC, o art. 2º da Lei nº 12.462/2011 prescreve, didaticamente, as definições a serem observadas na sua aplicação:

a) empreitada integral: quando se contrata um empreendimento em sua integralidade, compreendendo a totalidade das etapas de obras, serviços e instalações necessárias, sob inteira responsabilidade da contratada até a sua entrega ao contratante em condições de entrada em operação, atendidos os requisitos técnicos e legais para sua utilização em condições de segurança estrutural e operacional e com as características adequadas às finalidades para a qual foi contratada.

b) empreitada por preço global: quando se contrata a execução da obra ou do serviço por preço certo e total.

c) empreitada por preço unitário: quando se contrata a execução da obra ou do serviço por preço certo de unidades determinadas.

d) projeto básico:[1] conjunto de elementos necessários

---

[1] Dispõe o parágrafo único do artigo que o projeto básico deverá conter, no mínimo, sem frustrar o caráter competitivo do procedimento licitatório, os seguintes elementos:
– desenvolvimento da solução escolhida de modo a fornecer visão global da obra e identificar seus elementos constitutivos com clareza;

e suficientes, com nível de precisão adequado, para: (i) caracterizar a obra ou serviço de engenharia, ou complexo de obras ou serviços objeto da licitação, com base nas indicações dos estudos técnicos preliminares; (ii) assegurar a viabilidade técnica e o adequado tratamento do impacto ambiental do empreendimento; e (iii) possibilitar a avaliação do custo da obra ou serviço e a definição dos métodos e do prazo de execução.

e) projeto executivo: conjunto dos elementos necessários e suficientes à execução completa da obra, de acordo com as normas técnicas pertinentes.

f) tarefa: quando se ajusta mão de obra para pequenos trabalhos por preço certo, com ou sem fornecimento de materiais.

Discorremos sobre o projeto básico no livro *Licitação Passo a Passo:*[2]

> A expressão "projeto", na lição de De Plácido e Silva, é geralmente empregada em sentido de plano, que se traça ou se elabora, antecipadamente, para que, por ele, se realize ou se faça alguma coisa. O Estatuto (Lei nº 8.666/1993), acolhendo as normas da Associação Brasileira de Normas Técnicas (ABNT), amplia o conceito de projeto, prescrevendo que o projeto básico consiste no conjunto de

---

– soluções técnicas globais e localizadas, suficientemente detalhadas, de modo a restringir a necessidade de reformulação ou de variantes durante as fases de elaboração do projeto executivo e de realização das obras e montagem a situações devidamente comprovadas em ato motivado da administração pública;
– identificação dos tipos de serviços a executar e de materiais e equipamentos a incorporar à obra, bem como especificações que assegurem os melhores resultados para o empreendimento;
– informações que possibilitem o estudo e a dedução de métodos construtivos, instalações provisórias e condições organizacionais para a obra;
– subsídios para montagem do plano de licitação e gestão da obra, compreendendo a sua programação, a estratégia de suprimentos, as normas de fiscalização e outros dados necessários em cada caso, exceto, em relação à respectiva licitação, na hipótese de contratação integrada; e
– orçamento detalhado do custo global da obra, fundamentado em quantitativos de serviços e fornecimentos propriamente avaliados.

[2] BITTENCOURT. *Licitação passo a passo*: comentando todos os artigos da Lei nº 8.666/93, 7. ed.

elementos necessários e suficientes, com adequado nível de precisão, para a caracterização do serviço ou da obra, elaborado a partir de estudos técnicos preliminares, asseguradores da viabilidade técnica e do adequado tratamento do impacto ambiental, como determina a Lei nº 9.605/1998, que trata dos crimes contra o meio ambiente, possibilitando, assim, a avaliação de custos e a definição dos métodos e do prazo de execução. Verifica-se, pois, que, na verdade, de básico o "projeto básico" tem muito pouco, uma vez que deve oferecer uma excelente visão da obra ou do serviço, identificando-os com absoluta clareza. Não obstante, perduram os questionamentos relativos aos níveis adequados de precisão. Um bom parâmetro é encontrado na alínea *f* do art. 3º da Resolução nº 361/91 do CONFEA, norma que dispõe sobre a conceituação de projeto básico em consultoria de engenharia. Tal dispositivo define que o projeto básico deve ser composto de quantidades e custos de serviços e fornecimentos compatíveis com o tipo e porte da obra, de tal forma que ensejem a determinação do custo global em torno de15% (quinze por cento).

Sem desprezar a boa intenção do legislador ao fazer constar definições no corpo da norma, constata-se que as contidas na Lei do RDC são meras repetições das dispostas do art. 6º da Lei nº 8.666/1993.[3] A desnecessidade do dispositivo é, portanto, flagrante, pois apenas bastaria a remissão à Lei Geral de Licitações, a exemplo do que ocorre em outros artigos do mesmo diploma.

Insta registrar, entrementes, que houve uma importante inserção em relação ao conteúdo do Projeto Básico da Lei Geral de Licitações: a Lei do RDC fez constar como um de seus elementos, os "subsídios para montagem do plano de

---

[3] Art. 6º Para os fins desta Lei, considera-se: (...)VIII – Execução indireta – a que o órgão ou entidade contrata com terceiros sob qualquer dos seguintes regimes: a) empreitada por preço global – quando se contrata a execução da obra ou do serviço por preço certo e total; b) empreitada por preço unitário – quando se contrata a execução da obra ou do serviço por preço certo de unidades determinadas; c) (Vetado); d) tarefa – quando se ajusta mão de obra para pequenos trabalhos por preço certo, com ou sem fornecimento de materiais; e) empreitada integral – quando se contrata um empreendimento em sua integralidade, compreendendo todas as etapas das obras, serviços e instalações necessárias, sob inteira responsabilidade da contratada até a sua entrega ao contratante em condições de entrada em operação, atendidos os requisitos técnicos e legais para sua utilização em condições de segurança estrutural e operacional e com as características adequadas às finalidades para que foi contratada.

licitação e gestão da obra, compreendendo a sua programação, a estratégia de suprimentos, as normas de fiscalização e outros dados necessários em cada caso, exceto, em relação à respectiva licitação, na hipótese de contratação integrada".
Surge-se, então, uma exceção e uma novidade referente à *contratação integrada*.

O que seria, enfim, a *contratação integrada*?

Curiosamente, o art. 2º em comento, dedicado às definições, não o explicita.

O art. 8º apenas o elenca como um novo regime para a execução indireta de obras e serviços de engenharia.

O art. 9º, com redação dada pela Lei nº 12.980/2014, após informar que nas licitações de obras e serviços de engenharia, no âmbito do RDC, o regime da *contratação integrada* poderia ser utilizado, desde que, técnica e economicamente justificado, e cujo objeto envolvesse, pelo menos, inovação tecnológica ou técnica, possibilidade de execução com diferentes metodologias ou possibilidade de execução com tecnologias de domínio restrito no mercado, finalmente o esclarece no §1º, dispondo que tal regime compreende a elaboração e o desenvolvimento dos projetos básico e executivo, a execução de obras e serviços de engenharia, a montagem, a realização de testes, a pré-operação e todas as demais operações necessárias e suficientes para a entrega final do objeto.

Complementando a informação, dispõe o §2º que, na hipótese de adoção da *contratação integrada*, o edital licitatório deverá conter anteprojeto de engenharia que contemple os documentos técnicos destinados a possibilitar a caracterização da obra ou do serviço, incluindo: (a) a demonstração e a justificativa do programa de necessidades, a visão global dos investimentos e as definições quanto ao nível de serviço desejado; (b) as condições de solidez, segurança, durabilidade e prazo de entrega, observado o disposto no *caput* e no §1º do art. 6º desta Lei; (c) a estética do projeto arquitetônico; e (d) os parâmetros de adequação ao interesse público, à economia na utilização, à facilidade na execução, aos impactos ambientais e à acessibilidade; e que o valor estimado da contratação deverá ser calculado com base nos valores praticados pelo mercado, nos pagos pela Administração em serviços e obras similares ou na avaliação do custo global da obra, aferida mediante orçamento sintético ou metodologia expedita ou paramétrica.

    O regime da *contratação integrada*, que, em outras palavras, constitui um regime de contratação por intermédio do qual a Administração apresenta, tão somente, um anteprojeto de engenharia para contratar obras e serviços de engenharia, no qual o contratado, além de executar as obras na sua integralidade, elaborará os projetos básico e executivo, constitui um dos pontos mais discutidos da Lei do RDC, tema que iremos retomar.

CAPÍTULO 5

OS PRINCÍPIOS DO RDC

O art. 3º da Lei nº 12.462/2011 elenca os princípios a serem observados nas licitações e contratações realizadas por intermédio do RDC: legalidade, impessoalidade, moralidade, igualdade, publicidade, eficiência, probidade administrativa, economicidade, desenvolvimento nacional sustentável, vinculação ao instrumento convocatório e julgamento objetivo.

O dispositivo é passível de crítica idêntica à realizada no artigo anterior, uma vez que os princípios licitatórios já estão enunciados no art. 3º da Lei Geral de Licitações, com exceção dos princípios da economicidade e eficiência.[1][2] Também o desaprova Ivan Barbosa Rigolin, com o bom humor que lhe é peculiar:

> O art. 3º é outro inútil exercício de repetição, tanto do art. 37 da Constituição, quanto do art. 3º da Lei nº 8.666/93, e dá a impressão que o autor da nova lei precisava dar corpo ao texto, não importava como. É tão inovador ou original quanto, na

---

[1] Lei nº 8.666/1993, art. 3º: "A licitação destina-se a garantir a observância do princípio constitucional da isonomia, a seleção da proposta mais vantajosa para a administração e a promoção do desenvolvimento nacional sustentável e será processada e julgada em estrita conformidade com os princípios básicos da legalidade, da impessoalidade, da moralidade, da igualdade, da publicidade, da probidade administrativa, da vinculação ao instrumento convocatório, do julgamento objetivo e dos que lhes são correlatos".

[2] O art. 37 da Constituição Federal elenca os seguintes princípios da Administração Pública: legalidade, impessoalidade, moralidade, publicidade e eficiência.

culinária do brasileiro, combinar arroz com feijão, e tão necessário quanto um prendedor de gravata.[3]

Sobre os princípios, importa sublinhar que, além de constituírem a bússola de interpretação do Direito, têm também o mote de suprir as lacunas e as imperfeições das leis. Assim, os princípios são normas adotadas como guias norteadoras da atividade exercida pelos administradores públicos durante as licitações, sendo consideradas impreterivelmente em todas as etapas do certame. Não raro, o exame da validade dos atos praticados durante uma licitação passa pela apreciação à luz destes princípios.

Os princípios do RDC, em definições sucintas, podem ser entendidos como a seguir descrito:

a) legalidade – obriga o administrador a somente fazer o que a lei autoriza, não prevalecendo na Administração Pública a ideia de que o que não é proibido é permitido.[4] Desse modo, objetiva verificar a conformação das licitações e contratos administrativos que adotem o RDC às normas legais vigentes. Máxima em Direito — que resume com precisão a atuação da Administração Pública no seguimento desse princípio — é a distinção entre os universos do Direito Público e do Direito Privado: no primeiro se pode fazer tão somente o que a lei permite; no segundo, o que a lei não proíbe. Dessa forma, distingue Eros Grau: "Se pretendermos, portanto, relacionar o princípio da legalidade ao regime de Direito Público, forçoso seria referirmo-lo, rigorosamente, como princípio da legalidade sob conteúdo de comprometimento positivo".[5]

---

[3] RIGOLIN. RDC: Regime Diferenciado de Contratações Públicas. *Fórum de Contratação e Gestão Pública – FCGP*, ano 10, n. 117.

[4] TCU. Acórdão nº 5.276/2009, Segunda Câmara: "Abstenha de realizar licitações nas quais haja quaisquer relações entre os participantes e aqueles que detenham o poder de decisão no processo licitatório, ou qualquer outra situação em que se verifique prejuízo ao atendimento dos princípios da igualdade e da moralidade administrativa".

[5] GRAU. *A ordem econômica na Constituição de 1988*: interpretação e crítica, p. 147.

b) impessoalidade – veda os "apadrinhamentos", impondo que o procedimento licitatório seja destinado a todos os interessados, obstaculizando o desenvolvimento de favorecimentos pessoais.

Respondendo à indagação quanto à adoção da impessoalidade no âmbito da Administração Pública, José Maria Madeira assentiu com absoluta didática:

> Justamente a característica de não pertencer a uma pessoa em particular, ou seja, aquilo que não pode se aplicado, especialmente, a pessoas determinadas; é uma característica genérica da coisa que não pertence à pessoa alguma, é isso que a atividade da Administração Pública deve fazer, destinar-se a todos os administrados, à sociedade em geral, sem determinação ou discriminação de qualquer natureza, até mesmo por força do princípio da isonomia, não cabendo sua atividade, portanto, beneficiar esta ou aquela pessoa ou empresa.[6]

c) moralidade – obriga o óbvio: licitador e licitantes devem observar uma conduta honesta e honrada, sendo-lhes exigido não só o atendimento à lei, mas também ao interesse público, diretamente ligado ao interesse da coletividade. A moralidade administrativa constitui-se no pressuposto da validade de todo ato da Administração Pública. Não se trata, no entanto, da moral comum, mas da moralidade jurídica, entendida como o conjunto de regras de conduta. Em hipótese alguma a conduta adotada pela Administração poderá violentar valores fundamentais consagrados pelo sistema jurídico. A moralidade administrativa, por conseguinte, deve andar de mãos dadas com a legalidade. Nesse passo, uma conduta compatível com a lei, mas imoral, também será inválida. *Vide* que o Superior Tribunal de Justiça (STJ) já reconheceu a invalidade de um acordo em função de este ter sido consumado atentando à moralidade administrativa.[7]

---

[6] MADEIRA. *Administração Pública*, 11. ed., v. 1, p. 123.
[7] REsp nº 14.868-0/RJ, Relator Min. Antônio de Pádua Ribeiro, em 09.10.97.

Não foi à toa que Alzemeri de Britto e Perpétua Valadão concluíram:

> O princípio da moralidade, inclusive, também exige que haja uma consequência administrativa pelo descumprimento e ilegalidades perpetradas na celebração ou execução dos convênios pelas entidades. Basta que se imagine a situação de entidade que reiteradamente infrinja suas obrigações como conveniada e o Estado porte-se como mero expectador, suportando prejuízos e limitando-se a rescindi-lo ou anulá-lo.[8]

d) igualdade (ou isonomia) – insculpido no art. 5º da Constituição Federal,[9] assegura iguais oportunidades a todos os possíveis interessados na licitação.[10]

Sobre o princípio, ressalta-se que o Supremo Tribunal Federal (STF) já delineou que a lei pode distinguir situações, sem violação do princípio da igualdade, a fim de conferir um tratamento diverso do que atribui a outro. Para que possa conferi-lo, contudo, sem que tal violação se manifeste, é necessário que a discriminação guarde compatibilidade com o conteúdo do princípio. Tem-se, pois, nesse patamar, o verdadeiro sentido de Justiça, consoante lições do grande Rui Barbosa: "A regra da igualdade não consiste senão em aquinhoar desigualmente aos desiguais, na medida em que se desigualam".[11]

e) publicidade – obriga a divulgação plena de todos os atos da licitação, possibilitando um amplo controle por parte da sociedade. O princípio da publicidade é elemento

---

[8] BRITTO; VALADÃO. Sanções penais e administrativas em sede de convênios com entidades privadas. *Blog Agnes Sobbé*.
[9] Constituição Federal, art. 5º: "Todos são iguais perante a lei, sem distinção de qualquer natureza, garantindo-se aos brasileiros e aos estrangeiros residentes no País a inviolabilidade do direito à vida, à liberdade, à igualdade, à segurança e à propriedade (...)".
[10] TCU. Acórdão nº 925/2009, Plenário: "Não pode prosperar a licitação eivada de procedimentos anômalos não devidamente justificados no processo e que fazem malograr a prevalência de princípios básicos da licitação pública, tais como o da isonomia e o da publicidade"
[11] BARBOSA. *Oração aos moços*.

de eficácia e também de moralidade. O preceito inicial é que todo ato administrativo deve ser público, porque pública é a Administração que o realiza. A publicidade dos atos e acordos administrativos, além de assegurar os seus efeitos externos, propicia o conhecimento e o controle pelos interessados diretos e pela sociedade.

f) eficiência[12] – que impõe à Administração Pública o exercício de suas atribuições de modo imparcial, transparente e eficaz, sem burocracia e sempre em busca da qualidade.

Sobre o princípio, Celso Bandeira de Mello, apesar de argumentar que se trata, evidentemente, de algo mais do que desejável, faz um alerta importante:

> Contudo, é juridicamente tão fluido e de tão difícil controle ao lume do Direito, que mais parece um simples adorno agregado ao art. 37 ou o extravasamento de uma aspiração dos que burilam no texto. De toda sorte, o fato é que tal princípio não pode ser concebido (...) senão na intimidade do princípio da legalidade, pois jamais uma suposta busca de eficiência justificaria postergação daquele que é o dever administrativo por excelência.[13]

Ainda quanto ao princípio da eficiência, impende ressaltar, como bem obtemperou Ricardo Salomão, que sua introdução no elenco de princípios vetores da Administração implicou um novo cenário para os gestores da coisa pública, porquanto passou a ser impossível a utilização da lei como biombo, atrás do qual muitos administradores se ocultavam, temendo as consequências que decisões ágeis, lógicas e ousadas pudessem trazer para suas pessoas e carreiras:

---

[12] Com o advento da Emenda Constitucional nº 19/98, a eficiência passou a integrar o elenco de princípios norteadores da atividade administrativa.
Constituição Federal, art. 37: "A administração pública direta e indireta de qualquer dos Poderes da União, dos Estados, do Distrito Federal e dos Municípios obedecerá aos princípios de legalidade, impessoalidade, moralidade, publicidade e eficiência e, também, ao seguinte: (...)".

[13] MELLO. *Curso de direito administrativo*, 12. ed., p. 92.

Assim, o atraso na implementação de projetos que deveriam, o mais breve possível, iniciar seus ciclos de retorno do investimento feito, passou a ser justificado com fundamento "nos prazos da lei, nos recursos interpostos etc.". (...). Agora, o administrador público pode sair de trás do biombo e, com base no princípio da eficiência e cuidando apenas de manter a rastreabilidade de suas decisões, para fins de permitir o controle externo, desafiar eventuais tentativas de aplicações de sanções. Trata-se de uma saudável mudança na forma de se ver a gestão da coisa pública, equiparando-a, de certa forma, ao exercício de atividades empresariais. Se admitirmos uma interpretação ousada para a nova redação do referido dispositivo constitucional — e o elemento histórico fundamenta esta "ousadia" —, a partir de agora, no exercício de suas funções, deve o administrador, naturalmente, seguir observando os princípios constitucionais aplicáveis à administração pública, com destaque para o recém-introduzido princípio da eficiência, manter rastreáveis os procedimentos decisórios para permitir a atuação do controle externo, e sua gestão será avaliada a partir dos resultados de seu "negócio", que refletirão seu desempenho como gerente.[14]

g) probidade administrativa – aponta — numa apreciação do sentido da palavra *probidade*, oriunda do latim — para a boa atuação do administrador público. Apesar de confundir-se bastante com a ideia de moralidade, distingue-se pela prática de atos que não impliquem prejuízo para Administração, em face da qualidade gerencial, diversamente da moralidade, que se situa no campo ético e, em casos extremos, no da honestidade.[15]

Quanto à diferenciação dos conceitos, registre-se a lição de Marcelo Figueiredo:

---

[14] SALOMÃO. Emenda Constitucional nº 19/98. *Jornal do Commercio*, 12 nov. 1998.

[15] O §4º, do art. 37, da Constituição Federal, dispõe que os atos de improbidade administrativa demandarão a suspensão dos direitos políticos, a perda da função pública, a indisponibilidade dos bens e o ressarcimento ao erário, na forma e gradação previstas em lei, sem prejuízo da ação penal cabível. Registre-se que atos de improbidade administrativa são devidamente sancionáveis por intermédio da Lei nº 8.429, de 02.06.1992, que surgiu no ordenamento jurídico brasileiro como um real mecanismo de defesa da moralidade do setor público.

O princípio da moralidade administrativa é de alcance maior, é conceito mais genérico, a determinar, a todos os "poderes" e funções do Estado, atuação conforme o padrão jurídico da moral, da boa-fé, da lealdade, da honestidade. Já a probidade, que alhures denominamos "moralidade administrativa qualificada", volta-se a particular aspecto da moralidade administrativa. Parece-nos que a probidade está *exclusivamente vinculada ao aspecto da conduta (do ilícito) do administrador*. Assim, em termos gerais, diríamos que viola a probidade o agente público que em suas ordinárias tarefas e deveres (em seu agir) atrita os denominados "tipos" legais.[16]

h) economicidade (também denominado princípio da otimização da ação estatal) – demanda que, ao tratar do dinheiro público nas contratações que adotem o RDC, o agente público comprometer-se-á totalmente com a busca da solução economicamente adequada na gestão da *res publica* (coisa do povo).

Sobre a economicidade, observa Juarez Freitas:

> Não aparecerá, no controle à luz da economicidade, nenhum traço de invasão da discricionariedade, porém se é certo que esta precisa ser preservada, não é menos certo que qualquer discricionariedade legítima somente o será se guardar vinculação com os imperativos de adequação e sensatez.[17]

i) desenvolvimento nacional sustentável – implica na implementação das chamadas licitações sustentáveis, advindo daí contratos administrativos com cláusulas de sustentabilidade. As licitações sustentáveis são aquelas que exigirão das contratadas o atendimento de critérios ambientais, sociais e econômicos, tendo como fim o desenvolvimento da sociedade em seu sentido amplo e a preservação de um meio ambiente equilibrado.[18]

---

[16] FIGUEIREDO. *Probidade administrativa*, 4. ed.
[17] FREITAS. *O controle dos atos administrativos e os princípios fundamentais*, 4. ed., p. 85-86.
[18] Sobre a matéria, vide o nosso *Licitações Sustentáveis* – o uso do poder de compra do Estado fomentando o desenvolvimento nacional sustentável, onde apreciamos

j) vinculação ao instrumento convocatório – impede a utilização, após o início do procedimento licitatório, de critérios diferentes daqueles estabelecidos no ato convocatório.
k) julgamento objetivo – afasta qualquer tipo de discricionariedade na avaliação de propostas.

Destarte, os agentes públicos responsáveis pelas licitações sob a égide do RDC deverão observar, para o julgamento das proposições, critérios objetivos obrigatoriamente previstos no ato convocatório da licitação. Com fulcro nesse princípio, portanto, não haverá a mínima possibilidade de o julgador utilizar-se de fatores subjetivos ou de critérios não previstos no ato convocatório, ainda que em benefício do próprio Poder Público.

Diogenes Gasparini, em memorável palestra no TCM/SP, resume com simplicidade e precisão o que seria "critério objetivo" em licitações:

> Critério objetivo é aquele que por si só define uma situação É aquele que independe de qualquer argumento para confirmá-lo. Basta o confronto das várias propostas para selecionarmos a vencedora, sem precisar justificar absolutamente nada.[19]

5.1 O princípio do desenvolvimento nacional sustentável

O desenvolvimento econômico constitui um fenômeno histórico. De um lado, relacionado com o surgimento das nações e a formação dos Estados-Nações, e, de outro, com

---

a Instrução Normativa SLTI nº 1/2010, que estabelece critérios de sustentabilidade nas contratações públicas, bem como o Decreto nº 7.746/2012, que prescreve critérios, práticas e diretrizes para o desenvolvimento nacional sustentável nas contratações públicas,

[19] GASPARINI. Princípios e normas gerais. In: SEMINÁRIO DE DIREITO ADMINISTRATIVO.

a acumulação de capital e a incorporação de progresso técnico ao trabalho e ao próprio capital, que ocorrem sob a coordenação das instituições e principalmente de mercados relativamente competitivos. O desenvolvimento, por conseguinte, relaciona-se com o surgimento das duas instituições fundamentais do novo sistema capitalista: o Estado e os mercados.[20]

Fomentar o desenvolvimento econômico e social faz parte do elenco de finalidades do Estado. Afinal, o art. 3º da Constituição Federal indica como objetivos fundamentais do Estado brasileiro "garantir o desenvolvimento nacional" e "reduzir as desigualdades sociais". Nesse aspecto, principalmente a partir da década de 90, houve grandiosa evolução.[21]

Um dos instrumentos passíveis de uso para o atendimento dessa regra constitucional é, sem dúvida, a licitação: a utilização do chamado "poder de compra do Estado" como uma dinâmica e eficaz ferramenta para fomento efetivo do mercado.

Conforme assevera Erivam da Silva, o uso dessa política é justificado quando se constata que o direcionamento do poder de compra do Estado, por sua própria natureza e flexibilidade, e que também possui um viés redistributivo, tem todos os atributos necessários para gerar impacto na competitividade industrial e tecnológica, já que o Estado, enquanto consumidor em grande escala de bens e serviços, está em posição ideal para a implantação de um sistema de indução de produtividade, controle de qualidade, transferência de tecnologia e promoção de benefícios sociais, principalmente quando se trata da geração de emprego e renda e desenvolvimento.[22]

---

[20] BRESSER-PEREIRA. O conceito histórico de desenvolvimento econômico.
[21] Afirma o historiador José Murilo de Carvalho, partindo da base da estabilização da moeda estabelecida na década de 90, que o Estado brasileiro avançou na modernização da administração e na expansão da política social.
[22] SILVA, Erivam. *O uso do poder de compra do Estado como instrumento de política pública*: a Lei Complementar nº 123/2006, sua implementação, p. 70-71.

A possibilidade de o Estado utilizar-se deste potencial, não somente sob a ótica do paradigma da eficiência estrita, que é o atualmente utilizado, traduzindo-se por comprar mais, mais rápido e por um menor preço, mas também para alcançar outros resultados que, vistos globalmente, possam ser mais vantajosos para a Administração Pública e, indiretamente, para a sociedade, coloca-se como uma questão de grande complexidade a ser enfrentada. Embora se mantenha a preocupação com a eficiência das compras públicas, com a adoção do uso do poder de compra do Estado há uma ponderação entre redistribuição e eficiência, o que é um ponto central no debate econômico.[23]

Por outro lado, o processo de adaptação de um sistema de compra enfrenta o desafio de provar que os benefícios desta política são maiores do que os seus custos.

Sobre a questão, Luciano Ferraz enfoca a necessidade de a licitação vir a ser utilizada como instrumento de regulação de mercado, de modo a torná-lo mais livre e competitivo, além da possibilidade de concebê-la como mecanismo de indução de determinadas práticas que produzam resultados sociais benéficos, imediatos ou futuros.[24]

Nessa perseguição ao desenvolvimento sustentável, elevou-se a necessidade do estabelecimento de novos paradigmas no seio das compras públicas nacionais, com alteração do enfoque que prevalecia até então no sentido de que as licitações se estabeleciam exclusivamente sob o prisma da busca do melhor preço.[25]

---

[23] É o que reconhece o Instituto de Estudos para o Desenvolvimento Industrial – IEDI – FGV, na publicação Políticas para a promoção da economia verde: a experiência internacional e o Brasil: "As licitações, em geral, consideram apenas o preço mínimo de compra e não incorporam análises dos desdobramentos ao longo do ciclo de vida dos produtos adquiridos e dos serviços contratados. O melhor comportamento dos diversos entes governamentais resultaria em conservação e redução de gastos com energia em prédios públicos como escritórios e escolas, o que é de interesse da sociedade como um todo" Disponível em: <http://intranet.gvces.com.br/cms/arquivos/politicasparapromocaodaeconomiaverde.pdf>.

[24] FERRAZ, Luciano. Função regulatória da licitação. *Revista Eletrônica de Direito Administrativo Econômico – REDAE*.

[25] Tanto a lei de contratações públicas em vigor (Lei nº 8.666/93) como a evoluída lei do pregão (Lei nº 10.520/2002) objetivam a busca de preço mais vantajoso.

5.1.1 A primeira quebra de paradigma: o tratamento diferenciado nas aquisições públicas para microempresas

O primeiro paradigma quebrado emergiu a partir do estabelecimento de regras diferenciadas para as contratações públicas de microempresas e empresas de pequeno porte, preconizadas pela Lei Complementar nº 123/06, quando a licitação passou a ser adotada como ferramenta de promoção de objetivos sociais e econômicos, eliminando desigualdades, originando no ordenamento jurídico pátrio o que denominamos "Função Social da Licitação".

Consoante ressaltamos em obra específica,[26] tal tratamento diferenciado não foi conflitante com o princípio da isonomia, porquanto resultou da própria situação de desigualdade dessas empresas em relação a outras de natureza diversa, pois envolveu o tratamento desigual a ser oferecido aos desiguais, com intuito de promover o desenvolvimento econômico.[27] [28]

---

[26] BITTENCOURT, Sidney. *As Licitações Públicas e o Estatuto Nacional das Microempresas*. 2 ed., 2010, Ed. Fórum.

[27] Jorge Ulisses Jacoby também avaliou a constitucionalidade da LC nº 123/06, sob o prisma da isonomia: "É que todo o sistema jurídico da licitação foi construído para a busca da proposta mais vantajosa, somente após atendido o princípio da isonomia. Já às pequenas e microempresas, a Constituição Federal permite estabelecer simplificação de suas obrigações administrativas, tributárias, previdenciárias e creditícias ou pela eliminação ou redução destas, mas não estabelece que essa preferência possa comprometer a isonomia. Parece evidente que a simplificação desiguala as empresas, afetando a isonomia por via reflexa. Uma análise mais profunda do instituto revela, no entanto, que a isonomia não impõe tratamento igualitário a todos indistintamente, na medida em que não há igualdade absoluta. Ao elaborar normas que privilegiem determinado setor da sociedade o legislador busca reduzir uma desigualdade preexistente e, se agir com sabedoria e cautela, pode equacionar o princípio da isonomia na medida da desigualdade indispensável à satisfação eficiente do interesse público. Para análise da regra do tratamento diferenciado privilegiando as microempresas e empresas de pequeno porte, deve-se confrontar a razoabilidade da restrição à competitividade com o interesse público. Nesse contexto mais amplo, em que a própria Constituição prescreve a instituição de tratamento favorecido e privilegiado para as microempresas e empresas de pequeno porte, em vários de seus dispositivos, entende-se que a LC 123/06 não ofende a isonomia ao alcançar também as aquisições públicas." (Parecer JUJF – jul. 2007, p. 11).

[28] Nessa linha, obtemperou Liane Ventim: "Esse respaldo disponibilizado as microempresas é decorrente do Estado neoliberal. Com essa forma de organização

É de se ressaltar que, ao enfrentar a questão, o TCU, lastreado nas lições de Zanella di Pietro, considerou inexistir inconstitucionalidade, entendendo, por conseguinte, não haver mácula ao princípio da isonomia:

> (...) registro que, ao relatar o TC 020.253/2007-0 referente à Representação formulada por licitante, apresentando questionamento a respeito da Lei Complementar 123/06, mencionei que, entre os vários aspectos inovadores da lei, estava o tratamento diferenciado e favorecido a ser dispensado às microempresas e empresas de pequeno porte no âmbito dos Poderes da União, dos Estados, do Distrito Federal e dos Municípios, no que se refere ao acesso ao mercado, inclusive quanto à preferência nas aquisições de bens e serviços pelos Poderes. Na oportunidade, defendi que a lei vinha com o intento bastante positivo, materializando, efetivamente, o princípio do "tratamento favorecido" às microempresas e empresas de pequeno porte, conforme previsão do artigo 170, inciso IX, da Constituição Federal. Dessa forma, por compartilhar integralmente com a proposição (...) é que destaco de vosso relatório o excerto transcrito da obra de Maria Sylvia Zanella di Pietro, que examinou a questão de constitucionalidade do tratamento diferenciado dado às microempresas nos seguintes termos: "As exceções mencionadas não conflitam com o princípio da isonomia, uma vez que o art. 5º da Constituição somente assegura igualdade entre os brasileiros e estrangeiros em matéria de direitos fundamentais. Além disso, no caso das microempresas e empresas de pequeno porte, o tratamento diferenciado resulta da própria situação de desigualdade dessas empresas em relação a outras que não têm a mesma natureza; por outras palavras, trata-se de tratar desigualmente os desiguais".[29]

---

da economia do país, o Estado passa a intervir na economia, regulamentando e direcionando as relações e transações econômicas, preservando a ordem política, ampliando e tornando mais racional e eficiente o estado de bem-estar social. Dessa forma, proporciona o desenvolvimento econômico e social do país. O tratamento diferenciado e favorecido fomenta as atividades no setor responsável por 20% do Produto Interno Brasileiro e por 60% dos empregados no setor privado, objetivando aumentar a geração de emprego e renda, com isso, reduzindo as desigualdades sociais." (Compatibilizar o uso da licitação como fomento, respeitando o princípio da competitividade. *WebArtigos.com*).

[29] TCU. Acórdão nº 1231/2008, Plenário. Rel. Min. Aroldo Cedraz.

5.1.2 A segunda quebra de paradigma: as licitações sustentáveis

No que concerne à realização de licitações, a CF prevê isonomia entre os concorrentes, vedadas exigências que venham comprometer o caráter isonômico da licitação.

> Art. 37. (...) XXI – ressalvados os casos especificados na legislação, as obras, serviços, compras e alienações serão contratados mediante processo de licitação pública que assegure igualdade de condições a todos os concorrentes, com cláusulas que estabeleçam obrigações de pagamento, mantidas as condições efetivas da proposta, nos termos da lei, o qual somente permitirá as exigências de qualificação técnica e econômica indispensáveis à garantia do cumprimento das obrigações;

Por sua vez, o art. 170, VI, com redação dada pela Emenda Constitucional nº 42, de 19.12.2003, preconiza que a ordem econômica deverá observar a defesa do meio ambiente, inclusive mediante tratamento diferenciado conforme o impacto ambiental dos produtos e serviços e de seus processos de elaboração e prestação.

> Art. 170. A ordem econômica, fundada na valorização do trabalho humano e na livre iniciativa, tem por fim assegurar a todos existência digna, conforme os ditames da justiça social, observados os seguintes princípios:
> (...)
> VI – defesa do meio ambiente, inclusive mediante tratamento diferenciado conforme o impacto ambiental dos produtos e serviços e de seus processos de elaboração e prestação;

O art. 23, VI, determina que é de competência dos entes federativos a proteção do meio ambiente:

> Art. 23. É competência comum da União, dos Estados, do Distrito Federal e dos Municípios:
> (...)
> VI – proteger o meio ambiente e combater a poluição em qualquer de suas formas;

O *caput* do art. 225 impõe, ao Poder Público, o dever de defender e de preservar o meio ambiente para as gerações presentes e futuras.

> Art. 225 – Todos têm direito ao meio ambiente ecologicamente equilibrado, bem de uso comum do povo e essencial à sadia qualidade de vida, impondo-se, ao Poder Público e à coletividade, o dever de defendê-lo e preservá-lo para a presente e futuras gerações.

Vê-se, portanto, que a CF possui, dentre os princípios que regem a atividade econômica, a defesa do meio ambiente e a livre concorrência, denotando, por conseguinte, a preocupação com o desenvolvimento sustentável.

Em outras palavras, o desenvolvimento sustentável tem sede constitucional e está previsto, inclusive, como dever da União e de todos aqueles que exercem atividade econômica.

Em função das determinações constitucionais relacionadas, é possível afirmar que o Poder Público, quando da realização de contratações, deverá buscar selecionar bens, serviços e obras que atendam a critérios de desenvolvimento sustentável, sem, todavia, estabelecer condições que comprometam o tratamento isonômico nas competições.

A mudança de paradigma é flagrante, uma vez que, como assevera Juarez de Freitas, o sistema de avaliação de custos, sob pena de violação ao princípio constitucional, necessita ser reformulado, com a inserção dos custos indiretos, hoje seriamente negligenciados, com a intenção de estimar os dispêndios futuros a serem efetuados em função dos previsíveis impactos sistêmicos das decisões administrativas tomadas.

> Ou seja, antes de licitar, não se podem mais ignorar, candidamente, os custos ambientais, sociais e econômicos de cada escolha administrativa. Afinal, a má licitação quase sempre começa antes da abertura do procedimento licitatório (...). Nessa prospecção, o gestor público responsável não pode mais realizar juízos adstritos ao imediato ou à pressão empobrecedora do curto prazo, típico

comportamento daqueles que não apenas desprezam os princípios como se alienam a interesses secundários.³⁰

No mesmo prisma, as sensatas ponderações de Flávio Amaral Garcia e Leonardo Coelho Ribeiro:

> A inclusão de critérios de sustentabilidade ambiental em licitações públicas é um primeiro e importante passo que permite dar força a ideia de desenvolvimento sustentável, mudando os paradigmas de consumo pelos órgãos e entidades públicas, o que tem um importante efeito prático na forma como se comportam os agentes econômicos no país. As contratações sustentáveis, nesse particular, situam-se no contexto do que se chamou de "função regulatória da licitação", já que se propõem à concretização de outro valor constitucional.³¹

5.1.3 O Princípio do desenvolvimento sustentável no RDC

Na Lei do RDC, a sustentabilidade é realçada no art. 4º, que versa sobre diretrizes a serem observadas quando de sua adoção, matéria que será analisada no capítulo seguinte.

- No inc. III, quando faz menção aos parâmetros de aferição da maior vantagem para a Administração, considerando custos e benefícios, diretos e indiretos, de natureza social ou ambiental, inclusive os relativos à manutenção, ao desfazimento de bens e resíduos, ao índice de depreciação econômica e a outros fatores.
- No inc. IV, ao fazer menção a condições de aquisição, seguros, garantias e pagamento compatíveis com as do setor privado, inclusive mediante pagamento de

---

[30] FREITAS, Juarez. Licitações e sustentabilidade: ponderação obrigatória dos custos e benefícios sociais, ambientais e econômicos. Interesse Público – IP, Belo Horizonte, ano 13, n. 70, p. 1537, nov./dez. 2011.

[31] GARCIA, Flávio Amaral; RIBEIRO, Leonardo Coelho. Licitações públicas sustentáveis. Revista de Direito Administrativo – RDA, Rio de Janeiro, v. 260, p. 231-254, maio/ago. 2012.

remuneração variável conforme desempenho, na forma do art. 10, o qual informa que, na contratação das obras e serviços, inclusive de engenharia, poderá ser estabelecida remuneração variável vinculada ao desempenho da contratada, com base em metas, padrões de qualidade, critérios de sustentabilidade ambiental;
– No inc. V, que prevê a utilização, sempre que possível, nas planilhas de custos constantes das propostas oferecidas pelos licitantes, de mão de obra, materiais, tecnologias e matérias-primas existentes no local da execução, conservação e operação do bem, serviços ou obra, observada a economicidade, ou seja, a eficiência e o limite do orçamento estimado para a contratação;
– No parágrafo 1º, que associa o RDC ao desenvolvimento nacional sustentável ao determinar que as contratações dele decorrentes respeitem especialmente as normas relativas à: disposição final ambientalmente adequada dc resíduos sólidos gerados pelas obras contratadas (inc. I); mitigação por condicionantes e compensação ambiental, que serão definidas no procedimento de licenciamento ambiental (inc. II); utilização de produtos, equipamentos e serviços que, comprovadamente, reduzam o consumo de energia e de recursos naturais (inc. III); avaliação de impacto de vizinhança, na forma da legislação urbanística (inc. IV); proteção do patrimônio cultural, histórico, arqueológico e imaterial, inclusive por intermédio da avaliação do impacto direto ou indireto causado pelas obra (inc. V); acessibilidade para o uso por pessoa com deficiência ou com mobilidade reduzida (inc. VI).
– No parágrafo 2º, há a determinação de compensação, por meio de medidas determinadas pela autoridade responsável, no caso de impacto negativo sobre os bens do patrimônio cultural, histórico, arqueológico e imaterial tombados.

Alécia Paolucci Bicalho observa que, nessa seara, a Lei do RDC faz ainda menção aos contratos de eficiência, criados pelo art. 23 para a prestação de serviços, com a possibilidade de inclusão da realização de obras e o fornecimento de bens, com o objetivo de proporcionar economia à Administração, na forma de redução de despesa correntes.[32]

> Pela natureza das despesas destinatárias da economia buscada – despesas "correntes", mas tecnicamente de *custeio*, conforme redação proposta ao art. 23, §1º, da Lei nº 12.462/2011,[33] ou seja, que não contribuem para a aquisição de bem de capital –, o objetivo do contrato de eficiência deverá impactar positivamente o meio ambiente induzindo à realização do desenvolvimento nacional sustentável.[34]

Como bem anota a jurista, em tais situações, o critério de julgamento será o maior retorno econômico (art. 18, inc. V); o licitante deverá apresentar proposta de trabalho e de preços (art. 37 do Decreto nº 7.581/2011);[35] e o contratado será remunerado de acordo com a economia gerada, observadas

---

[32] Art. 23. No julgamento pelo maior retorno econômico, utilizado exclusivamente para a celebração de contratos de eficiência, as propostas serão consideradas de forma a selecionar a que proporcionará a maior economia para a administração pública decorrente da execução do contrato.

[33] Art. 12. A despesa será classificada nas seguintes categorias econômicas: DESPESAS CORRENTES: Despesas de Custeio (...) §1º Classificam-se como Despesas de Custeio as dotações para manutenção de serviços anteriormente criados, inclusive as destinadas a atender a obras de conservação e adaptação de bens imóveis.

[34] BICALHO, Alécia Paolucci Nogueira; MOTTA, Carlos Pinto Coelho. *RDC – Comentários ao Regime Diferenciado de Contratações*. 2. ed. Belo Horizonte: Fórum, 2014. p. 111.

[35] Art. 37. Nas licitações que adotem o critério de julgamento pelo maior retorno econômico, os licitantes apresentarão:
I – proposta de trabalho, que deverá contemplar:
a) as obras, serviços ou bens, com respectivos prazos de realização ou fornecimento; e
b) a economia que se estima gerar, expressa em unidade de medida associada à obra, bem ou serviço e expressa em unidade monetária; e
II – proposta de preço, que corresponderá a um percentual sobre a economia que se estima gerar durante determinado período, expressa em unidade monetária.

as regras do §3º do art. 23 da Lei do RDC,[36] caso a projeção de economia não se concretize.

5.1.4 Outros princípios a serem observados no uso do RDC

A Lei nº 12.462/2011 elenca os princípios anteriormente especificados. Entrementes, outros tantos princípios deverão ser utilizados nos certames que adotem o RDC, haja vista que são inerentes às condutas dos agentes públicos ao lidar com o dinheiro público. Consideramos que sete são fundamentais: competitividade, procedimento formal, adjudicação compulsória, padronização, finalidade, motivação e razoabilidade.

a) princípio da competitividade – princípio correlato ao da igualdade, uma vez que todos os interessados em contratar com a Administração devem competir em igualdade de condições.[37]

b) princípio do procedimento formal – pressupõe um rito administrativo formalizado, que informa que o procedimento licitatório caracteriza ato administrativo formal, seja ele praticado em qualquer esfera da Administração Pública.[38]

---

[36] Art. 23. No julgamento pelo maior retorno econômico, utilizado exclusivamente para a celebração de contratos de eficiência, as propostas serão consideradas de forma a selecionar a que proporcionará a maior economia para a administração pública decorrente da execução do contrato. (...)
3º Nos casos em que não for gerada a economia prevista no contrato de eficiência:
I – a diferença entre a economia contratada e a efetivamente obtida será descontada da remuneração da contratada;
II – se a diferença entre a economia contratada e a efetivamente obtida for superior à remuneração da contratada, será aplicada multa por inexecução contratual no valor da diferença; e
III – a contratada sujeitar-se-á, ainda, a outras sanções cabíveis caso a diferença entre a economia contratada e a efetivamente obtida seja superior ao limite máximo estabelecido no contrato.

[37] TCU. Acórdão nº 2579/2009, Plenário: "É vedado aos agentes públicos incluir nos atos de convocação condições que comprometam, restrinjam ou frustrem o caráter competitivo e estabeleçam preferências ou distinções impertinentes em relação aos interessados".

[38] Entretanto, o princípio do procedimento formal não significa que a Administração deva ser formalista ao extremo, a ponto de fazer exigências inúteis ou desnecessárias à licitação.

c) princípio da adjudicação compulsória ao vencedor da licitação – significa que, vencida a licitação, a Administração não poderá atribuir o objeto pretendido (adjudicar) a outro que não o vencedor da competição.[39]

d) princípio da padronização – aplicado por força do determinado no art. 4º da lei, que estabelece a padronização como diretriz nas licitações e contratos sob a égide do RDC.[40] Tal princípio objetiva evitar aquisições de bens ou contratações de obras ou serviços com diferenças nos componentes, na qualidade, na produtividade e na durabilidade, com implicações diretas e imediatas no estoque, na manutenção, na assistência técnica, no controle e na atividade administrativa.

O legislador considerou o princípio de tamanha importância nas situações de RDC que fez constar dispositivo surpreendente — jamais registrado em outros diplomas sobre o tema, nem mesmo naqueles mais avançados como o referente ao pregão (Lei nº 10.520/2002) — prevendo, no caso de licitação para aquisição de bens, que a Administração Pública poderá indicar marca ou modelo, desde que formalmente justificado, em decorrência da necessidade de padronização do objeto.

e) princípio da finalidade – que determina que a norma administrativa sempre seja interpretada e aplicada da maneira que melhor garanta a realização do fim público a que se dirige.

Conforme leciona Giovana Tavarnaro, é preciso que o agente público responsável examine, à luz das

---

[39] O vencedor adquire direito à adjudicação e não à contratação, pois, mesmo após adjudicar, a Administração, em nome do interesse público, poderá, justificadamente, revogar ou anular a licitação.

[40] Art. 4º Nas licitações e contratos de que trata esta lei serão observadas as seguintes diretrizes: I – padronização do objeto da contratação relativamente às especificações técnicas e de desempenho e, quando for o caso, às condições de manutenção, assistência técnica e de garantia oferecidas; II – padronização de instrumentos convocatórios e minutas de contratos, previamente aprovados pelo órgão jurídico competente.

circunstâncias do caso concreto, se o contrato a ser celebrado realmente atende ao interesse público almejado pela previsão normativa genérica.

Sobre a adoção do princípio, alerta, com proficiência, a jovem analista:

> Deve-se ressaltar que o que explica, justifica e confere sentido a uma norma é precisamente a finalidade a que se destina. A partir dela é que se compreende a racionalidade que lhe presidiu a edição. Logo, é na finalidade da lei que reside o critério norteador de sua correta aplicação, pois é em nome de um dado objetivo que se confere competência aos agentes da Administração.[41]

Averbe-se que o Princípio da Finalidade tem intrínseca relação com o Princípio do Interesse Público, que também há de ser observado nos contratos administrativos. Rui Cirne Lima ensina que tal princípio é traço essencial do Direito Administrativo: "A utilidade pública é a finalidade própria da Administração pública, enquanto provê à segurança do Estado, à manutenção da ordem pública e à satisfação de todas as necessidades da sociedade."[42]

f) princípio da motivação – que determina que a autoridade administrativa obriga-se a apresentar as razões que a levaram a tomar uma decisão. No caso dos contratos administrativos, portanto, deve o agente responsável apresentar os motivos que o levaram a decidir pela celebração. O princípio da motivação, como pondera Clóvis Celso Boechat,[43] deve ser considerado um dos mais importantes, uma vez que, sem a motivação, inexistirá o devido processo legal, pois a fundamentação surge como meio interpretativo da decisão para a viabilização do

---

[41] TAVARNARO, Giovana Harue Jojima. *Princípios do processo administrativo*. Disponível em: <http://www.kplus.com.br/materia.asp?co=104&rv=Direito>.
[42] LIMA, Rui Cirne. *Princípios do direito administrativo*. 5. ed. São Paulo: Revista dos Tribunais, 1982, p. 31.
[43] BOECHAT, Clóvis Celso Velasco. Em parecer emitido em 2007. p. 04

controle da legalidade dos atos da Administração. Hely Lopes Meirelles sempre defendeu que o ato discricionário, editado sob os limites da lei, confere ao administrador uma margem de liberdade para fazer um juízo de conveniência e oportunidade, o que demandaria a desnecessidade de motivação. No entanto, o entendimento majoritário, com o qual nos afinamos, é de que, mesmo no ato discricionário, há a condicionante da motivação, de modo que se tenha ciência de qual o caminho adotado pelo administrador.

g) princípio da razoabilidade – que impõe ao agente público agir com bom senso, cautela e moderação na tarefa de celebração de contratos administrativos. Suas atitudes hão de ser coerentes, ponderando a proporcionalidade entre os meios empregados e a finalidade a ser alcançada. Registre-se que parte preponderante da doutrina considera que o princípio, no âmbito do Direito Administrativo, tem sido adotado como forma de limitar o exercício da competência discricionária do administrador público.

É o que anota, por exemplo, Antônio Calhau de Resende:

> Este, no desempenho da função pública de concreção do direito, dispõe de poderes administrativos para melhor atender às conveniências da administração e às necessidades coletivas. A discricionariedade, como um desses poderes instrumentais, consiste na liberdade de ação dentro de critérios estabelecidos pelo legislador. Assim, se remanesce da norma certa margem de opção para o agente efetivar a vontade abstrata da lei, a autoridade deverá adotar a melhor medida para o atendimento da finalidade pública. Atitudes inadequadas, incoerentes, desequilibradas e desprovidas de fundamentação não podem estar amparadas pelo princípio em análise.[44]

---

[44] RESENDE. O princípio da razoabilidade dos atos do Poder Público. *Revista do Legislativo*, p. 56-57.

Relacionados os princípios, basilares para a correta conduta administrativa, resta refletir se aflorarão contradições práticas entre eles e o buscado no uso do RDC, que se circunscreve na necessidade da agilidade e da flexibilidade. Com a mesma preocupação, Alécia Paolucci Bicalho, anotando que a lógica do padrão brasileiro implica num controle feito por procedimentos burocráticos, e não por resultados, gerando tensão permanente entre os modelos burocrático e gerencial, pondera:

> Resta ainda saber, em nível prático, se há uma linha de consistência entre os princípios arrolados e os regramentos determinantes do comportamento administrativo, também inseridos na Lei nº 12.462/2011.[45]

---

[45] BICALHO, Alécia Paolucci Nogueira; MOTTA, Carlos Pinto Coelho. RDC – Comentários ao Regime Diferenciado de Contratações. 2. ed. Belo Horizonte: Fórum, 2014. p. 49.

CAPÍTULO 6

DIRETRIZES

Encerrando os aspectos gerais que envolvem o RDC, o art. 4º prevê as diretrizes que orientarão as licitações e as contratações.

Segundo a ciência da Administração, um bom processo de planejamento tem início com a fixação de objetivos, a partir dos quais são estabelecidas políticas, diretrizes e metas.

Diretrizes, como leciona Idalberto Chiavenato, são princípios estabelecidos que permitem o alcance dos objetivos pretendidos, sendo instrumentos utilizáveis para a localização dos meios adequados para seu atingimento.[1]

Ao estabelecer diretrizes, a Lei nº 12.462/2011 prescreveu normas procedimentais básicas e obrigatórias no RDC, sem as quais as licitações e os contratos fulcrados no regime diferenciado se desnaturariam.

6.1 As diretrizes do RDC

São diretrizes a serem adotadas nas licitações e contratações que utilizem o RDC:

a) padronização do objeto da contratação relativamente às especificações técnicas e de desempenho e, quando for o caso, às condições de manutenção, assistência técnica e de garantia oferecidas.

---

[1] CHIAVENATO. *Teoria geral da administração*, 6. ed., p. 387.

b) padronização de instrumentos convocatórios e minutas de contratos, previamente aprovados pelo órgão jurídico competente.
c) busca da maior vantagem para a administração pública, considerando custos e benefícios, diretos e indiretos, de natureza econômica, social ou ambiental, inclusive os relativos à manutenção, ao desfazimento de bens e resíduos, ao índice de depreciação econômica e a outros fatores de igual relevância.
d) condições de aquisição, de seguros e de pagamento compatíveis com as do setor privado, inclusive mediante pagamento de remuneração variável conforme desempenho, na forma do art. 10 da lei.
e) utilização, sempre que possível, nas planilhas de custos constantes das propostas oferecidas pelos licitantes, de mão de obra, materiais, tecnologias e matérias-primas existentes no local da execução, conservação e operação do bem, serviço ou obra, desde que não se produzam prejuízos à eficiência na execução do respectivo objeto e que seja respeitado o limite do orçamento estimado para a contratação.
f) parcelamento do objeto, visando à ampla participação de licitantes, sem perda de economia de escala.

6.1.1 Padronização do objeto

A primeira diretriz diz respeito ao princípio da padronização mencionado anteriormente. No inc. I do art. 4º, a lei determina, como linha de conduta nas licitações que adotem o RDC, a busca da padronização do objeto da contratação relativamente às especificações técnicas e de desempenho e, quando for o caso, às condições de manutenção, assistência técnica e de garantia oferecidas. É evidente que esse dispositivo se espelha no art. 15, inc. I, da Lei nº 8.666/1993, que, ao prever a necessidade de padronização nos objetos adquiridos pela Administração, determina a observação dos mesmos requisitos.

A padronização amplia em muito a eficiência da atividade administrativa, uma vez que, dentre outros importantes benefícios, reduz o tempo e os esforços da Administração por ocasião da contratação, além de constituir fator de redução de custos. É inconteste, portanto, que a padronização de equipamentos deve se constituir num objetivo constante da Administração, porquanto se configura como um mecanismo de racionalização de custos operacionais.

6.1.2 Padronização do instrumento convocatório e da minuta contratual

Atinente ao mesmo tema é a segunda diretriz: padronização de instrumentos convocatórios e minutas de contratos, previamente aprovados pelo órgão jurídico competente.

Para que seja respeitada essa diretriz, a Administração deverá, como asseveram Ronny Charles e Michellle Marry, homogeneizar as características técnicas de cada objeto licitado e o desempenho na sua execução, além, quando for o caso, das condições de manutenção, de assistência técnica e de garantia oferecidas:

> Com a padronização do objeto, serão otimizados os custos e superadas as dificuldades burocráticas para a precisa definição da pretensão contratual. Ademais, imagina-se que a padronização legítima incentivará a redução dos custos pelo aumento da competitividade, uma vez que o mercado terá conhecimento sobre os objetos que serão pretendidos nas eventuais licitações, reduzindo seus preços pela potencial economia de escala.[2]

Nesse contexto, trazem à colação a inteligência de Jessé Torres e Marinês Dotti,[3] que fixam as finalidades dessa conduta: facilidade na manutenção, substituição e operação de bens, sistemas e estruturas; aproveitamento de servidores já treinados para o manuseio de equipamentos ou serviços;

---

[2] CHARLES, Ronny; MARRY, Michelle. RDC – Regime diferenciado de contratações. Ed. Juspodivm, 2014, p. 33.
[3] PEREIRA JUNIOR, Jessé Torres; DOTTI, Marinês Restelatto. Diretrizes operacionais vinculantes do Regime Diferenciado de Contratações Públicas. *Fórum de Contratação e Gestão Pública – FCGP*, Belo Horizonte, ano 11, n. 132, p. 4463. dez. 2012.

adequação dos trabalhos administrativos a produto, projeto ou tecnologia já integrante do patrimônio público, com especificações técnicas definidas; e adaptação dos usuários às características operacionais, à compatibilidade de especificações técnicas e de desempenho já existentes.

A padronização tem nuances peculiares no RDC. A lei prevê a criação de um catálogo eletrônico de padronização de compras, serviços e obras (art. 33), o qual se instituirá por intermédio de "sistema informatizado, de gerenciamento centralizado, destinado a permitir a padronização dos itens a serem adquiridos pela administração pública que estarão disponíveis para a realização de licitação".

O art. 109 do Decreto nº 7.581/2011 define que esse catálogo configura o sistema informatizado destinado à padronização de bens, serviços e obras a serem adquiridos ou contratados pela Administração Pública (gerenciado, consoante prevê o parágrafo único, pela Secretaria de Logística e Tecnologia da Informação do Ministério do Planejamento, Orçamento e Gestão), o qual deverá conter: especificação de bens, serviços ou obras; a descrição de requisitos de habilitação de licitantes, conforme o objeto da licitação; modelos de instrumentos convocatórios, minutas de contratos, termos de referência; projetos de referência; e outros documentos necessários ao procedimento de licitação que possam ser padronizados (art. 110).

Impende registrar que o Catálogo Eletrônico de Padronização será destinado unicamente na hipótese de bens, serviços e obras que possam ser adquiridos ou contratados pelo critério de julgamento de menor preço ou maior desconto (§1º do art. 110).

No que tange às minutas de editais e contratos, prevê o art. 7º do Decreto nº 7.581/2011 que as comissões de licitação poderão optar entre elaborá-las ou adotar minuta padrão confeccionada pela Comissão do Catálogo Eletrônico de Padronização, submetendo-as ao órgão jurídico.

Essa faculdade, a nosso ver, não poderá ser exercida discricionariamente, devendo a Comissão de Licitação, em função de cada caso concreto, identificar a viabilidade ou não de utilizar as minutas padronizadas de instrumento convocatório e de contrato, que, por lógica, deverão ser adotadas preferencialmente.

6.1.2.1 A padronização do objeto pretendido pela Administração e a indicação de marcas

Não raro, os técnicos da Administração Pública concluem, após um processo de avaliação técnica, que ao Poder Público só interessa certo produto, muitas vezes, inclusive, culminando a avaliação com a marca.

No livro *Licitação Passo a Passo* (7ª edição), ao comentarmos o §5º do art. 7º[4] e o §7º do art. 15,[5] da Lei Geral de Licitações (Lei nº 8.666/1993), dissemos que a vedação da indicação de uma marca na licitação não constitui regra absoluta. Essa afirmativa se funda na concepção de que cabe ao intérprete analisar o Direito como um todo e não por intermédio de textos isolados. Verifica-se, por exemplo, que a Lei nº 8.666/1993 (inc. I do art. 15)[6] sinaliza para o atendimento às aquisições do Princípio da padronização.

Apesar de não existir conexão direta entre uma coisa e outra, evidencia-se que, em certas situações, a padronização determinará a fixação de uma marca num procedimento licitatório. Além disso, avista-se no inc. I do §1º do art. 3º[7]

---

[4] §5º – É vedada a realização de licitação cujo objeto inclua bens e serviços sem similaridade ou de marcas, características e especificações exclusivas, salvo nos casos em que for tecnicamente justificável, ou ainda quando o fornecimento de tais materiais e serviços for feito sob o regime de administração contratada, previsto e discriminado no ato convocatório.

[5] §7º - Nas compras deverão ser observadas, ainda:
I – a especificação completa do bem a ser adquirido sem indicação de marca;
II – a definição das unidades e das quantidades a serem adquiridas em função do consumo e utilização prováveis, cuja estimativa será obtida, sempre que possível, mediante adequadas técnicas quantitativas de estimação;
III – as condições de guarda e armazenamento que não permitam a deterioração do material.

[6] Art. 15 – As compras, sempre que possível, deverão:
I – atender ao princípio da padronização, que imponha compatibilidade de especificações técnicas e de desempenho, observadas, quando for o caso, as condições de manutenção, assistência técnica e garantia oferecidas.

[7] §1º – É vedado aos agentes públicos:
I – admitir, prever, incluir ou tolerar, nos atos de convocação, cláusulas ou condições

do mesmo diploma, que, ao vedar aos agentes públicos a inclusão, nos atos convocatórios das licitações, de cláusulas ou condições que restrinjam, comprometam ou frustrem o caráter competitivo e estabeleçam preferências ou distinções, a norma define que, estando plenamente demonstrado que inexiste o comprometimento, a restrição ou a frustração da competição, está autorizada a indicação da marca.

Sobre a matéria, a observação de Ronny Charles e Michelle Marry:

> A padronização não impõe, necessariamente, a escolha de uma única marca para atendimento da pretensão contratual, já que ela (a padronização) estará relacionada, principalmente, às especificações técnicas e de desempenho. Não obstante, é possível que a padronização implique, legitimamente, a escolha de uma marca específica, o que é admitido, em situação excepcional.[8]

Em síntese, havendo uma forte motivação, com uma justificativa sólida, concreta e insofismável, baseada em parecer técnico fundamentado, a indicação de marca no instrumento convocatório é plausível.

Observe-se o que o TCU sumulou sobre a questão: "em licitações referentes a compras, inclusive de softwares, é possível a indicação de marca, desde que seja estritamente necessária para atender a exigências de padronização e que haja prévia justificação." (Súmula 270)

Vide que a Corte de Contas federal só considerou irregular a especificação de certo produto pela sua marca, em desacordo com o inciso I do art. 25 da Lei nº 8.666/1993, em função da não comprovação da compatibilidade, a padronização e a portabilidade que justificariam a contratação direta:

---

que comprometam, restrinjam ou frustrem o seu caráter competitivo, inclusive nos casos de sociedades cooperativas, e estabeleçam preferências ou distinções em razão da naturalidade, da sede ou do domicílio dos licitantes ou de qualquer outra circunstância impertinente ou irrelevante para o específico objeto do contrato, ressalvado o disposto nos §§5o a 12 deste artigo e no art. 3o da Lei no 8.248, de 23 de outubro de 1991;

[8] CHARLES, Ronny; MARRY, Michelle. *RDC – Regime diferenciado de contratações*. Salvador: Juspodivm, 2014, p. 34.

Acórdão 723/2005 – Plenário – Considerou-se irregularidade a especificação do produto pela sua marca, em desacordo com o inciso I do art. 25 da Lei no 8.666/1993, sem que restassem comprovadas, [...] a compatibilidade, a padronização e a portabilidade que justificariam a contratação direta.

Caso, entretanto, o produto esteja sendo comercializado em diversos locais, não haverá a caracterização de inviabilidade de competição, sendo obrigatória, por conseguinte, a elaboração de licitação.

6.1.3 Empenho para o alcance da maior vantagem para a Administração

A terceira diretriz diz respeito à busca de maior vantagem para a Administração Pública.

A Lei Geral de Licitações preconiza que os agentes públicos responsáveis pelas licitações devem selecionar a proposta mais vantajosa para a Administração (art. 3º). Como registramos na obra *Licitação Passo a Passo* (7ª ed.), o diploma impõe a regra, mas não define a conduta, motivo pelo qual asseveramos que "é óbvio que a proposta mais vantajosa para a Administração será aquela que apresentar o menor dispêndio de dinheiro público para a efetivação da contratação, o que nem sempre se reflete na proposta cujo preço é o menor".

Diferentemente, a Lei do RDC, atendendo ao Princípio do desenvolvimento sustentável, aponta um norte: para atingir essa diretriz, a Administração deverá considerar custos e benefícios, diretos e indiretos, de natureza econômica, social ou ambiental, inclusive os relativos à manutenção, ao desfazimento de bens e resíduos, ao índice de depreciação econômica e a outros fatores de igual relevância.

6.1.4 Condições compatíveis com as do setor privado

A quarta diretriz prevê que as licitações e contratações que adotarem o RDC deverão estabelecer condições de aquisição, de seguros e de pagamento compatíveis com as do setor privado, inclusive mediante pagamento de remuneração variável conforme desempenho, na forma do art. 10 da lei.

A determinação guarda semelhança com o regrado no inc. III, do art. 15, da Lei Geral de Licitações, que prevê que as compras, sempre que possível, deverão submeter-se às condições de aquisição e pagamento semelhantes às do setor privado.

Verifica-se, no entanto, que a Lei do RDC foi além, incluindo a igualdade de condições também para os seguros. Com relação à forma de pagamento, a Lei nº 12.462/2011 traz novidade interessante: a remuneração variável de acordo com o seu desempenho (art. 10), matéria que se avaliará posteriormente.

A vinculação da remuneração do contratado ao cumprimento de metas e aspectos de qualidade já consta expressamente na Lei das Parcerias Público-Privadas (art. 6º da Lei nº 11.079/2004).[9]

Na análise do artigo da Lei das PPP, enfatizamos:

> Outro aspecto a destacar é a possibilidade da remuneração ser fixada de acordo com o desempenho do parceiro privado. Atrelar o pagamento da Administração à performance do contratado é, efetivamente, uma inovação alvissareira. Far-se-á necessário, para o alcance dessa inovação, que o instrumento convocatório da licitação preveja, com bastante acuidade, os critérios de medição, uma vez que, quanto maior for o padrão de qualidade dos serviços, maior será a remuneração.[10]

Egon Bockmann e Fernando Vernalha tratam da questão com desenvoltura, chamando a atenção para o pouco uso da técnica no âmbito das contratações públicas brasileiras, a não ser para as concessões:

---

[9] Lei nº 11.079/2004, art. 6º: "A contraprestação da Administração Pública nos contratos de parceria público-privada poderá ser feita por: (...) Parágrafo único. O contrato poderá prever o pagamento ao parceiro privado de *remuneração variável* vinculada ao seu desempenho, conforme metas e padrões de qualidade e disponibilidade definidos no contrato".

[10] BITTENCOURT. *Parceria Público-Privada passo a passo*: comentários à Lei nº 11.079/04, que institui normas gerais para licitação e contratação de PPP na Administração Pública, 2. ed., p. 108.

É verdade que, embora viável, a técnica não é cultuada na prática dos contratos administrativos gerais. São raras as configurações que envolvam variáveis de remuneração baseadas no desempenho do prestador. (...) Já no terreno das concessões são mais usuais configurações remuneratórias que pressuponham o cumprimento de metas de qualidade e de disponibilidade pelo concessionário. Lembre-se que a disponibilização de certas parcelas do serviço pode constituir-se pressuposto á cobrança de tarifa pelo concessionário, assim como o dever de atingir certos níveis de eficiência e qualidade (cumprindo-se metas de universalização, inclusive) pode traduzir condição contratual para a aplicação de reajustamento ou de deflator incidente sobre a receita (tarifária) do concessionário. Além disso, uma via de controle do desempenho do concessionário usualmente adotada na prática das concessões está na previsão de sancionamento a hipóteses de inadimplemento contratual (cuja tipificação pode envolver o cumprimento de metas de disponibilidade e de qualidade do serviço). É perceptível, contudo, que a experiência histórica com as concessões no Brasil (desde o seu ciclo mais recente, a partir das autorgas efetuadas em 1995) prestigiou técnicas repressivas de ajustamento da conduta do concessionário ao alcance de metas de qualidade e de disponibilidade (prevendo-se multas, por exemplo, associadas ao não cumprimento de níveis de disponibilidade e de qualidade). Essa via produz certos efeitos práticos — econômicos e jurídicos — que não podem ser desconsiderados. Por um lado e sob um ângulo econômico, a penalização pecuniária não atinge a receita propriamente do concessionário, mas se revela na criação de novos custos. Isso permite ao concessionário valer-se de estratégias e expedientes protelatórios, pois o ônus não se produz automaticamente (...) operando efeitos econômicos somente após o desenvolvimento regular de processo administrativo pautado pelas garantias jurídicas inerentes ao regime sancionador. Por outro lado — e sob um ângulo jurídico —, a imposição de penalidade (alternativamente à opção pela redução automática da receita), como providência sancionadora que é, não pode estabelecer-se sem o devido respeito aos princípios e regras inerentes ao regime jurídico sancionador, que garantem ao concessionário amplo e adequado processo pautado pelas garantias do contraditório e da ampla defesa. Isso importa dissociar o momento da criação do ônus do momento de sua efetiva realização, deslocando a absorção do ônus para momento futuro.[11]

---

[11] MOREIRA; GUIMARÃES. *Licitação pública*, p. 190-191.

6.1.5 Uso de mão de obra, materiais, tecnologias e matérias-primas locais

A quinta diretriz privilegia a utilização, sempre que possível, nas planilhas de custos constantes das propostas oferecidas pelos licitantes, de mão de obra, materiais, tecnologias e matérias-primas existentes no local da execução, conservação e operação do bem, serviço ou obra, desde que não se produzam prejuízos à eficiência na execução do respectivo objeto e que seja respeitado o limite do orçamento estimado para a contratação.

A Lei Geral de Licitações já prevê idêntica conduta (inc. IV do art. 12), dispondo sobre a possibilidade de emprego de mão de obra, materiais, tecnologia e matérias-primas existentes no local para execução, conservação e operação.

Tal prática se enquadra nas chamadas "Ações governamentais de logística sustentável". A intenção é buscar eficiência com a adequação do objeto às características e circunstâncias locais. A função social do contrato administrativo, inserida na ideia de sustentabilidade, admite, sem sobra de dúvida, a promoção do emprego local. Destarte, a utilização do poder de compra governamental para gerar emprego, renda e promover a distribuição das riquezas é fator preponderante para o alcance das obras públicas sustentáveis.

Nesse cenário, prepondera, indubitavelmente, o estímulo à maior participação das microempresas e empresas de pequeno porte nas contratações públicas.

Focando a questão, Jair Eduardo Santana e Verônica Vaz de Melo testificam que, no mínimo, essa prática representa uma política governamental que tem por objetivos: o aumento da circulação de riquezas nos Estados, Municípios e na própria União; o fortalecimento do empreendedorismo; o incremento de pequenos negócios; o crescimento da economia; a potencialização do número de postos de trabalho e a redução das desigualdades sociais.[12]

---

[12] SANTANA, Jair Eduardo; MELO, Verônica Vaz de. Relativização da obrigatoriedade

Obviamente, a cogitação do uso preferencial não afasta a possibilidade dos licitantes formatarem seus preços levando em consideração dados referentes à mão de obra, materiais, etc. pertinentes a outros lugares, pois pode ocorrer que a utilização de componentes locais resulte em prejuízos na eficiência do objeto pretendido. Importa, portanto, que a mão de obra, os materiais, as tecnologias e as matérias-primas indicados na planilha de formação de custos estejam aptos à satisfatória execução do objeto e, evidentemente, no patamar orçamentário estimado para a contratação.

6.1.6 Parcelamento do objeto

A última diretriz para as licitações e contratações que venham a adotar o RDC é a busca do parcelamento do objeto, visando à ampla participação de licitantes, desde que não ocorra a perda de economia de escala.

Também nesse caso, a situação já havia sido expressamente regulada pela Lei Geral de Licitações, no inc. IV do art. 15[13] e no §1º do art. 23,[14] ainda que de modo mais brando.

Uma das vantagens do parcelamento do objeto reside na ampliação do número de licitantes, situação que atende plenamente os princípios da competitividade, da igualdade e da eficiência.

Sobre a "economia de escala", já dispusemos que a condição de preservação para a fixação do quantitativo

---

do pregão eletrônico diante da necessidade de se promover o desenvolvimento local e regional. *Revista O Pregoeiro*, Ed. Negócios Jurídicos, junho 2013.

[13] Lei nº 8.666/1993, art. 15: "As compras, sempre que possível, deverão: (...) IV – ser subdivididas em tantas parcelas quantas necessárias para aproveitar as peculiaridades do mercado, visando economicidade".

[14] Lei nº 8.666/1993, art. 23: "As modalidades de licitação a que se referem os incisos I a III do artigo anterior serão determinadas em função dos seguintes limites, tendo em vista o valor estimado da contratação: (...) §1º As obras, serviços e compras efetuadas pela administração serão divididas em tantas parcelas quantas se comprovarem técnica e economicamente viáveis, procedendo-se à licitação com vistas ao melhor aproveitamento dos recursos disponíveis no mercado e à ampliação da competitividade, sem perda da economia de escala".

mínimo traz preocupação.[15] Economia de escala (ou rendimento de escala) relaciona-se a uma análise de longo prazo, quando se pressupõe que todos os fatores de produção de um bem sejam variáveis, incluindo-se o tamanho (ou escala) da empresa. Representa, em última análise, a resposta da quantidade produzida a uma variação da quantidade utilizada de todos os fatores de produção. Ocorre quando a variação na quantidade da produção é mais do que proporcional à variação da quantidade utilizada dos fatores de produção. Por exemplo, aumentando-se a utilização dos fatores em 5%, o produto cresce 10%, ou seja, equivale a dizer que a produtividade dos fatores aumentou. Verifica-se, portanto, que a "economia de escala" está totalmente voltada para a produção de cada empresa, cujos fatores são intrínsecos a cada uma, atrelados ao seu dia a dia, às suas necessidades, aos seus interesses e objetivos. Como, então, com base no conceito esposado, se condicionaria uma quantidade mínima de bens a ser adquirida pela Administração à preservação da economia de escala?

A nosso ver, na hipótese de contratações públicas, a admissão seria cabível quando não relacionada à expressão ao seu sentido estrito, mas sim ao conceito genérico que ela carrega, atribuindo-se a uma economia de rendimento interna da Administração, voltada exclusivamente para os seus custos internos. Um exemplo prático: uma possível aquisição de 20 toneladas de café por parte de certo órgão público, em que descaberia a apresentação de proposta, por parte de um licitante, de 5 quilogramas do produto, diante dos transtornos de toda ordem que tal fato acarretaria. Dessa forma, buscando uma "economia de escala" na aquisição, adotando-se o significado mais amplo possível da expressão, estaria a Administração autorizada a estabelecer um quantitativo mínimo, de modo a não se desestabilizar todo o procedimento.

---

[15] BITTENCOURT. *Licitação passo a passo*: comentando todos os artigos da Lei nº 8.666/93, 6. ed., p.174-175.

Vide que o TCU, ao exigir a adjudicação por item — que constitui, evidentemente, a regra —, reconheceu a possibilidade do parcelamento:

> É obrigatória a admissão da adjudicação por item e não por preço global, nos editais das licitações para a contratação de obras, serviços, compras e alienações, cujo objeto seja divisível, desde que não haja prejuízo para o conjunto ou complexo ou perda de economia de escala, tendo em vista o objetivo de propiciar a ampla participação de licitantes que, embora não dispondo de capacidade para a execução, fornecimento ou aquisição da totalidade do objeto, possam fazê-lo com relação a itens ou unidades autônomas, devendo as exigências de habilitação adequar-se a essa divisibilidade (Súmula 247).

Em termos operacionais, ao definir, no art. 4º, que, na fase interna da licitação, a Administração elaborará os atos e expedirá os documentos necessários para caracterização do objeto a ser licitado e definição dos parâmetros da competição, o Decreto Regulamentar nº 7.581/2011 prevê, no inc. IX, a elaboração da justificativa da vantagem do parcelamento do objeto da licitação em lotes ou parcelas, de modo a aproveitar as peculiaridades do mercado e ampliar a competitividade, desde que a medida seja viável técnica e economicamente e não haja perda de economia de escala.[16]

6.2 Normas a serem respeitadas no RDC

Evidentemente, além das diretrizes a serem seguidas, as contratações realizadas com base no RDC obrigar-se-ão a atender diversas normas vigentes correlatas.

Nesse passo, o §1º do art. 4º chama a atenção para algumas dessas normas, em caráter especial, que, consoante o já frisado, possuem conexão direta com as denominadas *licitações sustentáveis*:

---

[16] Além da possibilidade do parcelamento do objeto, a Lei nº 12.462/2011 também estabelece uma espécie de fracionamento de serviços. Essa possibilidade consta no Decreto nº 7.581/2011 como "contratação simultânea" (arts. 71 e 72). O assunto será analisado ao longo deste trabalho.

a) disposição final ambientalmente adequada dos resíduos sólidos gerados pelas obras contratadas.
b) mitigação por condicionantes e compensação ambiental, que serão definidas no procedimento de licenciamento ambiental.
c) utilização de produtos, equipamentos e serviços que, comprovadamente, reduzam o consumo de energia e recursos naturais.
d) avaliação de impactos de vizinhança, na forma da legislação urbanística.
e) proteção do patrimônio cultural, histórico, arqueológico e imaterial, inclusive por meio da avaliação do impacto direto ou indireto causado pelas obras contratadas.
f) acessibilidade para o uso por pessoas com deficiência ou com mobilidade reduzida.

As licitações sustentáveis,[17] como registramos em livro específico,[18] podem ser conceituadas como as competições públicas, objetivando contratações efetuadas pelo Poder Público que consideram critérios sociais, espaciais, culturais, políticos, econômicos e, sobretudo, ambientais, em todos os estágios de seu processo, transformando o poder de compra do Estado em um fortíssimo indutor do desenvolvimento sustentável. Afinal, como observa Martin Dietrich Brauch, governos são consumidores influentes, suas decisões de compra podem afetar as deliberações de empresas quanto à qualidade de seus bens e serviços, bem como as dos outros consumidores. Por isso, as licitações e contratações públicas podem atuar como um poderoso incentivador de sustentabilidade, provendo incentivos para investimento, inovação e

---

[17] Também conhecidas como "compras verdes", "compras públicas sustentáveis", "ecoaquisições", "licitações positivas" ou "compras ambientalmente amigáveis".
[18] BITTENCOURT, Sidney. *Licitações Sustentáveis* – o uso do poder de compra do Estado fomentando o desenvolvimento nacional sustentável. Belo Horizonte: Del Rey, 2014.

expansão de empresas, bens, serviços e infraestrutura sustentáveis nos setores público e privado.[19]

A lei também registra uma válida preocupação quanto ao impacto negativo sobre os bens do patrimônio cultural, histórico, arqueológico e imaterial tombados. Nesse aspecto, o §2º do art. 4º determina a compensação por intermédio de medidas determinadas pela autoridade responsável, na forma da legislação aplicável.

Anote-se que este dispositivo e o anterior ensejaram a interposição de ação direta de inconstitucionalidade (ADI nº 4.655), pela Procuradoria Geral da República, sob o argumento de ofensa ao art. 225, §1º, IV, da CF.

De acordo com o argumentado na ADI, os preceptivos não podem ser interpretados no sentido de que, havendo obras ou atividades potencialmente causadoras de danos ambientais/culturais, sejam aplicadas apenas medidas mitigadoras e/ou compensatórias. O estudo de impacto ambiental, previsto na CF, no entendimento da Procuradoria Geral da República, seria o instrumento adequado para se avaliar a extensão do dano, cabendo a ele, mediante ponderação de interesses, distinguir se é possível e conveniente a realização da obra ou a prestação do serviço, e em quais condições esta e/ou aquela poderão se desenvolver.

---

[19] BRAUCH, Martin Dietrich. Licitações e Contratações Sustentáveis no Governo do Estado de São Paulo: Um estudo de caso aprofundado. Geneva: The International Institute for Sustainable Development, 2012. p. 1.

CAPÍTULO 7

AS VEDAÇÕES DO RDC

No art. 36, a Lei do RDC alude a pré-requisitos a serem avaliados para participação em licitação de obra ou serviços que adotem o regime diferenciado, apontando, nos incisos I a IV, os que não poderão participar direta ou indiretamente nas licitações:
   a) pessoa física ou jurídica que elaborar o projeto básico ou executivo correspondente.
   b) pessoa jurídica que participar de consórcio responsável pela elaboração do projeto básico ou executivo correspondente.
   c) pessoa jurídica da qual o autor do projeto básico ou executivo seja administrador, sócio com mais de 5% (cinco por cento) do capital votante, controlador, gerente, responsável técnico ou subcontratado.
   d) servidor, empregado ou ocupante de cargo em comissão do órgão ou entidade contratante ou responsável pela licitação.

O §1º, entrementes, estabelece uma exceção: afasta as vedações elencadas em a), b) e c) para as contratações integradas, isto é, aquelas que compreenderem a elaboração e o desenvolvimento dos projetos básico e executivo, a execução de obras e serviços de engenharia, a montagem, a realização de testes, a pré-operação e todas as demais operações necessárias e suficientes para a entrega final do objeto (§1º, do art. 9º, da Lei do RDC). A exceção é evidente, pois, como discerne a definição legal, nessa forma de execução a realização do projeto básico e executivo também são encargos do contratado.

O regime da contratação integrada para a execução de obras e serviços de engenharia constitui um dos pontos mais discutidos da Lei do RDC.[1]

Luis Wagner Mazzaro Almeida Santos e Luiz Sérgio Madeiro da Costa comentam sobre o novo regime:

> Talvez o ponto mais polêmico, em nosso entender, no RDC, seja a possibilidade de licitação e contratação conjunta dos projetos básico e executivo de um empreendimento (...).
>
> Isto talvez chegue a ser, valendo uma boa reflexão, uma verdadeira rendição de órgãos de controle e de organizações de auditoria de obras, que sempre lutaram por precisas definições e elaborações de projetos básicos, que pudessem alicerçar as fases posteriores de uma boa licitação.
>
> Agora, no RDC, prevê-se um anteprojeto que não permite vislumbrar uma segurança para o projeto executivo e a eficiência, adequação e qualidade final do empreendimento. A essa imprecisão (...) que pretende substituir, digamos assim, o verdadeiro projeto básico, junta-se o fato de que ambos os projetos, básico e executivo, poderão ser elaborados, licitados e contratado em conjunto, o que, não podemos nos furtar a esse comentário, cria uma paradoxal vantagem ao candidato a executor da obra.[2]

Mas, apesar da contratação integrada apresentar-se como um o risco de restrição à concorrência e às empresas de pequeno porte, nela vislumbra-se ao menos um avanço em termos de gestão.

---

[1] Os outros regimes admitidos já são conhecidos no ordenamento jurídico licitatório: empreitada por preço unitário; empreitada por preço global; contratação por tarefa; e empreitada integral, conforme preceitua o art. 8º da Lei do RDC. O §1º deste art. 8º indica que, nas licitações e contratações de obras e serviços de engenharia, serão adotados, preferencialmente, os regimes empreitada por preço global, empreitada integral e contratação integrada. Na hipótese de inviabilidade, prescreve o §2º que poderá ser adotado outro regime previsto no dispositivo, hipótese em que deverão ser inseridos nos autos do processo os motivos que justificaram a exceção.

[2] SANTOS; COSTA. O RDC e outras mudanças recentes em licitações, contratos e convênios: impactos na auditoria de obras públicas.

André Luiz Francisco da Silva Vital também avalia dessa maneira:

> No que tange à contratação de forma integrada, destaca-se o risco de haver restrição à concorrência e o banimento das empresas de menor porte. Por outro lado, há que se reconhecer, ela facilita a gestão do empreendimento por parte da Administração Pública.[3]

Vê-se que, no geral, o dispositivo segue os passos da Lei nº 8.666/1993, porquanto repete, com leves adaptações, o seu art. 9º.[4]

Parece claro que predominou na cabeça do legislador a ideia de afastar qualquer tipo de risco ao princípio da competitividade, impedindo a participação no certame daqueles que, teoricamente, teriam condições diferenciadas com flagrantes benefícios.

Dispõe o artigo, no inc. III, pela vedação de participação nos certames dos sócios que detenham mais de 5% do capital com direito a voto. Persistindo na falha que detectamos na Lei nº 8.666/1993, ao fazer alusão aos acionistas, esqueceu-se o legislador da existência de outros tipos societários, como exemplo as sociedades por cotas de responsabilidade limitada. O termo "acionista", portanto, não deve ser encarado no estrito sentido que lhe dá o Direito (sociedade por ações, amparada pela chamada Lei das S.A.), mas sim numa acepção genérica e abrangente, açambarcando os vários tipos de "controladores", das diversas espécies de pessoas jurídicas existentes.

---

[3] VITAL. Regime Diferenciado de Contratações: parecer.
[4] Lei nº 8.666/1993, art. 9º: "Não poderá participar, direta ou indiretamente, da licitação ou da execução de obra ou serviço e do fornecimento de bens a eles necessários:
I – o autor do projeto, básico ou executivo, pessoa física ou jurídica;
II – empresa, isoladamente ou em consórcio, responsável pela elaboração do projeto básico ou executivo ou da qual o autor do projeto seja dirigente, gerente, acionista ou detentor de mais de 5% (cinco por cento) do capital com direito a voto ou controlador, responsável técnico ou subcontratado;
III – servidor ou dirigente de órgão ou entidade contratante ou responsável pela licitação".

7.1 A participação do autor do projeto como consultor ou técnico

Também na trilha da Lei Geral de Licitações, o §3º autoriza o autor do projeto ou da empresa a participar como consultor ou técnico, nas funções de fiscalização, supervisão ou gerenciamento, desde que a serviço da Administração interessada. Registre-se que, nesse caso, ainda que de maneira indireta, estabelece a lei mais uma forma de contratação direta (com afastamento da licitação).

7.2 A participação indireta

O §4º tem a função de estabelecer o que seria, para os fins da lei, a participação indireta, baseando-se no princípio da impessoalidade. Assim, considera participação indireta a existência de qualquer vínculo de natureza técnica, comercial, econômica, financeira ou trabalhista entre o autor do projeto, pessoa física ou jurídica, e o licitante ou responsável pelos serviços, fornecimentos e obras, incluindo-se os fornecimentos de bens e serviços a estes necessários. O §5º estende a vedação aos membros da comissão de licitação.

Em resumo, na possibilidade de ocorrência de qualquer tipo de influência na licitação, há o que o Direito denomina "suspeição".

7.3 A elaboração do projeto executivo pelo contratado

No mesmo passo da Lei Geral de Licitações, o §2º preconiza que, nas licitações para a contratação de obras ou serviços, as vedações do artigo não consignam impedimento à previsão de que a elaboração de projeto executivo constitua encargo do contratado, consoante preço previamente fixado pelo Poder Público. Assim, o autor do projeto executivo poderá ser o próprio contratado, desde que conste no instrumento convocatório da licitação a solicitação de proposição de preços para sua confecção.

7.4 Vedações referentes à contratação direta

O art. 37 estabelece vedações à contratação com o afastamento da licitação (contratação direta). Pelos seus termos, a Administração está proibida de contratar pessoa jurídica na qual exista administrador ou sócio com poder de direção que mantenha relação de parentesco, inclusive por afinidade, até o terceiro grau civil com: (a) detentor de cargo em comissão ou função de confiança que atue na área responsável pela demanda ou contratação; ou (b) autoridade hierarquicamente superior no âmbito de cada órgão ou entidade da Administração Pública.

Repisa-se que o dispositivo veda, para as situações expostas, tão somente a contratação sem licitação.

Malgrado seu mérito, altamente moralizador, o art. 37 deve ser interpretado com cautela, pois, como bem visualizou Renato Monteiro de Rezende, na hipótese de empresa de parente de autoridade superior, não deixa claro se a referência a cada órgão ou entidade da Administração Pública envolve todos os órgãos e entes da Administração Pública ou apenas o promotor da contratação.

> Se se refere a todos os órgãos e entes, o dispositivo se revela inconstitucional, por ferir o princípio da proporcionalidade. Com efeito, não se afigura razoável proibir, por exemplo, que empresa pertencente a parente em 3º grau de um Secretário de Estado de Rondônia celebre contrato com o Estado do Rio de Janeiro, ainda que a vedação diga respeito exclusivamente a contratações sem licitação.[5]

---

[5] REZENDE. O Regime Diferenciado de Contratações Públicas: comentários à Lei nº 12.462, de 2011. *Textos para Discussão*, n. 100.

CAPÍTULO 8

SEQUÊNCIA DE ATOS PARA A VALIDADE DA LICITAÇÃO

Os atos licitatórios desenvolvem-se em sequência, com início na requisição (ou no planejamento), prosseguindo até o resultado intentado, qual seja, a proposta vencedora do certame com vistas à celebração do respectivo contrato ou à emissão de documento substitutivo correspondente.

Essa sequência possui duas etapas (ou fases) distintas:
a) a interna (ou preparatória), na qual a Administração Pública estabelece todas as condições do instrumento convocatório da licitação, antes de levá-lo ao conhecimento público, referindo-se, portanto, ao trabalho de preparação do processo no âmbito interno.[1]
b) a externa (ou de execução), que tem início com a publicação do aviso do edital ou com expedição do convite.

Nesse diapasão, o art. 12 da Lei nº 12.462/2011 elenca as fases procedimentais das licitações. Segundo o dispositivo, tais etapas deverão ocorrer, necessariamente, na seguinte ordem:
a) preparatória (ou interna).
b) publicação do instrumento convocatório.

---

[1] TCU – Acórdão 2684/2008 – Plenário – A ausência de cumprimento da fase interna da licitação inviabiliza o conhecimento integral do objeto que se pretende contratar e as estimativas de custos a ele inerentes. A realização da fase interna da licitação é condição prévia essencial à contratação, inclusive nos casos de dispensa ou inexigibilidade de licitação.

c) apresentação de propostas ou lances.
d) julgamento.
e) habilitação.
f) recursal.
g) encerramento.

A lei ressalva, entretanto, que a fase de habilitação poderá, mediante ato motivado, anteceder a de apresentação de propostas ou lances e a de julgamento, desde que expressamente previsto no instrumento convocatório (parágrafo único).

8.1 A fase preparatória (ou interna) da licitação

A fase interna da licitação (ou preparatória, como mencionado no inc. I do art. 12 da Lei nº 12.462/2011) reúne atos sequenciais a serem obrigatoriamente observados. Trata-se de etapa importante, porquanto, durante o seu transcorrer, a Administração tem plenas condições de acertar as falhas porventura verificadas, sem a obrigação de revogar ou anular atos praticados (exemplos: a não observância de normas constitucionais, legais ou regulamentares; falhas formais no instrumento convocatório; falta de informações fundamentais; textos dúbios etc.).

O Capítulo II, do Título II (Procedimento da Licitação), do Decreto nº 7.581/2011, cuida, ao longo de seus artigos (4º ao 12), da fase interna das licitações do RDC.

Inicialmente, os arts. 4º e 5º (Seção I) dão vezo à parte introdutória da licitação.

O art. 4º define que, nessa fase, a Administração elaborará os atos e expedirá os documentos necessários para caracterização do objeto a ser licitado e para delimitação dos parâmetros do certame.

Devido à dificuldade de registro de todos os possíveis atos dessa etapa num documento regulamentar, o decreto apenas elenca os mais comuns:
    a) a justificativa da contratação e da adoção do RDC.
    b) a definição:
        – do objeto da contratação;
        – do orçamento e preço de referência, remuneração ou prêmio, conforme critério de julgamento adotado;

- dos requisitos de conformidade das propostas;
- dos requisitos de habilitação;
- das cláusulas que deverão constar do contrato, inclusive as referentes a sanções e, quando for o caso, a prazos de fornecimento; e
- do procedimento da licitação, com a indicação da forma de execução, do modo de disputa e do critério de julgamento.

c) a justificativa técnica, com a devida aprovação da autoridade competente, no caso de adoção da inversão de fases prevista no parágrafo único do art. 14 (que analisaremos oportunamente).

d) a justificativa para:
   - a fixação dos fatores de ponderação na avaliação das propostas técnicas e de preço, quando escolhido o critério de julgamento por técnica e preço;
   - a indicação de marca ou modelo;
   - a exigência de amostra;
   - a exigência de certificação de qualidade do produto ou do processo de fabricação; e
   - a exigência de carta de solidariedade emitida pelo fabricante.

e) a indicação da fonte de recursos suficiente para a contratação.

f) a declaração de compatibilidade com o plano plurianual, no caso de investimento cuja execução ultrapasse um exercício financeiro.

g) o termo de referência que contenha conjunto de elementos necessários e suficientes, com nível de precisão adequado, para caracterizar os serviços a serem contratados ou os bens a serem fornecidos.

h) o projeto básico ou executivo para a contratação de obras e serviços de engenharia.

i) a justificativa de vantagem da divisão do objeto da licitação em lotes ou parcelas para aproveitar as peculiaridades do mercado e ampliar a competitividade, desde que a medida seja viável técnica

e economicamente e não haja perda de economia de escala.
j) o instrumento convocatório.
k) a minuta do contrato, quando houver.
l) o ato de designação da comissão de licitação.

O art. 5º prevê que tanto os termos de referência como os projetos básicos e executivos poderão estabelecer requisitos de sustentabilidade ambiental, além dos previstos na legislação aplicável.

Evidentemente, alguns atos, de tão explícitos, se explicam por si só, não necessitando de maiores explicações. A definição precisa do objeto licitado e a vedação a exigências desnecessárias, por exemplo, constitui elemento fundamental para o bom andamento de qualquer licitação.

Outros atos, entretanto, são merecedores de comentários, tais como o termo de referência, a previsão de requisitos de sustentabilidade ambiental etc.

8.1.1 O termo de referência

Na modalidade de licitação pregão, o regulamento aprovado pelo Decreto Federal nº 3.555/2000 cunhou a expressão "termo de referência", informando que se trata do documento que conterá os elementos capazes de propiciar a avaliação do custo da Administração, diante de um orçamento detalhado, considerando: os preços praticados no mercado; a definição dos métodos; a estratégia de suprimento e o prazo previsto para a execução do objeto, sendo obrigatório tanto para serviços quanto para compras.

Posteriormente, o Decreto Federal nº 5.450/2005 (que regulamenta o pregão na forma eletrônica) definiu o "termo de referência" como o documento que conterá elementos que propiciem a avaliação do custo pela Administração diante de orçamento detalhado, a definição dos métodos, a estratégia de suprimento, valor estimado em planilhas considerando os preços praticados no mercado, cronograma físico financeiro (se for o caso), critério de aceitação do objeto, deveres do contratado e do contratante, procedimentos de fiscalização e gerenciamento do contrato, prazo de execução contratual e sanções.

Assim, antes da realização de pregão (presencial ou eletrônico), a exemplo de projeto básico, a Administração deverá elaborar um termo de referência, com indicação precisa, suficiente e clara do objeto, sendo vedadas especificações que, por excessivas, irrelevantes ou desnecessárias, limitem ou frustrem a competição ou sua realização.

Sobre o assunto, comentamos em obra específica que inexiste previsão na Lei nº 10.520/2002 (a Lei do Pregão) da elaboração do chamado "termo de referência", mas, tão somente, nos regulamentos, tanto no do eletrônico, como no do presencial.

Nesse passo, entendemos que o processo licitatório deve ser instruído com o termo de referência, que trará informações essenciais ao procedimento. A nosso ver, no caso do pregão, o termo de referência não substituiria o projeto básico. Ao contrário, vislumbramos, em avaliação conjugada dos textos dos dispositivos que delineavam a matéria que, pelas informações que os dois conterão, um servirá de suporte para a elaboração do outro, quando o projeto básico, em face do objeto pretendido, for necessário. Contudo, sustentamos que, em certas ocasiões, o termo faria o papel de projeto básico.

Da mesma forma, a Lei do RDC não faz menção ao termo de referência, atendo-se apenas aos projetos básico e executivo.

Seguindo os passos regulamentares do pregão, o Decreto nº 7.581/2011, como já esposado, fez menção aos documentos. Fica claro, entretanto, diferentemente do pregão, que o termo de referência está intimamente ligado a serviços a serem contratados ou os bens a serem adquiridos, e o projeto básico e/ou executivo para a contratação de obras e serviços de engenharia, consoante prescrevem os incs. VII e VIII.

Como focamos, há definições normativas para o Termo de Referência, ambas traçadas para o pregão:
– art. 8º, inc. II, do Decreto nº 3.555/00 "(...) termo de referência é o documento que deverá conter elementos capazes de propiciar a avaliação do custo pela Administração, diante de orçamento detalhado,

considerando os preços praticados no mercado, a definição dos métodos, a estratégia de suprimento e o prazo de execução do contrato".

– art. 9º, §2º, do Decreto nº 5.450/05 "O termo de referência é o documento que deverá conter elementos capazes de propiciar avaliação do custo pela administração diante de orçamento detalhado, definição dos métodos, estratégia de suprimento, valor estimado em planilhas de acordo com o preço de mercado, cronograma físico-financeiro, se for o caso, critério de aceitação do objeto, deveres do contratado e do contratante, procedimentos de fiscalização e gerenciamento do contrato, prazo de execução e sanções, de forma clara, concisa e objetiva".

Não obstante, temos como lapidar a explicação sobre o termo de referência oferecida por Jair Eduardo Santana:

> Termo, segundo nos ensinam os dicionários (do latim *terminu*), é palavra que expressa fim, remate ou conclusão no espaço ou no tempo. É limite ou marco divisório que estrema uma área circunscrita, lugar afastado, longínquo; confim, extensão limitada; espaço, ponto terminal. Enfim, termo expressa um ponto final.
>
> Referência por sua vez, dizem-nos os léxicos, provêm do latim (*referentia*) e denota a fonte de onde podem ser colhidas informações, alusão ou indicação.
>
> A expressão em análise "Termo de Referência" possui assim, significado comum que nos mostra tratar-se de um documento que circunscreve limitadamente um objeto e serve de fonte para fornecimento das informações existentes sobre ele.
>
> Para nós, no entanto, importa o viés jurídico da definição. E em tal dimensão, logo se vê que o Termo de Referência tem análogo significado ao sentido comum.
>
> De fato, tanto num quanto noutro caso, a expressão Termo de Referência está a expressar aquele ponto de condensação de informações diversas levantadas em torno de um dado objeto que – traduzido num documento – servirá de fonte para guiar a aquisição.[2]

---

[2] SANTANA. *Termo de referência*: valor estimado na licitação, 2. ed., p. 22.

8.1.2 A exigência de amostra

No uso diuturno da Lei nº 8.666/1993, a questão da "amostra" tem constituído tema que suscita acalorados debates. É certo que o diploma não trata da matéria de modo direto, motivo pelo qual muitos defendem a insustentabilidade da exigência no instrumento convocatório da licitação. Na prática, visando à verificação da qualidade do produto a ser oferecido à Administração, a solicitação de amostras tem sido uma constante em certos órgãos e entidades. O próprio TCU anda às turras com a matéria, expedindo julgados controversos.

Nos últimos julgados, a Corte de Contas Federal tem seguido a tendência de entender que as amostras nas licitações só devem ser exigidas do licitante classificado em primeiro lugar, sob a alegação de que, desse modo, não se oneraria a formulação de propostas:

– Acórdão nº 2.558/2007, Plenário:

(...) 18. Este Tribunal, conforme sua jurisprudência recente, considera que, caso não seja prejudicada a celeridade do pregão, pode ser exigida a apresentação de amostras dos bens a serem adquiridos, desde que o encargo seja imposto somente ao licitante classificado provisoriamente em primeiro lugar (Acórdãos nº 1.182/2007 e nº 1.634/2007, ambos do Plenário).

– Acórdão nº 1.113/2008, Plenário:

(...) 9.2.1. Limite-se a exigir a apresentação de amostras ou protótipos dos bens a serem adquiridos ao licitante provisoriamente em primeiro lugar, nos termos dos incs. XII e XIII do art. 4º da Lei nº 10.520/2002 c/c art. 30 da Lei nº 8.666/1993, observando, no instrumento convocatório, os princípios da publicidade dos atos, da transparência, do contraditório e da ampla defesa.

Jorge Ulisses Jacoby Fernandes, diversamente da maioria, defende que a controvérsia se esgota com um exame mais apurado das decisões da Corte de Contas Federal, porquanto, consoante sua análise, evidenciar-se-á a possibilidade da adoção dessa sistemática quando o órgão licitador observar, sem subjetivismo, a descrição do produto, bem como os critérios que serão aferidos na amostra; não exigi-la como condição de habilitação; e arrimá-la juridicamente na primeira parte do art. 43, inc. IV, da Lei nº 8.666/1993.[3]

O Tribunal de Contas do Estado de São Paulo, por sua vez, através da Súmula nº 19, prescreveu que, em procedimento licitatório, o prazo para apresentação das amostras deve coincidir com a data da entrega das propostas.

Ivan Rigolin considerou excelente a prescrição, comentando:

> O tema das amostras de produtos em licitações não é sequer ventilado na Lei nº 8.666/1993, e essa omissão tem ensejado polêmicas e discussões sem fim, como se o assunto fosse merecedor de tanta celeuma. Sempre defendemos que esse é o momento para apresentação das amostras, ou seja, juntamente com os envelopes, como condição de participação na licitação, se o edital exigiu amostras. Vale dizer: o edital deve fixar, como requisito ou condição para a participação dos licitantes, que as amostras precisam ser apresentadas, e em conjunto com os envelopes, pena de inadmissão do licitante ao certame. E, nessa técnica, deverá examinar as amostras de todos os licitantes não desclassificados, se em concorrências, tomadas de preços ou convites, ou ainda em concurso de projetos e em pregões presenciais. Não se examinam apenas as amostras dos vencedores, ou de uns três ou quatro classificados, pois podem ser perecíveis as amostras, e alguma precisar ser examinada alguns meses após o julgamento, na hipótese de a contratação vir a frustrar-se por algum motivo, amostras ainda não examinadas poderão se achar deterioradas ou imprestáveis à análise. Daí, exigir-se outra amostra, neste caso, seria possivelmente violador da regra da igualdade entre os licitantes, eis que a amostra tardia pode ser de qualidade melhor que as anteriores, avaliadas quando da abertura das propostas – e por isso se insiste que as amostras sejam testadas tão logo se verifique a não desclassificação dos proponentes respectivos.[4]

Para apimentar essa discussão, a Lei do RDC previu expressamente, no art. 7º, a possibilidade da exigência de amostra para a aquisição de bens, excluindo a possibilidade da solicitação para execução de obras ou serviços:

---

[3] JACOBY FERNANDES. *Comentando as licitações públicas*, p. 64.
[4] RIGOLIN. *Comentando as licitações públicas*, p. 74.

Art. 7º No caso de licitação para aquisição de bens, a administração pública poderá: (...) II – exigir amostra do bem no procedimento de pré-qualificação, na fase de julgamento das propostas ou de lances, desde que justificada a necessidade da sua apresentação.

Assim, segundo a Lei nº 12.462/2011, nas licitações que adotem o RDC, a amostra poderá ser exigida em dois momentos: na pré-qualificação, caso seja implantada, ou na fase de julgamento das propostas ou lances.

A "pré-qualificação permanente", consoante o art. 29 da lei, é um dos quatro procedimentos auxiliares da licitação, constante no art. 29 e regulamentado no art. 80 e seguintes do Decreto nº 7.581/2011 (sobre a pré-qualificação, *vide* subitem 9.1 deste trabalho).

Quanto à exigência de amostras na fase de julgamento das propostas ou de lances, é importante ressaltar que a lei determina que a Administração justifique a necessidade da sua apresentação.

8.1.3 A exigência de carta de solidariedade emitida pelo fabricante

A previsão expressa de possibilidade de exigência de carta de solidariedade do fabricante do bem a ser adquirido pela Administração é outra importante inovação da Lei do RDC.

O art. 7º, que discorre sobre as licitações para a aquisição de bens com a adoção do RDC, prevê, no inc. IV, a possibilidade de solicitação motivada dessa carta, de modo a assegurar a execução do contrato, no caso de licitante revendedor ou distribuidor, configurando a responsabilidade recíproca.

A carta de solidariedade tem sido rechaçada pela doutrina, em face do entendimento de que a sua solicitação frustra o caráter competitivo do certame,[5] não se afigurando

---

[5] O inc. I, do §3º, do art. 3º, da Lei nº 8.666/1993, veda a inclusão de cláusulas ou condições que comprometam, restrinjam ou frustrem o caráter competitivo da licitação, e que estabeleçam preferências ou distinções em razão de qualquer outra circunstância impertinente ou irrelevante para o específico objeto do contrato.

lícita a exigência de nenhum outro documento senão aqueles previstos nos arts. 27 a 31 da Lei nº 8.666/1993.

O TCU, por intermédio do Acórdão 2.056/2008,[6] também se posicionou contrário a essa exigência, determinando que a Justiça Federal – Seção Judiciária de Alagoas se abstivesse "de incluir exigências, em futuros atos convocatórios, no sentido de que as empresas licitantes e/ou contratadas apresentem declaração, emitida pelo fabricante do bem ou serviço licitado: (...) assegurando que possuem plenas condições técnicas para executar os serviços; (...) atestando que são representantes legais e estão autorizadas a comercializar os produtos e serviços objeto do certame".

Dessa maneira, temos que a solicitação da carta de solidariedade seria cabível, uma vez listada na lei do RDC, quando justificadamente comprovada a sua imprescindibilidade.

Nesse viés, ratificamos as impressões de Maria Augusta Rost:

> (...) não é cabível a exigência de carta de solidariedade quando o objeto a ser adquirido pela Administração possa ser caracterizado como simples (ou não complexo). Ao exemplo de um lápis ou mesmo um veículo sem especificações diferenciadas que fujam aos modelos usualmente encontrados no mercado. Enfim, nos casos em que, pela natureza e características do produto licitado, a exigência de solidariedade não for essencial à garantia de futura execução do futuro contrato, não há como se prever a sua apresentação. Mas a questão não se vincula apenas à natureza do próprio bem a ser fornecido. Sempre que especiais características técnicas ou tecnológicas do bem ou do mercado em que este é negociado indicarem ser imprescindível a responsabilização do próprio fabricante pelo produto fornecido ou pela sua manutenção, pode-se cogitar da exigência de carta de responsabilidade.[7] [8]

---

[6] Ministro-Relator Raimundo Carreiro.
[7] ROST. As exigências de amostra e de carta de solidariedade no Regime Diferenciado de Contratações Públicas. *Informativo Justen, Pereira, Oliveira e Talamini*, n. 57.
[8] Registre-se que, em decisão referente a mandado de segurança impetrado contra ato reputado ilegal praticado pelo Governador do Estado do Paraná e Secretário de Estado do Trabalho, em processo licitatório sob a modalidade pregão, que teria desclassificado a empresa impetrante do certame, ao fundamento de que

8.1.4 A exigência de certificação de qualidade do produto ou do processo de fabricação

A possibilidade de exigência de certificações de qualificação no edital é tema sempre aventado em qualquer discussão sobre licitações, notadamente pelo pessoal da Administração que elabora instrumentos licitatórios envolvendo Tecnologia da Informação (TI).

É certo que, no âmbito privado, tais exigências são comuns, principalmente nas contratações das grandes empresas. No entanto, embora bastante difundidas, principalmente a série ISO, ainda não é significativo o número de empresas que as possuem. Além disso, é cediço que não

---

não foi apresentada carta de solidariedade do fabricante dos computadores, o Tribunal de Justiça do Estado do Paraná prolatou decisão considerando correta a exigência documento: "(...) Portanto, o edital poderá conter outras previsões, além daquelas expressamente estabelecidas na lei, sem atribuir discricionariedade ao ente público na elaboração do edital, de modo que a exigência ora discutida não se revela excessiva ou ilícita. Ao contrário, está de pleno acordo com os princípios que regem o processo de licitação. Aliás, conforme mencionado, a apresentação da carta de solidariedade mostra-se necessária ao bom cumprimento do contrato administrativo, evitando prejuízos ao ente público com a aquisição de suprimentos e equipamentos inadequados, danos tais que são suportados pela coletividade, não constituindo tal exigência ofensa ao princípio da isonomia ou restrição ao número de participantes, nem frustração ao caráter competitivo do procedimento. Dessa forma, a carta de solidariedade mostra-se perfeitamente exigível, em especial para efeitos de prazo da entrega e de garantia dos produtos ofertados, nos termos do edital, podendo ser compreendida inclusive à luz da capacitação técnica que se exige do participante, uma vez que, caso este não possa cumprir com os exatos termos da contratação, terá o contratante garantia consideravelmente maior, observado o notório grande porte dos fabricantes de produtos e suprimentos de informática, porque terão maiores condições de cumprir o pactuado a contento. E isto porque o fabricante é o detentor de maior solvabilidade, justificando, por isso, a exigência de que se solidarize com o contratado durante a vigência contratual, evitando riscos e prejuízos à contratante, sendo quem possui condições de, eventualmente, melhor atender, por exemplo, reposição de peças, adequação de equipamentos e outras providências, paras as quais não se sabe se a contratada, empresa revendedora de porte menor, terá condições de suportar, circunstância que autoriza a manutenção do requisito, evitando que a empresa vencedora, caso sem a necessária capacitação, cause prejuízo ao contratante. Logo, ciente da exigência prevista no edital que norteia o processo de licitação do qual intencionou participar a Impetrante, cumpria à mesma atender todos os requisitos de aceitação, apresentando junto com a sua proposta a carta de solidariedade exigida. (...)" (Relator Des. Clayton Camargo).

circunscrevem exigência legal para que a empresa funcione e exerça normalmente suas atividades.

Dessa forma, prepondera nos debates o entendimento de que não há como se exigir que um estabelecimento possua certificação para que seja habilitado numa licitação.

Convém alertar, entretanto, que a certificação poderá fazer parte do elenco de documentos para aferição técnica, nas licitações de técnica de preço ou de melhor técnica.

Sobre a questão, *vide* a posição do TCU:

> Acórdão nº 539/2007 – Plenário
>
> (...) 29. Em acréscimo, transcrevemos trecho do Parecer do Ministério Público junto ao Tribunal que fundamentou a retromencionada Decisão nº 20/1998 – Plenário: "Entretanto, considerando que a qualidade do processo de fabricação reflete-se diretamente na qualidade do produto, entendemos que o fato de a Empresa possuir o Certificado ISO da série 9000 possa ser objeto de pontuação no julgamento das propostas técnicas, nos termos do inciso I do art. 3º do Decreto nº 1.070/1994. O peso dado à apresentação do certificado, contudo, não poderá ser exagerado, distorcido, a ponto de, na prática, transformá-lo em critério de desclassificação. (...) 31. Verificamos, então, que a jurisprudência do Tribunal admite a exigência de (...) de certificação da série ISO 9000, desde que eles figurem no edital como critério de pontuação. (...) (Ata nº 13/2007, Rel. Min. Marcos Bemquerer Costa. Sessão 4.4.2007).[9]

---

[9] Antonio Roque Citadini expõe a posição do TCE-SP sobre a matéria e apresenta sua balizada opinião: "Tal fato traz à lembrança a eficiente atuação do Tribunal de Contas do Estado de São Paulo sobre o assunto, que há muito tempo firmou posição contrária à exigência contida em editais de licitação dando preferência a empresas licitantes que apresentassem certificados de qualidade. Em várias decisões proferidas por seus Conselheiros, individualmente, ou por seus órgãos colegiados – Câmaras e Tribunal Pleno – esta exigência não tem sido aceita. Assim têm agido por entenderem que apesar do propalado esforço para obter a certificação de qualidade, muitas são as empresas certificadoras e cada qual formula seus próprios critérios, não sendo possível tratar-se, portanto, todos os licitantes com igualdade. E mesmo que assim não fosse, não poderia a Administração Pública exigir dos particulares interessados em com ela contratar, que se submetessem a normas diversas de outros particulares, despendendo altos valores para obter a certificação, encarecendo, assim, o custo dos produtos ou serviços. Particularmente tenho posição firmado em livro de minha autoria tecendo comentários sobre a Lei de Licitações. A exigência de certificação, como condição essencial à participação no processo licitatório evidencia o caráter restritivo do certame, uma vez que o processo de obtenção do certificado não assegura qualidade intrínseca dos processos e produtos a serem fornecidos, mas sim que os procedimentos definidos

Ocorre que, também de maneira inovadora, o art. 7º da Lei do RDC prevê expressamente, no inc. III, a possibilidade de exigência de certificação da qualidade do produto ou do processo de fabricação, inclusive sob o aspecto ambiental, por qualquer instituição oficial competente ou por entidade credenciada.

8.1.5 A previsão de requisitos de sustentabilidade ambiental

Uma das recentes novidades na Lei Geral de Licitações (nº 8.666/1993), consoante alteração imposta pela Lei nº 12.349/2010 ao seu art. 3º, foi a inserção da promoção do desenvolvimento nacional sustentável como objetivo das licitações, juntamente com a vetusta garantia de observância do princípio constitucional da isonomia e a seleção da proposta mais vantajosa para a Administração.[10]

Como já aventado, o art. 3º da Lei nº 12.462/2011 determina que as licitações e contratações realizadas em conformidade com o RDC também deverão observá-lo.

Além disso, reforça a determinação ao prescrever, no art. 10, que, na contratação das obras e serviços, inclusive de engenharia, poderá ser estabelecida remuneração variável vinculada ao desempenho da contratada, com base em critérios de sustentabilidade ambiental.

---

pela certificadora para projeto, fabricação e entrega estão sendo seguidos. Não se mostra, assim, razoável que cada órgão da Administração Pública possa escolher uma certificadora e venha a desqualificar licitante que não possua tal certificação. A Administração Pública tem o dever de sempre exigir qualidade de seus fornecedores, e deve envidar todos os serviços para alcançar tal objetivo, sem que possa sob este pretexto exigir atendimento a normas ditadas também por particulares, com dispêndios que elevem os custos desnecessariamente" (Os certificados de qualidade e o Tribunal de Contas do Estado).

[10] Concretamente, o art. 6º, inc. XII, da Lei nº 12.187/2009, instituidora da Política Nacional sobre Mudança do Clima, mencionou as licitações sustentáveis pela primeira vez de maneira explícita, estabelecendo produtos, serviços e atividades que causem menor impacto ambiental como critério de preferência nas contratações públicas, ou seja, ambientalmente sustentáveis. Esse critério deve ser observado, inclusive, para formação de parcerias público-privadas, autorização, permissão, outorga e concessão para exploração de serviços públicos e recursos naturais.

Nesse diapasão, o Decreto nº 7.581/2011 menciona a matéria em vários dispositivos (arts. 5º, 29 §2º, 31 §2º, 70 e 74 IV). Esses preceptivos demonstram a preocupação do legislador em vincular as obras e os serviços que serão contratados com a adoção do RDC ao atendimento de critérios ambientais, sociais e econômicos, tendo como fim o desenvolvimento da sociedade em seu sentido amplo e a preservação de um meio ambiente equilibrado, assegurando-se que as gerações futuras não venham a sofrer prejuízos em face das atividades atualmente desenvolvidas.

Impende ressaltar, entrementes, que, para as inclusões de tais exigências, a Administração deverá demonstrar claramente os benefícios concretos que serão obtidos pela inclusão dos requisitos na licitação a ser realizada, sob pena de, com excessos desarrazoados, incorrer em mácula aos princípios da competitividade e economicidade.[11] [12]

8.1.6 A comissão de licitação nos certames que adotem o RDC

Dando continuidade à fase interna, os arts. 6º e 7º (Seção II) do decreto regulamentar, atendendo ao determinado no §1º do art. 34 da Lei nº 12.462/2011 – que dispõe que as regras relativas ao funcionamento das comissões de licitação serão estabelecidas em regulamento —, tratam da comissão a ser designada para desenvolver os certames licitatórios que utilizem o RDC.

A comissão de licitação (também chamada de comissão julgadora) possui a função de receber, examinar e julgar todos os documentos e procedimentos relativos às licitações.

---

[11] *Vide* que a Instrução Normativa nº 1/2010, do Ministério do Planejamento, Orçamento e Gestão (MPOG), ao buscar, numa iniciativa precursora, inserir no âmbito das contratações públicas alguns critérios ambientais, ressalvou que os instrumentos convocatórios das licitações (editais e convites), ao estabelecerem tais exigências, jamais poderão frustrar a competitividade inerente ao processo licitatório.

[12] Como já sugerido, sobre a matéria *vide* o nosso *Licitações Sustentáveis* – o uso do poder de compra do Estado fomentando o desenvolvimento nacional sustentável. Belo Horizonte: Del Rey, 2014.

Tal conceito é encontrado no inc. XVI do art. 6º da Lei nº 8.666/1993:

> Art. 6º – XVI – Comissão – comissão, permanente ou especial, criada pela Administração com a função de receber, examinar e julgar todos os documentos e procedimentos relativos às licitações (...).

O art. 34 da Lei nº 12.462/2011 prescreve que as licitações promovidas com o uso do RDC serão processadas e julgadas por comissão permanente ou especial, composta majoritariamente por servidores ou empregados públicos pertencentes aos quadros permanentes dos órgãos ou entidades da Administração responsáveis pela licitação.

O art. 6º do Decreto nº 7.581/2011 repete, no *caput*, que as licitações serão processadas e julgadas por comissão permanente ou especial, detalhando, no §1º, a necessária participação majoritária dos servidores ou empregados públicos: no mínimo, três membros tecnicamente qualificados, sendo a maioria deles servidores ou empregados públicos pertencentes aos quadros permanentes dos órgãos ou entidades responsáveis pela licitação.

Seguindo o traçado pela lei, que preconiza a participação "majoritária" de servidores ou empregados públicos pertencentes aos quadros permanentes dos órgãos ou entidades da Administração, a regulamentação não impõe uma composição de somente agentes enquadrados nessa natureza. Dessa forma, ressaltar que a maioria dos membros da comissão será desses agentes abre brecha para a participação de titulares de cargo em comissão e servidores efetivos no estágio probatório.

8.1.6.1 A responsabilização solidária dos membros da comissão de licitação

O §2º do art. 6º do ato regulamentar define que os membros da comissão de licitação responderão solidariamente por todos os atos praticados pela comissão, salvo se posição individual divergente estiver registrada na ata da reunião em que adotada a decisão.

Tal regra repete integralmente a estabelecida no §3º do art. 51 da Lei nº 8.666/1993. Como a comissão é um colegiado, deliberando em conjunto, cada membro tem o dever de manifestar-se, respondendo, todavia, solidariamente pelos atos praticados. Poderão ocorrer oposições de condutas e opiniões, o que é mais do que natural. Nesse caso, visando à preservação do discordante e o afastamento da responsabilização solidária, faz-se mister a ressalva da posição individual divergente, desde que fundamentada e registrada em ata lavrada na reunião em que tiver sido tomada a decisão. Vale ressaltar que, dependendo da gravidade do vício constatado, além da ressalva em ata, o membro discordante deverá levar o assunto ao conhecimento das autoridades superiores, notadamente na possível caracterização de ilícito penal.

Anote-se que a Lei do RDC, diversamente da Lei Geral de Licitações, não faz menção à fundamentação da discordância. Mesmo não constando na lei, reputamos como fundamental a indicação do motivo pelo qual o membro discordante reprova certa conduta dos demais.[13]

8.1.6.2 As atividades da comissão de licitação

O art. 7º do Decreto nº 7.581/2011 dispõe sobre as atividades das comissões de licitação (permanente ou especial).

Pelo dispositivo, compete à comissão:

a) elaborar as minutas dos editais e contratos ou utilizar minuta padrão elaborada pela Comissão do Catálogo Eletrônico de Padronização, e submetê-las ao órgão jurídico.

b) processar licitações, receber e responder pedidos de esclarecimentos, receber e decidir impugnações contra o instrumento convocatório.

---

[13] Em sentido oposto, Ricardo Marcondes Martins, por considerar inconstitucional a responsabilização do membro da comissão de licitação que registrou sua discordância, mas não explicitou os fundamentos para tal. Segundo o autor, ele poderia responder pela falta de motivação, mas jamais pelo vício do ato que fora objeto de sua discordância (Comissão de licitação na Lei nº 12.462/11. *In*: CAMMAROSANO; DAL POZZO; VALIM (Coord.). *Regime Diferenciado de Contratações Públicas*: RDC, p. 134).

c) receber, examinar e julgar as propostas conforme requisitos e critérios estabelecidos no instrumento convocatório.
d) desclassificar propostas nas hipóteses previstas no art. 40 do decreto (ou seja, aquelas que contenham vícios insanáveis; não obedeçam às especificações técnicas previstas no instrumento convocatório; apresentem preço manifestamente inexequível ou permaneça acima do orçamento estimado para a contratação; as que não tenham sua exequibilidade demonstrada, quando exigido pela Administração; ou que apresentem desconformidade com quaisquer outras exigências do instrumento convocatório, desde que insanável).
e) receber e examinar os documentos de habilitação, declarando habilitação ou inabilitação de acordo com os requisitos estabelecidos no instrumento convocatório.
f) receber recursos, apreciar sua admissibilidade e, se não reconsiderar a decisão, encaminhá-los à autoridade competente.
g) dar ciência aos interessados das decisões adotadas nos procedimentos.
h) encaminhar os autos da licitação à autoridade competente para adjudicar o objeto, homologar a licitação e convocar o vencedor para a assinatura do contrato.
i) propor à autoridade competente a revogação ou a anulação da licitação.
j) propor à autoridade competente a aplicação de sanções.

Verifica-se que as disposições do decreto regulamentar do RDC em nada inovam em relação aos tradicionais atos de competência da comissão licitatória, a não ser pela estranha atribuição de elaborar as minutas dos editais e contratos.

Já pontuamos por diversas vezes que não é tarefa da comissão de licitação o estabelecimento de parâmetros relativos ao instrumento convocatório do certame, de vez que sua função natural, como colegiado julgador, jamais seria a de estabelecer regras que ela própria seguiria.

Vide que a Lei nº 10.520/2002, que dita regras sobre o pregão, respeitada por sua notável atualização jurídica, define, acertadamente, que a elaboração do instrumento convocatório do certame é atribuição exclusiva da autoridade superior, deixando para o pregoeiro a faina de condução da licitação. Essa correta determinação legal recebeu os elogiosos comentários de Jair Eduardo Santana:

> Os papéis do pregoeiro e da autoridade superior estão bem delineados na Lei 10.520/02. Mencionada legislação define os papéis de um e de outro ator, inexistindo dúvida, por exemplo, que as atribuições relativas à realização do certame, à necessidade do objeto e à própria homologação sejam da autoridade superior. Por outro lado é também inconteste que a condução da sessão (...), a decisão quanto à habilitação e o acolhimento de recursos, por exemplo, sejam atribuições do pregoeiro. No que tange à elaboração do edital não foi diferente a solução normativa. A Lei 10.520/02 não atribuiu esta tarefa ao pregoeiro, deixando a atribuição à autoridade superior, na etapa interna. Atentos para tal circunstância estiveram os dois decretos regulamentadores do pregão presencial e do pregão eletrônico. Tanto um quanto outro ato normativo não arrolou (e não poderia arrolar) dentre as atribuições do pregoeiro a difícil tarefa de elaborar editais.[14]

Infelizmente, os elaboradores do decreto regulamentar do RDC não estavam atentos como os que redigiram os referentes ao pregão, dispondo, equivocadamente, como tarefa da comissão a elaboração dos editais.

Registre-se que, tal como previsto na Lei Geral de Licitações – que preconiza que os componentes das comissões de licitação não têm a competência legal para elaborar atos convocatórios, mas tão somente os atos relativos à habilitação preliminar e ao processamento e julgamento das propostas (art. 51) —, também o art. 34 da Lei do RDC dispõe que as comissões licitatórias se prestam apenas para processar e julgar as competições. Em consequência, nos parece que a regra do decreto regulamentar nesse sentido carece de apoio legal.[15]

---

[14] SANTANA. Edital de pregão presencial e eletrônico: essencialidades
[15] O TCU, através do Acórdão nº 2.389/2006, Plenário, pautou o entendimento de que

Sempre enfatizamos (em cursos, textos e palestras) que a solução para essa situação reside na determinação pela Administração de um setor específico para desincumbir-se dessa tarefa.[16]

Jair Eduardo Santana discorre com inteira correção sobre o efetivo tratamento a ser dado ao tema, informando os procedimentos da autoridade superior responsável pela elaboração do edital:

> Ela deve sim, determinar quem o faça, porque este é seu papel. E essa delegação é por demais importante, na medida em que o instrumento convocatório – ao estabelecer exigências relativas à habilitação – delimitará o universo de prováveis participantes do certame. Resolve-se, de tal modo, o "quem elabora" o instrumento convocatório e – com esse mesmo pulso e impulso – define-se quem expede (assina) e publica (dá à publicação) o respectivo aviso.

---

ao pregoeiro (e, logicamente, também à comissão de licitação) não cabe a elaboração do respectivo ato convocatório: "O pregoeiro não pode ser responsabilizado por eventual irregularidade em editais de licitação, uma vez que a elaboração desses não se insere no rol de competências que lhe foram legalmente atribuídas" (Processo nº 020.747/2005-3, Rel. Min. Ubiratan Aguiar).

[16] Na verdade, apesar de sugerirmos que o edital licitatório seja confeccionado num setor específico, não podemos descurar da ideia de que esse documento, fundamental para uma boa contratação, deva sofrer a participação de todos da Administração que direta ou indiretamente tenham conexão com o objeto pretendido. Ivan Barbosa Rigolin sintetiza bem essa situação: "(...) o edital de licitação é uma matéria multidisciplinar. Deve ser elaborado com a participação de todos os setores interessados no objeto da futura licitação. Se o certame, por exemplo, for para a contratação de um serviço de engenharia para uma Prefeitura, como um projeto, então depois de autorizada a abertura do certame pelo Prefeito (ou pela autoridade competente, como um Secretário), precisa participar o setor de engenharia, para descrever e informar tecnicamente sobre o objeto; o contador para dizer das disponibilidades financeiras, o advogado para dar a forma jurídica final ao edital; algum membro da comissão de licitações para orientar sobre pontos que já ensejaram discussões ou impasses em licitações anteriores, agora evitáveis. Se se tratar de compra de material de saúde, participa da elaboração do edital alguém do setor, ou da Secretaria, de saúde para dizer tecnicamente do objeto; e também o contador; o advogado, (...) cada qual com seu papel informativo. Não se deve confiar a elaboração do edital a um só setor, ou a um só profissional, pela visão parcial ou unilateral que em geral cada profissional tem, com olhos apenas, ou muito majoritariamente, para a área da sua especialidade. O edital será o molde de comportamento da Comissão até o fim do certame, daí a extrema importância de que um advogado assegure a legalidade e a regularidade de todas as suas disposições" (*Recomendações sobre o edital e para a comissão de licitações* – http://www.acopesp.org.br/artigos/artigo%20141.pdf).

8.1.7 Diligências nas licitações que utilizem o RDC

Os §§1º e 2º do art. 7º do decreto regulamentar dizem respeito às possíveis promoções de diligências por parte das comissões de licitação, bem como a adoção de medidas de saneamento para esclarecimento, correção de impropriedades ou complementação processual.

A regra, em parte, já constava na Lei Geral de Licitações. O §3º do art. 43 já facultava à comissão de licitação (ou à autoridade superior), em qualquer fase da licitação, a promoção de diligência destinada a esclarecer ou a complementar a instrução do processo, vedando, todavia, a inclusão posterior de documento ou informação que deveria constar originariamente da proposta.

Como de praxe nas licitações, o §1º faculta à comissão de licitação, em qualquer fase da licitação, promover as diligências que entender necessárias. Na verdade, reputamos que, em vez de possuir a "faculdade" de diligenciar, a Administração tem a obrigatoriedade de fazê-lo, quando necessário. Trata-se, incontestavelmente, de um dever, o que autoriza que o licitante justificadamente a exija.[17]

De vital importância, o §2º é extremante esclarecedor, pois, atendendo ao entendimento doutrinário majoritário, informa que, além da adoção de medidas de saneamento destinadas a esclarecer informações, a comissão de licitação poderá munir-se desse expediente para corrigir impropriedades na documentação de habilitação e/ou complementar a instrução do processo, desde que, evidentemente, não se altere a substância das propostas.

---

[17] É o que também sustenta, com o natural brilhantismo, o prof. Ivo Ferreira de Oliveira na obra *Diligências nas Licitações Públicas* (Curitiba, JM Editora, 2001). Da mesma forma, Edgar Guimarães: "Impende deixar assentado que, apesar de a Lei nº 8.666/93 referir-se à diligência como uma faculdade, ou seja, fruto do exercício de uma competência discricionária do agente público que pode, desta forma, a seu juízo, determinar ou não a instauração, esta é, na maioria dos casos, imprescindível e inafastável para que os atos da Administração sejam pautados em fatos e circunstâncias concretas, materiais e reais" (RIGOLIN. Recomendações sobre o edital e para a comissão de licitações).

O dispositivo é muito bem-vindo, porquanto, como observa Ivo Ferreira de Oliveira,[18] a diligência tem por objetivo oferecer meios para que a comissão de licitação possa promover inquirições, vistorias, exames pertinentes a questões que eventualmente surjam e mesmo autorizar a juntada de documentos, permitindo à comissão julgar corretamente o certame, graças aos esclarecimentos que a diligência lhe propiciou, mas sem perder de vista os princípios constitucionais e legais que norteiam o processo licitatório.

Anote-se, por fim, que o §1º do art. 40 retoma a questão das diligências, enfocando que a comissão de licitação poderá realizá-las para aferir a exequibilidade da proposta ou exigir do licitante que ela seja demonstrada.

8.1.8 O instrumento convocatório das licitações que adotem o RDC

Ainda na fase licitatória interna, os arts. 8º, 9º e 10 (Seção III) dizem respeito ao instrumento convocatório do certame.

Como a Lei do RDC menciona muitas vezes o instrumento convocatório, mas não o define, os redatores do ato regulamentar se viram na obrigação de fazê-lo.

Como é cediço, o edital é peça fundamental para qualquer certame, pois é nele que a Administração delineia o objeto pretendido para contratação, descreve os direitos e deveres dos envolvidos (particulares e Poder Público), determina todos os critérios que traçarão a apreciação dos documentos de habilitação e das propostas e estipula as demais regras procedimentais, além de assentar as cláusulas do futuro contrato.

Como lecionava Hely Lopes Meirelles, o edital é o instrumento pelo qual a Administração leva ao conhecimento público sua intenção de realizar uma licitação e fixa as condições de realização dessa licitação.

---
[18] OLIVEIRA. *Diligências nas licitações públicas*, p. 24

Sobre o edital, asseveramos:

Tarefa das mais difíceis é a de elaborar um edital de licitação. (...) é o instrumento oficial através do qual a Administração leva ao conhecimento público a abertura de um procedimento licitatório pertinente a obras, serviços, compras, alienações, concessões, permissões e locações. (...) a elaboração deverá ser cuidadosa, porquanto o edital é a peça básica para a formalização do futuro contrato a ser celebrado com o adjudicatário. O acordo, celebrado em decorrência de um procedimento licitatório, não pode conter cláusulas que contrariem condições nele previstas (princípio do vínculo ao edital). "Nada se pode exigir, ou decidir, além ou aquém do edital", conforme Hely Lopes Meirelles.[19]

O art. 8º do Decreto nº 7.581/2011 exibe um elenco não exaustivo de elementos que deverão compor os editais licitatórios que se valham do RDC. Tal se confirma ao verificar-se que o próprio dispositivo registra, no inc. XVII, a possibilidade de outras indicações específicas da licitação.

– o objeto da licitação.
– a forma de execução da licitação, eletrônica ou presencial.
– o modo de disputa, aberto, fechado ou com combinação, os critérios de classificação para cada etapa da disputa e as regras para apresentação de propostas e de lances.
– os requisitos de conformidade das propostas.
– o prazo de apresentação de proposta pelos licitantes, que não poderá ser inferior ao previsto no art. 15 da Lei nº 12.462/2011.[20]

---

[19] BITTENCOURT. *Licitação passo a passo*: comentando todos os artigos da Lei nº 8.666/93, 6. ed. p. 319.
[20] Lei nº 12.462/2011: Art. 15. Será dada ampla publicidade aos procedimentos licitatórios e de pré-qualificação disciplinados por esta Lei, ressalvadas as hipóteses de informações cujo sigilo seja imprescindível à segurança da sociedade e do Estado, devendo ser adotados os seguintes prazos mínimos para apresentação de propostas, contados a partir da data de publicação do instrumento convocatório:
I – para aquisição de bens:
a) 5 (cinco) dias úteis, quando adotados os critérios de julgamento pelo menor preço ou pelo maior desconto; e

- os critérios de julgamento e os critérios de desempate.
- os requisitos de habilitação.
- a exigência, quando for o caso, de: (a) marca ou modelo; (b) amostra; (c) certificação de qualidade do produto ou do processo de fabricação; e (d) carta de solidariedade emitida pelo fabricante.
- o prazo de validade da proposta.
- os prazos e meios para apresentação de pedidos de esclarecimentos, impugnações e recursos.
- os prazos e condições para a entrega do objeto.
- as formas, condições e prazos de pagamento, bem como o critério de reajuste, quando for o caso.
- a exigência de garantias e seguros, quando for o caso.
- os critérios objetivos de avaliação do desempenho do contratado, bem como os requisitos da remuneração variável, quando for o caso.

---

b) 10 (dez) dias úteis, nas hipóteses não abrangidas pela alínea a deste inciso;
II – para a contratação de serviços e obras:
a) 15 (quinze) dias úteis, quando adotados os critérios de julgamento pelo menor preço ou pelo maior desconto; e
b) 30 (trinta) dias úteis, nas hipóteses não abrangidas pela alínea a deste inciso;
III – para licitações em que se adote o critério de julgamento pela maior oferta: 10 (dez) dias úteis; e
IV – para licitações em que se adote o critério de julgamento pela melhor combinação de técnica e preço, pela melhor técnica ou em razão do conteúdo artístico: 30 (trinta) dias úteis.
§1º A publicidade a que se refere o caput deste artigo, sem prejuízo da faculdade de divulgação direta aos fornecedores, cadastrados ou não, será realizada mediante:
I – publicação de extrato do edital no Diário Oficial da União, do Estado, do Distrito Federal ou do Município, ou, no caso de consórcio público, do ente de maior nível entre eles, sem prejuízo da possibilidade de publicação de extrato em jornal diário de grande circulação; e
II – divulgação em sítio eletrônico oficial centralizado de divulgação de licitações ou mantido pelo ente encarregado do procedimento licitatório na rede mundial de computadores.
§2º No caso de licitações cujo valor não ultrapasse R$150.000,00 (cento e cinquenta mil reais) para obras ou R$80.000,00 (oitenta mil reais) para bens e serviços, inclusive de engenharia, é dispensada a publicação prevista no inciso I do §1º deste artigo.
§3º No caso de parcelamento do objeto, deverá ser considerado, para fins da aplicação do disposto no §2º deste artigo, o valor total da contratação.
§4º As eventuais modificações no instrumento convocatório serão divulgadas nos mesmos prazos dos atos e procedimentos originais, exceto quando a alteração não comprometer a formulação das propostas".

– as sanções.
– a opção pelo RDC.
– outras indicações específicas da licitação.

8.1.8.1 A definição do objeto licitado (inc. I)

Evidentemente, o edital deverá definir o objeto da licitação. O art. 5º da Lei nº 12.462/2011 determina que o objeto da licitação seja definido de maneira clara e precisa. Nesse particular, andaram bem os redatores do diploma, pois não adotaram texto imperfeito da Lei Geral de Licitações, que impõe que o objeto da licitação seja descrito de maneira "sucinta e clara".

O dispositivo complementa a regra sobre o objeto vedando a imposição de especificações excessivas, irrelevantes ou desnecessárias. Trata-se de inovação importante, que atende a vetusto entendimento doutrinário e jurisprudencial.

A questão das especificações, entrementes, deve ser encarada com cautela. Não raro, preocupados em atender a imposição de vedação a especificações excessivas, irrelevantes ou desnecessárias, os agentes públicos ou as minimizam ou preferem até não indicá-las. O resultado é a contratação de objetos de má qualidade. Dessarte, é importante que haja uma boa descrição das especificações do objeto, com nível de precisão adequado, elaborada, sempre que possível, com base nas indicações de estudos técnicos.

De preferência há de se buscar especificações adotadas no mercado, com padrões de qualidade e desempenho peculiares aos objetos comuns, possibilitando o estabelecimento de padrões de desempenho que permitam ao agente público analisar, medir e comparar.

Só se admite a imposição de requisitos que restrinjam o universo de licitantes quando, justificadamente, forem imprescindíveis ao atendimento do interesse público.

Sobre a importância da definição precisa do objeto, sumulou o TCU:

> A definição precisa e suficiente do objeto licitado constitui regra indispensável da competição, até mesmo como pressuposto da

igualdade entre os licitantes, do qual é subsidiário o princípio da publicidade, que envolve o conhecimento, pelos concorrentes potenciais das condições básicas da licitação, constituindo, na hipótese particular da licitação para compra, a quantidade demandada uma das especificações mínimas e essenciais à definição do objeto (...).[21]

8.1.8.2 Regras procedimentais

Além da obrigação de definir a opção pelo RDC (inc. XVI), o instrumento convocatório deverá também identificar a forma de execução do certame, se eletrônica ou presencial (inc. II), bem como o modo de disputa (aberto, fechado ou com combinação), os critérios de classificação e as regras para apresentação das propostas ou lances (inc. III).

8.1.8.2.1 Requisitos para a participação na licitação

Evidentemente, o instrumento convocatório deve precisar os requisitos necessários para a participação dos particulares na licitação.

Nesse viés, impõe-se que o edital especifique os requisitos a serem observados nas propostas (inc. IV); o prazo para apresentação (inc. V); os critérios de julgamento e desempate (inc. VI); os prazos de validade (inc. IX); os prazos e condições para a entrega do objeto (inc. XI); os prazos e meios para apresentação de pedidos de esclarecimentos, impugnações e recursos (inc. X); as formas, condições e prazos de pagamento, bem como o critério de reajuste, quando for o caso (inc. XII); a exigência de garantias e seguros, quando for o caso (inc. XIII); e as condições de habilitação (inc. VII), as quais estão diretamente relacionadas com o previsto no art. 14 da Lei do RDC, que alude aos arts. 27 a 33 da Lei nº 8.666/1993.

> Art. 14. Na fase de habilitação das licitações realizadas em conformidade com esta Lei, aplicar-se-á, no que couber, o disposto nos

---
[21] Súmula TCU nº 177.

arts. 27 a 33 da Lei nº 8.666, de 21 de junho de 1993,[22] observado o seguinte:

I – poderá ser exigida dos licitantes a declaração de que atendem aos requisitos de habilitação;

II – será exigida a apresentação dos documentos de habilitação apenas pelo licitante vencedor, exceto no caso de inversão de fases;

III – no caso de inversão de fases, só serão recebidas as propostas dos licitantes previamente habilitados; e

IV – em qualquer caso, os documentos relativos à regularidade fiscal poderão ser exigidos em momento posterior ao julgamento das propostas, apenas em relação ao licitante mais bem classificado.

Parágrafo único. Nas licitações disciplinadas pelo RDC:

I – será admitida a participação de licitantes sob a forma de consórcio, conforme estabelecido em regulamento; e

II – poderão ser exigidos requisitos de sustentabilidade ambiental, na forma da legislação aplicável.

Quanto ao período de validade das propostas, diferentemente das Leis nºs 8.666/1993 e 10.520/2002, a Lei do RDC não registra nenhum prazo. Destarte, caberá exclusivamente ao instrumento convocatório a sua fixação, sempre considerando, é claro, o princípio da razoabilidade.

Inovadoramente, o dispositivo prevê possibilidades de exigências de demonstrações jamais previstas em diplomas normativos pretéritos:

a) definição de marca ou modelo do objeto pretendido (inc. VIII). [Sobre o assunto, *vide* o subitem 6.1.2.1 – A padronização do objeto pretendido pela Administração e a indicação de marcas].

b) previsão de apresentação de amostras (inc. VIII). [Sobre o assunto, *vide* o subitem 8.1.2 – A exigência de amostra].

---

[22] O art. 27 da Lei nº 8.666/1993 informa que, para a habilitação nas licitações, exigir-se-á dos interessados, exclusivamente, documentação relativa à habilitação jurídica, qualificação técnica, qualificação econômico-financeira, regularidade fiscal e trabalhista e o cumprimento do disposto no inc. XXXIII do art. 7º da Constituição Federal. Os arts. 28 a 32 enumeram os documentos a serem apresentados para cada um desses tópicos. O art. 33 estabelece as normas quando o edital admite a participação de empresas em consórcio.

c) solicitação de certificações de qualidades do produto ou do processo de fabricação (inc. VIII). [Sobre o assunto, *vide* o subitem 8.1.4 – A exigência de certificação de qualidade do produto ou do processo de fabricação].

d) determinação de apresentação de carta de solidariedade emitida pelo fabricante do produto (inc. VIII). [Sobre o assunto, *vide* o subitem 8.1.3 – A exigência de carta de solidariedade emitida pelo fabricante].

e) determinação de critérios objetivos de avaliação do desempenho do contratado e, quando for o caso, de requisitos da remuneração variável (inc. XIV).

8.1.8.3 Penalizações

O inc. XV consigna como item a ser inserido no edital o que estabelecerá sanções administrativas impostas em face de descumprimento contratual.

Por sua vez, o art. 111 do decreto regulamentar preconiza que a aplicação das sanções deverá ocorrer nos termos do art. 47 da Lei nº 12.462/2011, sem prejuízo das multas previstas no instrumento convocatório.

O citado art. 47 da Lei do RDC registra que ficará impedido de licitar e contratar[23] com a União, Estados, Distrito Federal ou Municípios, pelo prazo de até 5 (cinco) anos, sem prejuízo das multas previstas no instrumento convocatório e no contrato, bem como das demais cominações legais, o licitante que: (a) convocado dentro do prazo de validade da sua proposta não celebrar o contrato; (b) deixar de entregar a documentação exigida para o certame ou apresentar documento

---

[23] Certamente, o legislador usou a expressão para referir-se à pena de suspensão temporária de participação em licitação e impedimento de contratar com a Administração Pública, consoante o disposto na alínea "g" do art. 45 (Art. 45 – Dos atos da administração pública decorrentes da aplicação do RDC caberão: I – pedidos de esclarecimento e impugnações ao instrumento convocatório no prazo mínimo de: (...) g) da aplicação das penas de advertência, multa, declaração de inidoneidade, suspensão temporária de participação em licitação e impedimento de contratar com a administração pública).

falso; (c) ensejar o retardamento da execução ou da entrega do objeto da licitação sem motivo justificado; (d) não mantiver a proposta, salvo se em decorrência de fato superveniente, devidamente justificado; (e) fraudar a licitação ou praticar atos fraudulentos na execução do contrato; (f) comportar-se de modo inidôneo ou cometer fraude fiscal; ou (g) der causa à inexecução total ou parcial do contrato. Ademais, prevê o §1º que a aplicação dessa sanção (impedimento de licitar ou contratar com a Administração) implicará ainda o descredenciamento do sancionado, pelo mesmo prazo, dos sistemas de cadastramento dos entes federativos que compõem a Autoridade Pública Olímpica.

Impende anotar que, apesar de o mencionado art. 47 apenas citar o impedimento de licitar e contratar com a Administração, e referir-se também às possíveis aplicações de multas, a Lei do RDC faz ainda alusão, na alínea "g" do art. 45, à aplicação das penas de advertência e declaração de inidoneidade.

Quanto às sanções, registre-se ainda:

a) não basta que o instrumento convocatório apenas faça remissão ao texto normativo, como equivocadamente preveem alguns editais; e

b) é de importância capital que o edital fixe os percentuais de multa e as hipóteses alcançáveis.

8.1.9 Anexos ao edital

O §1º do art. 8º da ferramenta regulamentar, enumera alguns anexos constitutivos do edital: o termo de referência (mencionado no inc. VII do art. 4º); o projeto básico ou executivo, conforme o caso; a minuta do contrato; o acordo de nível de serviço, quando for o caso; as especificações complementares e as normas de execução. É evidente, entretanto, que outras situações que envolvam o objeto pretendido demandem outros tipos de anexos.

Na hipótese de licitação de obras ou serviços de engenharia, o §2º do art. 8º consigna que o edital deverá conter determinados itens específicos:

a) o cronograma de execução, com as etapas necessárias à medição, ao monitoramento e ao controle das obras (inc. I);
b) a exigência de que os licitantes apresentem, em suas propostas, a composição analítica do percentual dos Benefícios e Despesas Indiretas - BDI e dos Encargos Sociais - ES, discriminando todas as parcelas que o compõem, exceto no caso da contratação integrada prevista no art. 9º da Lei nº 12.462, de 2011 (inc. II); e
c) a exigência de que o contratado conceda livre acesso aos seus documentos e registros contábeis, referentes ao objeto da licitação, para os servidores ou empregados do órgão ou entidade contratante e dos órgãos de controle interno e externo (inc. III).

A exigência de cronograma de execução, com as etapas necessárias à medição, ao monitoramento e ao controle das obras ou do serviço de engenharia já é uma rotina no dia a dia das licitações dessa natureza. Essa natural providência garante que o ato convocatório da licitação estará oferecendo todas as informações para a execução do objeto.

Quanto à exigência de que os licitantes apresentem, em suas propostas, a composição analítica do percentual do BDI, cumpre destacar que essa tem sido uma constante nos últimos anos para obras e serviços de engenharia. O BDI – sigla originária da expressão inglesa *Budget Difference Income*, que recebeu no Brasil a tradução *Benefícios e Despesas Indiretas* – é elemento orçamentário, no âmbito da engenharia de custos, que se destina a cobrir todas as despesas que, numa obra ou serviço, segundo critérios claramente definidos, classificam-se como indiretas, tais como o custeio da carga tributária, das inversões financeiras havidas no mercado de capitais etc.

Sobre o BDI, as precisas lições de Raimilan da Silva Rodrigues:

> O referido item orçamentário é encontrado por meio da previsão do lucro que o contratado projeta sobre o contrato a ser firmado,

adicionando a ele os custos indiretos que deverá incorrer na contratação. Considerando que a atividade do empresário consiste precisamente em orquestrar a soma dos fatores de produção de modo a fornecer determinado produto ao consumidor (público ou privado), resulta óbvio que o valor do produto não pode se confundir com o valor de cada um dos fatores de produção.

Sob a perspectiva das contratações públicas, é cediço que os bens ou serviços adquiridos pelo Poder Público precisam ter as suas composições de custos detalhadamente demonstradas pelo fornecedor, a fim de que se possa exercer um efetivo controle sobre a firmeza dos preços pagos pelo contratante. Por isso é que um orçamento de determinada aquisição de bem ou serviço precisa trazer, detalhadamente, os custos dos itens que integram a formação do preço. Nesse contexto, exige-se também que sejam orçados os custos indiretos necessários incorridos pelo empresário ao praticar aquela orquestração dos fatores de produção.[24] [25]

Registre-se que, na esfera federal, a Advocacia Geral da União (AGU) posicionou-se sobre o BDI por intermédio da orientação normativa específica, pautando-se pela solicitação de máxima atenção na sua composição:

ORIENTAÇÃO NORMATIVA NAJ-MG nº 15, de17 de março de 2009: Obras e serviços de engenharia. BDI (Bonificação ou Benefício e Despesas Indiretas) – conceito – obrigatoriedade de previsão e detalhamento do percentual de BDI.

1. O BDI (bonificação ou benefício e despesas indiretas) é um percentual que incide sobre o custo global direto da obra ou serviço de engenharia e se compõe do lucro da empresa contratada e das despesas indiretas, sendo que estas são aquelas despesas que afetam o custo da obra ou serviço, mas não conseguem ser identificadas como itens autônomos do orçamento elaborado.

2. Deve-se ter cautela para se identificar os custos considerados como despesas indiretas, recomendando-se adotar o critério contábil. Segundo este, são despesas indiretas os gastos com administração central, ISS, PIS, COFINS, mobilização e desmobilização (somente

---

[24] RODRIGUES. Custos indiretos em contratos administrativos: estudo sistemático do BDI. *ILC – Informativo de Licitações e Contratos*, v. 19, n. 215, p. 45-51.

[25] Sobre o BDI, sugere-se a leitura da obra de Cláudio Sarian Altounian (*Obras públicas*: licitação, contratação, fiscalização e utilização, 3. ed.).

em locais distantes de centros urbanos), despesas financeiras e seguros/imprevistos.

3. Por outro lado, não podem ser consideradas despesas indiretas os custos com administração local, IRPJ, CSSL, equipamentos, ferramentas, taxas e emolumentos.

4. O percentual de BDI não deve ser o mesmo a incidir no custo dos materiais e no custo dos serviços, tendo em vista a natureza das despesas incluídas em cada grupo.

5. É obrigatória a previsão do percentual de BDI e o detalhamento de sua composição tanto nos orçamentos elaborados pela Administração quanto nas propostas apresentadas pelos licitantes para a contratação de obras e serviços de engenharia.

Referências: Parecer de uniformização Nº AGU/CGU/NAJ/MG-1439-2008-PPM; Pareceres AGU/CGU/NAJ/MG: nº 1266/08; nº 1283/08; nº 1368/08; nº 1369/08 e nº 1370/08; Art. 6º, inciso IX, alínea f e o art. 7º, §2º, inciso II, ambos da Lei nº 8.666/93; Acórdãos nº 172/1997, 1941/2006, 219/2007, 1286/2007, 1477/2007, 424/2008, 440/2008, 608/2008 – Plenário do TCU.

Ainda sobre o BDI, consigne-se que o TCU fixou entendimento no sentido que, na sua composição, deverão ser considerados somente os custos alocados com base em critérios de rateio ou em estimativas ou aproximações, tais como: administração central, riscos, seguros, garantias e despesas financeiras, além da remuneração da empresa contratada e tributos incidentes sobre o faturamento. Itens relacionados à administração local, canteiro de obras e mobilização/desmobilização devem constar na planilha de custos diretos do orçamento de referência das licitações (Acórdão n° 3034/2014 – Plenário).

Anteriormente, a Corte de Contas federal já havia se pronunciado (Acórdão n° 3.637/2013) no sentido de que os valores concernentes à cobertura de riscos eventuais ou imprevisíveis não deveriam integrar os custos diretos, mas, sim, serem inseridos no BDI.

Por sua vez, o §2º do art. 75 do regulamento, inserido pelo Decreto n° 8.080/2013, dispõe que a taxa de risco não integrará a parcela de benefícios e despesas indiretas – BDI do orçamento estimado, devendo ser considerada apenas para efeito de análise de aceitabilidade das propostas ofertadas no processo licitatório.

Por fim, registre-se nossa estranheza quanto à exigência de que o contratado conceda livre acesso aos seus documentos e registros contábeis, referentes ao objeto da licitação, para os servidores ou empregados do órgão ou entidade contratante e dos órgãos de controle interno e externo. Trata-se de previsão que, além de não encontrar respaldo legal, tem fortes indícios de inconstitucionalidade, porquanto, salvo cabal demonstração dos motivos que a ensejaram, viola a privacidade do licitante.[26]

8.1.10 O orçamento estimado da contratação – a questão do orçamento sigiloso

O art. 9º da ferramenta regulamentar, atendendo e repetindo o consignado no art. 6º da Lei do RDC, prevê que o orçamento previamente estimado para a contratação apenas será tornado público após a adjudicação do objeto, sem prejuízo da divulgação no instrumento convocatório do detalhamento dos quantitativos e das demais informações necessárias para a elaboração das propostas.

Reza o dispositivo:

> Art. 6º Observado o disposto no §3º, o orçamento previamente estimado para a contratação será tornado público apenas e imediatamente após o encerramento da licitação, sem prejuízo da divulgação

---

[26] O governo federal já inseriu tal determinação ao listar as cláusulas obrigatórias de todos os instrumentos regulados pela Portaria Interministerial nº 507, de 24.11.2011, dos Ministérios do Planejamento, Orçamento e Gestão, da Fazenda e da Controladoria-Geral da União (convênios, contratos de repasse e termos de cooperação):
"Art. 43. São cláusulas necessárias nos instrumentos regulados por esta Portaria as que estabeleçam: (...) XX – a obrigação de o convenente ou o contratado inserir cláusula nos contratos celebrados para execução do convênio ou contrato de repasse que permitam o livre acesso dos servidores dos órgãos ou entidades públicas concedentes, bem como dos órgãos de controle, aos documentos e registros contábeis das empresas contratadas, na forma do art. 56 desta Portaria."
"Art. 56. Os contratos celebrados à conta dos recursos de convênios ou contratos de repasse deverão conter cláusula que obrigue o contratado a conceder livre acesso aos documentos e registros contábeis da empresa, referentes ao objeto contratado, para os servidores dos órgãos e entidades públicas concedentes e dos órgãos de controle interno e externo."

do detalhamento dos quantitativos e das demais informações necessárias para a elaboração das propostas. (...)

§3º Se não constar do instrumento convocatório, a informação referida no *caput* deste artigo possuirá caráter sigiloso e será disponibilizada estrita e permanentemente aos órgãos de controle externo e interno.

Esse regramento tem sido questionado por alguns intérpretes, sob o argumento de que o sigilo estaria maculando o princípio da publicidade, e, em decorrência, seria inconstitucional.[27][28]

---

[27] Para a apreciação da questão, deve-se preliminarmente ter em mente que a regra que determina a ampla publicidade dos atos estatais não implica, necessariamente, obrigatoriedade de que todo e qualquer ato praticado pela Administração deva ser publicado. Nesse particular, bem especifica André Guskow Cardoso: "A questão envolve necessariamente a ponderação de princípios e valores consagrados pela Constituição, ante o princípio constitucional da publicidade (e as obrigações dele decorrentes). A despeito de sua inequívoca importância, o princípio da publicidade pode ceder diante de outros princípios e valores constitucionalmente consagrados. Não se pretende, com isso, indicar que o princípio da publicidade possa ser simplesmente suprimido, diante da existência de outros valores e princípios em jogo. O que se defende é que o princípio da publicidade pode sofrer mitigações diante de situações que envolvam a proteção ou busca da realização de outros valores igualmente protegidos constitucionalmente. Além das hipóteses dos art. 5º, inc. XXXIII, da Constituição, a publicidade dos atos estatais poderá ser mitigada sempre que os efeitos ou objetivos perseguidos pelos referidos atos possam, em concreto, ser frustrados com a sua divulgação antecipada. Evidentemente, a mitigação da publicidade dos atos estatais deve se dar em estrita obediência à proporcionalidade. Não se admite que, a pretexto de proteger a eficácia de determinado ato administrativo, a publicidade seja simplesmente suprimida, por tempo indeterminado. A mitigação da publicidade deve se dar na medida estritamente necessária para assegurar a proteção do valor constitucionalmente protegido buscado pela medida concreta a ser adotada. Em termos gerais, isso significa que a publicidade do ato poderá ser postergada para momento posterior à sua prática ou à concretização de seus efeitos. Jamais, porém, poderá ser totalmente suprimida. Não se pode admitir abuso na mitigação da publicidade da ação do Estado. A regra geral é a da mais ampla publicidade e transparência na atuação estatal. A sua mitigação corresponde à exceção, devendo ser ampla e objetivamente motivada, a fim de que sejam demonstrados os pressupostos que conduziram à mitigação da publicidade. E mais: a mitigação ou diferimento da publicidade se sujeitará sempre ao controle (interno e externo), inclusive por parte do Judiciário" (O regime diferenciado de contratações públicas: a questão da publicidade do orçamento estimado. Informativo Justen, Pereira, Oliveira e Talamini, Curitiba, nº 58, dezembro de 2011, disponível em httQ:// www.iusten.com.br/informati~o,).

[28] Roberto Ponte, um dos mentores intelectuais da Lei nº 8.666/93, repele o uso desse expediente numa norma licitatória: "Tornar sigilosos os orçamentos das obras, mecanismo que, associado à desclassificação das propostas com preços inferiores

No ordenamento jurídico nacional, até então, duas formas procedimentais existiam sobre a matéria. Sob a égide da Lei nº 8.666/1993, o orçamento estimado em planilhas de quantitativos e preços unitários do objeto da contratação constitui parte integrante do edital, ou seja, de divulgação obrigatória (art. 7º, §2º, inc. II c/c art. 40, §2º, inc. II).[29] Já no regime da Lei nº 10.520/2002 (Lei do Pregão) inexiste expressa determinação nesse sentido (art. 3º, I c/c art. 4º, III),[30] o que fez com que o TCU dispusesse, ao apreciar a questão, que a divulgação seria facultativa.[31]

No caso do RDC, em regra, prevê o preceptivo que o instrumento convocatório da licitação não indicará o orçamento estimado da contratação, o qual será sigiloso e só poderá ser conhecido após a adjudicação do objeto, sem

---

a um valor mínimo, também mantido em sigilo até a abertura dos envelopes, era muito usado, antes da Lei 8666, para direcionar uma obra pública ao parceiro escolhido, bastando, ao governante, utilizar um valor mínimo bem alto, e vazá-lo ao amigo preferido para garantir-lhe a vitória na licitação por preço tão elevado quanto desejarem, operação camuflada e simples" (PONTE. RDC, um escárnio aos princípios éticos da Lei 8666. *Câmara Brasileira da Indústria da Construção – CBIC*).

[29] Lei nº 8.666/1993: "Art. 7º As licitações para a execução de obras e para a prestação de serviços obedecerão ao disposto neste artigo e, em particular, à seguinte sequência: (...) §2º As obras e os serviços somente poderão ser licitados quando: (...) II – existir orçamento detalhado em planilhas que expressem a composição de todos os seus custos unitários". "Art. 40. O edital conterá no preâmbulo o número de ordem em série anual, o nome da repartição interessada e de seu setor, a modalidade, o regime de execução e o tipo da licitação, a menção de que será regida por esta Lei, o local, dia e hora para recebimento da documentação e proposta, bem como para início da abertura dos envelopes, e indicará, obrigatoriamente, o seguinte: (...) §2º Constituem anexos do edital, dele fazendo parte integrante: (...) II – orçamento estimado em planilhas de quantitativos e preços unitários."

[30] Lei nº 10.520/2002: "Art. 3º A fase preparatória do pregão observará o seguinte: I – a autoridade competente justificará a necessidade de contratação e definirá o objeto do certame, as exigências de habilitação, os critérios de aceitação das propostas, as sanções por inadimplemento e as cláusulas do contrato, inclusive com fixação dos prazos para fornecimento". "Art. 4º A fase externa do pregão será iniciada com a convocação dos interessados e observará as seguintes regras: (...) III – do edital constarão todos os elementos definidos na forma do inciso I do art. 3º, as normas que disciplinarem o procedimento e a minuta do contrato, quando for o caso."

[31] Acórdão nº 531/2007 – Plenário – (...) ficando a critério do gestor, no caso concreto, a avaliação da oportunidade e conveniência de incluir tal termo de referência ou o próprio orçamento no edital ou de informar, nesse mesmo edital, a disponibilidade do orçamento aos interessados e os meios para obtê-los.

prejuízo da obrigatória divulgação do detalhamento dos quantitativos e demais especificações necessárias para a elaboração das propostas.

A justificativa é plausível: inexistindo conhecimento prévio do valor referencial do objeto contratual, os licitantes tenderão a oferecer um preço menor, mais consentâneo com o efetivamente praticado no mercado. Ademais, prevê a disponibilização permanente aos órgãos de controle externo e interno, providência que, para alguns, não concorre para a consecução de um controle público efetivo, como sustenta, por exemplo, Benedito Chiaradia:

> Inobstante, a tal orçamento sigiloso é garantido aceso estrito permanente aos órgãos de controle interno e externo, escusa esta que não desenodoa a afronta aos princípio da publicidade, eis que os órgãos de controle, internos ou externos, não constituem instrumentos de transparência e de controle público dos atos administrativos (...).[32]

A necessidade de modificação da regra tradicional de licitação sempre foi defendida por nós. Logo, temos tecido rasgados elogios à inovação ocorrida com a lei do pregão.

É o que também registra, majoritariamente, a doutrina jurídica nacional. *Vide*, por exemplo, as lições do saudoso jurista Marcos Juruena Villela Souto:

> Outro tema dos mais polêmicos diz respeito à necessidade de divulgar ou não a estimativa de preços em que se calca a Administração para realizar ou não a despesa. (...) Ocorre que, se divulgados esses valores, reduz-se em muito a margem de competição, retornando aos mesmos problemas que levaram à supressão da licitação por preço-base, que era o grande número de empates. Logo, é preciso interpretar a norma também de acordo com o método histórico, além de utilização do princípio da competitividade. Destarte, para evitar tais problemas, não deve haver publicação de valores (...).[33]

---

[32] CHIARADIA, Benedito Dantas. As *licitações e os contratos administrativos*. Rio de Janeiro: GZ, 2013, p. 630.
[33] SOUTO. *Direito administrativo contratual*, p. 149.

Sobre a questão, flexibilizando a matéria, consigne-se que, por intermédio do Acórdão nº 306/2013, o Plenário do TCU posicinou-se no sentido da possibilidade de abertura do orçamento sigiloso, desde que demonstrada a "vantajosidade" da medida.

Numa tentativa de amenizar a questão do orçamento sigiloso, o Decreto nº 8.080/2013 inseriu, no art. 43, o parágrafo 3º dispondo que, encerrada a etapa competitiva do processo, poderão ser divulgados os custos dos itens ou das etapas do orçamento estimado que estiverem abaixo dos custos ou das etapas ofertados pelo licitante da melhor proposta, para fins de reelaboração da planilha com os valores adequados ao lance vencedor, na forma prevista no art. 40, §2º.

Como anotou Brenia dos Santos, é fácil perceber que houve uma flexibilização do sigilo do orçamento estimado em relação aos moldes inicialmente propostos:

> A princípio, o §3º do art. 43 do Decreto nº 7.581/2011 permite a adequação dos custos unitários ofertados ao orçamento estimado pela Administração. Além disso, em sintonia com o Acórdão nº 306/2013, torna possível o licitante baixar o preço proposto de modo que o valor global fique compatível com o orçamento estimado, evitando-se, assim, negociações que possam se arrastar por um longo período ou a declaração do fracasso do certame. Em suma, é possível concluir que o sigilo deve ser mantido, de modo inafastável, até o encerramento da disputa entre os licitantes. Após isso, é possível que, justificadamente, a quebra do sigilo seja uma medida aceitável, em caráter de exceção.[34]

No que se refere à estimativa dos preços de obras e serviços de engenharia a serem contratados com recursos federais, insta relembrar que a Lei de Diretrizes Orçamentárias preconiza que o custo global de obras e serviços contratados e executados com recursos dos orçamentos da União deverá ser obtido a partir de custos unitários de insumos ou serviços

---

[34] SANTOS, Brenia D. G. dos. *Sigilo do orçamento estimado no RDC* – qual a novidade trazida pelo Decreto nº 8.080/2013? Disponível em <http://www.governet.com.br/noticia.php?cod=4377>

menores ou iguais à mediana de seus correspondentes no Sistema Nacional de Pesquisa de Custos e Índices da Construção Civil (SINAPI).[35] [36]

Nesse viés, têm inteira razão Gabriel Pereira, Fausto Pereira e Ana Wernke, quando apontam que é nesse sentido que a Lei nº 12.462/2011 tonifica diferentemente o regime de contratações para os campeonatos desportivos que elenca, pois, ao dar conhecimento do orçamento prévio apenas após a adjudicação, "minimiza a incidência de ofertas de preços muito próximas ao do SINAPI, podendo baratear a obra e aproximar o empreendimento do seu custo real, sem acréscimos exorbitantes e prejudiciais ao interesse público".[37]

Por fim, anote-se que, consoante prevê o §2º do art. 9º, o instrumento convocatório da licitação deverá conter:

a) o orçamento previamente estimado, quando adotado o critério de julgamento por maior desconto (inc. I).

b) o valor da remuneração ou do prêmio, quando adotado o critério de julgamento por melhor técnica ou conteúdo artístico (inc. II).

c) o preço mínimo de arrematação, quando adotado o critério de julgamento por maior oferta (inc. III).

8.1.11 A possibilidade de subcontratação de parte da obra ou serviço de engenharia

Seguindo a linha adotada pela Lei Complementar nº 123/2006,[38] ainda que nada conste na Lei do RDC sobre subcontratação, o decreto regulamentar introduziu a possibilidade

---

[35] O SINAPI é um sistema de pesquisa mensal que informa os custos e índices da construção civil e tem a CAIXA e o Instituto Brasileiro de Geografia e Estatística (IBGE) como responsáveis pela divulgação oficial dos resultados, manutenção, atualização e aperfeiçoamento do cadastro de referências técnicas, métodos de cálculo e do controle de qualidade dos dados disponibilizados.

[36] No caso de obras e serviços rodoviários, adota-se a tabela do Sistema de Custos de Obras Rodoviárias (SICRO).

[37] PEREIRA; PEREIRA; WERNKE. O sigilo no Regime Diferenciado de Contratações Públicas. *Cunha, Pereira e Massara Advogados Associados*.

[38] Que autoriza a subcontratação de micro e pequenas empresas.

consecução de parte da obra ou dos serviços de engenharia através desse expediente.[39]

Considerando que o contrato administrativo caracteriza-se pela execução de seu objeto por intermédio daquele que participou da licitação e a venceu (*intuitu personae*),[40] a subcontratação só poderá ocorrer parcialmente. Em função dessa particularidade, tratando da matéria, a Lei Geral de Licitações só a admite em caráter excepcional. É curial, contudo, para que haja licitude na adoção, a existência de previsão da faculdade no instrumento convocatório e no contrato. É o que dispôs o art. 10 do decreto regulamentar do RDC.

O §1º enfatiza, acertadamente, que a eventual subcontratação não excluirá a responsabilidade do contratado perante a Administração Pública quanto à qualidade técnica da obra ou do serviço prestado. Em razão da execução pessoal, a contratada responde efetivamente perante a contratante (Administração) pela execução total do objeto contratado, inexistindo qualquer relação entre a contratante e a subcontratada.

Quando autorizada a subcontratação, o contratado deverá apresentar documentação do subcontratado que comprove sua habilitação jurídica, regularidade fiscal e a qualificação técnica necessária à execução da parcela da obra ou do serviço que será objeto da subcontratação (§2º).

8.1.12 A publicidade do instrumento licitatório

Em continuação à fase interna da licitação, os arts. 11 e 12 (Seção IV) do decreto regulamentar oferecem os contornos da publicidade do instrumento convocatório.

Como já esposado, ao elencar as fases procedimentais das licitações que adotem o RDC, o art. 12 da Lei nº 12.462/2011 registrou a fase de *publicação do instrumento convocatório* como a segunda da sequência procedimental, tendo o decreto a consignado como a fase derradeira da etapa preparatória do certame.

---

[39] No âmbito das licitações, subcontratação é o cometimento a terceiros de partes da execução do objeto do contrato.

[40] Contrato cujo objeto encontra-se ligado às partes na sua essência.

O art. 11 da ferramenta regulamentar informa que a publicidade do instrumento convocatório, sem prejuízo da faculdade de divulgação direta aos fornecedores, cadastrados ou não, será realizada mediante:
   a) publicação de extrato no diário oficial da União, do Estado, do Distrito Federal ou do Município, conforme o caso, ou, há hipótese de consórcio público, do ente de maior nível entre eles, sem prejuízo da possibilidade de publicação em jornal diário de grande circulação.
   b) divulgação em sítio eletrônico oficial centralizado de publicidade de licitações ou sítio mantido pelo órgão ou entidade responsável pelo procedimento licitatório.

O §1º, em boa hora, informa os elementos do extrato do instrumento convocatório, comumente chamado de aviso licitatório. Assim, nele deverá constar: a definição precisa, suficiente e clara do objeto; a indicação dos locais, dias e horários em que poderá ser consultada ou obtida a íntegra do edital; bem como o endereço onde ocorrerá a sessão pública; a data e hora de sua realização; e a indicação de que a licitação, na forma eletrônica, será realizada por meio da internet.

O aviso de licitação somente deverá conter, portanto, as informações fundamentais para que os interessados acorram ao local nele indicado visando à consulta ou obtenção do edital.

Temos criticado com veemência os diversos "avisos" que ocupam espaços caríssimos em jornais privados e até mesmo no diário oficial. Já na primeira edição de nosso *Curso básico de licitação*,[41] no modelo que sugerimos para o "aviso de licitação", destacávamos em nota de rodapé:

> Os avisos de licitação devem conter os resumos dos editais de licitação, com a indicação do local em que os interessados poderão ler e obter o texto integral dos mesmos, bem como todas as informações sobre a licitação. Não existe uma forma definida, motivo pelo qual são encontrados os mais diversos modelos nos jornais.

---
[41] BITTENCOURT. *Curso básico de licitação*.

Não vislumbramos nenhuma necessidade de indicação de nomes, comissão de licitação, departamentos ou qualquer outra informação ao fim do aviso, como normalmente ocorre, bem como quaisquer outras informações que constarão no edital. Sugerimos ainda a não utilização de logotipos (totalmente desnecessários e encarecedores) e outras filigranas. A adoção de espaço reduzido entre as informações iniciais e o uso de toda a linha é mais que recomendável. Tal procedimento reduz, em muito, os custos, gastando-se apenas o necessário do dinheiro público.

O §2º autoriza a publicação em sítios eletrônicos oficiais da Administração Pública, desde que certificados digitalmente por autoridade certificadora credenciada no âmbito da Infraestrutura de Chaves Públicas Brasileira (ICP-Brasil).

Visando à economicidade, o decreto dispensou a publicação em diário oficial de certames de valores baixos. Assim, licitações cujo valor não ultrapasse R$150.000,00 (cento e cinquenta mil reais) para obras ou R$80.000,00 (oitenta mil reais) para bens e serviços, inclusive de engenharia, a Administração não estará obrigada a publicar o aviso através da imprensa oficial (§3º), ressalvando-se que, na hipótese de parcelamento do objeto, há de se considerar o valor total da contratação (§4º).

Adotando regra da Lei Geral de Licitações, eventuais modificações no instrumento convocatório deverão ser divulgadas nos mesmos prazos dos atos e procedimentos originais, exceto quando a alteração não comprometer a formulação das propostas (§5º).

Por fim, o art. 12 do decreto consigna a natural possibilidade de pedidos de esclarecimentos e impugnações ao instrumento convocatório, remetendo, quanto aos prazos e forma, ao descrito no inc. I do art. 45 da Lei nº 12.462/2011, o qual prevê o cabimento no prazo mínimo de:

a) até 2 (dois) dias úteis antes da data de abertura das propostas, no caso de licitação para aquisição ou alienação de bens; ou

b) até 5 (cinco) dias úteis antes da data de abertura das propostas, no caso de licitação para contratação de obras ou serviços.

Anote-se, com relação aos prazos, que a Lei do RDC, nos moldes das contagens de prazos processuais, informa que:
a) na contagem dos prazos estabelecidos, excluir-se-á o dia do início e incluir-se-á o do vencimento (§4º do art. 45).
b) os prazos previstos iniciam e expiram exclusivamente em dia de expediente no âmbito do órgão ou entidade (§5º do art. 45).

O art. 15 da Lei do RDC fixa os prazos para apresentação das propostas, contados a partir da publicação do edital, segundo o objeto da licitação e o critério de julgamento:
a) de 5 dias úteis, nas licitações para compras segundo o critério do menor preço ou maior desconto, e de 10 dias úteis nas compras segundo outros critérios (inc. I).
b) de 15 dias úteis, nas licitações para obras e serviços segundo o critério do menor preço ou maior desconto, e de 30 dias úteis nas licitações de mesmo objeto em que se utilizem outros critérios de julgamento (inc. II).
c) de 10 dias úteis, em todas as licitações que adotem o critério de julgamento da maior oferta (inc. III).
d) de 30 dias úteis, em todas as licitações que adotem os critérios de julgamento de técnica e preço, melhor técnica ou conteúdo artístico (inc. IV).

O prazo mínimo que deve estar acometido entre a divulgação do aviso e a data de início da licitação busca permitir aos possíveis interessados a avaliação do edital, de modo a decidirem pela participação na competição, além de oferecer condições para elaboração das propostas.

Dificuldade antiga, diz respeito ao correto estabelecimento do marco inicial da contagem de prazo, em face da publicação obrigatória, do aviso, via de regra, em mais de um local. Normalmente, considerando que, visando eficácia jurídica, a divulgação de atos oficiais se faz através da imprensa oficial, o marco inicial seria essa publicação. Todavia, como a publicidade obrigatória divide-se em dois instrumentos divulgadores (imprensa oficial e internet), sugerimos – como sempre o fizemos nas hipóteses de licitação baseadas na Lei nº 8.666/1993 – que a contagem se inicie a partir da última publicação, computando-se o prazo do dia útil posterior em diante.

Atentamos que os prazos estabelecidos na Lei do RDC são inferiores aos previstos na Lei nº 8.666/1993, caracterizando conflito entre a legislação especial e a Lei Geral. Afigura-se, por conseguinte, uma falha grave, pois a lei especial, fitando a ampliação do número de licitantes – e, consequentemente, a competitividade –, poderia tão somente ampliá-los.[42]

8.2 A fase externa (ou de execução) da licitação

Superada a fase interna – através da qual, como esposado, a Administração estabelece as condições no instrumento convocatório antes de levá-lo ao conhecimento público —, passa-se à fase externa do certame, que, nas licitações que adotarem o RDC, iniciará após a publicação do instrumento convocatório, e terminará com os atos de adjudicação do objeto da licitação ao vencedor do certame, homologação da licitação e convocação do vencedor para a assinatura do contrato.

Os arts. 13 a 62 do Decreto nº 7.581/2011 tratam dessa etapa.

8.2.1 A preferência pela forma eletrônica

Iniciando as tratativas referentes à fase interna da licitação, os arts. 13 e 14 estabelecem disposições gerais.

Em obediência ao preconizado no art. 13 da Lei nº 12.462/2011, o art. 13 do decreto regulamentar informa que as licitações que adotarem o RDC deverão ser preferencialmente realizadas sob a forma eletrônica. Coerentemente, o §1º prevê que, nos procedimentos sob essa forma, a Administração

---

[42] Com o mesmo entendimento, Renato Monteiro de Resende dispõe: "Uma segunda conclusão quanto aos prazos é que, sendo eles inferiores aos da Lei nº 8.666, de 1993, resta caracterizado um caso típico de conflito entre a Lei Geral e a legislação especial, que deve levar à invalidade desta última. Com efeito, como aceito na doutrina, a fixação de prazos mínimos de publicidade dos instrumentos convocatórios é matéria de norma geral. A lei especial pode ampliar tais prazos, com objetivo de possibilitar a ampliação do universo de licitantes, nunca reduzi-los" (O Regime Diferenciado de Contratações Públicas: comentários à Lei nº 12.462, de 2011. *Textos para Discussão*, n. 100).

poderá determinar, como condição de validade e eficácia, que os licitantes pratiquem seus atos em formato eletrônico.[43]

Comentando o supracitado dispositivo da Lei do RDC, em data anterior à edição do decreto regulamentar, Ivan Barbosa Rigolin, percebendo que o dispositivo inspirava-se no pregão, concluiu "que a lei parecia estar se referindo ao pregão".[44] Estava quase certo, pois o §2º do decreto regulamentar dispôs, posteriormente, que as licitações sob a forma eletrônica poderão ser processadas por meio do sistema eletrônico utilizado para a modalidade pregão, de que trata o Decreto nº 5.450/2005.

Nesse viés, impende anotar que, não fazendo menção direta a nenhuma modalidade de licitação existente no ordenamento jurídico nacional, a Lei nº 12.462/2011 instituiu nova modalidade de licitação, a *modalidade do RDC*,[45] com regras próprias, que combinam as das modalidades tradicionais (da Lei nº 8.666/1993) e as do pregão (Lei nº 10.520/2002).[46]

Para explicar as particularidades da modalidade de licitação do RDC, assentou Benjamim Zymler, ministro do TCU:

> É uma evolução das atuais modalidades de licitação. O RDC aumenta a responsabilidade da empresa contratada em executar um serviço com qualidade, premia a excelência, aproveita todos os critérios positivos que temos atualmente nas licitações e regulamenta as boas práticas de alguns estados do País, regras que são comuns na maioria dos países desenvolvidos.[47]

---

[43] O texto do dispositivo apenas repetiu o do parágrafo único, do art. 13, da Lei do RDC: "Parágrafo único. Nos procedimentos realizados por meio eletrônico, a administração pública poderá determinar, como condição de validade e eficácia, que os licitantes pratiquem seus atos em formato eletrônico".

[44] RIGOLIN. RDC: Regime Diferenciado de Contratações Públicas. *Fórum de Contratação e Gestão Pública – FCGP*, ano 10, n. 117.

[45] Flávio Amaral Garcia considera que o RDC não contempla nenhuma modalidade (Regime Diferenciado de Contratações Públicas: RDC: a nova sistemática da Lei nº 12.462 de 05.08.11).

[46] A primeira licitação instaurada sob o novo regime recebeu a denominação de *RDC Presencial* (instaurada, em 2011, pela INFRAERO para a contratação de estudos, projetos e obras do Aeroporto Internacional de João Pessoa/PB).

[47] LICITAÇÃO: Ministro do TCU detalha modelo de contratações da Copa em Cuiabá.

8.2.2 Disposições gerais do certame licitatório

O art. 14 do decreto regulamentar informa que, após a publicação do instrumento convocatório, iniciar-se-á a fase de apresentação de propostas ou lances.

O parágrafo único do artigo ressalva, entretanto, que a fase de habilitação poderá antecedê-la, desde que haja previsão no instrumento convocatório.

Inicialmente, tal como previsto na Lei do Pregão (Lei nº 10.520/2002), na abertura da sessão pública os licitantes deverão declarar formalmente que atendem aos requisitos de habilitação.

Consoante o preconizado na LC nº 123/2006, os licitantes que se enquadrem como microempresa ou empresa de pequeno porte também deverão apresentar uma declaração de enquadramento nessas categorias.

Como, na aplicação prática dos pregões eletrônicos, houve problemas para o acatamento das determinações semelhantes às descritas nos dois parágrafos anteriores, o decreto dispôs que, nos sistemas das licitações sob a forma eletrônica, deverá constar a opção para apresentação pelos licitantes das declarações mencionadas.

Ainda em função da adoção da licitação na forma eletrônica, o instrumento regulamentar disciplina que os licitantes, nas sessões públicas, deverão ser previamente credenciados para oferta de lances.

Também nos moldes previstos na Lei do Pregão, o ato regulamentar determina que a comissão de licitação verifique a conformidade das propostas com os requisitos estabelecidos no instrumento convocatório quanto ao objeto e ao preço, sendo imediatamente desclassificados, mediante decisão motivada, os licitantes cujas propostas não estejam em conformidade com os requisitos.

8.2.3 As formas de disputa nas licitações que adotem o RDC

O art. 16 da Lei do RDC prevê dois modos de disputa nas licitações que adotem o RDC, o **aberto** e o **fechado**, permitindo, ainda, que as duas formas sejam combinadas, conforme disposição regulamentar.

Essa inovação é interessantíssima, pois, sem dúvida, oferece ao Poder Público um instrumento eficaz de combate à corrupção e aos conchavos e falcatruas nas licitações.

Com a mesma ótica, Bruno Lira e Marcos Nóbrega a elogiaram:

> Tendo em vista o combate aos cartéis em licitação, tal inovação é alvissareira. Através dela, concedeu-se ao Estado a condição de se adotar um comportamento estratégico e mais adaptado às próprias características inerentes do mercado do objeto/serviço que vai ser licitado. Tal será feito a partir da própria formatação do processo licitatório, que levará em consideração tais fatores.[48]

O art. 17 da lei indica que a regulamentação também disporá sobre as regras e procedimentos de apresentação de propostas ou lances, com a obrigatória observação das seguintes linhas de ação:

a) no modo de disputa aberto: licitantes deverão apresentar ofertas por meio de lances públicos e sucessivos, crescentes ou decrescentes, conforme o critério de julgamento adotado.

b) no modo de disputa fechado: as propostas apresentadas pelos licitantes deverão ser sigilosas até a data e hora designadas para que sejam divulgadas.

c) nas licitações de obras ou serviços de engenharia: após o julgamento das propostas, o licitante vencedor deverá reelaborar e apresentar à Administração Pública, por meio eletrônico, as planilhas com indicação dos quantitativos e dos custos unitários, bem como do detalhamento das Bonificações e Despesas Indiretas (BDI) e dos Encargos Sociais (ES), com os respectivos valores adequados ao lance vencedor.

---

[48] LIRA; NÓBREGA. O Estatuto do RDC é contrário aos cartéis em licitação?: uma breve análise baseada na teoria dos leilões. *Revista Brasileira de Direito Público – RBDP*, ano 9, n. 35.

8.2.3.1 As declarações de atendimento aos requisitos de pequena empresa – O prévio credenciamento – A verificação de conformidade das propostas

Preliminarmente, o Decreto nº 7.581/2011, atendendo aos mandamentos legais, prescreve, nos arts. 15 a 17, as disposições gerais sobre as disputas.

O art. 15 dispõe sobre a regra legal, informando que as competições poderão adotar os modos de disputa aberto, fechado ou combinado.

Dessa forma, caberá ao órgão licitante, ainda na fase preparatória do certame, escolher a forma de disputa que adotará.

O art. 16, em atenção ao inc. I, do art. 14, da Lei do RDC, registra que os licitantes deverão apresentar na abertura da sessão pública declaração de que atenda aos requisitos de habilitação.

A seguir, seu §1º preocupa-se, acertadamente, com o obrigatório tratamento diferenciado a ser dado para as microempresas e empresas de pequeno porte, como define a LC nº 123/2006, determinando que os licitantes que se enquadrem nessas categorias empresariais deverão também apresentar declaração de seu enquadramento. Com a atenção voltada para a operacionalidade, o §2º determina que, nas licitações sob a forma eletrônica, deverá constar no sistema a opção para apresentação pelos licitantes das declarações.

Nos mesmos moldes operacionais do pregão, o §3º informa que, nas sessões públicas, os licitantes deverão estar previamente credenciados para oferta de lances.

O art. 17 determina a verificação, por parte da comissão de licitação, da conformidade das propostas com os requisitos estabelecidos no instrumento convocatório quanto ao objeto e ao preço. Aqueles que não atenderem aos requisitos previstos serão imediatamente desclassificados, mediante decisão motivada (parágrafo único).

8.2.3.2 O modo de disputa aberto

Como já informado, o art. 17 da Lei do RDC remete ao regulamento a forma operacional da disputa aberta, mas determina que, nesse modo de competição, os licitantes apresentarão suas ofertas por meio de lances públicos e sucessivos, crescentes ou decrescentes, conforme o critério de julgamento adotado.

O texto do dispositivo leva a crer que a disputa, similar à realizada no pregão, já se inicia por intermédio dos lances oferecidos pelos licitantes, inexistindo a tradicional apresentação de propostas escritas fechadas.

O decreto regulamentar, que cuida do modo de disputa aberto nos arts. 18 a 21 – do qual se esperava um texto explicativo para essa questão – se presta apenas a repetir o texto inconcluso da lei, informando que, nesse modo de competição, os licitantes deverão apresentar suas propostas em sessão pública por meio de lances públicos e sucessivos, crescentes ou decrescentes, conforme o critério de julgamento adotado (art. 18), podendo o edital estabelecer intervalo mínimo de diferença de valores entre os lances, que, consoante aperfeiçoamento redacional trazido pelo Decreto nº 8.080/2013, incidirá, tanto em relação aos lances intermediários, quanto em relação à proposta que cobrir a melhor oferta (parágrafo único).

A má técnica redacional dos textos normativos é de tão monta que parte da doutrina tem entendido que, no modo aberto, a disputa terá início diretamente com os lances.

É o que consignam, por exemplo, Ronny Charles e Michelle Marley:

> Estará configurado o modo de disputa aberto, quando os licitantes apresentarem suas propostas em sessão pública, por meio de lances públicos e sucessivos, na forma crescente ou decrescente, a ser definida de acordo com o critério de julgamento a ser adotado (procedimento semelhante ao da modalidade pregão).[49]

---

[49] CHARLES, Ronny; MARRY, Michelle. *RDC – Regime diferenciado de contratações*. Salvador: Juspodivm, 2014, p. 177.

Todavia, em face da total falta de operacionalidade lógica, dissentimos desse entendimento. Considerando que o inc. II do art. 17 da Lei do RDC informa que, no modo de disputa fechado, as propostas apresentadas pelos licitantes serão sigilosas até a data e hora designadas para a divulgação, a conclusão factível é a de que a proposição inicial na competição aberta há de ser escrita, mas sem confidencialidade.

Consoante o já esposado, a norma dispõe que as licitações que adotem o RDC deverão ocorrer, preferencialmente, sob a forma eletrônica. Logo, a disputa, em situações devidamente justificadas poderá se estabelecer na forma presencial.

Nesse caso, o art. 19 do regulamento determina a adoção adicional dos seguintes procedimentos:

a) as propostas iniciais deverão ser classificadas de acordo com a ordem de vantagem;

b) a comissão de licitação deverá convidar individual e sucessivamente os licitantes, de modo sequencial, a apresentar lances verbais, a partir do autor da proposta menos vantajosa, seguido dos demais;

c) a desistência do licitante em apresentar lance verbal, quando convocado, implicará sua exclusão da etapa de lances verbais e a manutenção do último preço por ele apresentado, para efeito de ordenação das propostas, exceto no caso de ser ele o detentor da melhor proposta, hipótese em que poderá apresentar novos lances sempre que este for coberto, observado o disposto no parágrafo único do art. 18, que, como já esposado, dispõe que o edital poderá estabelecer intervalo mínimo de diferença de valores entre os lances, que incidirá, tanto em relação aos lances intermediários, quanto em relação à proposta que cobrir a melhor oferta.

8.2.3.2.1 A possibilidade da admissão de apresentação de lances intermediários

Durante a disputa aberta, prevê a Lei do RDC, no §1º do art. 17, a possibilidade de admissão, nas condições estabelecidas em regulamento, de apresentação de lances intermediários.

O art. 20 do decreto, à guisa de regulamentação, repisa que o edital licitatório poderá permitir a apresentação de lances intermediários durante a competição aberta.

Esse regramento é de grande importância para as hipóteses em que a proposta teoricamente vencedora não resulte, por algum motivo, em contratação (por exemplo: por inabilitação ou recusa de assinatura) ou nos casos de contratação de remanescente do objeto, quando de rescisão abrupta do contratual.

Vide que, consoante o disposto no arts. 40 e 41 da Lei nº 12.462/ 2011, a matéria quanto ao RDC tem tratamento diverso do oferecido pela Lei nº 8.666/1993, mas semelhante ao adotado na Lei nº 10.520/2002,[50] pois prevê que o licitante

---

[50] Esse procedimento advém de interpretação sistemática. Sobre a questão, registramos no livro Pregão passo a passo: Lei nº 10.520, de 17 de julho de 2002: comentários aos artigos do diploma legal que instituiu a modalidade de licitação pregão para todos os entes da Federação (4. ed.): "O inciso XVI está exclusivamente voltado para a busca de uma oferta que atenda as exigências editalícias. Assim, há de se constatar que a recusa de assinatura do contrato (o que caracteriza a figura do adjudicatário faltoso) será determinante para que o pregoeiro retorne ao exame das ofertas, na ordem de classificação dos licitantes, apurando outra oferta 'aceitável', para que declare novamente o vencedor. É o que o regulamento federal do pregão presencial tenta informar. (...). Dessa maneira, regulamentando esse procedimento – seguindo os mesmos lógicos passos ditados para a hipótese de inabilitação do licitante que tenha apresentado menor proposta, mas que não atenda ao exigido quanto aos documentos de qualificação (inciso XV) —, no caso de recusa injustificada do adjudicatário, o pregoeiro retomará a sessão e convocará os demais licitantes para fazê-lo (assinatura do contrato, e não apresentação de novas propostas), na estrita ordem de classificação, sem jamais abrir mão do dever de apenar o faltoso, por descumprimento de compromisso. É de fundamental importância ressaltar que a norma determina tratamento diferente daquele que a Lei nº 8.666/1993 dispõe para o caso de celebração contratual com outros que não sejam os reais vencedores do certame (adjudicatário faltoso). Como já alertamos na avaliação do inciso XV, no Estatuto há uma vinculação dos licitantes remanescentes à proposta do licitante vencedor (conforme regra prescrita no §2º do art. 64). No pregão não, em face da expressa determinação no sentido de acatamento ao ditado no seu inciso XVI, que determina a apuração de proposta que atenda ao edital. De suma relevância, todavia, distinguir a situação da recusa de assinatura do contrato (adjudicatário faltoso) da que deriva da interrupção do contrato em execução, por inadimplência. Nesse último caso, a regra disciplinadora, a nosso ver, é a prescrita no inciso XI do art. 24 da Lei nº 8.666/1993, ou seja, é possível o aproveitamento da licitação anterior (uma vez que, na hipótese, já há execução contratual), considerando-se,

convidado a assinar o contrato em substituição ao vencedor, poderá fazê-lo nas condições de sua própria proposta, desde que esta não seja superior ao orçamento da Administração.

> Art. 40. É facultado à administração pública, quando o convocado não assinar o termo de contrato ou não aceitar ou retirar o instrumento equivalente no prazo e condições estabelecidos: (...)
>
> II – convocar os licitantes remanescentes, na ordem de classificação, para a celebração do contrato nas condições ofertadas pelo licitante vencedor.
>
> Parágrafo único. Na hipótese de nenhum dos licitantes aceitar a contratação nos termos do inciso II do *caput* deste artigo, a administração pública poderá convocar os licitantes remanescentes, na ordem de classificação, para a celebração do contrato nas condições ofertadas por estes, desde que o respectivo valor seja igual ou inferior ao orçamento estimado para a contratação, inclusive quanto aos preços atualizados nos termos do instrumento convocatório.
>
> Art. 41. Na hipótese do inciso XI do art. 24 da Lei no 8.666, de 21 de junho de 1993, a contratação de remanescente de obra, serviço ou fornecimento de bens em consequência de rescisão contratual observará a ordem de classificação dos licitantes remanescentes e as condições por estes ofertadas, desde que não seja ultrapassado o orçamento estimado para a contratação.

O §2º do art. 17 da Lei do RDC informa que, para o diploma legal, são considerados intermediários os lances iguais ou inferiores ao maior já ofertado, quando adotado o julgamento pelo critério da maior oferta, ou os iguais ou superiores ao menor já ofertado, quando adotados os demais critérios de julgamento.

O parágrafo único do art. 20 do decreto repete o preceptivo da lei.

---

entrementes, o valor inicial do contrato em execução, devidamente atualizado, se for necessário. Relembra-se que, nessa hipótese, o licitante remanescente não pode ser obrigado a aceitar". Nesse mesmo entendimento, Ricardo Ribas da Costa Berloffa: "Não se trata de procedimento análogo ao previsto na Lei Federal nº 8.666/93, art. 64, §2º, em que os licitantes remanescentes são chamados a contratar pela ordem de classificação, devendo admitir as mesmas condições da proposta do primeiro classificado" (BERLOFFA. *A nova modalidade de licitação*: pregão: breves comentários à Lei Federal nº 10.520/02: Lei do Pregão).

Destarte, deverão ser considerados como lances intermediários:

a) os iguais ou inferiores ao maior já ofertado, mas superiores ao último lance ofertado pelo próprio licitante, quando adotado o julgamento pelo critério da maior oferta de preço; ou

b) os iguais ou superiores ao menor já ofertado, mas inferiores ao último lance oferecido pelo próprio licitante, quando adotados os demais critérios de julgamento.

Definida a melhor proposta, prescreve o art. 21 do regulamento, em obediência ao inc. II do §1º do art. 17 da Lei do RDC,[51] que, se a diferença em relação à proposta classificada em segundo lugar for de pelo menos 10% (dez por cento), a comissão de licitação poderá admitir o reinício da disputa aberta, nos termos estabelecidos no instrumento convocatório, para a definição das demais colocações.

Como o texto normativo ressalva que tal procedimento se fará "para a definição das demais colocações", temos que o tratamento dado à matéria no RDC é diverso daquele adotado na Lei do Pregão (inc. VIII do art. 4º)[52] – que estabelece que todos os licitantes que estejam dentro do intervalo de 10% participaram da etapa de lances abertos,[53] uma vez que, ocorrendo o intervalo referido entre primeiro e segundo colocados, a disputa se reiniciará tão somente para a apresentação de lances intermediários.

Nesse passo, após o reinício da disputa, os licitantes deverão ser convocados a apresentar lances (§1º do art. 21 do decreto).

---

[51] Lei nº 12.462/2011: "Art. 17 (...) §1º Poderão ser admitidos, nas condições estabelecidas em regulamento: (...) II – o reinício da disputa aberta, após a definição da melhor proposta e para a definição das demais colocações, sempre que existir uma diferença de pelo menos 10% (dez por cento) entre o melhor lance e o do licitante subsequente".

[52] Lei nº 10.520/2002: "Art. 4º A fase externa do pregão será iniciada com a convocação dos interessados e observará as seguintes regras: (...) VIII – no curso da sessão, o autor da oferta de valor mais baixo e os das ofertas com preços até 10% (dez por cento) superiores àquela poderão fazer novos lances verbais e sucessivos, até a proclamação do vencedor".

[53] No pregão presencial, já que, no eletrônico, o decreto regulamentar federal, ao seu bel prazer, delineou critério diferenciado, no qual inexiste limite proporcional para o ingresso na disputa aberta.

Além disso, estabelece o §2º que os licitantes poderão apresentar lances nos termos do parágrafo único do art. 20, quais sejam: (a) iguais ou inferiores ao maior já ofertado, mas superiores ao último lance dado pelo próprio licitante, quando adotado o julgamento pelo critério da maior oferta de preço; ou (b) iguais ou superiores ao menor já ofertado, mas inferiores ao último lance dado pelo próprio licitante, quando adotados os demais critérios de julgamento.

Por fim, o §3º registra que os lances iguais serão classificados conforme a ordem de apresentação, o que determina que se compreenda que a intenção normativa é a de manutenção da ordem de classificação inicial, na hipótese de haver empate nos lances intermediários.

Sobre o assunto, assente-se que o TCU recomendou, quando, no âmbito do RDC for estabelecido um intervalo mínimo de diferença de valores entre os lances, que sejam previstos mecanismos que coíbam a possibilidade de eventual licitante – que venha sistematicamente ofertando propostas intermediárias – de cobrir o menor preço por desconto irrisório, como, por exemplo, obrigando a apresentação de lances com intervalo mínimo aplicado, tanto com relação às propostas de cada licitante, quanto com relação à melhor proposta, no caso de o lance intentar cobrir o menor preço (Acórdão n° 1442/2013 – Plenário).

8.2.3.3 O modo de disputa fechado

O inc. II do art. 17 da Lei do RDC prescreve que, no modo de disputa fechado, o regulamento estabelecerá que as propostas apresentadas pelos licitantes serão sigilosas até a data e hora designadas para que sejam divulgadas.

O art. 22 do regulamento repetiu o mandamento.

Assim, no modo fechado de competição as propostas dos licitantes deverão ser escritas e mantidas em confidencialidade até o momento previsto pelo edital para a divulgação.

Nesse passo, o parágrafo único deste art. 22, tratando especificamente da licitação presencial, estabelece que as propostas deverão ser apresentadas em envelopes lacrados, que serão abertos em sessão pública, sendo as proposições ordenadas conforme critério de "vantajosidade".

8.2.3.4 A combinação dos dois modos de disputa

Por fim, o art. 23. do Decreto nº 7.581/2011 cuida do estabelecimento da disputa mista (combinação dos dois modos de disputa), prevendo que a competição seja realizada em duas etapas, sendo a primeira eliminatória. Dessa forma, os que não se qualificarem para a fase posterior serão afastados do certame.

O art. 24 dita as formas para a disputa combinada:

a) caso o procedimento se inicie pelo modo de disputa fechado, serão classificados para a etapa subsequente os licitantes que apresentarem as três melhores propostas, iniciando-se então a disputa aberta com a apresentação de lances sucessivos (inc. I).

b) se o procedimento se iniciar pelo modo de disputa aberto, os licitantes que apresentarem as três melhores propostas oferecerão propostas finais fechadas (inc. II).

8.2.4 Critérios para julgamento das propostas

O art. 18 da Lei do RDC trata dos tradicionais tipos licitatórios, adotando, todavia, a expressão "critérios",[54] elencando as formas passíveis de serem adotadas nas licitações que utilizem o regime diferenciado de contratação:

a) menor preço ou maior desconto.
b) técnica e preço.
c) melhor técnica ou conteúdo artístico.
d) maior oferta de preço.
e) maior retorno econômico.

De novidade, o último critério (maior retorno econômico) aparece pela primeira vez no ordenamento jurídico.

---

[54] Conforme comentamos no livro *Licitações públicas para concursos*: "Tipos licitatórios nada mais são do que os critérios estabelecidos no instrumento convocatório para o julgamento das proposições dos licitantes".

Evidentemente, o critério de julgamento deverá ser identificado no instrumento convocatório (§1º), com o emprego, no julgamento das propostas, de parâmetros objetivos e também claramente definidos no edital (§2º).

O art. 25 do decreto reproduz os mandamentos do art. 18 da Lei do RDC, acrescentando, no §1º, a proibição da computação de vantagens não previstas, inclusive financiamentos subsidiados ou a fundo perdido.

Por fim, o §2º disciplina que o julgamento das propostas deverá observar a margem de preferência prevista no art. 3º da Lei nº 8.666/1993,[55] observado o previsto no Decreto nº 7.546/2011

---

[55] Lei nº 8.666/1993: "Art. 3º A licitação destina-se a garantir a observância do princípio constitucional da isonomia, a seleção da proposta mais vantajosa para a administração e a promoção do desenvolvimento nacional sustentável e será processada e julgada em estrita conformidade com os princípios básicos da legalidade, da impessoalidade, da moralidade, da igualdade, da publicidade, da probidade administrativa, da vinculação ao instrumento convocatório, do julgamento objetivo e dos que lhes são correlatos.
§1º É vedado aos agentes públicos:
I – admitir, prever, incluir ou tolerar, nos atos de convocação, cláusulas ou condições que comprometam, restrinjam ou frustrem o seu caráter competitivo, inclusive nos casos de sociedades cooperativas, e estabeleçam preferências ou distinções em razão da naturalidade, da sede ou domicílio dos licitantes ou de qualquer outra circunstância impertinente ou irrelevante para o específico objeto do contrato, ressalvado o disposto nos §§5º a 12 deste artigo e no art. 3º da Lei nº 8.248, de 23 de outubro de 1991;
II – estabelecer tratamento diferenciado de natureza comercial, legal, trabalhista, previdenciária ou qualquer outra, entre empresas brasileiras e estrangeiras, inclusive no que se refere a moeda, modalidade e local de pagamentos, mesmo quando envolvidos financiamentos de agências internacionais, ressalvado o disposto no parágrafo seguinte e no art. 3º da Lei no 8.248, de 23 de outubro de 1991.
§2º Em igualdade de condições, como critério de desempate, será assegurada preferência, sucessivamente, aos bens e serviços:
I – (Revogado pela Lei nº 12.349, de 2010)
II – produzidos no País;
III – produzidos ou prestados por empresas brasileiras.
IV – produzidos ou prestados por empresas que invistam em pesquisa e no desenvolvimento de tecnologia no País.
§3º A licitação não será sigilosa, sendo públicos e acessíveis ao público os atos de seu procedimento, salvo quanto ao conteúdo das propostas, até a respectiva abertura.
§4º (Vetado).
§5º Nos processos de licitação previstos no *caput*, poderá ser estabelecida margem de preferência para produtos manufaturados e para serviços nacionais que atendam a normas técnicas brasileiras.
§6º A margem de preferência de que trata o §5º será estabelecida com base em estudos revistos periodicamente, em prazo não superior a 5 (cinco) anos, que levem em consideração:

(que regulamenta o disposto nos §§5º a 12, do art. 3º, da Lei Geral de Licitações, tratando de margens de preferência, medida de compensação industrial, comercial ou tecnológica, etc.).

8.2.4.1 Licitação adotando o critério *menor preço* ou *maior desconto*

Note-se que, na verdade, duas são as formas passíveis de serem adotadas na busca do menor dispêndio pela Administração: (a) o menor preço e (b) o maior desconto, dependendo, evidentemente, do objeto pretendido.

O art. 19 da Lei do RDC preconiza que tanto o julgamento pelo *menor preço* como o pelo *maior desconto* deverão

---

I – geração de emprego e renda;
II – efeito na arrecadação de tributos federais, estaduais e municipais;
III – desenvolvimento e inovação tecnológica realizados no País;
IV – custo adicional dos produtos e serviços; e
V – em suas revisões, análise retrospectiva de resultados.
§7º Para os produtos manufaturados e serviços nacionais resultantes de desenvolvimento e inovação tecnológica realizados no País, poderá ser estabelecido margem de preferência adicional àquela prevista no §5º.
§8º As margens de preferência por produto, serviço, grupo de produtos ou grupo de serviços, a que se referem os §§5º e 7º, serão definidas pelo Poder Executivo federal, não podendo a soma delas ultrapassar o montante de 25% (vinte e cinco por cento) sobre o preço dos produtos manufaturados e serviços estrangeiros.
§9º As disposições contidas nos §§5º e 7º deste artigo não se aplicam aos bens e aos serviços cuja capacidade de produção ou prestação no País seja inferior:
 I – à quantidade a ser adquirida ou contratada; ou
II – ao quantitativo fixado com fundamento no §7º do art. 23 desta Lei, quando for o caso.
§10. A margem de preferência a que se refere o §5º poderá ser estendida, total ou parcialmente, aos bens e serviços originários dos Estados Partes do Mercado Comum do Sul – Mercosul.
§11. Os editais de licitação para a contratação de bens, serviços e obras poderão, mediante prévia justificativa da autoridade competente, exigir que o contratado promova, em favor de órgão ou entidade integrante da administração pública ou daqueles por ela indicados a partir de processo isonômico, medidas de compensação comercial, industrial, tecnológica ou acesso a condições vantajosas de financiamento, cumulativamente ou não, na forma estabelecida pelo Poder Executivo federal.
§12. Nas contratações destinadas à implantação, manutenção e ao aperfeiçoamento dos sistemas de tecnologia de informação e comunicação, considerados estratégicos em ato do Poder Executivo federal, a licitação poderá ser restrita a bens e serviços com tecnologia desenvolvida no País e produzidos de acordo com o processo produtivo básico de que trata a Lei nº 10.176, de 11 de janeiro de 2001.
§13. Será divulgada na internet, a cada exercício financeiro, a relação de empresas favorecidas em decorrência do disposto nos §§5º, 7º, 10, 11 e 12 deste artigo, com indicação do volume de recursos destinados a cada uma delas".

considerar o menor dispêndio para a Administração Pública, atendidos os parâmetros mínimos de qualidade definidos no instrumento convocatório. O art. 26 do decreto regulamentar repete integralmente o texto legal.

O §1º do citado art. 19 faz menção aos custos indiretos relacionados com as despesas de manutenção, utilização, reposição, depreciação e impacto ambiental, entre outros fatores, disciplinando que tais custos poderão ser considerados para a definição do menor dispêndio, sempre que objetivamente mensuráveis, conforme dispuser o regulamento. Este, por sua vez, remete ao instrumento convocatório da licitação, deixando para o elaborador do edital a árdua tarefa de defini-los (§1º do art. 26), e consigna que parâmetros adicionais de mensuração de custos indiretos poderão ser estabelecidos em ato do Secretário de Logística e Tecnologia da Informação do Ministério do Planejamento, Orçamento e Gestão (§2º do art. 26).

A regra busca atender às decisões proferidas pelo TCU, conforme já anotado, que procuram resolver a questão da padronização dos parâmetros de custos indiretos a serem admitidos em licitações, estabelecendo limites mínimos e máximos.

Percival José Bariani Junior comenta a questão dos custos indiretos, alertando que o assunto tem sido objeto de grande discussão técnica e jurídica:

> A comparação objetiva dos custos indiretos parece matéria bem tormentosa, visto que esses custos são específicos de cada empresa, de acordo com sua eficiência, com o lucro que pretende auferir, com os encargos que suporta, dentre outras coisas, e, por isso mesmo, são variáveis.
>
> Independentemente da tal discussão, a permissão legal para se padronizar os custos indiretos existe. A operacionalidade disso depende de fatores econômicos, técnicos, financeiros e jurídicos, o que, mais uma vez, traz insegurança jurídica.[56]

---

[56] BARIANI JUNIOR. Da publicidade dos instrumentos convocatórios das licitações pelo RDC, dos modos de disputa e dos critérios de julgamento. In: CAMMAROSANO; DAL POZZO; VALIM (Coord.). *Regime Diferenciado de Contratações Públicas*: RDC: Lei nº 12.462/11: aspectos fundamentais.

O §2º do art. 19 da Lei do RDC, que cuida da utilização da forma *maior desconto*, preconiza que o julgamento terá como referência o preço global fixado no instrumento convocatório, sendo o desconto estendido aos eventuais termos aditivos. O art. 27 da ferramenta regulamentar procura acertar a regra, registrando que o critério de julgamento por maior desconto utilizará como referência o preço total estimado a ser fixado pelo edital.

O §3º do art. 19 da Lei do RDC prevê que, na hipótese de obras ou serviços de engenharia, o percentual de desconto apresentado pelos licitantes deverá incidir linearmente sobre os preços de todos os itens do orçamento estimado constante do instrumento convocatório. O decreto regulamentar apenas repete, no parágrafo único do art. 27, a determinação legal.

Acertadamente, Flavia Daniel Vianna conclui que o critério do maior desconto tem como meta impossibilitar o famigerado "jogo de planilhas", procedimento que tem origem em projetos básicos mal elaborados, ocorrendo quando os licitantes cotam altos preços para itens que sabem que serão alterados para mais, isto é, acrescidos nos quantitativos, e baixos preços para itens que não serão executados ou reduzidos:

> E, possivelmente visando evitar a prática inconcebível do "jogo de planilhas", determinou que para objetos consistentes em obras ou serviços de engenharia, "o percentual de desconto apresentado pelos licitantes deverá incidir linearmente sobre os preços de todos os itens do orçamento estimado constante do instrumento convocatório".[57]

Sobre a matéria, dispôs Juliano Heinen:

> (...) o "jogo de planilha" ou "jogo de preços" consiste em um artifício utilizado pelos interessados, tomando por base projetos básicos deficitários (v.g. que não preveeem os custos do objeto licitado com perfeição), ou lastreados em informações privilegiadas. Eles conseguem saber, antecipadamente, quais objetos terão sua quantidade acrescida, diminuída ou serão suprimidos ao longo da execução da obra a ser

---

[57] VIANNA. Breves apontamentos sobre o Regime Diferenciado de Contratações Públicas: RDC: Lei nº 12.462, de 5 de agosto de 2011. *Revista Síntese de Licitações, Contratos e Convênios*, n. 5.

licitada. A partir daí, eles manipulam os custos unitários de suas propostas, aumentando-os para itens que serão adicionados, e diminuindo para itens que serão subtraídos. Com isso, conseguem uma melhor proposta e vencem a licitação. No entanto, durante a execução do contrato, percebe-se que o custo barateia substancialmente, justamente nos insumos que o licitante ofertou valores elevados. Com a proposta em termos lineares, não há como se perfazer esse estratagema (...).[58] [59]

Esse §3º consigna, portanto, inovação salutar, pois o desconto não incidirá sobre o preço global do contrato, que causava distorções quando da celebração de aditamentos.

Não obstante, há importante questão prática, conforme ressalta Juliano Heinen: "Por vezes não é possível dar um desconto linear ao longo do tempo em que se fornecerá o produto ou o serviço, sendo quase inviável, assim, se perfazer em certas matérias, porque há variáveis constantes que alteram os custos das obras de engenharia."[60]

Tem absoluta razão o analista, porquanto, como bem registra, os insumos nessa área variam dia a dia, comprometendo a ideia de desconto comum a todos os objetos licitados. Heinem chama atenção ainda para outro artifício escuso a ser evitado: o "jogo de cronograma", através do qual se perfazem propostas mais lucrativas aos itens pagos no início da execução do projeto, deixando aos itens pagos depois, uma proposta com subpreço:

> Sendo assim, a contratada pode se capitalizar durante a execução do negócio jurídico. Ou, ainda, pode pretender, desde já, executar a parte inicial da obra – que é mais lucrativa -, abandonando o restante da execução do contrato. Neste último caso, o Poder Público amargará um duplo prejuízo: porque pagou por um serviço mais caro (com sobrepreços); e porque não recebeu o objeto contratual terminado. Neste caso, para evitar esta prática contratual abusiva, não se devem aceitar propostas para cada etapa, vista individualmente, mas, sim,

---

[58] HEINEN, Juliano. Regime Diferenciado de Contratações – Lei nº 12.462/2011. Porto Alegre: Livraria do Advogado, 2015, p. 112.
[59] Sobre o tema, vide Acórdãos TCU nºs 1.755/2004 – Plenário, 1.588/2005 – Plenário, 1.650/2006 – Plenário, entre outros.
[60] HEINEN, Juliano. Regime Diferenciado de Contratações – Lei nº 12.462/2011. Porto Alegre: Livraria do Advogado, 2015, p. 111.

que a oferta seja visualizada de maneira global. Assim, sugere-se restringir propostas por custos unitários.[61]

Anote-se que o TCU já considerou ser possível e aceitável a apresentação de um preço unitário acima do orçamento no caso de item não relevante, desde que, o preço global seja compatível com os limites estabelecidos na competição (Acórdão nº 2.931/2010 – Plenário).

8.2.4.2 Licitação adotando o critério *técnica e preço*

A Lei do RDC repete, sem alterações de monta, as condições estabelecidas para o uso do critério *técnica e preço* da Lei Geral de Licitações.

Como é cediço, o critério, que combina avaliações técnicas com os preços ofertados, se presta efetivamente quando o aspecto técnico, para o objeto almejado, for considerado mais relevante que o preço. O que prepondera, por conseguinte, é a busca da qualidade.

Obtemperamos em outro trabalho:

> Técnica e Preço é tipo de licitação adotado para contratação de serviços de natureza intelectual, consistindo num cotejo entre preço e técnica. A proposta vencedora resulta da média ponderada das notas atribuídas à técnica e ao preço, considerando pesos e critérios do edital (exemplos de fatores técnicos: prazo de entrega, qualidade, padronização, metodologia, tecnologias, recursos materiais a serem utilizados para a realização do objeto licitado, entre outros).[62]

Nesse curso, o art. 20 da Lei do RDC assenta que, no julgamento pela melhor combinação de técnica e preço, deverão ser avaliadas e ponderadas as propostas técnicas e de preço apresentadas pelos licitantes, mediante a utilização de parâmetros objetivos obrigatoriamente inseridos no instrumento convocatório.[63]

---

[61] HEINEN, Juliano. Regime Diferenciado de Contratações – Lei nº 12.462/2011, Porto Alegre: Livraria do Advogado, 2015, p. 112.
[62] BITTENCOURT, Sidney. *Licitações públicas para concursos*. Rio de Janeiro: Campus Elsevier, 2012, p. 109
[63] Regra repetida no art. 29 do Decreto nº 7.581/2011.

Esse critério de julgamento, consoante o §1º, somente será utilizado quando a avaliação e a ponderação da qualidade técnica das propostas que superarem os requisitos mínimos estabelecidos no instrumento convocatório forem relevantes aos fins pretendidos pela Administração,[64] destinando-se, exclusivamente, a objetos:

a) de natureza predominantemente intelectual e de inovação tecnológica ou técnica; ou

b) que possam ser executados com diferentes metodologias ou tecnologias de domínio restrito no mercado, pontuando-se as vantagens e qualidades que eventualmente forem oferecidas para cada produto ou solução.[65]

Ao estabelecer limite para o peso a ser atribuído, o §2º afasta uma dúvida contumaz dos envolvidos com a elaboração de editais dessa natureza. Assim, ao permitir a natural atribuição de fatores de ponderação distintos para valorar as propostas técnicas e de preço, prescreve o parágrafo que o percentual de ponderação mais relevante limitar-se-á a 70% (setenta por cento).[66]

Ao regulamentar a matéria, além de registrar a possibilidade do uso de parâmetros de sustentabilidade ambiental para a pontuação das propostas técnicas (§2º do art. 29), o Decreto nº 7.581/2011 acertadamente dispôs que o edital estabelecerá pontuação mínima para as propostas técnicas, cujo não alcance implicará desclassificação (§3º do art. 29).

8.2.4.3 Licitação adotando o critério *melhor técnica* ou *melhor conteúdo artístico*

Mais uma vez a Lei do RDC dispõe sobre um critério que se desdobra em duas formas distintas: a que busca a melhor técnica e a que procura o melhor conteúdo artístico. É o que se depreende da interpretação do texto de seu art. 21, que

---

[64] Regra repetida no parágrafo único, do art. 28, do Decreto nº 7.581/2011.
[65] Regra repetida no art. 28 do Decreto nº 7.581/2011.
[66] Regra repetida no §1º, do art. 29, do Decreto nº 7.581/2011.

registra a possibilidade de o julgamento ocorrer pela melhor técnica ou através do melhor conteúdo artístico.

Segundo o dispositivo legal, o julgamento pela melhor técnica ou pelo melhor conteúdo artístico considerará exclusivamente as propostas técnicas ou artísticas apresentadas pelos licitantes com base em critérios objetivos previamente estabelecidos no instrumento convocatório, no qual será definido o prêmio ou a remuneração que será atribuída aos vencedores.[67]

Tal como no critério que conjuga técnica e preço, os de *melhor técnica* ou o de *melhor conteúdo artístico* também possuem como solução a avaliação da proposta de preço em cotejo com a melhor proposta técnica, voltados exclusivamente para objetos de natureza predominantemente intelectual. Nesse passo, o parágrafo único prescreve que o critério poderá ser utilizado para a contratação de projetos, inclusive arquitetônicos, e trabalhos de natureza técnica, científica ou artística, excluindo-se os projetos de engenharia.[68]

A operação, todavia, é diferente da licitação de técnica e preço, pois se dá em atendimento a uma regra que predispõe à Administração atender limites econômico-financeiros e a melhor técnica possível.

Ao regulamentar a matéria, além de registrar a possibilidade do uso de parâmetros de sustentabilidade ambiental para a pontuação das propostas nas licitações para contratação de projetos (§2º do art. 31), o Decreto nº 7.581/2011, de modo diferente da licitação do tipo técnica e preço, apenas permite o estabelecimento de pontuação mínima para as propostas técnicas, cujo não atingimento implicará desclassificação (§3º do art. 31).

Quanto ao melhor conteúdo artístico, que vincula-se à melhor estética oferecida, anota com propriedade Wagner Alexandre Nester que trata-se de critério de extrema relevância para as contratações relacionadas com os preparativos e cerimônias promovidas durante os megaeventos

---
[67] Regra repetida no art. 31 e §1º do Decreto nº 7.581/2011.
[68] Regra repetida no art. 30 do Decreto nº 7.581/2011.

esportivos que motivaram a criação do RDC, uma vez que limita a possibilidade de contratação de prestadores por inexigibilidade de licitação, já que admite que o conteúdo artístico seja objeto de valoração em certame licitatório próprio, assemelhando-se à modalidade "concurso" prevista na Lei nº 8.666/1993.

> Quando menos, isso representa um incentivo à instauração de competição entre potenciais contratantes, mesmo que o critério de escolha se baseie em qualidades de cunho artístico. Para tanto, basta que se verifique a possibilidade de estabelecer critérios objetivos para identificar uma proposta mais vantajosa dentre várias existentes.[69]

Nesse contexto, o art. 32 do Decreto nº 7.581/2011 acrescenta importante disposição para o processamento das licitações realizadas pelo critério de melhor conteúdo artístico, porquanto estabelece que, nesses casos, a comissão de licitação deverá ser auxiliada por uma comissão especial integrada por pelo menos três pessoas de ilibada reputação e notório conhecimento da matéria sob exame, podendo serem estes, inclusive, servidores públicos.

Nessas hipóteses, sugere-se, para bem definir os contornos de qualidade, a previsão no edital de pontuação mínima, de modo que os licitantes que não a atingirem venham a ser alijados do certame.

8.2.4.4 Licitação adotando o critério *maior oferta de preço*

O art. 22 da Lei do RDC vincula o critério de julgamento pela maior oferta de preço aos casos que resultem em receita para a Administração Pública.

A lei informa que, na sua adoção, os requisitos de qualificação técnica e econômico-financeira poderão ser dispensados, conforme dispuser o regulamento (§1º). Todavia, infelizmente,

---

[69] NESTER. Os critérios de julgamento previstos no Regime Diferenciado de Contratações Públicas. *Informativo Justen, Pereira, Oliveira e Talamini*, n. 58.

o decreto regulamentar apenas limitou-se, no §1º do art. 33, a repetir o texto legal.

O §2º do art. 22 da lei prescreve que poderá ser exigida a comprovação do recolhimento de quantia a título de garantia, como requisito de habilitação, limitada a 5% (cinco por cento) do **valor ofertado**. O decreto regulamentar, por sua vez, altera o regramento, limitando, no *caput* do art. 48, a cinco por cento do **valor mínimo de arrematação**.

Certamente, a regra prevista na lei é inapropriada, porquanto, como observou Juliano Heinen,[70] se a garantia tiver como base de cálculo o valor ofertado, ter-se-á que depositar um numerário em 5% da proposta efetuada, o que colocaria por terra o sigilo destas, dado que se saberiam, antecipadamente, os valores das propostas, quando, na verdade, estas deveriam ser sigilosas até o julgamento.

Nesse caso, registre-se, andou bem o redator do regulamento, não obstante ter adotado mecanismo incorreto para "acertar" a lei, de vez que decreto não pode inovar exorbitando do poder regulamentar.

Caso o pagamento exigido no edital não se efetive no prazo estipulado, o licitante vencedor perderá o valor da entrada em favor da Administração (§3º).[71]

Cumprindo, enfim, a sua missão de regulamentar, o Decreto nº 7.581/2011 previu que:

a) os bens e direitos a serem licitados por esse critério deverão ser previamente avaliados para fixação do valor mínimo de arrematação (art. 34).

b) os bens e direitos arrematados serão pagos à vista, em até um dia útil contado da data da assinatura da ata lavrada no local do julgamento ou da data de notificação (art. 35), podendo o edital prever que o pagamento seja realizado, nesse prazo, mediante entrada em percentual não inferior a cinco por cento,

---

[70] HEINEN, Juliano. Regime Diferenciado de Contratações – Lei nº 12.462/2011. Porto Alegre:. Livraria do Advogado, 2015, p. 116.
[71] Regras repetidas nos §§2º e 3º, do art. 33, do Decreto nº 7.581/2011.

com pagamento do restante no prazo estipulado no mesmo instrumento, sob pena de perda em favor da Administração do valor recolhido (§1º).

Por fim, o §2º do art. 35 informa que o edital licitatório deverá estabelecer as condições para a entrega do bem ao arrematante.

8.2.4.5 Licitação adotando o critério *maior retorno econômico*

O critério do maior retorno econômico, dentre os previstos na Lei nº 12.462/2011, é a grande novidade no elenco de critérios licitatórios do RDC, prestando-se para as situações em que o objeto pretendido pela Administração venha a ser executado por intermédio de um contrato de eficiência que terá por objeto a execução de serviços – que poderá incluir a realização de obras e o fornecimento de bens –, com o objetivo de proporcionar economia à Administração, na forma de redução de despesas correntes, sendo o contratado remunerado com base em percentual da economia gerada.[72]

Segundo o art. 23 da lei, no julgamento pelo maior retorno econômico, as propostas serão consideradas de modo a selecionar aquela que proporcionará maior economia para a Administração decorrente da execução desse contrato de eficiência.[73]

O *contrato de eficiência* e o critério do *maior retorno econômico* têm sido duramente criticados por analistas, em face de: um constituir tipo contratual não previsto em lei e outro ser altamente subjetivo.

A Advocacia-Geral da União (AGU), em defesa do critério, sustenta que o método de seleção de empresas não é subjetivo, uma vez que poderá ser medido em indicadores e em pesquisas de mercado e, depois, fiscalizado por órgãos de controle. Segundo a AGU, o critério objetiva evitar o aparecimento de obras faraônicas sem uso posterior.[74]

---

[72] Regra repetida no §2º e 3º, do art. 36, do Decreto nº 7.581/2011.
[73] Regra repetida no §3º, do art. 36, do Decreto nº 7.581/2011.
[74] AGU defende contratação diferenciada para obras da Copa e das Olimpíadas e contesta Ministério Público. Empresa Brasil de Comunicação.

Para operacionalização do critério, a lei estipula que os licitantes deverão apresentar propostas de trabalho e de preço, conforme dispuser o regulamento (§2º do art. 23 da Lei do RDC).

O §4º do art. 36 do Decreto nº 7.581/2011 prevê, para efeito de julgamento da proposta, que o retorno econômico será o resultado da economia que se estima gerar com a execução da proposta de trabalho, deduzida a proposta de preço.

Consoante o disposto no art. 37 do decreto, nas licitações que adotem o critério de julgamento pelo maior retorno econômico, os licitantes deverão apresentar:

a) proposta de trabalho, que deverá contemplar:
 – as obras, serviços ou bens, com respectivos prazos de realização ou fornecimento;
 – a economia que se estima gerar, expressa em unidade de medida associada à obra, bem ou serviço e expressa em unidade monetária.

b) proposta de preço, que corresponderá a um percentual sobre a economia que se estima gerar durante determinado período, expressa em unidade monetária.

O §3º do art. 23 da Lei do RDC elenca os efeitos, na hipótese da não geração da economia prevista no contrato de eficiência:

a) a diferença entre a economia contratada e a efetivamente obtida será descontada da remuneração da contratada.

b) se a diferença entre a economia contratada e a efetivamente obtida for superior à remuneração da contratada, será aplicada multa por inexecução contratual no valor da diferença.

c) a contratada sujeitar-se-á, ainda, a outras sanções cabíveis caso a diferença entre a economia contratada e a efetivamente obtida seja superior ao limite máximo estabelecido no contrato.

Verifica-se, em função dos efeitos anteriormente listados, que o contrato de eficiência é uma espécie de contrato de risco no qual a remuneração do contratado tem conexão direta com a economia por ele proporcionada à Administração, quanto maior a economia, mais elevada será a remuneração.

Além disso, para maximizar o comprometimento da contratada, a lei preestabelece a possibilidade de penalização caso o contratado não alcance a economia prometida.

8.2.5 Critérios de desempate e de preferências

A questão do desempate e dos tratamentos preferenciais (ou diferenciados) no âmbito das licitações públicas tem tomado vulto em face dos novos diplomas que tratam da matéria.

8.2.5.1 Os critérios de desempate

A Lei do RDC, apesar de certa similitude com as regras preexistentes sobre o desempate nas licitações, também inova em alguns aspectos.

O art. 25 preconiza que, em caso de empate entre 2 (duas) ou mais propostas, deverão ser utilizados os critérios de desempate na ordem a seguir:

1º – disputa final, em que os licitantes empatados poderão apresentar nova proposta fechada em ato contínuo à classificação.

2º – avaliação do desempenho contratual prévio dos licitantes, desde que exista sistema objetivo de avaliação instituído.

3º – critérios estabelecidos no art. 3º da Lei nº 8.248, de 23.10.1991, e no §2º, do art. 3º, da Lei nº 8.666, de 21.06.1993.

4º – sorteio.

O parágrafo único do dispositivo apresenta relevante lembrete: as regras previstas no artigo não prejudicam a aplicação do disposto no art. 44 da Lei Complementar nº 123/2006.

Assim, considerando que o parágrafo único prevê que as regras de preferência estabelecidas no artigo não prejudicam a aplicação do disposto no art. 44 da Lei Complementar nº 123/2006, antes de adotar o elenco de critérios do dispositivo para desempatar uma licitação, deverá a Administração considerar o tratamento preferencial oferecido às microempresas e pequenas empresas.

8.2.5.1.1 O tratamento diferenciado oferecido às micro e pequenas empresas pela Lei Complementar nº 123/2006

Com o fito de dar azo ao prescrito na alínea "d", do inc. III, do art. 146, da Constituição Federal[75] – que prescreve que cabe à lei complementar a definição de tratamento diferenciado e favorecido para as microempresas e para as empresas de pequeno porte, inclusive regimes especiais ou simplificados no caso do imposto previsto no art. 155, II, das contribuições previstas no art. 195, I e §§12 e 13, e da contribuição a que se refere o art. 239 —, veio à tona no ordenamento jurídico brasileiro a Lei Complementar nº 123, de 14.12.2006, que institui o Estatuto Nacional da Microempresa e da Empresa de Pequeno Porte.

Atendendo ao ditame constitucional, a lei complementar versa sobre a implantação de regime tributário diferenciado para as microempresas e pequenas empresas em relação aos tributos da União, dos estados, do Distrito Federal e dos municípios.

Nesse passo, é curial ressaltar que, quando o inc. IX, do art. 170, da Carta Magna, pavimenta as bases do sistema econômico nacional, elenca como princípio geral da atividade econômica o tratamento diferenciado para as microempresas e pequenas empresas, com a observação de "tratamento favorecido para as empresas de pequeno porte constituídas sob as leis brasileiras e que tenham sua sede e administração no País".

Na mesma linha, o art. 179 da Carta Maior prescreve: "A União, os Estados, o Distrito Federal e os Municípios dispensarão às microempresas e às empresas de pequeno porte, assim definidas em lei, tratamento jurídico diferenciado, visando a incentivá-las pela simplificação de suas obrigações

---
[75] Acrescentada pela Emenda Constitucional nº 42, de 19.12.2003.

administrativas, tributárias, previdenciárias e creditícias, ou pela eliminação ou redução destas por meio de lei".

A LC nº 123/2006, apesar de tratar predominantemente sobre tema de natureza tributária, também dispôs sobre outras áreas do Direito, contendo regramentos que abrangem o Direito Trabalhista, o Direito Processual e o Direito Administrativo, sendo que, nesse último, prescreveu disposições sobre licitações públicas.

Nesse viés, estabeleceu três mecanismos que oferecem tratamento diferenciado para as micro e pequenas empresas nas licitações públicas, a saber:

a) autorização para a participação em licitações com documentação de regularidade fiscal incompleta.[76]

b) criação de um empate fictício (ou ficto) entre micro e pequenas empresas e empresas não enquadradas nessa situação (médias e grandes empresas).

c) criação de três sistemáticas licitatórias diferenciadas para micro e pequenas empresas ((i) exclusivas para micro e pequenas empresas, em compras da Administração de até R$80.000,00; (ii) envolvendo subcontratação obrigatória de micro e pequenas empresas; e (iii) abrangendo cotas reservadas até 25% para micro e pequenas empresas, no caso de contratações de objetos divisíveis).

No âmbito federal, o Decreto nº 6.204/2007 regulamentou esse tratamento diferenciado.

Para o que tratamos nesse subitem – o desempate nas licitações —, nos interessa a segunda sistemática de tratamento diferenciado: a criação de um empate ficto.

---

[76] Relembra-se que, no âmbito do RDC, a Lei nº 12.462/2011 disciplinou a matéria de modo diverso, porquanto explicita que, para o licitante mais bem classificado, em qualquer caso, os documentos relativos à regularidade fiscal poderão ser exigidos em momento posterior ao julgamento das propostas.
"Art. 14. Na fase de habilitação das licitações realizadas em conformidade com esta Lei, aplicar-se-á, no que couber, o disposto nos arts. 27 a 33 da Lei nº 8.666, de 21 de junho de 1993, observado o seguinte: (...) IV – em qualquer caso, os documentos relativos à regularidade fiscal poderão ser exigidos em momento posterior ao julgamento das propostas, apenas em relação ao licitante mais bem classificado."

8.2.5.1.1.1 O empate ficto

O art. 44 da LC nº 123/2006 assenta que, nas licitações, dever-se-á assegurar, como critério de desempate, a preferência de contratação para as microempresas e empresas de pequeno porte.

O §1º define que deverão ser entendidas como empatadas as propostas apresentadas por microempresas e empresas de pequeno porte que sejam iguais ou até 10% (dez por cento) superiores à proposta mais bem classificada.

Constata-se, por conseguinte, que o supracitado art. 44 instituiu um novo critério de desempate nas licitações públicas, quando delas participarem micro e/ou pequenas empresas,[77] assegurando a preferência de contratação dessas, caso resultem empatadas com licitante que não seja de tal categoria empresarial.

Com alicerce na regra de que uma norma geral mais recente se impõe a uma mais antiga, Ivan Barbosa Rigolin – com a premissa de que a LC nº 123/2006 constitui norma geral de licitação – sustenta que, sempre que houver envolvimento de micro e/ou pequenas empresas nessas competições, a hipótese prevalente será a de preferência da lei complementar.

Essa interpretação, incontestavelmente, é a mais viável, em que pese a não adoção do método hermenêutico na íntegra, uma vez que o novo regramento não suprimiu o anterior do ordenamento jurídico, já que veio à luz para reger a matéria em conjunto.

Também como coerente se afigura elencar o critério como prevalecente, porquanto, além de ter como alicerce o fomento das micro e pequenas empresas no Brasil, consoante dispõe a Constituição Federal, é sustentado por todo o regramento previsto no art. 45 da mesma lei, que, de modo taxativo, disciplina os passos do agente público para o deslinde da situação, apontando, inclusive, a possibilidade de oferecimento

---

[77] E também sociedades cooperativas, consoante o preconizado no art. 34 da Lei nº 11.488/07.

de proposta inferior por parte da micro ou pequena empresa àquela "considerada vencedora do certame".

Assim, o supracitado §1º define o que seria empate nas licitações com a participação de micro e pequenas empresas, reputando como empatadas, numa verdadeira ficção jurídica, as propostas de preço dessas empresas que sejam iguais ou até 10% superiores à proposição melhor classificada.

Impende frisar que o mecanismo não determina a contratação direta da micro ou pequena empresa cuja proposta se adequar no limite especificado, mas tão somente a preferência de contratação, caso seja apresentada proposta mais vantajosa para a Administração.

Tendo ocorrido o empate, a micro ou a pequena empresa mais bem classificada poderá apresentar proposta de preço inferior à oferecida por uma média ou uma grande empresa que, teoricamente, seria a vencedora do certame, situação em que será adjudicado em seu favor o objeto licitado.[78]

Caso não ocorra a contratação da micro ou pequena empresa, na forma anteriormente descrita, serão convocadas as remanescentes que porventura se enquadrem nessa categoria empresarial, na ordem classificatória, para o exercício do mesmo direito.

8.2.5.1.2 A disputa final, em que os licitantes empatados poderão apresentar nova proposta fechada (inc. I, do art. 25, da Lei do RDC)

Caso a situação não configure a necessidade de adoção das regras da LC nº 123/2006, na ocorrência de empate entre 2 (duas) ou mais propostas, o critério inicial de desempate da Lei do RDC é a disputa final, em que os licitantes empatados

---

[78] LC nº 123/2006: "Art. 45. Para efeito do disposto no art. 44 desta Lei Complementar, ocorrendo o empate, proceder-se-á da seguinte forma:
I – a microempresa ou empresa de pequeno porte mais bem classificada poderá apresentar proposta de preço inferior àquela considerada vencedora do certame, situação em que será adjudicado em seu favor o objeto licitado".

poderão apresentar nova proposta fechada em ato contínuo à classificação (inc. I do art. 25).

O critério estabelecido consiste, na verdade, numa nova etapa competitiva, na qual a Administração faculta apenas aos licitantes empatados a possibilidade de apresentarem outra proposição.

O dispositivo faz alusão a uma nova proposta fechada, forma de disputa na qual, segundo o inc. II do art. 17, as ofertas serão sigilosas até data e hora designadas para que sejam divulgadas.

Portanto, nessa fase, ocorrerá a apresentação de nova proposição de preço por cada licitante empatado, as quais serão abertas e divulgadas.

O art. 39 do Decreto nº 7.581/2011 explica o procedimento, determinado que, nas licitações em que, após o exercício de preferência de que trata o art. 38, esteja configurado empate em primeiro lugar, será realizada disputa final entre os licitantes empatados, que poderão apresentar nova proposta fechada, conforme estabelecido no instrumento convocatório.

8.2.5.1.3 A avaliação do desempenho contratual prévio (inc. II, do art. 25, da Lei do RDC)

O inc. II do art. 25 da Lei do RDC prescreve o critério que se segue, caso o da *disputa final* não solucione o impasse.

O segundo critério de desempate consistente numa avaliação do desempenho contratual prévia dos licitantes, desde que haja um sistema de avaliação instituído. É imprescindível, portanto, a existência, no âmbito da Administração, de um sistema baseado em critérios objetivos.

Essa regra de desempate é inovadora, e, certamente, caso aplicada com eficácia, consignar-se-á numa ferramenta indutora de execução eficiente dos contratos, pois, de certa forma, fará com que contratados se esmerem na execução contratual, de modo que possam angariar pontos positivos para serem considerados em novas licitações.

Considerando, como nós, que o critério contribuirá para a redução dos riscos e (ou) a ampliação da eficiência na contratação, observa Rodrigo Pombo:

> Reputa-se que o sistema poderá privilegiar licitantes que já tenham executado contratações exitosas e satisfatórias. Nesse sentido, afigura-se viável a seleção de um determinado licitante que tenha obtido melhores resultados em contratos de eficiência (art. 23 da Lei nº 12.462). Nesse caso, pode-se aludir a um critério consistente no melhor desempenho operacional prévio. Ou mesmo será possível que essa avaliação considere, para fins de desempate, eventual desempenho desastroso e não satisfatório de determinado licitante.[79]

Para que haja uma análise correta da experiência anterior dos licitantes, é de capital importância que os objetos dos contratos anteriores tenham semelhança com o pretendido pela Administração.

Faz-se mister, como anotam Ronny Charles e Michele Marry,[80] que essa escolha não seja pessoal, pois a adoção desse critério pressupõe que a unidade tenha desenvolvido sistema próprio de avaliação de desempenho, com critérios objetivos.

Anote-se que o §1º do art. 39 do Decreto nº 7.581/2011 apenas reafirma o que a lei determina, informando que, mantido o empate após o uso do critério de disputa final, deverá a Administração ordenar as propostas segundo o desempenho contratual prévio dos respectivos licitantes, desde que haja sistema objetivo de avaliação instituído.

8.2.5.1.4 Critérios estabelecidos no art. 3º da Lei nº 8.248/1991, e no §2º, do art. 3º, da Lei nº 8.666/1993 (inc. III, do art. 25, da Lei do RDC)

O inc. III do art. 25 da Lei do RDC remete o terceiro método de desempate, caso não logrado êxito nos anteriores,

---

[79] POMBO. Critérios de Desempate e Preferências no RDC. *Informativo Justen, Pereira, Oliveira e Talamini*, n. 57.
[80] CHARLES, Ronny; MARRY, Michelle. *RDC – Regime diferenciado de contratações*. Salvador: Juspodivm, 2014, p. 200.

aos critérios previstos pela Lei nº 8.248/1991 (art. 3º) e pela Lei Geral de Licitações (§3º do art. 3º).

A Lei nº 8.248/2011 alude especificamente às contratações relativas a bens e serviços de informática e automação.[81]

Seu art. 3º[82] preconiza que os órgãos e as entidades da Administração Federal deverão observar a seguinte ordem para desempate:

1º – bens e serviços com tecnologia desenvolvida no país.

2º – bens e serviços produzidos de acordo com processo produtivo básico, na forma a ser definida pelo Poder Executivo.

Reza o seu §2º que, para o exercício desta preferência, levar-se-ão em conta condições equivalentes de prazo de entrega, suporte de serviços, qualidade, padronização, compatibilidade e especificação de desempenho e preço.

Dessa forma, nas hipóteses de licitações relativas a essa área específica, havendo empate não superável pelos outros critérios estabelecidos, caberá, para deslinde da questão, verificar o cumprimento dos requisitos dos incs. do art. 3º da Lei nº 8.248/1991.

Noutro bordo, as regras de desempate da Lei Geral de Licitações, voltadas para as contratações em geral, dispõem outras variáveis.

O §2º do art. 3º informa que, em igualdade de condições, como critério de desempate, será assegurada preferência, sucessivamente, aos bens e serviços:

1º – produzidos no país.

2º – produzidos ou prestados por empresas brasileiras.

3º – produzidos ou prestados por empresas que invistam em pesquisa e no desenvolvimento de tecnologia no país.[83]

---

[81] Sobre o tema, sugere-se o nosso "Licitações de Tecnologia da Informação – TI", Ed. JHMizuno, 2015.
[82] Regulamentado pelo Decreto nº 7.174/2010.
[83] Sobre o assunto, *vide* Sidney Bittencourt "Comentários às alterações Impostas ao art. 3º da Lei nº 8.666/93 pela Lei nº 12.349/10" (*ILC – Informativo de Licitações e Contratos*, v. 18, n. 206).

Procurando regulamentar a matéria, o §2º do art. 39 do Decreto nº 7.581/2011 deu trato à questão prevendo que, na eventualidade de os critérios anteriores não solucionarem o empate, será dada preferência:
  a) tratando-se de bem ou serviço de informática e automação, aos:
  1º – com tecnologia desenvolvida no país;
  2º – produzidos de acordo com o processo produtivo básico[84] definido pelo Decreto nº 5.906, de 26.09.2006;[85]
  3º – produzidos no país;
  4º – produzidos ou prestados por empresas brasileiras;
  5º – produzidos ou prestados por empresas que invistam em pesquisa e no desenvolvimento de tecnologia no país.
  b) tratando-se de bem ou serviço não abrangido pelo inc. I do §2º, aos:
  1º – produzidos no país;
  2º – produzidos ou prestados por empresas brasileiras;
  3º – produzidos ou prestados por empresas que invistam em pesquisa e no desenvolvimento de tecnologia no país.

8.2.5.1.5 Sorteio (inc. IV, do art. 25, da Lei do RDC)

Persistindo o empate, a Administração deverá promover o sorteio.

O §3º do art. 38 do decreto regulamentar, apenas repete a regra legal, dispondo que, caso o previsto no §2º não solucione o empate, realizar-se-á o sorteio. O elaborador da ferramenta regulamentadora perdeu, portanto, a oportunidade de decifrar

---

[84] Decreto nº 5.906/2006: "Art. 16. Processo Produtivo Básico – PPB é o conjunto mínimo de operações, no estabelecimento fabril, que caracteriza a efetiva industrialização de determinado produto".

[85] Regulamenta o art. 4º, da Lei nº 11.077, de 30.12.2004, os arts. 4º, 9º, 11 e 16-A da Lei nº 8.248, de 23.10.1991, e os arts. 8º e 11 da Lei nº 10.176, de 11.01.2001, que dispõem sobre a capacitação e competitividade do setor de tecnologias da informação.

dúvida que já se instala na doutrina quanto a sua realização: se presencial, como dispõe a Lei nº 8.666/1993 (§2º do art. 45),[86] ou eletrônico, já que a Lei nº 12.462/2011 disciplina que, preferencialmente, as licitações que adotem o RDC deverão transcorrer dessa maneira.

Ao avaliar da mesma maneira, Rodrigo Pombo manifestou a sua preocupação, optando a Administração pelo sorteio eletrônico, quanto à necessidade de garantir a imparcialidade:

> Uma questão que se coloca diz respeito a necessidade de realização do sorteio em ato público (presencial). Assim exige o §2º do art. 45 da Lei nº 8.666. No entanto, a Lei do RDC não contempla exigência nesse sentido. Desse modo, e tendo em vista que o RDC da preferência a realização de atos eletronicamente (art. 13), reputa-se ser cabível a realização de sorteio eletrônico. Mas, para tanto, a sua sistemática deve ser idônea e garantir total imparcialidade. Evidentemente, a adoção da forma eletrônica não pode acarretar a diminuição do controle e fiscalização dos atos tomados no procedimento. Tampouco pode ser apta a gerar qualquer dúvida de que o sorteio foi produzido de forma efetivamente imparcial. Na dúvida ou diante da impossibilidade de se assegurar essa certeza (ou a percepção de inequívoca imparcialidade pelos interessados), cabe a Administração convocar os interessados para a realização do sorteio em ate publico (presencial).[87]

8.2.5.2 Os critérios de preferência

Como anteriormente frisado, o art. 38 da Lei nº 12.462/2011 confirma a incidência dos critérios estabelecidos no art. 3º da Lei nº 8.248 (capacitação e competitividade do setor de informática e automação), no art. 3º da Lei Geral de Licitações, bem como nos arts. 42 a 49 da Lei Complementar nº 123 (Estatuto Nacional da Microempresa e da Empresa de Pequeno Porte).

---

[86] Lei nº 8.666/1993: "Art. 45. (...) §2º No caso de empate entre duas ou mais propostas, e após obedecido o disposto no §2º do art. 3º desta Lei, a classificação se fará, obrigatoriamente, por sorteio, em ato público, para o qual todos os licitantes serão convocados, vedado qualquer outro processo".

[87] POMBO. Critérios de Desempate e Preferências no RDC. *Informativo Justen, Pereira, Oliveira e Talamini*, n. 57.

Assim, além das regras para desempate, são aplicáveis aos certames que utilizam o RDC os critérios dessas normas voltados para a oferta de preferência.

O §2º do art. 25 do Decreto nº 7.581/2011 indica, por exemplo, que o julgamento das propostas deverá observar a margem de preferência prevista no art. 3º da Lei nº 8.666/1993, observado o disposto no Decreto nº 7.546/2011.

Dessa forma, também nos processos de licitação do RDC, poderá ser estabelecida:

a) margem de preferência para produtos manufaturados e para serviços nacionais que atendam a normas técnicas brasileiras (§5º, do art. 3º, da Lei nº 8.666/1993, incluído pela Lei nº 12.349/ 2010).[88]

b) para os produtos manufaturados e serviços nacionais resultantes de desenvolvimento e inovação tecnológica realizados no país, margem de preferência adicional àquela prevista no §5º (§7º, do art. 3º, da Lei nº 8.666/1993, incluído pela Lei nº 12.349/ 2010).[89]

E mais: nas contratações com o uso do RDC destinadas à implantação, manutenção e ao aperfeiçoamento dos sistemas

---

[88] Essa margem de preferência será baseada em estudos revistos periodicamente, em prazo não superior a 5 (cinco) anos, consoante dispõe o §6º do mesmo artigo:
"§6º A margem de preferência de que trata o §5º será estabelecida com base em estudos revistos periodicamente, em prazo não superior a 5 (cinco) anos, que levem em consideração:
I – geração de emprego e renda;
II – efeito na arrecadação de tributos federais, estaduais e municipais;
III – desenvolvimento e inovação tecnológica realizados no País;
IV – custo adicional dos produtos e serviços; e
V – em suas revisões, análise retrospectiva de resultados".

[89] Lei nº 8.666/1993: "Art. 3º (...) §8º As margens de preferência por produto, serviço, grupo de produtos ou grupo de serviços, a que se referem os §§5º e 7º, serão definidas pelo Poder Executivo federal, não podendo a soma delas ultrapassar o montante de 25% (vinte e cinco por cento) sobre o preço dos produtos manufaturados e serviços estrangeiros.
§9º As disposições contidas nos §§5º e 7º deste artigo não se aplicam aos bens e aos serviços cuja capacidade de produção ou prestação no País seja inferior:
I – à quantidade a ser adquirida ou contratada; ou
II – ao quantitativo fixado com fundamento no §7º do art. 23 desta Lei, quando for o caso.
§10. A margem de preferência a que se refere o §5º poderá ser estendida, total ou parcialmente, aos bens e serviços originários dos Estados Partes do Mercado Comum do Sul – Mercosul".

de tecnologia de informação e comunicação considerados estratégicos em ato do Poder Executivo federal, a licitação poderá ser restrita a bens e serviços com tecnologia desenvolvida no país e produzidos de acordo com o processo produtivo básico de que trata a Lei nº 10.176, de 11.01.2001 (§12, do art. 3º, da Lei nº 8.666/1993).

8.2.6 Análise e classificação de proposta

O art. 24 da Lei do RDC cuida das situações em que a Comissão de Licitação deverá sumariamente desclassificar as proposições de preços.

Como não poderia deixar de ser, o diploma lida com a questão da desclassificação das propostas de modo bastante semelhante ao tratamento que é dado ao tema pelas leis licitatórias pretéritas, incorporando, lucidamente, alguns importantes posicionamentos doutrinários que, inclusive, receberam o aval dos órgãos de controle federal, estaduais e municipais.

Conforme dispõe, deverão ser desclassificadas as propostas que:

a) contenham vícios insanáveis.
b) não obedeçam às especificações técnicas pormenorizadas no edital.
c) apresentem preços manifestamente inexequíveis ou permaneçam acima do orçamento estimado para a contratação, inclusive nas hipóteses previstas no art. 6º da lei.[90]

---

[90] Lei nº 12.462/2011: "Art. 6º Observado o disposto no §3º, o orçamento previamente estimado para a contratação será tornado público apenas e imediatamente após o encerramento da licitação, sem prejuízo da divulgação do detalhamento dos quantitativos e das demais informações necessárias para a elaboração das propostas. §1º Nas hipóteses em que for adotado o critério de julgamento por maior desconto, a informação de que trata o *caput* deste artigo constará do instrumento convocatório. §2º No caso de julgamento por melhor técnica, o valor do prêmio ou da remuneração será incluído no instrumento convocatório. §3º Se não constar do instrumento convocatório, a informação referida no *caput* deste artigo possuirá caráter sigiloso e será disponibilizada estrita e permanentemente aos órgãos de controle externo e interno".

d) não tenham sua exequibilidade demonstrada, quando exigido pela Administração Pública.

e) apresentem desconformidade com quaisquer outras exigências do edital, desde que insanáveis.

O *caput* do art. 40 do decreto regulamentar, com pequenas alterações textuais,[91] apenas repete o texto legal.

8.2.6.1 Propostas com valores inexequíveis

O inc. III do art. 24 da Lei do RDC trata da desclassificação das propostas que estejam com preços manifestamente inexequíveis. Sobre essa matéria, o inc. II do art. 48 da Lei Geral de Licitações considera manifestamente inexequíveis os preços que não demonstrem sua viabilidade por intermédio de documentação que comprove que os custos dos insumos são coerentes com os de mercado e que os coeficientes de produtividade são compatíveis com a execução do objeto do contrato, condições estas necessariamente especificadas no ato convocatório da licitação.

À frente, o §1º do mesmo art. 48 discorre sobre parâmetros aritméticos a serem utilizados para a identificação da inexequibilidade. A Lei do RDC não traz informações dessa natureza. Todavia, verifica-se que o inc. IV elenca a possibilidade de demonstração de exequibilidade, como já colacionou o TCU sobre a matéria.

Nesse passo, a boa aplicação da lei determina que se faculte a demonstração também para os casos de inexequibilidade.

8.2.6.2 Propostas com valores superiores ao orçamento estimado

Em princípio, a Lei do RDC pressupõe que todas as propostas superiores ao valor orçado pela Administração serão consideradas inexequíveis. Da mesma forma, a Lei nº 8.666/1993 prevê que a possibilidade de desclassificação de

---

[91] Informa que se trata da verificação da conformidade da melhor proposta apresentada com os requisitos do instrumento convocatório.

propostas com valor global superior a um limite previamente estabelecido pela Administração (art. 48). Todavia, para que haja a desclassificação da proposta em face do preço, há de se ultrapassar a etapa de análise preliminar (procedimento prescrito no inc. I do art. 25 ou no art. 26), ou seja, antes de desclassificar qualquer proposta por preços superiores aos orçados, é necessário que se lance mão das fases procedimentais anteriores previstas na lei. Somente depois da etapa de lances é que será possível verificar a exequibilidade.

8.2.6.3 A verificação da conformidade das propostas

A lei determina a desclassificação das propostas que apresentarem desconformidade com quaisquer outras exigências do instrumento convocatório, desde que insanáveis.

Consoante prescreve o §1º do art. 24 da Lei do RDC, a verificação da conformidade das propostas *poderá* ser feita exclusivamente em relação à proposta mais bem classificada.

A faculdade prevista é imprecisa, não tendo a lei determinado o momento para a realização do exame da regularidade. É certo, com relação aos defeitos dos preços, notadamente nos procedimentos que contemplarem a fase de lances, que estes somente poderão ser verificados no término do procedimento, quando for fixado o preço final da proposta mais vantajosa.

Logo à frente, o §3º do mesmo dispositivo determina tratamento especial para as obras e serviços de engenharia, dispondo que, para efeito de avaliação da exequibilidade e de sobrepreço, serão considerados o preço global, os quantitativos e os preços unitários considerados relevantes, remetendo à regulamentação.

Atendendo à determinação legal, o art. 41 do decreto regulamentar previu que, nas licitações de obras e serviços de engenharia, serão considerados inexequíveis as propostas com valores globais inferiores a setenta por cento do menor dos seguintes valores:

a) média aritmética dos valores das propostas superiores a cinquenta por cento do valor do orçamento estimado pela administração pública; ou

b) valor do orçamento estimado pela administração pública.

Ao mesmo tempo, atendendo a determinação do TCU para caso semelhante das licitações tradicionais, estabeleceu que a Administração deverá oferecer ao licitante a oportunidade de demonstrar a exequibilidade da sua proposta (§1º), o qual, para tanto, deverá demonstrar que o valor da proposta é compatível com a execução do objeto licitado no que se refere aos custos dos insumos e aos coeficientes de produtividade adotados nas composições de custos unitários (§2º).

No trabalho de análise de exequibilidade da proposta, a comissão de licitação não poderá considerar materiais e instalações a serem fornecidos pelo licitante em relação aos quais ele renuncie a parcela ou à totalidade da remuneração, desde que a renúncia esteja expressa na proposta (§3º).

Ainda sobre as licitações de obras e serviços de engenharia, o art. 42 do decreto regulamentar informa que a economicidade da proposta será aferida com base nos custos globais e unitários.

Além disso, o §1º deste art. 42 indica que o valor global da proposta não poderá superar o orçamento estimado pela Administração, com base nos parâmetros previstos nos §§3º, 4º ou 6º do art. 8º da Lei do RDC[92] e, na hipótese do uso da

---

[92] Lei nº 12.462/2011: "Art. 8º (...) §3º O custo global de obras e serviços de engenharia deverá ser obtido a partir de custos unitários de insumos ou serviços menores ou iguais à mediana de seus correspondentes ao Sistema Nacional de Pesquisa de Custos e Índices da Construção Civil (Sinapi), no caso de construção civil em geral, ou na tabela do Sistema de Custos de Obras Rodoviárias (Sicro), no caso de obras e serviços rodoviários.
§4º No caso de inviabilidade da definição dos custos consoante o disposto no §3º deste artigo, a estimativa de custo global poderá ser apurada por meio da utilização de dados contidos em tabela de referência formalmente aprovada por órgãos ou entidades da administração pública federal, em publicações técnicas especializadas, em sistema específico instituído para o setor ou em pesquisa de mercado.
§6º No caso de contratações realizadas pelos governos municipais, estaduais e do Distrito Federal, desde que não envolvam recursos da União, o custo global de obras e serviços de engenharia a que se refere o §3º deste artigo poderá também ser obtido

contratação integrada, na forma estabelecida no art. 9º, §2º, inc. II, da mesma lei.[93]

O §2º do art. 42, com alteração imposta pelo Decreto nº 8.080/2013 registra que, nas situações de adoção do regime de empreitada por preço unitário ou de contratação por tarefa, os custos unitários dos itens materialmente relevantes das propostas não podem exceder os custos unitários estabelecidos no orçamento estimado pela Administração Pública, observadas as seguintes condições:

    a) serão considerados itens materialmente relevantes aqueles de maior impacto no valor total da proposta e que, somados, representem, pelo menos, oitenta por cento do valor total do orçamento estimado ou que sejam considerados essenciais à funcionalidade da obra ou do serviço de engenharia; e

    b) em situações especiais, devidamente comprovadas pelo licitante em relatório técnico circunstanciado, aprovado pela Administração, poderão ser aceitos custos unitários superiores àqueles constantes do orçamento estimado em relação aos itens materialmente relevantes, sem prejuízo da avaliação dos órgãos de controle, dispensada a compensação em qualquer outro serviço do orçamento de referência.

Se o relatório técnico não for aprovado pela Administração, reza o §3º que se aplicará o disposto no art. 62, salvo se o licitante apresentar nova proposta, com adequação dos custos unitários propostos aos limites previstos no §2º, sem alteração do valor global da proposta.

---

    a partir de outros sistemas de custos já adotados pelos respectivos entes e aceitos pelos respectivos tribunais de contas".

[93] Lei nº 12.462/2011: "Art. 9º Nas licitações de obras e serviços de engenharia, no âmbito do RDC, poderá ser utilizada a contratação integrada, desde que técnica e economicamente justificada e cujo objeto envolva, pelo menos, uma das seguintes condições: (...)
§2o No caso de contratação integrada: (...)
II – o valor estimado da contratação será calculado com base nos valores praticados pelo mercado, nos valores pagos pela administração pública em serviços e obras similares ou na avaliação do custo global da obra, aferida mediante orçamento sintético ou metodologia expedita ou paramétrica".

Já no caso de adoção do regime de empreitada por preço global ou de empreitada integral, o §4º determina a observação das seguintes condições:
a) no cálculo do valor da proposta, poderão ser utilizados custos unitários diferentes daqueles previstos nos §§3º, 4º ou 6º, do art. 8º, da Lei nº 12.462, de 2011, desde que o valor global da proposta e o valor de cada etapa prevista no cronograma físico-financeiro seja igual ou inferior ao valor calculado a partir do sistema de referência utilizado.
b) em situações especiais, devidamente comprovadas pelo licitante em relatório técnico circunstanciado, aprovado pela administração pública, os valores das etapas do cronograma físico-financeiro poderão exceder o limite fixado no inc. I.
c) as alterações contratuais sob alegação de falhas ou omissões em qualquer das peças, orçamentos, plantas, especificações, memoriais ou estudos técnicos preliminares do projeto básico não poderão ultrapassar, no seu conjunto, dez por cento do valor total do contrato.

Com a preocupação constante de oferecer contornos mais sólidos à contratação integrada, o Decreto nº 8.080/2013 fez constar no ato regulamentar que, na hipótese de adoção desse regime, deverão estar previstos no edital convocatório do certame os critérios de aceitabilidade por etapa, estabelecidos de acordo com o orçamento estimado na forma prevista no art. 9º da Lei nº 12.462/2011, e compatíveis com o cronograma físico do objeto licitado, a saber:

> Art. 9º – Nas licitações de obras e serviços de engenharia, no âmbito do RDC, poderá ser utilizada a contratação integrada, desde que, técnica e economicamente justificada e cujo objeto envolva, pelo menos, uma das seguintes condições: (Redação dada pela Lei nº 12.9802014)
>
> I – inovação tecnológica ou técnica; (Incluído pela Lei nº 12.9802014)
>
> II – possibilidade de execução com diferentes metodologias; ou (Incluído pela Lei nº 12.980/ 2014)

III – possibilidade de execução com tecnologias de domínio restrito no mercado. (Incluído pela Lei nº 12.980/ 2014)

§1º – A contratação integrada compreende a elaboração e o desenvolvimento dos projetos básico e executivo, a execução de obras e serviços de engenharia, a montagem, a realização de testes, a pré-operação e todas as demais operações necessárias e suficientes para a entrega final do objeto.

§2º – No caso de contratação integrada:

I – o instrumento convocatório deverá conter anteprojeto de engenharia que contemple os documentos técnicos destinados a possibilitar a caracterização da obra ou do serviço, incluindo:

a) a demonstração e a justificativa do programa de necessidades, a visão global dos investimentos e as definições quanto ao nível de serviço desejado;

b) as condições de solidez, segurança, durabilidade e prazo de entrega, observado o disposto no *caput* e no §1º do art. 6º desta Lei;

c) a estética do projeto arquitetônico; e

d) os parâmetros de adequação ao interesse público, à economia na utilização, à facilidade na execução, aos impactos ambientais e à acessibilidade;

II – o valor estimado da contratação será calculado com base nos valores praticados pelo mercado, nos valores pagos pela administração pública em serviços e obras similares ou na avaliação do custo global da obra, aferida mediante orçamento sintético ou metodologia expedita ou paramétrica. (Redação dada pela Lei nº 12.980/2014)

III – (Revogado).

§3º – Caso seja permitida, no anteprojeto de engenharia, a apresentação de projetos com metodologias de execução diferenciadas, o instrumento convocatório estabelecerá critérios objetivos para avaliação e julgamento das propostas.

§4º – Nas hipóteses em que for adotada a contratação integrada, é vedada a celebração de termos aditivos aos contratos firmados, exceto nos seguintes casos:

I – para recomposição do equilíbrio econômico-financeiro decorrente de caso fortuito ou força maior; e

II – por necessidade de alteração do projeto ou das especificações para melhor adequação técnica aos objetivos da contratação, a pedido da administração pública, desde que, não decorrentes de erros ou omissões por parte do contratado, observados os limites previstos no §1º do art. 65 da Lei nº 8.666, de 21 de junho de 1993.

Por fim, o §6º, com texto também alterado pelo Decreto nº 8.080/2013, anota que o orçamento estimado das obras e serviços de engenharia será aquele resultante da composição dos custos unitários diretos do sistema de referência utilizado, acrescido do percentual de BDI de referência, ressalvado, para o regime de contratação integrada, o disposto no art. 9º da Lei nº 12.462/2011.

Um lembrete importante consta no §7º: a diferença percentual entre o valor global do contrato e o obtido a partir dos custos unitários do orçamento estimado pela Administração não poderá ser reduzida, em favor do contratado, em decorrência de aditamentos contratuais que modifiquem a composição orçamentária.

8.2.6.4 A classificação final e a negociação com o vencedor

Encerrada a fase de apresentação de propostas, a comissão de licitação classificará as propostas por ordem decrescente de "vantajosidade" (art. 43 do regulamento).

Com a classificação resolvida, passará a Administração à etapa de negociação. No âmbito das licitações públicas, a negociação não constitui novidade, pois já é adotada tanto na esfera da Lei Geral de Licitações[94] quanto na da Lei do Pregão.[95]

---

[94] Ainda que nela não conste expressamente.
[95] Bruno Lira e Marcos Nóbrega demonstram pessimismo com relação à negociação, pois avaliam que as licitações que adotarem o RDC não fugirão das garras dos cartéis que, infelizmente, pululam o ambiente das licitações no Brasil: "Diante de um cartel, tal procedimento tem a grande possibilidade de se mostrar ineficaz. Se o ganhador da licitação for um cartelista, ele não diminuirá o valor de sua proposta ganhadora, já que esta, a princípio, foi determinada conjuntamente com os demais membros do cartel. Como se sabe, os lucros extras obtidos através desta proposta serão, posteriormente, repartidos com os demais cartelistas. A concessão de maiores vantagens para a Administração irá, fatalmente, diminuir o butim a ser repartido, o que vai de encontro aos interesses dos demais membros do cartel que se abstiveram de participar, efetivamente, do certame. Além disso, tal conduta também pode ser vista como uma forma de deserção ao acordo colusivo. Desta forma, a empresa ganhadora poderá ser alvo de futuras retaliações" (LIRA; NÓBREGA. O Estatuto do RDC é contrário aos cartéis em licitação?: uma breve análise baseada na teoria dos leilões. *Revista Brasileira de Direito Público – RBDP*, ano 9, n. 35).

Na análise do dispositivo da Lei nº 10.520/2002 que trata da negociação, asseveramos:

> Temos batido na tecla de que a negociação com o adjudicatário é prática plausível (...) sendo sempre possível a sua utilização em qualquer modalidade licitatória, desde que levada a efeito com as cautelas devidas, com bastante clareza e lisura, talvez até com parâmetros previamente estabelecidos no instrumento convocatório.[96]

Ocorre que o redator da regra de negociação da Lei do Pregão não foi feliz na elaboração do texto legal, causando dúvidas na doutrina especializada, as quais, infelizmente, não foram dissipadas com a edição do Decreto regulamentar nº 3.555/2000.

Nesse curso, comentamos:

> Objetiva a regra – repisa-se, de péssima técnica redacional – autorizar o pregoeiro a negociar diretamente com o vencedor da competição, numa tentativa de conseguir um preço ainda menor. Sendo esse "vencedor" aquele com o oferecimento do menor lance aceitável, é evidente que a negociação será realizada com ele, e não, como apregoam alguns, com todos os licitantes, na hipótese de sua inaceitação (seja após a fase de lances ou na inexistência dos mesmos). Por ter sido o legislador bem infeliz ao redigir o dispositivo, as dúvidas são de tal monta que temos propalado que a matéria se constitui numa verdadeira ode às incertezas. Sobre a situação, Carlos Pinto Coelho Motta chegou a cunhar uma expressão que bem delineia sua hesitação: "navegando sobre as dúvidas". Pelo sim pelo não, contudo, todos saldaram a institucionalização da negociação das propostas no pregão.[97]

Com relação às licitações que utilizem o RDC, o art. 26 da Lei nº 12.462/2011 determina que, definido o resultado do julgamento, a Administração poderá negociar condições mais vantajosas com o primeiro colocado.

---

[96] BITTENCOURT. *Pregão passo a passo*: Lei nº 10.520, de 17 de julho de 2002: comentários aos artigos do diploma legal que institui a modalidade de licitação pregão para todos os entes da Federação, 4. ed., p. 163.

[97] BITTENCOURT. *Pregão passo a passo*: Lei nº 10.520, de 17 de julho de 2002: comentários aos artigos do diploma legal que institui a modalidade de licitação pregão para todos os entes da Federação, 4. ed., p. 169.

Entretanto, ao regulamentar a matéria, o §1º do art. 43 do Decreto nº 7.581/2011, indica que, quando a proposta do primeiro classificado estiver acima do orçamento estimado, a comissão de licitação poderá negociar condições mais vantajosas: "Art. 43 – (...) §1º – Quando a proposta do primeiro classificado estiver acima do orçamento estimado, a comissão de licitação poderá negociar com o licitante condições mais vantajosas".

Há, no entanto, um claro descompasso entre a lei regradora e o ato regulamentar. A negociação seria com o primeiro colocado no certame, independentemente de este ter apresentado proposta com valor superior ao orçamento estimado pela Administração ou somente quando a proposta vencedora (do primeiro classificado) estiver acima desse orçamento estimado?

Consoante já assentado, nos termos do art. 26 da Lei do Pregão, a Administração tem o dever (apesar do termo "poderá", empregado no diploma) de negociar condições mais vantajosas com o primeiro classificado, desconsiderando o fato de a proposta encontrar-se abaixo ou acima do orçamento estimado. Nesse pé, é flagrante a ilegalidade do §1º do art. 43 da ferramenta regulamentar.

Registre-se que o parágrafo único do art. 26 da Lei do RDC alarga a possibilidade de negociação, permitindo a sua utilização com os demais licitantes, seguindo a ordem de classificação inicialmente estabelecida, quando o preço do primeiro colocado, mesmo após a negociação, for desclassificado em função de sua proposta permanecer acima do orçamento estimado.[98] E isso é de crucial importância: só será possível iniciar as tratativas com o licitante classificado em segundo lugar se o primeiro colocado mantiver a sua proposição em valor superior ao orçado pela Administração.

---

[98] O §2º do art. 43 do decreto regulamentar repete o texto legal, informando que a negociação poderá ser feita com os demais licitantes, segundo a ordem de classificação, quando o primeiro colocado, após a negociação, for desclassificado por sua proposta permanecer superior ao orçamento estimado.

Nesse mesmo diapasão, William Romero:[99] "Em outras palavras, só será possível iniciar tratativas com o licitante classificado em segundo lugar se o primeiro colocado renunciar conscientemente à oferta de preço dentro dos limites da estimativa realizada previamente à licitação".[100]

Anote-se, ainda, que a Lei do RDC prevê outra negociação no curso do procedimento licitatório, que se dará em um outro momento, após o término da fase recursal (art. 59 do Decreto 7.581/2011), da qual falaremos posteriormente.

Nesse contexto, volta à tona a questão do orçamento sigiloso, pois, embora a lei estabeleça como regra o sigilo (§3º do art. 6º), essa determinação poderá ser flexibilizada nessa etapa negocial.

É o que bem pondera Marçal Justen:

> A única função do sigilo – que é o incentivo a propostas com o melhor valor possível – exaure-se no exato instante em que se encerra a disputa. Se os licitantes exercitaram a sua autonomia para formular a melhor proposta possível e ocorreu a classificação das propostas, deixa de existir qualquer utilidade ou razão de ser para a manutenção do sigilo.[101]

---

[99] ROMERO, William. *O sigilo orçamentário nas negociações do RDC*. Disponível em <http://www.justen.com.br//informativo.php?&informativo=78&artigo=1063&l=pt>

[100] Desassossegado, William Romero consigna que tais diretrizes nem sempre vêm sendo adotadas no âmbito prático: "Em função da inexistência de regulamentação específica para essa fase de negociação, até o recentíssimo advento do §3° do art. 43, pelo Decreto 8.080/2013, os órgãos da Administração Pública passaram a criar mecanismos para tentar objetivar essa fase negocial. Houve hipóteses em que se cogitou definir um limite preestabelecido de chances para redução da proposta, com vistas a manter o sigilo do orçamento. Nesse caso, não seriam fornecidos maiores subsídios aos licitantes e, após vencidas as oportunidades concedidas, a proposta seria desclassificada, estendendo-se as negociações ao segundo colocado. Essa orientação está em dissonância com o regime legal. Cria uma subversão do procedimento e permite a realização de uma nova disputa na fase negocial – o que (...) é absolutamente inválido. Nessa etapa, a ordem de classificação é definitiva e o segundo colocado só terá a chance de negociar com a Administração caso o primeiro, expressamente, opte (por sua própria vontade) pelo não oferecimento de descontos necessários ao atingimento do patamar do orçamento. A concessão de limitadas oportunidades de redução, sem dar um balizamento ao licitante acerca do preço pretendido, não pode, de maneira alguma, ensejar sua desclassificação.

[101] JUSTEN FILHO, Marçal. *Comentários ao RDC*. p. 482.

Nesse passo, como já exposto, o TCU avaliou a matéria tendo concluído pelo lógico abrandamento do sigilo do orçamento em licitações que adotem o RDC para fazer valer a etapa negocial, dispondo, no Acórdão nº 306/2013, pela possibilidade de abertura do orçamento sigiloso, desde que, demonstrada a "vantajosidade" da medida.

Diante desse contexto, o Decreto nº 8.080/2013 em boa hora inseriu o §3º no art. 43, dispondo que, encerrada a etapa competitiva do processo, poderão ser divulgados os custos dos itens ou das etapas do orçamento estimado que estiverem abaixo dos custos ou os custos das etapas ofertados pelo licitante da melhor proposta, para fins de reelaboração da planilha com os valores adequados ao lance vencedor, na forma prevista no §2º do art. 40.

O novo texto regulamentar foi plenamente aprovado pela doutrina, como se extrai das reflexões de Brenia dos Santos e William Romero, respectivamente:

> A princípio, o §3º do art. 43 do Decreto nº 7.581/2011 permite a adequação dos custos unitários ofertados ao orçamento estimado pela Administração. Além disso, em sintonia com o Acórdão nº 306/2013, torna possível ao licitante, baixar o preço proposto de modo que o valor global fique compatível com o orçamento estimado, evitando-se, assim, negociações que possam se arrastar por um longo período ou a declaração do fracasso do certame. Em suma, é possível concluir que o sigilo deve ser mantido, de modo inafastável, até o encerramento da disputa entre os licitantes. Após isso, é possível que, justificadamente, a quebra do sigilo seja uma medida aceitável, em caráter de exceção.[102]
>
> O referido comando consolida, expressamente, o caráter relativo do orçamento e abre a possibilidade de sua abertura na fase negocial. (...) Trata-se de previsão que consolida uma necessidade premente, já que, na prática, muitos órgãos licitantes relutavam em divulgar o orçamento por entender que as diretrizes gerais do RDC não permitiriam que isso fosse feito – comprometendo, em alguns casos, a própria contratação. Assim, na medida em que a

---

[102] SANTOS, Brenia D. G. dos. Sigilo do orçamento estimado no RDC – qual a novidade trazida pelo Decreto nº 8.080/2013? Disponível em http://www.governet.com.br/noticia.php?cod=4377

ausência de divulgação orçamentária implicará em admitir que o primeiro classificado forneça sucessivas ofertas até atingir um patamar compatível com a estimativa, a abertura do orçamento agora expressamente admitida pode otimizar os trabalhos.[103]

8.2.7 A fase de habilitação

Um dos momentos mais importantes de uma licitação é o que permite verificar se a pessoa interessada em contratar com a Administração preenche todos os requisitos para a adequada execução do objeto licitado, o que garantirá o adimplemento das obrigações a serem ajustadas num contrato.

Ao realizar uma licitação, a Administração tem o poder--dever de exigir documentos de habilitação compatíveis com o ramo do objeto licitado, especialmente aqueles que comprovem a qualificação técnica e a capacidade econômico-financeira. Essas exigências, entretanto, não podem ultrapassar os limites da razoabilidade e estabelecer cláusulas desnecessárias e restritivas ao caráter competitivo.

Sobre o assunto, são insuperáveis as lições de Hely Lopes Meirelles:

> A orientação correta nas licitações é a dispensa de rigorismos inúteis e de formalidades e documentos desnecessários à qualificação dos interessados. Daí por que a lei limitou a documentação, exclusivamente, aos comprovantes de capacidade jurídica, regularidade fiscal, capacidade técnica e idoneidade econômico-financeira. Nada mais se pode dos licitantes na fase de habilitação. Reconhecimentos de firmas, certidões negativas, regularidade eleitoral, são exigências impertinentes que a lei federal dispensou nessa fase, mas que a burocracia ainda vem fazendo ilegalmente, no seu vezo de criar embaraço aos licitantes. É um verdadeiro estrabismo público, que as autoridades superiores precisam corrigir, para que os burocratas não persistam nas suas distorções rotineiras de complicar aquilo que a legislação já simplificou. Os bons contratos, observe-se, não resultam das exigências burocráticas, mas, sim, da capacitação dos licitantes e do criterioso julgamento das propostas. [104]

---

[103] ROMERO, William. *O sigilo orçamentário nas negociações do RDC*. Disponível em <http://www.justen.com.br//informativo.php?&informativo=78&artigo=1063&l=pt>.
[104] MEIRELLES. *Direito administrativo brasileiro*, 26. ed. p. 276-277

Consoante preconiza o art. 27 da Lei Geral de Licitações, para a habilitação nas licitações, exigir-se-á dos interessados exclusivamente documentação relativa a: habilitação jurídica; regularidade fiscal e trabalhista; qualificação técnica; qualificação econômico-financeira; e cumprimento do disposto no inc. XXXIII, do art. 7º, da Constituição Federal.

Os arts. 28 a 33 da mesma Lei Geral minudenciam os documentos a serem exigidos para cada caso do elenco do art. 28.

Como já mencionado, o art. 14 da Lei do RDC determina que a habilitação nas licitações transcorrerá com a aplicação, no que couber, do disposto nos arts. 27 a 33 da Lei Geral,[105] devendo ser observado o seguinte: (a) poderá ser exigida dos licitantes a declaração de que atendem aos requisitos de habilitação; (b) será exigida a apresentação dos documentos de habilitação apenas pelo licitante vencedor, exceto no caso de inversão de fases; (c) no caso de inversão de fases, só serão recebidas as propostas dos licitantes previamente habilitados; e (d) em qualquer caso, os documentos relativos à regularidade fiscal poderão ser exigidos em momento posterior ao julgamento das propostas, apenas em relação ao licitante mais bem classificado.

Nota-se que há, no meio doutrinário, uma tendência a críticas sobre a possível exigência de declaração de que atendem aos requisitos de habilitação, regra que também consta nas normas sobre o pregão. Mônica Lefèvre, por exemplo, considera-a eminentemente burocrática e desprovida de qualquer utilidade jurídica.[106]

Dissentimentos, porém, desse entendimento. Analisando a questão no âmbito do pregão, expusemos:

> Assim, na análise do então dispositivo, asseveramos em obra específica que, além da apresentação do chamado "envelope proposta", também deveria ser exibida a tal declaração, o que configurava uma inovação que, apesar de aparentemente tola e desnecessária, era por demais im-

---

[105] O art. 45 do decreto regulamentar apenas repete a determinação.
[106] LEFÈVRE. A inversão de fases e as alterações na fase de habilitação. *Informativo Justen, Pereira, Oliveira e Talamini*, n. 55.

portante, porquanto, além de ter o condão de, preliminarmente, afastar de imediato os aventureiros diante da severa punição por declaração falsa, justificava-se, em muito, porque sua ausência poderia acarretar percalços no procedimento, diante da possibilidade de um "vencedor da licitação", após verificações e lances, configurar-se como um devedor do erário público. Em contrapartida, havia também conexão direta com outra inovação capital – que se constituiu na grande novidade do pregão – qual seja a inversão da fase de habilitação (inversão em tese, já que o legislador, inteligentemente, preocupou-se em manter uma espécie de habilitação prévia com a obrigatoriedade da tal declaração). Posteriormente, não se sabe por que, a inteligente inovação foi suprimida das reedições da medida provisória, causando estranheza e decepção. Felizmente, apercebeu-se o legislador a tempo, fazendo voltar ao texto da lei, de forma mais simples, a obrigatória manifestação do licitante de que se encontra apto a participar do certame, atendendo plenamente aos requisitos habilitatórios exigidos no edital.[107]

Os arts. 46 a 50 do Decreto nº 7.581/2011, a título de regulamentar a habilitação nas licitações que adotem o RDC, estabelecem procedimentos importantes:
   a) o art. 46 informa que somente será exigida a apresentação dos documentos de habilitação do licitante classificado em primeiro lugar. Seu §1º traz para o bojo das licitações que adotem o RDC a possibilidade de uso do registro cadastral e da pré-qualificação, usuais no regime da Lei Geral de Licitações, definindo que poderá haver substituição parcial ou total dos documentos por certificado de registro cadastral e certificado de pré-qualificação, nos termos do instrumento convocatório. Seu §2º registra determinação procedimental importante: no caso de inabilitação, serão requeridos e avaliados os documentos de habilitação dos licitantes subsequentes, por ordem de classificação.
   b) o art. 47 prescreve o óbvio: o edital é o documento que indicará o prazo para a apresentação dos documentos de habilitação.

---

[107] BITTENCOURT. *Pregão eletrônico*: Decreto nº 5.450, de 31 de maio de 2005, Lei nº 10.520, de 17 de julho de 2002, Considerando também a Lei Complementar nº 123/2006, que estabelece tratamento diferenciado e favorecido às microempresas e empresas de pequeno porte, 3. ed. p. 177.

c) o art. 48 determina que, quando utilizado o critério de julgamento pela maior oferta de preço, nas licitações destinadas à alienação, a qualquer título, dos bens e direitos da Administração, os requisitos de qualificação técnica e econômico-financeira poderão ser dispensados, se substituídos pela comprovação do recolhimento de quantia como garantia, limitada a cinco por cento do valor mínimo de arrematação. O seu parágrafo único ressalta que os licitantes não estão dispensados da apresentação dos demais documentos exigidos para a habilitação. A regra se impõe em função de que, nas alienações de bens e direitos, a Administração deve apenas se assegurar de que o licitante honrará com o devido pagamento, podendo exigir a comprovação de qualificação econômico-financeira ou, em substituição, a apresentação de garantia em dinheiro.

d) o art. 49 indica que, em qualquer caso, os documentos relativos à regularidade fiscal poderão ser exigidos em momento posterior ao julgamento das propostas, apenas em relação ao licitante mais bem classificado.

e) o art. 50, dando azo à inversão de fases prevista no parágrafo único do art. 14, prevê que os licitantes apresentarão simultaneamente os documentos de habilitação e as propostas; serão verificados os documentos de habilitação de todos os licitantes; e serão julgadas apenas as propostas dos licitantes habilitados.

8.2.7.1 A ordem das fases de julgamento e habilitação

A Lei do RDC estabelece como regra, a ocorrência da fase de julgamento (classificação) anteriormente à fase de habilitação (art. 12, incs. IV e V).[108]

---

[108] Lei nº 12.462/2011: "Art. 12. O procedimento de licitação de que trata esta Lei observará as seguintes fases, nesta ordem: I – preparatória; II – publicação do instrumento convocatório; III – apresentação de propostas ou lances; *IV – julgamento;* V – *habilitação;* VI – recursal; e VII – encerramento".

Assim, nas competições com o uso do RDC, por via de regra, a fase de julgamento antecederá a fase de habilitação, o que, como já comentamos em obras sobre o pregão,[109] acarreta enorme agilidade à licitação, uma vez que a Administração, após o julgamento, analisará tão somente os documentos de habilitação do licitante vencedor.

Sobre essa inversão, em relação à ordem tradicional das licitações da Lei nº 8.666/1993, comentamos:

> Com o fim da fase de ordenação de propostas (ou classificação preliminar, como conceituam alguns), abrir-se-á apenas o envelope com documentos de habilitação do licitante classificado em primeiro lugar, objetivando a avaliação documental, de modo a caracterizar, de fato e de direito, a qualificação do mesmo quanto à execução do objeto pretendido.
>
> Aqui a continuidade da inovação (...): a inversão da fase de habilitação, que, diferentemente das demais licitações, ocorre após a fase de classificação.
>
> E outra fantástica inovação: inicialmente, somente serão apreciados os documentos do licitante que tenha tido a sua proposta classificada em primeiro lugar, ou seja, do licitante que tenha apresentado a melhor oferta (entenda-se, a de menor preço, que satisfaça aos requisitos previstos no edital), de forma diferenciada, portanto, do regramento prescrito na Lei nº 8.666/1993, aonde não se chega à abertura do "envelope-proposta" enquanto não se conclui a fase de habilitação.
>
> A inovação é de importância capital, pois muito agiliza o procedimento licitatório, reduzindo a possibilidade de interposição de recursos administrativos.[110]

A respeito dessa inversão, observa Ivan Barbosa Rigolin:

> Todos sabem que a fase "emperrada" da licitação, muito burocrática e trabalhosa, e que com frequência trava o andamento do certame,

---

[109] BITTENCOURT. *Pregão passo a passo*: Lei nº 10.520, de 17 de julho de 2002: comentários aos artigos do diploma legal que institui a modalidade de licitação pregão para todos os entes da Federação; BITTENCOURT. *Pregão eletrônico*: Decreto nº 5.450, de 31 de maio de 2005, Lei nº 10.520, de 17 de julho de 2002, Considerando também a Lei Complementar nº 123/2006, que estabelece tratamento diferenciado e favorecido às microempresas e empresas de pequeno porte, 3. ed.; BITTENCOURT. *Pregão presencial*, 2. ed.

[110] BITTENCOURT. *Licitações públicas para concursos*, p. 244.245.

amiúde por muitos meses ou até anos, é a habilitação. Julgar as propostas, ante as dificuldades operacionais extrínsecas da habilitação, costuma constituir brincadeira de criança, que se resolve, no dizer correntio, *em dois tapas*. Assim, o que aquela *abençoada* inversão de fases poupa de tempo tanto para o poder público quanto para os licitantes é algo simplesmente extraordinário, monumental, a ponto de *facilmente* o ente licitador poder resolver todo o certame, adjudicar o seu objeto ao vencedor e contratá-lo *no mesmo dia da abertura*.[111]

Sobre o assunto, Bruno Lira e Marcos Nóbrega tecem comentários elogiosos:

> Com esta inversão, em vez de haver uma verdadeira guerra de todos contra todos, em que os diferentes participantes do certame buscam eliminar os demais concorrentes, todos concentram a sua atenção, apenas, no autor da melhor proposta. Isto garante uma maior celeridade para o procedimento licitatório.[112]

Definitivamente, portanto, o princípio da celeridade passou a fazer parte do elenco de princípios que regem as licitações públicas.

Escrevemos a cerca da matéria no âmbito licitatório:

> O Princípio da Celeridade busca dar agilidade ao procedimento licitatório. Trata-se de princípio norteador da licitação na modalidade, pois objetiva simplificar procedimentos, afastando ao máximo o rigor excessivo e as formalidades desnecessárias.[113]

Além disso, a Lei do RDC incorporou e aperfeiçoou uma inovação contida na Lei das Parcerias Público-Privadas – PPP (Lei nº 11.079/2004):[114] a inversão facultativa dessas fases, permitindo

---

[111] RIGOLIN. Municípios já podem inverter as fases da licitação: o sepultamento das normas gerais de licitação. *Fórum de Contratação e Gestão Pública – FCGP*, ano 11, n. 124, p. 76-80. Parecer.

[112] LIRA; NÓBREGA. O Estatuto do RDC é contrário aos cartéis em licitação?: uma breve análise baseada na teoria dos leilões. *Revista Brasileira de Direito Público – RBDP*, ano 9, n. 35.

[113] BITTENCOURT. *Licitações públicas para concursos*, p. 22.

[114] Sobre as Parcerias Público-Privadas – PPPs, *vide* o nosso *Parceria Público-Privada passo a passo*: comentários à Lei nº 11.079/04, que institui normas gerais para licitação e contratação de PPP na Administração Pública. 2. ed.

que, somente em caráter excepcional, a habilitação anteceda ao julgamento, hipótese que dependerá de motivação e previsão no edital e de motivação (art. 12, parágrafo único).[115]

A diferença em relação à Lei das PPP reside no importante dever de motivação, caso a Administração pretenda utilizar a forma convencional (habilitação e classificação). A regra é útil e prática, na medida em que afasta a possibilidade do uso indiscriminado de procedimento ultrapassado e antieconômico, que só será adotado se restar comprovado que a sua adoção, para um objeto específico, atende plenamente ao interesse público.

Registre-se, por conseguinte, que, quando as normas do RDC tratam da inversão de fases, estão se referindo à ordem na qual a habilitação ocorre antes da classificação, visto que, como esposado, a regra na esfera do novo regime é a realização do procedimento com a avaliação das propostas antes da verificação da habilitação. Por tal motivo é que o art. 50 do Decreto nº 7.581/2011 informa que, na hipótese de ocorrência de inversão de fases prevista no parágrafo único do art. 14, serão verificados os documentos de habilitação de todos os licitantes.

Sublinhe-se, conforme já consignado, que apesar de, na fase de habilitação das licitações realizadas na esfera do RDC, aplicar-se, no que couber, o disposto nos artigos da Lei Geral de Licitações que tratam da matéria (arts. 27 a 33), o art. 14 da Lei do RDC estabelece regras especiais para o novo regime: será possível a exigência de declaração de que atendem aos requisitos de habilitação; exigir-se-á a apresentação dos documentos de habilitação apenas pelo licitante vencedor, exceto no caso de inversão de fases; no caso de inversão de fases só serão recebidas as propostas dos licitantes previamente habilitados; e, em qualquer hipótese, os documentos relativos à

---

[115] Lei nº 12.462/2011: "Art. 12 (...) Parágrafo único. A fase de que trata o inciso V do *caput* deste artigo poderá, mediante ato motivado, anteceder as referidas nos incs. III e IV do *caput* deste artigo, desde que expressamente previsto no instrumento convocatório".

regularidade fiscal poderão ser exigidos em momento posterior ao julgamento das propostas, apenas em relação ao licitante mais bem classificado.

Apreciando a Lei do RDC em data anterior à edição do decreto regulamentar, Flávia Daniel Vianna observou, oportunamente, acerca da regra que permite a apresentação de documentos de regularidade fiscal em momento posterior:

> Ademais, apesar de expressamente orientar que, na fase de habilitação do RDC, será aplicável, no que couber, o disposto nos arts. 27 a 33 da Lei nº 8.666/1993 (...) traz mais uma norma flexibilizadora do procedimento: autoriza, em qualquer caso, que a documentação relativa à regularidade fiscal do licitante melhor classificado possa ser exigida em momento posterior ao julgamento das propostas. Não especifica, entretanto, qual o prazo para entrega da documentação regularizada, o que deverá estar previsto, não só no futuro regulamento, como no próprio instrumento convocatório.[116]

Infelizmente, o redator da ferramenta regulamentar não atentou para tão importante detalhe, limitando-se a apenas repetir a regra legal no art. 49.

> Art. 49. Em qualquer caso, os documentos relativos à regularidade fiscal poderão ser exigidos em momento posterior ao julgamento das propostas, apenas em relação ao licitante mais bem classificado.

Por fim, repisa-se que, na ocorrência de inversão de fases, ou seja, na hipótese de se adotar a ordem "habitação" e "julgamento", o art. 50 do Decreto nº 7.581/2011 disciplina, tal como determina a Lei nº 8.666/1993 para as modalidades licitatórias convencionais, que: (a) os licitantes apresentarão simultaneamente os documentos de habilitação e as propostas; (b) serão verificados os documentos de habilitação de todos os licitantes; e (c) serão julgadas apenas as propostas dos licitantes habilitados.

---

[116] VIANNA. Breves apontamentos sobre o Regime Diferenciado de Contratações Públicas: RDC: Lei nº 12.462, de 5 de agosto de 2011. *Revista Síntese de Licitações, Contratos e Convênios*, n. 5.

8.2.8 A participação em consórcio

O consórcio é a organização empresarial disciplinada pelos arts. 278 e seguintes da Lei das Sociedades por Ações (nº 6.404/1976). Consoante o supracitado art. 278, as companhias e quaisquer outras sociedades, sob o mesmo controle ou não, podem constituir consórcio para executar determinado empreendimento, desde que sejam observadas as regras dispostas no diploma legal.

Conforme dispõe a norma, o consórcio não tem personalidade jurídica e as consorciadas somente se obrigam nas condições previstas no respectivo contrato, respondendo cada uma por suas obrigações, sem presunção de solidariedade. O consórcio, portanto, não constitui uma pessoa jurídica distinta dos consorciados, não possuindo, por conseguinte, personalidade jurídica.

Por intermédio do contrato de consórcio, certo número de pessoas formaliza uma associação de interesses que possibilitará o atingimento de determinada finalidade, a qual, provavelmente, não seria alcançada através da capacidade individual de cada uma (em função de falta de condições técnicas ou razões econômico-financeiras).

O consórcio, conforme leciona Modesto Carvalhosa, constitui uma comunhão de interesses e de atividades que atende a específicos objetivos empresariais, que se originam nas sociedades consorciadas e delas se destacam.[117]

O art. 33 da Lei Geral de Licitações, buscando impulsionar a competitividade, permitiu que o instrumento convocatório da licitação admita a oferta de propostas por meio de consórcios.

Dessa forma, no âmbito das licitações, o administrador público responsável deverá avaliar se será permitida a participação no certame de empresas consorciadas, partindo do pressuposto de que empresas isoladamente dificilmente teriam condições para execução do objeto pretendido.

---

[117] CARVALHOSA. *Comentários à Lei de Sociedades Anônimas*, 2 ed., v. 4, t. II, p. 386.

Nos mesmos moldes, a Lei do RDC, no inc. I, do parágrafo único, do art. 14, admitiu a participação de licitantes sob a forma de consórcio, remetendo o tema ao regulamento.

Nesse viés, o art. 51 do Decreto nº 7.581/2011 definiu as diversas condições para que tal pudesse ocorrer, a saber:

a) comprovação do compromisso público ou particular de constituição de consórcio, subscrito pelos consorciados.

As empresas não deverão promover a constituição e o registro do consórcio para participação na licitação, bastando apenas, nessa fase, o compromisso formal de uma futura constituição. Somente o consórcio vencedor terá o dever de promover a formalização do consórcio, antes da celebração do contrato.

b) indicação da pessoa jurídica responsável pelo consórcio, que deverá atender às condições de liderança fixadas no instrumento convocatório.

Segundo o previsto no §2º do artigo em comento, quando o consórcio for formado com empresas brasileiras e estrangeiras, a liderança caberá, obrigatoriamente, à empresa brasileira. Sobre a questão, já dispusemos que há flagrante inconstitucionalidade quando a norma dispõe sobre essa obrigatoriedade. Entendemos que a normatização não pode interferir na decisão de quem deterá a liderança. Parte preponderante da doutrina tem registrado a não recepção pela Constituição Federal, em face da revogação do art. 171 (EC nº 06/95).

c) apresentação dos documentos exigidos no instrumento convocatório quanto a cada consorciado, admitindo-se, para efeito de qualificação técnica, o somatório dos quantitativos de cada consorciado.

Cada um dos participantes do consórcio deverá apresentar, de maneira individualizada, a documentação exigida, sendo permitido para efeito de qualificação técnica, o somatório dos quantitativos de cada consorciado.

Calha ressaltar que, instado a manifestar-se sobre o assunto, o TCU concluiu que a simples permissão do somatório dos atestados dos consorciados poderia acarretar na habilitação de duas empresas que somente tivessem executado serviços em quantidade equivalente à metade da exigida para a comprovação da capacidade técnica, concluindo, em síntese, que não seria plausível a presunção automática de que a reunião de quantitativos de empresas demandaria a satisfação plena do pretendido para a verificação habilitatória.[118]

d) comprovação de qualificação econômico-financeira, mediante: (i) apresentação do somatório dos valores de cada consorciado, na proporção de sua respectiva participação, podendo a Administração estabelecer, para o consórcio, um acréscimo de até trinta por cento dos valores exigidos para licitante individual; e (ii) demonstração, por cada consorciado, do atendimento aos requisitos contábeis definidos no instrumento convocatório.

Hely Lopes Meirelles foi o grande incentivador da adoção do somatório dos valores de cada consorciado:

> Sendo uma soma dos recursos dos consorciados, o consórcio demonstra sua (...) regularidade mediante documentação apresentada pelos consorciados individualmente, nos termos do pedido no edital, não se admitindo que a firma-líder o faça por todos. Não obstante, para a (...) qualificação econômico-financeira, (...) admite o somatório dos quantitativos de cada consorciado, na proporção de sua cota consorcial, ampliando-se, assim, a possibilidade de participação de pequenas ou médias empresas em concorrências de maior vulto.[119]

e) impedimento de participação de consorciado, na mesma licitação, em mais de um consórcio ou isoladamente.

Buscando a moralidade, a norma dispõe que, na hipótese de a empresa participar de algum consórcio, lhe será vedado participar, na mesma competição, de outro consórcio, não lhe sendo permitido, também, participar do certame como concorrente individual.

---

[118] Decisão nº 1.090/01 – Plenário.
[119] MEIRELLES. *Direito administrativo brasileiro*, 26. ed., p. 308.

O §1º do dispositivo determina que conste no edital cláusula de responsabilidade solidária: (i) no compromisso de constituição de consórcio a ser firmado pelos licitantes; e (ii) no contrato a ser celebrado pelo consórcio vencedor.

Sobre essa responsabilização, obtemperamos:

> A responsabilização solidária é acertada – com tratamento diferenciado dos consócios previstos na Lei das S.A. —, porque há situação conjunta de empresas consorciadas, haja vista que a Administração, quando o habilita, considera o conjunto de fatores técnicos e documentais dos seus componentes, contratando-o como um todo.[120]

Os §§2º a 4º dispõem sobre exigências específicas, à semelhança das que constam na Lei Geral de Licitações: (a) no consórcio de empresas brasileiras e estrangeiras, a liderança caberá, obrigatoriamente, à empresa brasileira (§2º), matéria que apreciamos anteriormente; (b) o licitante vencedor fica obrigado a promover, antes da celebração do contrato, a constituição e o registro do consórcio, nos termos do compromisso público ou particular de constituição de consórcio, subscrito pelos consorciados (§3º); e (c) a substituição de consorciado deverá ser expressamente autorizada pelo órgão ou entidade contratante (§4º).

Na elaboração das regras para os consórcios referentes para a participação em licitações com a adoção do RDC, o redator do decreto preocupou-se em registrar exigências que têm sido notadas em função da aplicação prática das licitações convencionais. Assim, o §5º prevê a possibilidade de o edital, no interesse da Administração, fixar a quantidade máxima de pessoas jurídicas organizadas por consórcio.

Ao mesmo tempo, atendendo aos ditames constitucionais que determinam o oferecimento de tratamento diferenciado para as microempresas e empresas de pequeno porte, bem como aos indicadores dessa natureza registrados na

---

[120] BITTENCOURT. *Licitação passo a passo*: comentando todos os artigos da Lei nº 8.666/93, 6. ed., p. 285.

LC nº 123/2006, prevê, no §6º, que o acréscimo previsto na alínea "a", do inc. IV, do art. 51 em comento – de até trinta por cento dos valores exigidos para licitante individual – não será aplicável aos consórcios compostos, em sua totalidade, por empresas dessas categorias.

8.2.9 A fase recursal das licitações que adotarem o RDC

A sistemática recursal prevista para o RDC agrega soluções previstas para o assunto constantes na Lei nº 8.666/1993 e outras estabelecidas na Lei nº 10.520/2002 (Lei do Pregão).

O art. 27 da Lei nº 12.462/2011 estabelece que, em regra, haverá uma fase recursal única para o julgamento de todos os eventuais recursos interpostos pelos interessados, ressalvando que tal não se dará apenas no caso de inversão de fases.

O início da fase de recursos dar-se-á após a conclusão das fases de julgamento das propostas ou lances e de habilitação, como apregoa o parágrafo único do supracitado art. 27.

O procedimento no RDC, por conseguinte, desenvolve-se tal como o previsto para o processamento de recursos no pregão (art. 4º, inc. XVIII, da Lei nº 10.520/2002), podendo, entrementes, ocorrer como dispõe a Lei Geral de Licitações (art. 109), quando da ocorrência de inversão de fases (ou seja, nas situações que a habilitação ocorrer antes do julgamento). Nessa segunda hipótese, haverá a possibilidade de interposição de recurso em dois momentos: após a fase de habilitação e após do julgamento das propostas.

Curiosamente, o decreto regulamentar prevê inicialmente apenas a fase recursal após o término da fase de habilitação (art. 52). Posteriormente, no art. 58, informa que, no caso da inversão de fases, os licitantes poderão apresentar recursos tanto após a fase de habilitação como depois da fase de julgamento das propostas. A técnica adotada não foi das melhores.

8.2.9.1 A manifestação de intenção de recorrer, as razões do recurso e os procedimentos e prazos recursais

À semelhança ao previsto na Lei do Pregão (art. 3º, XVIII, da Lei nº 10.520/2002), a Lei do RDC estabelece a necessidade de os licitantes interessados manifestarem na sessão a intenção de recorrer das decisões de pré-qualificação, habilitação e julgamento das propostas, sob pena de preclusão (§1º do art. 45).[121] Entretanto, diversamente daquele diploma, a previsão do RDC não exige a motivação da intenção de recorrer no momento de sua declaração.

Quanto ao momento para a manifestação da intenção de recurso, o Decreto nº 7.581/2011 disciplinou que deverá ocorrer "após o término de cada sessão" (art. 53).[122] Posteriormente, no art. 58, ressalva que, no caso da inversão de fases prevista no parágrafo único do art. 14, os licitantes poderão apresentar recursos após a fase de habilitação e após a fase de julgamento das propostas.

Destarte, a interpretação sistemática das regras do RDC nos leva a entender que apenas a intenção de interposição de recurso deverá acontecer imediatamente após o término da fase em que se deu a prática do ato prejudicial aos interesses do licitante, ficando para a fase final da licitação, após a lavratura da ata da fase de habilitação, o início do prazo para apresentação das razões.

Consoante o previsto no art. 54 do decreto regulamentar, o prazo para a apresentação do recurso (denominado "razões dos recursos") será de cinco dias úteis, contado a partir da data da intimação ou da lavratura da ata, conforme o caso.

---

[121] Lei nº 12.462/2011: "Art. 45 (...) §1º Os licitantes que desejarem apresentar os recursos de que tratam as alíneas a, b e c do inciso II do *caput* deste artigo deverão manifestar imediatamente a sua intenção de recorrer, sob pena de preclusão".

[122] O parágrafo único do art. 53 informa que, nas licitações sob a forma eletrônica, a manifestação de interposição de recurso deverá ocorrer em campo próprio do sistema.

Por seu turno, o prazo para apresentação de contrarrazões será de cinco dias úteis e terá início imediatamente após o encerramento do prazo oferecido para a interposição do recurso.

O art. 55 do decreto regulamentar prevê que, na contagem dos prazos recursais, excluir-se-á o dia do início e incluir-se-á o do vencimento, sendo que, conforme indica o parágrafo único, somente iniciarão e expirarão em dia útil no âmbito do órgão ou entidade responsável pela licitação.[123]

Acolhendo texto e forma semelhantes aos contidos no §4º, do art. 109, da Lei nº 8.666/1993, a Lei do RDC prevê que o recurso deverá ser dirigido à autoridade superior, por intermédio da autoridade que praticou o ato recorrido, cabendo a esta reconsiderar sua decisão no prazo de 5 (cinco) dias úteis ou, nesse mesmo prazo, fazê-lo subir, devidamente informado, devendo, neste caso, a decisão do recurso ser proferida dentro do prazo de 5 (cinco) dias úteis, contados do seu recebimento, sob pena de apuração de responsabilidade (§6º do art. 45).[124]

Assim, a Lei do RDC, como não poderia deixar de ser, emprega a sistemática do recurso administrativo hierárquico. Consoante segura lição do mestre Hely Lopes Meirelles, nessa sistematização não cabe à autoridade superior modificar a decisão da comissão de licitação, mas tão somente perquirir quanto à legalidade do certame, anulando-o se constatar vício insanável; revogando-o, se houver interesse público; ou, ainda, restituindo-o para uma possível revisão.

Essa máxima é antiga, conforme já se posicionou toda a doutrina na apreciação da matéria, ainda com base no vetusto e saudoso Decreto-lei nº 2.300/1986. Interessantemente – não se sabe ao certo o porquê —, surgiram, com o advento da Lei nº 8.666/1993, entendimentos diferenciados sobre a forma de resolução final dos recursos administrativos interpostos, acenando alguns para a possibilidade da autoridade superior alterar a decisão

---

[123] Em respeito ao previsto no §5º, do art. 45, da Lei do RDC, que preconiza que os prazos nela previstos iniciarão e expirarão exclusivamente em dia de expediente no âmbito do órgão ou entidade.
[124] O art. 56 do decreto regulamentar repete integralmente o texto legal.

da comissão de licitação, sob a insustentável alegação da plena revisão do ato impugnado, com fulcro no poder hierárquico, ou seja, supostamente, a autoridade superior teria amplos poderes de, apreciando o ato administrativo, revê-lo e modificá-lo.

Felizmente, a melhor doutrina não foi influenciada por essa despropositada interpretação, mantendo-se como dantes, alicerçada em fortes pilares assentados em trabalhos e lições brilhantes do inesquecível mestre Hely. A magistrada e administrativista Lúcia Valle Figueiredo, tratando do assunto em avaliação referente ao art. 109 da Lei nº 8.666/1993, leciona:

> O julgamento é função de uma comissão, constituída para essa finalidade, e totalmente vinculante para a Administração. O órgão encarregado (...) poderá não ratificá-lo, se entender ter havido erro no julgamento, ou algum vício durante o procedimento. Defeso lhe é substituir-se à Comissão modificando-lhe o julgamento. Poderá anular (...) quando for o caso. Inclusive, deverá devolver o processo à Comissão solicitando novo pronunciamento. O julgamento feito pela Comissão, tendo por base critérios objetivos, previamente selecionados, é um juízo técnico. O estudo, a que a Comissão procede para efetuar o julgamento, é eminentemente técnico, daí resultando ser decisão vinculante.[125]

Da mesma forma, o publicista Marcos Juruena Villela Souto:

> Relembre-se que (...) não pode a autoridade encarregada modificar os seus critérios, mas, tão somente, determinar o retorno dos autos para correção de eventuais irregularidades ou para apuração de questões em diligências.[126]

Outra voz prestigiosa que merece destaque é a de Toshio Mukai:

> Anote-se que o julgamento da concorrência e da tomada de preços é competência exclusiva da comissão de licitação, razão por que a autoridade superior, ao apreciar o recurso, não poderá substituir o julgamento recorrido por outro seu, somente podendo, na decisão

---

[125] FIGUEIREDO. *Direitos dos licitantes*, 3. ed., p. 63-64.
[126] SOUTO. *Licitações e contratos administrativos*: Lei nº 8.666, de 21.06.93, comentada, p. 216.

recursal, ou confirmar o julgamento efetuado pela comissão, ou anulá-lo, ou invalidar a própria licitação, conforme o caso.[127]

Jorge Ulisses Jacoby Fernandes segue na mesma trilha, tratando das licitações tradicionais e do pregão, citando, inclusive, entendimento firmado pelo TCU:

> O ato de homologar é na essência um ato de controle, de verificação. Concretiza-se pelo binômio – legal ou ilegal – e, por esse motivo, tem limites. O Tribunal de Contas da União já firmou entendimento sobre o tema, chegando em determinado caso específico, a esclarecer que a autoridade superior poderia, inclusive, caso houvesse razão, invalidar a decisão proferida pela comissão, mas, nunca, desclassificar a proposta escolhida e homologar uma outra. É comum inclusive que essa autoridade submeta os autos à verificação do controle interno ou ao órgão jurídico para exame, buscando melhor avaliar o procedimento. Estando ilegal, anulará os atos, cabendo ao pregoeiro no caso, ordenar o refazimento dos atos decorrentes. Em caso célebre, o Tribunal de Contas da União, comprovando que a autoridade homologadora exerceu pressão: obre a CPL acabou por multar apenas aquela, exonerando de responsabilidade os membros da comissão.[128]

Por fim, adotando regra da Lei nº 10.520/2002 (Lei do Pregão), o art. 57 do decreto regulamentar informa que o acolhimento de recurso implicará invalidação apenas dos atos insuscetíveis de aproveitamento.

Avaliamos o dispositivo da seguinte forma:

> É cristalina a tentativa no sentido de "salvar" o procedimento, de modo que, dentro do possível, possa ser mantido sem que haja a necessidade de instauração de nova licitação, depois de galgados vários passos. Tudo indica, entretanto, que, na prática, as dificuldades avolumar-se-ão, posto que prima o diploma por um verdadeiro desatino, adotando o princípio da convalidação dos atos, teoricamente validando alguns que poderão conter vícios. Apreciando a questão, Ricardo Ribas da Costa Berloffa concluiu que o legislador procedeu dessa forma com o firme propósito de

---

[127] MUKAI. *O novo estatuto jurídico das Licitações e Contratos Públicos*: comentários à Lei nº 8.666/93, com as alterações promovidas pela Lei 8.883/94, 3. ed.
[128] JACOBY FERNANDES. *Sistema de registro de preços e pregão presencial e eletrônico*, 3. ed.

aproveitar os efeitos produzidos (ainda que viciados), por ser mais benéfico do que a determinação de invalidação total de seus efeitos e, consequentemente, da reestruturação de todo o procedimento. A nosso ver, a regra configura-se numa total insensatez.[129]

Como se trata de uma sequência de atos, caso os recursos sejam julgados favoravelmente, a Administração deverá avaliar a possibilidade de invalidar um ou vários, com o aproveitamento de outros. Somente os atos incapazes de serem aproveitados é que serão invalidados. Não raro, temos certeza, a insuscetibilidade será total.

Questão aflitiva no trato dado ao recurso administrativo é o esquecimento do legislador quanto à preclusão, porquanto, como é cediço, numa licitação, com atos sucessivos e vinculados, não é possível a revogação de um, quando outro já tenha surtido efeito, uma vez que, com o novo ato, dar-se-á a preclusão em relação ao anterior.

Preocupado com o regramento, Volnei Moreira dos Santos observa que, se o acolhimento de um recurso importar na declaração da nulidade de um ato insuscetível de recomposição, o processo será totalmente inútil, posto que a sua modificação implicaria alteração de regras após o início do certame, o que macularia o princípio da vinculação ao instrumento convocatório:

> Sendo assim, podemos constar que eventual acolhimento de recurso interposto, contra ato da Administração pode decretar a anulação de todo o procedimento ou a renovação de determinados atos, o que também, de certa forma, deixará de atender ao objetivo (...), qual seja, a celeridade das contratações do Poder Público.[130]

8.2.10 Do encerramento da licitação

O art. 12 da Lei nº 12.462/2011 denomina apropriadamente a fase final da licitação do RDC como "Fase de

---

[129] BITTENCOURT. *Pregão passo a passo*: Lei nº 10.520, de 17 de julho de 2002: comentários aos artigos do diploma legal que institui a modalidade de licitação pregão para todos os entes da Federação, 4. ed., p. 186.
[130] SANTOS. *A lei do pregão no município: uma visão prática e operacional*, p. 60.

Encerramento" (inc. VI), a qual é tratada nos arts. 59 a 62 do Decreto nº 7.581/2011.

O encerramento é ato praticado pela autoridade competente (no caso, o presidente da comissão de licitação), que encerra os trabalhos da comissão licitatória. A partir desse momento, o processo segue para a deliberação da autoridade superior.

Egon Bockmann e Fernando Guimarães assentam da mesma forma:

> O encerramento é o ato praticado pela autoridade competente para a condução da licitação (o chefe da comissão de licitação). Ao mesmo tempo em que se presta a divulgar o resultado do julgamento dos recursos em primeira instância administrativa, tem o efeito de exaurir a competência da comissão de licitação e de seu chefe. A partir da publicação do ato de encerramento, esgota-se a competência de primeiro grau e instala-se a da autoridade superior, que deverá praticar um dos atos previstos nos incisos do art. 28 do RDC.[131]

8.2.10.1 A negociação na etapa de encerramento da licitação

O art. 59 do Decreto nº 7.581/2011 discorre sobre a possibilidade de a Administração negociar condições mais vantajosas com o primeiro colocado após o fim da fase recursal.[132]

Verifica-se que se trata de mais uma negociação estipulada nas normas do RDC, já que a Lei do RDC dispôs, no art. 26, que, definido o resultado do julgamento, a Administração poderia negociar condições mais vantajosas com o primeiro colocado, conforme comentamos no subitem 8.2.6.4 deste livro.

Essa segunda negociação consigna tão somente uma tentativa de redução do preço vencedor do certame, uma vez que possui condições de corrigir irregularidades da proposta.[133]

---

[131] MOREIRA; GUIMARÃES. *Licitação pública*, p. 53.
[132] O art. 53 do decreto regulamentar apenas repete o texto legal.
[133] Registre-se que a Lei do RDC não faz menção dessa segunda negociação.

8.2.10.2 O encerramento da licitação com a deliberação da autoridade superior

Em seguida, encerrar-se-á o procedimento licitatório e seus autos deverão ser encaminhados à autoridade superior, consoante preconiza o art. 28 da Lei do RDC.

Assim, segundo o dispositivo (art. 28), exauridos os recursos administrativos, o procedimento licitatório será encerrado e encaminhado à autoridade superior, que poderá:
- a) determinar o retorno dos autos para saneamento de irregularidades que forem supríveis.
- b) anular o procedimento, no todo ou em parte, por vício insanável.
- c) revogar o procedimento por motivo de conveniência e oportunidade.
- d) adjudicar o objeto e homologar a licitação.

Como, entretanto, o decreto alude a mais uma negociação, a ocorrer após o término da etapa recursal, entenda-se que, findada a fase de recursos e exaurida a negociação, poderão ocorrer os atos elencados.

O decreto regulamentar repete o texto legal no art. 60, complementando a parte que trata da adjudicação e homologação com a inserção da convocação do licitante vencedor para a assinatura do contrato, preferencialmente em ato único.

Nesse particular, a Lei do RDC adota a sistemática da Lei do Pregão, estipulando que o ato de adjudicação transcorrerá anteriormente ao de homologação.

8.2.10.3 Normas concernentes à anulação e revogação da licitação

Ao cuidar das normas referentes à anulação e à revogação nas licitações que adotarem o RDC, o art. 44 da Lei nº 12.462/2011 remete às regras previstas no art. 49 da Lei nº 8.666/1993,[134] a saber:

---

[134] O §1º do art. 60 do decreto regulamentar repete o texto legal.

Art. 49. A autoridade competente para a aprovação do procedimento somente poderá revogar a licitação por razões de interesse público decorrente de fato superveniente devidamente comprovado, pertinente e suficiente para justificar tal conduta, devendo anulá-la por ilegalidade, de ofício ou por provocação de terceiros, mediante parecer escrito e devidamente fundamentado.

§1º A anulação do procedimento licitatório por motivo de ilegalidade não gera obrigação de indenizar, ressalvado o disposto no parágrafo único do art. 59 desta Lei.

§2º A nulidade do procedimento licitatório induz à do contrato, ressalvado o disposto no parágrafo único do art. 59 desta Lei.

§3º No caso de desfazimento do processo licitatório, fica assegurado o contraditório e a ampla defesa.

§4º O disposto neste artigo e seus parágrafos aplica-se aos atos do procedimento de dispensa e de inexigibilidade de licitação.

Comentamos o dispositivo no livro *Licitação Passo a Passo* (6.ed. Fórum, 2010):

> A princípio, qualquer ato administrativo pode ser revogado ou anulado. A revogação é utilizável quando a autoridade da Administração Pública, exercitando sua competência administrativa, conclui que um certo ato não atendeu ao interesse público, pelo que resolve dar a ele um fim. Celso Bandeira de Mello conceitua a revogação como "a extinção de um ato administrativo ou de seus efeitos por outro ato administrativo, efetuada por razões de conveniência e oportunidade, respeitando os efeitos precedentes".[135]
>
> A anulação, diferentemente da revogação, não está alicerçada no interesse público, mas sim no vício, na ilegalidade.
>
> A possibilidade jurídica de a Administração revogar ou anular seus próprios atos está confirmada na Súmula nº 473 do STF, que dispõe: "A Administração pode anular seus próprios atos, quando eivados de vícios que os tornam ilegais, porque deles não se originam direitos; ou revogá-los por motivo de conveniência ou oportunidade, respeitados os direitos adquiridos, e ressalvada, em todos os casos, a apreciação judicial".
>
> Sendo a revogação um ato ínsito da Administração, causou estranheza a inovação trazida pela lei ao comportamento do agente

---

[135] MELLO. *Elementos de direito administrativo*, 3. ed., p. 154.

público nesse particular, o que originou diversas manifestações pregando a inconstitucionalidade da regra. Decorre que o novo diploma limita bastante o poder discricionário do mesmo quando condiciona a revogação da licitação à ocorrência de fato superveniente em razão de interesse público, devidamente comprovado. Não é, entretanto, 'tarefa fácil definir o interesse público', como bem asseverou Maria Sylvia Zanella Di Pietro.[136] Cremos que a noção de interesse público varia em função do interesse e do lugar, daí serem precisas as ponderações de Dalmo de Abreu Dallari sobre o assunto: "Outra dificuldade que muitos autores ressaltam diz respeito à consideração subjetiva do que seja interesse público, uma vez que os dados de fato podem ser os mesmos e, no entanto, um agente da Administração, a partir daqueles fatos, chega à conclusão de que determinada orientação é de interesse público, e outro agente da Administração, utilizando os mesmos fatos, chega à conclusão de que o rumo oposto é que é do interesse público".[137]

Diante de conceituação imprecisa, entendemos que o comportamento do agente público, em face do mandamento legal, deve pautar-se sempre na busca da finalidade do ato. Havendo desvio, ou seja, tendo motivos concretos e fundamentados que o façam inferir que o fim perseguido não será alcançado e, com isso, o não atendimento ao "bem comum", deverá (poder-dever) revogar a licitação. Sobre o tema, destacamos Diogo de Figueiredo Moreira Neto: "O interesse público, legalmente definido como responsabilidade do Estado e finalidade de sua ação, não é outro senão, em síntese, o bem comum em sua expressão positiva".[138]

Quanto à anulação, cabe ressaltar que a lei acrescentou a necessidade da existência de parecer escrito, devidamente fundamentado.

Parágrafo 1º

Consoante o estabelecido neste parágrafo, a anulação da licitação por vício não gera obrigação da Administração indenizar, salvo se ocorrer após a celebração do contrato e da execução de parte do objeto, pelo que esta parcela seria indenizada (a anulação da licitação induz à anulação do contrato), conforme o parágrafo único do art. 59. Configura-se aí mais uma flagrante inconstitucionalidade, pois a Constituição Federal garante indenização aos lesados por perdas e danos sempre que ação do Estado der causa a essa lesão. Tem

---

[136] DI PIETRO. *Discricionariedade administrativa na Constituição de 1988*, 2. ed., p. 161.
[137] DALLARI *apud* DI PIETRO. *Discricionariedade administrativa na Constituição de 1988*, 2. ed.
[138] MOREIRA NETO. *Curso de direito administrativo*, 8. ed.

absoluta razão Marçal Justen, ao asseverar: "Deve-se reconhecer que a responsabilidade civil do Estado não adquire contornos especiais para o campo das licitações. Aplicam-se os princípios e regras já consagrados no direito administrativo. A indenização dependerá da existência de dano cuja concretização seja casualmente derivada da ação do Estado".[139]

Parágrafo 2º

A anulação do procedimento licitatório pode vir a ocorrer após a celebração do contrato, o que ensejará a invalidade desse contrato por vício de origem. Nesse caso, cabe à Administração indenizar o contratado (conforme parágrafo único do art. 59) pelo que houver executado do objeto contratual, contanto que a ele não seja imputável a causa da anulação.

Parágrafo 3º

O desfazimento da licitação deve ser precedido de garantia do contraditório e da ampla defesa, conforme previsão constitucional (art. 5º, inc. LV, CF). Ressalta-se que não trata o dispositivo do direito de recurso, previsto no art. 109 da lei, mas sim do direito dos licitantes manifestarem-se em processo regular instaurado pela Administração.

Parágrafo 4º

Inserção oportuna é a extensão de todo o procedimento disposto neste artigo para os casos de afastamento de licitação.

O inc. II do art. 45 da Lei do RDC elenca os atos da Administração decorrentes da aplicação do RDC passíveis de interposição de recurso administrativo. A alínea "d" insere nesse rol a anulação e a revogação. Segundo o dispositivo, caberá recurso no prazo de 5 (cinco) dias úteis contados a partir da data da intimação ou da lavratura da ata.

Nesse passo, o §2º do art. 60 do decreto regulamentar reafirma o cabimento de recurso no prazo de 5 (cinco) dias úteis, contado a partir da data da anulação ou revogação da licitação, observando-se, no quer for cabível, o disposto nos arts. 53 a 57 (que tratam da fase recursal).

---

[139] JUSTEN FILHO. *Comentários à Lei de Licitações e Contratos Administrativos*: de acordo com a Lei Federal nº 8.666, de 21.6.1993, 8. ed., p. 297.

8.2.10.4 A convocação de remanescentes

O art. 61 do decreto regulamentar registra que, convocado para assinar o termo de contrato ou para aceitar e retirar o instrumento equivalente, o interessado deverá observar os prazos e condições estabelecidos, sob pena de decair o direito à contratação, sem prejuízo das sanções previstas em lei. Quanto à decadência do direito, andou bem o redator do regulamento, pois dar-se-á o perecimento do direito de contratar pela falta de seu exercício no período estabelecido.

O art. 40 da Lei do RDC faculta à Administração, quando o convocado não assinar o termo de contrato ou não aceitar ou retirar o instrumento equivalente no prazo e condições estabelecidos:

a) revogar a licitação, sem prejuízo da aplicação das cominações previstas em lei (inc. I).

b) convocar os licitantes remanescentes, na ordem de classificação, para a celebração do contrato nas condições ofertadas pelo licitante vencedor (inc. II).

O art. 62 do regulamento repete o texto legal, inserindo a possibilidade de aplicação de sanções.

Verifica-se que norma do RDC segue a conduta estabelecida pela Lei nº 8.666/1993, pois autoriza a contratação com licitantes remanescentes, mas nas condições oferecidas pelo vencedor.

Crítica se faz à menção de que Administração disporia de uma faculdade, porquanto, evidentemente, não há margem de discricionariedade para a escolha de uma entre as opções.

Uma dificuldade que se vislumbra reside na execução do contrato conforme as condições da proposta alheia, notadamente quanto ao relacionamento com seus eventuais fornecedores. Tal situação foi apreciada com acuidade por Fernão Justen de Oliveira:

> O remanescente que contratar conforme a proposta vencedora assumirá a posição jurídica do vencedor – inclusive perante terceiros, o que abrange os fornecedores que assumiram a obrigação perante o vencedor. Por isso, os fornecedores não poderão recusar-se, sob

a alegação da falta de identidade entre o licitante vencedor e aquele afinal contratado, a manter as condições a que se vincularam ainda que perante terceiro. A eventual negativa injustificável será resolvida pelo regime de direito privado entre esse fornecedor e o licitante remanescente contratado. A expectativa justa da Administração de perfeita execução após celebrado o contato não poderá ser frustrada pela negativa intempestiva de terceiro do qual dependa a prestação pelo remanescente contratado.[140]

Por fim, em regra inovadora, o parágrafo único do art. 40 da Lei do RDC instituiu mais uma rodada de convocações, estabelecendo que, na hipótese de nenhum dos licitantes aceitar a contratação nos termos apresentados, a Administração poderá convocar os licitantes remanescentes, na ordem de classificação, para a celebração do contrato nas condições ofertadas por estes, desde que o respectivo valor seja igual ou inferior ao orçamento estimado para a contratação, inclusive quanto aos preços atualizados nos termos do instrumento convocatório.[141]

Acresça-se que o art. 41 da lei dispõe que, na hipótese do inc. XI, do art. 24, da Lei nº 8.666/1993 – que dispõe sobre dispensa de licitação na contratação de remanescente de obra, serviço ou fornecimento, em consequência de rescisão contratual – a contratação será conduzida tal como o parágrafo único do art. 40, ou seja, de modo a observar a ordem de classificação dos licitantes remanescentes e as condições ofertadas por estes, desde que, não seja ultrapassado o orçamento estimado para a contratação.

8.2.11 Das sanções administrativas em face da recusa pelo licitante vencedor

Apesar de o art. 47 da Lei do RDC aludir a sanções aplicáveis ao licitante faltoso, na verdade, o dispositivo trata somente de uma sanção: o impedimento de licitar e contratar com a Administração.

---

[140] OLIVEIRA. A convocação dos licitantes remanescentes no Regime Diferenciado de Contratações Públicas. *Informativo Justen, Pereira, Oliveira e Talamini*, n. 59.
[141] O parágrafo único, do art. 62, do decreto regulamentar apenas repete o texto legal.

Nesse curso, impõe a pena de impedimento de licitar e contratar com a União, estados, Distrito Federal ou municípios pelo prazo de até 5 (cinco) anos, sem prejuízo das multas previstas no instrumento convocatório e no contrato, bem como das demais cominações legais, ao licitante que:

a) convocado dentro do prazo de validade da sua proposta, não celebrar o contrato, inclusive nas hipóteses previstas no parágrafo único do art. 40 e no art. 41.[142]

b) deixar de entregar a documentação exigida para o certame ou apresentar documento falso.

c) ensejar o retardamento da execução ou da entrega do objeto da licitação sem motivo justificado.

d) não mantiver a proposta, salvo se em decorrência de fato superveniente, devidamente justificado.

e) fraudar a licitação ou praticar atos fraudulentos na execução do contrato.

f) comportar-se de modo inidôneo ou cometer fraude fiscal.

g) der causa à inexecução total ou parcial do contrato.

Em complemento, o §1º do preceptivo informa que a imposição da sanção implicará ainda o descredenciamento do licitante, pelo prazo estabelecido no *caput* desse artigo, dos sistemas de cadastramento dos entes federativos que compõem a Autoridade Pública Olímpica. Nesse particular, o §2º do art. 111 do decreto regulamentar determina que as penalidades sejam obrigatoriamente registradas no SICAF.

---

[142] Art. 40. É facultado à administração pública, quando o convocado não assinar o termo de contrato ou não aceitar ou retirar o instrumento equivalente no prazo e condições estabelecidos: (...)
Parágrafo único. Na hipótese de nenhum dos licitantes aceitar a contratação nos termos do inciso II do *caput* deste artigo, a administração pública poderá convocar os licitantes remanescentes, na ordem de classificação, para a celebração do contrato nas condições ofertadas por estes, desde que o respectivo valor seja igual ou inferior ao orçamento estimado para a contratação, inclusive quanto aos preços atualizados nos termos do instrumento convocatório.
Art. 41. Na hipótese do inciso XI do art. 24 da Lei no 8.666, de 21 de junho de 1993, a contratação de remanescente de obra, serviço ou fornecimento de bens em consequência de rescisão contratual observará a ordem de classificação dos licitantes remanescentes e as condições por estes ofertadas, desde que não seja ultrapassado o orçamento estimado para a contratação.

De certa forma, o regramento sancionatório repete o modelo adotado na Lei do Pregão, que, no art. 7º, deu mesmo trato ao assunto.[143]

Note-se que a sanção de impedimento de licitar e contratar não se restringe à hipótese de inexecução contratual, como consta na Lei Geral de Licitações, sendo estendida para: (a) os casos de não celebração contratual; (b) não apresentação da documentação exigida ou apresentação de documentação falsa; (c) retardamento na execução do objeto; (d) modificação da proposta sem motivo superveniente e (e) comportamento inidôneo, fraude fiscal e inexecução do objeto.

O §2º explica a existência de só uma sanção, pois prevê que as sanções administrativas, criminais e demais regras previstas no Capítulo IV da Lei Geral de Licitações são aplicáveis às licitações e aos contratos que adotarem o RDC.

Destarte, apesar de a Lei do RDC aparentemente explicitar só a sanção de impedimento de licitar e contratar, abarca, na verdade, todas as demais sanções administrativas elencadas na Lei nº 8.666/1993: advertência, multa e declaração de inidoneidade.

Vide que, ao tratar do prazo mínimo para interposição de recursos administrativos no inc. II do art. 45, a Lei do RDC elenca como situações passíveis a aplicação das penas de advertência, multa, declaração de inidoneidade e suspensão temporária de participação em licitação e impedimento de contratar com a administração pública.

Ademais, o próprio *caput* do art. 47 em comento faz expressa menção a multas: "sem prejuízo das multas previstas no instrumento convocatório e no contrato".

---

[143] Lei nº 10.520/2002: "Art. 7º Quem, convocado dentro do prazo de validade da sua proposta, não celebrar o contrato, deixar de entregar ou apresentar documentação falsa exigida para o certame, ensejar o retardamento da execução de seu objeto, não mantiver a proposta, falhar ou fraudar na execução do contrato, comportar-se de modo inidôneo ou cometer fraude fiscal, ficará impedido de licitar e contratar com a União, Estados, Distrito Federal ou Municípios e, será descredenciado no Sicaf, ou nos sistemas de cadastramento de fornecedores a que se refere o inciso XIV do art. 4º desta Lei, pelo prazo de até 5 (cinco) anos, sem prejuízo das multas previstas em edital e no contrato e das demais cominações legais".

E ainda, no julgamento pelo maior retorno econômico, mencionado no art. 23, o §3º prescreve que, nas hipóteses em que não for gerada a economia prevista no contrato de eficiência, se a diferença entre a economia contratada e a efetivamente obtida for superior à remuneração da contratada, será aplicada multa por inexecução contratual no valor da diferença (inc. II).

CAPÍTULO 9

OS PROCEDIMENTOS AUXILIARES

A Lei nº 12.462/2011 relaciona, no art. 29, os procedimentos auxiliares das licitações no âmbito do RDC: a pré-qualificação permanente, o cadastramento, o Sistema de Registro de Preços e o Catálogo Eletrônico de Padronização.

O art. 77 do decreto regulamentar cinge-se a repetir o elenco de instrumentos auxiliares.

9.1 A pré-qualificação permanente

A Lei nº 8.666/1993 também prevê a pré-qualificação, registrando a sua adoção sempre que o objeto da licitação recomende análise mais detida da qualificação técnica dos interessados.

Diversamente, para fins de licitações que adotem o RDC, pelo que se aduz dos termos do art. 30, trata-se de ato permanente.

O artigo considera pré-qualificação permanente o procedimento, anterior à licitação, destinado a identificar fornecedores que reúnam condições de habilitação exigidas para o fornecimento de bem ou a execução de serviço ou obra nos prazos, locais e condições previamente estabelecidos e bens que atendam às exigências técnicas e de qualidade da Administração.[1]

---
[1] O art. 80 do decreto regulamentar repete o texto legal.

Tal como os registros cadastrais da Lei Geral de Licitações, o procedimento de pré-qualificação ficará permanentemente aberto para a inscrição dos eventuais interessados (§1º),[2] sendo possível a sua elaboração por grupos ou segmentos, segundo as especialidades dos fornecedores (§3º),[3] podendo, ainda, ser parcial ou total, contendo alguns ou todos os requisitos de habilitação ou técnicos necessários à contratação, assegurada, em qualquer hipótese, a igualdade de condições entre os concorrentes (§4º),[4] e terá validade de 1 (um) ano, no máximo, podendo ser atualizada a qualquer tempo (§5º), prevendo o parágrafo único do art. 82 do decreto regulamentar que essa validade não poderá ser superior ao prazo de validade dos documentos apresentados.

Além disso, apregoa o §2º que a Administração poderá realizar licitação restrita aos pré-qualificados, nas condições estabelecidas em regulamento.

Sobre essa particularidade, a crítica de Renato Monteiro de Rezende:

> Considerando que a Administração poderá promover certames restritos aos licitantes pré-qualificados, cabendo ao regulamento definir em que condições isso se dará, não se pode descartar o risco de que a pré-qualificação possa acarretar a frustração do caráter competitivo das licitações. Com efeito, sabendo-se de antemão quem poderá participar da disputa, é mais fácil promover conluios e formar cartéis.[5]

Regulamentando a matéria, o Decreto nº 7.581/2011 dispôs, no art. 86, que a Administração poderá realizar a licitação restrita aos pré-qualificados, justificadamente, desde que:
    a) a convocação para a pré-qualificação discrimine que as futuras licitações serão restritas aos pré-qualificados.

---

[2] O art. 81 do decreto regulamentar repete o texto legal.
[3] O §2º, do art. 80, do decreto regulamentar, repete o texto legal.
[4] O §1º, do art. 80, do decreto regulamentar, repete o texto legal.
[5] REZENDE. O Regime Diferenciado de Contratações Públicas: comentários à Lei nº 12.462, de 2011. *Textos para Discussão*, n. 100.

b) na convocação conste estimativa de quantitativos mínimos que a Administração pretende adquirir ou contratar nos próximos doze meses e de prazos para publicação do edital.

c) a pré-qualificação seja total, contendo todos os requisitos de habilitação técnica necessários à contratação.

O §1º do art. 86 consigna que o registro cadastral de pré-qualificados deverá ser amplamente divulgado e repete que deverá estar permanentemente aberto aos interessados, obrigando-se a unidade por ele responsável a proceder, no mínimo anualmente, a chamamento público para a atualização dos registros existentes e para o ingresso de novos interessados.

O §2º alerta que só poderão participar da licitação restrita aos pré-qualificados os licitantes que, na data da publicação do respectivo instrumento convocatório, já tenham apresentado a documentação exigida para a pré-qualificação, ainda que o pedido de pré-qualificação seja deferido posteriormente, e estejam regularmente cadastrados.

O §3º, perseguindo a ideia da máxima competitividade, determina que, no caso de realização de licitação restrita, a Administração deverá enviar convite por meio eletrônico a todos os pré-qualificados no respectivo segmento, registrando, no §4º, que esse convite não exclui a obrigação de atendimento aos requisitos de publicidade do instrumento convocatório.

Nota-se a preocupação do redator do decreto no sentido de alargar ao máximo a divulgação da pré-qualificação, uma vez que um dos maiores questionamentos quanto à Lei do RDC reside na mácula à competitividade desse procedimento. Esse, inclusive, é um dos pontos negativos elencado na ação de inconstitucionalidade movida pelo então Procurador-Geral da República, Roberto Gurgel, conforme matéria do jornal *O Estado de S. Paulo*:

Outra característica contestada por Gurgel é o procedimento da pré-qualificação permanente, previsto no RDC. Para ele, essa pré-qualificação "viola a finalidade do procedimento licitatório, que é a ampla competitividade, ao buscar a habilitação prévia dos licitantes em fase anterior e distinta da licitação, além de permitir que interessados não pré-qualificados sejam alijados da licitação".[6]

Ainda com o fito de regulamentar a pré-qualificação, o Decreto nº 7.581/2011 preconiza, no art. 83, que, sempre que a Administração entender conveniente iniciar procedimento dessa natureza, deverá convocar os interessados para demonstrarem o cumprimento das exigências de qualificação técnica ou de aceitação de bens, conforme o caso, sendo a convocação realizada mediante:

a) publicação de extrato do instrumento convocatório no diário oficial da União, do estado, do Distrito Federal ou do município, conforme o caso, sem prejuízo da possibilidade de publicação de extrato em jornal diário de grande circulação.

b) divulgação em sítio eletrônico oficial centralizado de publicidade de licitações ou sítio mantido pelo órgão ou entidade.

Reza o §2º que a convocação explicitará as exigências de qualificação técnica ou de aceitação de bens, conforme o caso.

No mesmo diapasão dos registros cadastrais da Lei nº 8.666/1993, o decreto disciplina a obrigatoriedade do fornecimento de certificado aos pré-qualificados, renovável sempre que o registro for atualizado (art. 84).

9.2 O cadastramento

O instituto do cadastramento nada tem de novidade, pois já consta na Lei Geral de Licitações, mormente nos casos de instauração de tomada de preços. Dispõe a Lei nº 8.666/1993, em seu art. 34, que os órgãos e entidades da Administração

---

[6] GURGEL diz que RDC para a Copa é inconstitucional. *Estadão*.

Pública que realizem frequentemente licitações manterão registros cadastrais para efeito de habilitação, na forma regulamentar, válidos por, no máximo, um ano, impondo sua ampla divulgação e disponibilização permanente aos interessados, obrigando-se a unidade por ele responsável a proceder, no mínimo anualmente, através da imprensa oficial e de jornal diário, a chamamento público para a atualização dos registros existentes e para o ingresso de novos interessados.

O registro cadastral (ou o cadastramento) constitui, por conseguinte, uma espécie de habilitação prévia, cuja finalidade é agilizar a fase de habilitação das licitações, uma vez que torna desnecessária nova apresentação de parte da documentação quando da realização posterior de um certame licitatório.

No RDC não há mudança alguma nessa sistemática.

Segundo o art. 31 da Lei do RDC, os registros cadastrais poderão ser mantidos para efeito de habilitação dos inscritos em procedimentos licitatórios e serão válidos por 1 (um) ano, no máximo, podendo ser atualizados a qualquer tempo.

Tal qual o art. 34 da Lei Geral de Licitações, também no RDC os registros cadastrais deverão ser amplamente divulgados e ficarão permanentemente abertos para a inscrição de interessados (§1º do art. 31), sendo os inscritos admitidos segundo requisitos previstos em regulamento (§2º).

Consoante o disposto no §3º, a atuação do licitante no cumprimento de obrigações assumidas será anotada no respectivo registro cadastral, que poderá, a qualquer tempo, ser alterado, suspenso ou cancelado, caso o cadastrado deixe de satisfazer as exigências de habilitação ou as estabelecidas para admissão cadastral (§4º).

Sobre o registro cadastral, comentamos no livro *Licitações públicas para concursos*:[7]

> O registro cadastral não é uma mera anotação de dados, sendo necessário que seja dinâmico, formando e informando o perfil do cadastrado. Nesse curso, nele é registrada a atuação do licitante

---

[7] BITTENCOURT. *Licitações públicas para concursos*.

na execução de suas obrigações (na verdade, do contratado, mas o legislador equivocou-se e mencionou "licitante"). Tais anotações serão de grande valia para a Administração, que poderá valer-se delas para, por exemplo, escolher licitantes em convites, avaliar preços em compras ou serviços com valores abarcados pela dispensa de licitação etc.

O decreto regulamentar pouco tratou do cadastramento, limitando-se, tão somente, a informar, no art. 78, que os registros cadastrais serão realizados por meio do Sistema de Cadastramento Unificado de Fornecedores (SICAF),[8] conforme disposto Decreto nº 3.722/2001,[9] e que caberá recurso no prazo de cinco dias úteis, contado a partir da data da intimação ou do indeferimento do pedido de inscrição em registro cadastral, de sua alteração ou de seu cancelamento, observado o disposto nos arts. 53 a 57,[10] no que couber (art. 79).

---

[8] O Sistema de Cadastramento Unificado de Fornecedores (SICAF) é o sistema de registro cadastral da Administração Pública Federal direta, autárquica e fundacional, bem como dos demais órgãos ou entidades que a ele expressamente aderirem. Criado pelo antigo Ministério da Administração Federal e Reforma do Estado (MARE), constitui-se no registro cadastral dos órgãos/entidades que integram o Sistema de Serviços Gerais (SISG) (órgãos da Presidência da República, ministérios — com exceção do Ministério da Defesa, que conjuga os antigos ministérios militares —, autarquias e fundações públicas), bem como os demais órgãos/entidades que optem pela sua utilização.
O SICAF tem como objeto cadastrar e habilitar, parcialmente, pessoas físicas ou jurídicas interessadas em "vender" para os órgãos/entidades da Administração Pública Federal, seja participando de licitações, seja através de contratação direta, além de acompanhar o desempenho dos contratados na execução dos respectivos objetos.

[9] Que regulamenta o art. 34 da Lei nº 8.666/1993 e dispõe sobre o Sistema de Cadastramento Unificado de Fornecedores – SICAF.

[10] Art. 53 – Os licitantes que desejarem recorrer em face dos atos do julgamento da proposta ou da habilitação deverão manifestar-se imediatamente, após o término de cada sessão, a sua intenção de recorrer, sob pena de preclusão.
Parágrafo único. Nas licitações sob a forma eletrônica, a manifestação de que trata o *caput* deve ser efetivada em campo próprio do sistema.
Art. 54 – As razões dos recursos deverão ser apresentadas no prazo de cinco dias úteis contados a partir da data da intimação ou da lavratura da ata, conforme o caso.
§1º – O prazo para apresentação de contrarrazões será de cinco dias úteis e começará imediatamente após o encerramento do prazo a que se refere o *caput*.
§2º – É assegurado aos licitantes obter vista dos elementos dos autos indispensáveis à defesa de seus interesses.
Art. 55 – Na contagem dos prazos estabelecidos no art. 54, exclui-se o dia do início e inclui-se o dia do vencimento.
Parágrafo único. Os prazos se iniciam e se expiram exclusivamente em dia útil, no âmbito do órgão ou entidade responsável pela licitação.
Art. 56 – O recurso será dirigido à autoridade superior, por intermédio da autoridade que praticou o ato recorrido, que apreciará sua admissibilidade, cabendo a esta, reconsiderar sua decisão no prazo de cinco dias úteis ou, nesse mesmo prazo, fazê-lo

Em outra parte, tratando da habilitação, prevê o decreto que poderá haver substituição parcial ou total dos documentos por certificado de registro cadastral (§1º do art. 46).

9.3 O Sistema de Registro de Preços (SRP)

Por intermédio do Sistema de Registro de Preços (SRP), a Administração Pública relaciona preços, por intermédio de uma licitação, para serem utilizados em futuros contratos.

Roberto Ribeiro Bazilli e Sandra Miranda apresentam um bom conceito para o SRP:

> Registro de preços é o sistema de compras segundo o qual a Administração convoca os interessados em lhe fornecer materiais, equipamentos e gêneros, os quais, selecionados mediante licitação, obrigam-se a entregar-lhe, quando solicitado, os bens pelo preço classificado, atualizado ou não, nas quantidades pedidas, durante o prazo de validade do registro.[11]

Normalmente, a adoção do SRP ocorre quando:
a) pelas características do bem ou do serviço pretendidos pela Administração, houver necessidade de contratações frequentes.
b) for mais conveniente a aquisição de bens com previsão de entregas parceladas ou a contratação de serviços necessários à Administração para o desempenho de suas atribuições.
c) for conveniente a aquisição de bens ou a contratação de serviços para atendimento a mais de um órgão ou entidade, ou a programas de governo.
d) pela natureza do objeto, não for possível definir previamente o quantitativo a ser demandado pela Administração.

---

subir, devidamente informado, devendo, neste caso, a decisão do recurso ser proferida dentro do prazo de cinco dias úteis, contados do seu recebimento, sob pena de apuração de responsabilidade.
Art. 57 – O acolhimento de recurso implicará na invalidação apenas dos atos insuscetíveis de aproveitamento.

[11] BAZILLI; MIRANDA. *Licitação à luz do direito positivo*: atualizado conforme a Emenda Constitucional nº 19, de 04.06.1998, e a Lei nº 9.648, de 27.05.1998, p. 99.

A Lei Geral de Licitações (nº 8.666/1993) prescreve que as compras, sempre que possível, deverão ser processadas através de sistema de registro de preços (art. 15).

Como diversas vezes já afirmamos, é indubitável que a adoção do SRP possibilita aquisições mais ágeis, sem burocracia e com menos custos operacionais, afastando a instauração de um sem número de licitações que busquem o mesmo objeto, além de evitar o fracionamento da despesa, uma vez que a escolha da proposta mais vantajosa já foi precedida de licitação nas modalidades concorrência ou pregão, modalidades não restritas a valores para contratação.

No mesmo raciocínio, Justen Filho,[12] que avalia a sistemática como "uma das mais úteis e interessantes alternativas de gestão de contratações colocada à disposição da Administração Pública", dispondo que as vantagens por ela propiciadas "até autorizam a interpretação de que sua instituição é obrigatória por todos os entes administrativos, não se tratando de mera escolha discricionária".

O sistema, entretanto, tem vulnerabilidade, notadamente quando da utlização da função denominada "adesão" ("carona"), conforme se comentará mais adiante, na apreciação do dispositivo que trata dessa funcionalidade.

O SRP foi inicialmente regulamentado, no âmbito da Administração Pública federal, pelo Decreto nº 2.743/1998, somente para compras e na modalidade concorrência.

Tal regulamento foi revogado pelo Decreto nº 3.931/2001, que, por sua vez, foi revogado pelo Decreto nº 7.892/2013, alterado recentemente pelo Decreto nº 8.250/2014[13] sendo este o atual regulamento do SRP no âmbito da Administração Federal direta, autárquica e fundacional, fundos especiais, empresas públicas, sociedade de economia mista e demais entidades controladas, direta ou indiretamente pela União.

---

[12] JUSTEN FILHO, Marçal. *Comentários à Lei de Licitações e Contratos Administrativos*. 11. ed. São Paulo: Dialética, 2005. p. 144.

[13] Para aprofundamento no tema, *vide* o nosso *Licitação de Registro de Preços – Comentários ao Decreto nº 7.892, de 23 de janeiro de 2013, alterado pelo Decreto nº 8.250, de 23 de maio de 2014,–* 4. ed. rev. e ampl. Belo Horizonte: Fórum.

Registre-se que a Lei nº 10.520, de 17 de julho de 2002, que instituiu, no âmbito da União, dos estados, do Distrito Federal e dos municípios, a modalidade de licitação denominada pregão, para a contratação de bens e serviços comuns, estabeleceu, em seu art. 11, a possibilidade do uso do SRP por meio da modalidade.

9.3.1 A sistemática de registro de preços na Lei do RDC

No âmbito do RDC, o instituto está disciplinado no art. 32 da Lei nº 12.462/2011, tendo sido regulamentado pelos arts. 87 a 108 do Decreto nº 7.581/2011.

As disposições referentes ao SRP no RDC – salvo pequenas, mas importantes exceções –, receberam tratamento similar ao regramento adotado no âmbito geral das contratações públicas.

O art. 32 informa que o SRP, especificamente destinado às licitações que adotarem o RDC, reger-se-á pelo disposto em regulamento. Assim, apesar da existência do Decreto federal nº 7.892/2013 que, como antes informado, regulamenta o sistema no âmbito federal, o SRP, para fins do RDC, é regulamentado, exclusivamente, pelas normas sobre a matéria constantes no Decreto nº 7.581/2011.

Destarte, no ordenamento jurídico nacional passaram a coexistir dois regulamentos aplicáveis às licitações para a formação de SRP: o Decreto nº 7.892/13, que, como anotado, regulamenta o art. 15 da Lei nº 8.666/93 (regime geral de licitações) e o Decreto nº 7.581/11, que regulamenta o art. 32 da Lei nº 12.462/11 (regime especial diferenciado – RDC).

Não obstante, da análise dos textos legais e regulamentares, referentes ao SRP/RDC, conclui-se que as disposições, na sua maioria, reiteram as normas adotadas no âmbito geral das licitações públicas. Logo, quase todos os procedimentos para implantação do SRP voltados para o RDC seguem a rota da disciplina geral, ressalvadas, evidentemente, algumas regras criadas especificamente para o novo regime.

Impende frisar, no entanto, que os regulamentos indicam normas próprias, não se admitindo a utilização de uma em substituição à outra, nem, é claro, a combinação entre elas.

Consoante o §1º do art. 32 da Lei do RDC, qualquer órgão ou entidade responsável pela execução das atividades contempladas no art. 1º da lei poderá aderir ao sistema. Como, entrementes, o regime diferenciado, em função de novas normas, abarcou novos objetos, alguns não inseridos no elenco disponibilizado no indigitado art. 1º,[14] instalou-se a dúvida quanto ao alcance. A nosso ver, como os novos escopos vieram à tona após a sanção da lei, e por terem total conexão com a matéria, há de se entender que também a eles é permitido adotar o SRP.

O dispositivo inova no âmbito do SRP, pois legaliza o que se acostumou chamar de "carona" nos procedimentos licitatórios que adotam o sistema, que se consigna por intermédio da adesão superveniente de outros órgãos a uma licitação realizada dessa forma (através de adesão a um documento denominado Ata de Registro de Preços – ARP). Tal solução, sem previsão na Lei Geral de Licitações, mas registrada no Decreto nº 7.892/2013, muito contestada pela doutrina em face de sua ilegalidade, foi agora contemplada pela Lei nº 12.462/2011. Evidencia-se, contudo, que a regra só é válida para as contratações relacionadas ao RDC.

O §2º do art. 32 da Lei do RDC determina a observação de algumas condições para uso do sistema, todas já consagradas no decreto federal que regulamentou a matéria no regime geral de licitações:

a) efetivação prévia de ampla pesquisa de mercado.
b) seleção de acordo com os procedimentos previstos em regulamento.
c) desenvolvimento obrigatório de rotina de controle e atualização periódica dos preços registrados.
d) definição da validade do registro.
e) inclusão, na respectiva ata, do registro dos licitantes que aceitarem cotar os bens ou serviços com preços iguais aos do licitante vencedor na sequência da classificação do certame, assim como dos licitantes que mantiverem suas propostas originais.

---

[14] As Leis nºs 12.815/2103, 12.873/2013 e 12.983/2014 são autônomas, dispondo, cada uma, por mais um objeto passível de ser licitado por meio do RDC.

Por fim, o §3º do mesmo art. 32, também extraindo regramento do antigo regulamento geral (Decreto nº 3.931/2001), informa que a existência de preços registrados não obriga a Administração a firmar os contratos que deles poderão advir, sendo facultada a realização de licitação específica, assegurada ao licitante registrado preferência em igualdade de condições.

Atendendo ao determinado na Lei do RDC, o art. 87 do Decreto nº 7.581/2011 observa que o Sistema de Registro de Preços destinado ao regime diferenciado de contratações será regido pelo disposto somente por ele (passando a denominá-lo SRP/RDC).

9.3.1.1 Definições no SRP

O art. 88 do Decreto nº 7.581/2011 elenca definições, para os efeitos do SRP/RDC, extraídas do vetusto Decreto nº 3.931/2001, com as devidas adaptações:

a) Sistema de Registro de Preços (SRP) – conjunto de procedimentos para registro formal de preços para contratações futuras, relativos à prestação de serviços, inclusive de engenharia, de aquisição de bens e de execução de obras com características padronizadas.[15]

b) Ata de registro de preços – documento vinculativo, obrigacional, com característica de compromisso para futura contratação, em que se registram os preços, fornecedores, órgãos participantes e condições a serem praticadas, conforme as disposições contidas no instrumento convocatório e propostas apresentadas.

c) Órgão gerenciador – órgão ou entidade pública responsável pela condução do conjunto de procedimentos do certame para registro de preços e gerenciamento da ata de registro de preços dele decorrente.

d) Órgão participante – órgão ou entidade da administração pública que participe dos procedimentos iniciais do SRP e integre a ata de registro de preços.

---

[15] Redação dada pelo Decreto nº 8.080/2013.

e) Órgão aderente – órgão ou entidade da administração pública que, não tendo participado dos procedimentos iniciais da licitação, adere a uma ata de registro de preços.
f) Órgão participante de compra nacional – órgão ou entidade da Administração Pública que, em razão de participação em programa ou projeto federal, é contemplado no registro de preços, independentemente de manifestação formal.[16]
g) Compra nacional – compra ou contratação de bens, serviços e obras com características padronizadas, inclusive de engenharia, em que o órgão gerenciador conduz os procedimentos para registro de preços destinado à execução descentralizada de programa ou projeto federal, mediante prévia indicação da demanda pelos entes federados beneficiados.[17]

9.3.1.1.1 Sistema de Registro de Preços (SRP)

A definição trazida pelo Decreto nº 8.080/2013 teve inovações importantes em relação à que constava no texto original (que designava o uso para ajustes futuros que visassem somente à aquisição de bens e a contratação de serviços, inclusive de engenharia). Agora, objetivando alargar o espectro, o SRP, no âmbito do RDC, também poderá ser adotado para a execução de obras, desde que, com características padronizadas.

Com a preocupação de fornecer elementos que possibilitem a segurança jurídica, o mesmo decreto inseriu alterações no art. 89 do regulamento, prescrevendo condições para o uso do sistema, dispondo que sua adoção só poderá ocorrer no caso de aquisição ou contratação de serviços, quando:
a) pelas características do bem ou serviço, houver necessidade de contratações frequentes;

---
[16] Redação inserida **pelo Decreto nº 8.251/2014.**
[17] Redação inserida pelo Decreto nº 8.251/2014.

b) for mais conveniente a aquisição de bens com previsão de entregas parceladas[18] ou contratação de serviços remunerados por unidade de medida[19] ou em regime de tarefa;[20]
c) for conveniente para atendimento a mais de um órgão ou entidade, ou a programas de governo; ou
d) pela natureza do objeto, não for possível definir, previamente, o quantitativo a ser demandado pela Administração Pública.

Especificamente no caso de obras, o SRP/RDC só poderá ser adotado:

---

[18] Impende não confundir a diretriz do parcelamento, prevista no art. 4º, VI, da Lei nº 12.462/2011 com a entrega parcelada prevista nesse dispositivo. O recebimento parcelado deve ocorrer quando a Administração prescrever, no edital, quantidades, prazos e locais de entrega do objeto, objetivando recebê-lo de acordo com suas necessidades, reduzindo, assim, custos com armazenamento, etc.

[19] O comum na Administração, durante longo tempo, era o estabelecimento do pagamento de empresas contratadas para a execução de serviços por intermédio de horas trabalhadas ou por postos de trabalho. Concluiu-se, todavia, que tal não constituía prática razoável, pois, além de outras consequências prejudiciais, permitia até mesmo o pagamento por serviços não realizados. Interessantemente, o Decreto nº 2.271/97 já continha regra contrária a esse procedimento, a qual, não se sabe por que, passou despercebida por grande parte da Administração por muito tempo. Reza o §1º do art. 3º do decreto que, sempre que a prestação do serviço objeto da contratação puder ser avaliada por determinada unidade quantitativa de serviço prestado, esta deverá estar prevista no edital e no respectivo contrato, e será utilizada como um dos parâmetros de aferição de resultados. Nesse contexto, o art. 11 da IN SLTI nº 02/2008, que trata da contratação de serviços na Administração federal, registrou a adoção obrigatória de unidade de medida que permita a mensuração dos resultados para o pagamento da contratada. E mais: praticamente determinou a eliminação da possibilidade de remunerar as empresas com base na quantidade de horas de serviço ou em postos de trabalho.
A mensuração dos resultados alcançados nos serviços prestados constitui, fora de dúvida, a melhor forma para a remuneração. Mensurar significa determinar a medida. É o mesmo que medir. Mensurável é aquilo que pode ser medido. Assim, a determinação da medida deverá ter como base uma referência de medição padrão: metros, hectares, etc. Por conseguinte, a regra é a medição e pagamento por resultados. Assim, as ações são solicitadas, medidas e pagas uma por uma.
Sob a matéria, há, inclusive, muitos julgados do TCU: Acórdão 265/2010 – Plenário, Acórdão 1453/2009 – Plenário, Acórdão 1453/2009 – Plenário, Acórdão 2655/2009 – Plenário, Acórdão 1125/2009 – Plenário, Acórdão 1238/2008 – Plenário, Acórdão 947/2010 – Plenário, Acórdão 1631/2011 – Plenário, Acórdão 1996/2011 – Plenário e Acórdão 1239/2008 – Plenário.

[20] O regime de tarefa encontra definição no art. 6º, VIII, d, da Lei nº 8.666/1993, que prevê a sua adoção quando se ajusta mão de obra para pequenos trabalhos por preço certo, com ou sem fornecimento de materiais.

a) quando for conveniente para atendimento de mais de um órgão ou entidade, ou a programas de governo; ou quando, em função da natureza do objeto, não for possível definir, previamente, o quantitativo a ser demandado pela Administração; e
b) desde que, atendidos, cumulativamente, os seguintes requisitos:
– as licitações sejam realizadas pelo Governo federal;
– as obras tenham projeto de referência padronizado, básico ou executivo, consideradas as regionalizações necessárias; e
– na hipótese da utilização do instituto da adesão ("carona"), haja compromisso do órgão aderente de suportar as despesas das ações necessárias à adequação do projeto padrão às peculiaridades da execução.

Justificando a alteração do ato regulamentar, o Ministério do Planejamento manifestou-se sobre o uso de registro de preço em obras padronizadas:

> É uma espécie de adesão a registros de preços em obras licitadas pelo governo federal. O uso do registro de preços só pode ocorrer se houver projeto básico ou executivo padronizado. Com isso, obras integrantes do Programa de Aceleração do Crescimento (PAC), como creches, quadras, UPAs, UBSs poderão ter a execução acelerada, uma vez que, estados e municípios terão todo o processo licitatório já realizado.[21]

No mesmo diapasão, o TCU mostrou-se favorável à adoção do registro de preços nas licitações de obras, sob o regime do RDC, quando for demonstrada a viabilidade de se estabelecer a padronização do objeto e das propostas, de modo que se permitam a obtenção da melhor proposta e contratações adequadas e vantajosas às necessidades dos

---

[21] Decreto aperfeiçoa regras do Regime Diferenciado de Contratação. Disponível em: <http://www.planejamento.gov.br/conteudo.asp?p=noticia&ler=10216>.

interessados. (Acórdão 2600/2013 – Plenário, relator Ministro Valmir Campelo, 25.9.2013).[22]

A matéria é, no entanto, bastante controversa, considerando, como sustentam engenheiros[23] e arquitetos, que obras de engenharia sempre configurariam objetos complexos, dotados de características e peculiaridades que as afastariam de um modelo padronizado.

Nesse contexto, observou a Controladoria Geral da União – CGU:

> (...) e, considerando que cada obra exige um projeto básico específico, não seria possível realizar licitação por meio de registro de preços, com base no mesmo projeto básico, para atendimento a

---

[22] Representação formulada por equipe de fiscalização do Tribunal acerca de possíveis irregularidades em editais de registro de preços lançados pelo FNDE apontara "ilegalidade da aplicação do Sistema de Registro de Preços (SRP) para obras". As licitações em questão, realizadas mediante o RDC, tiveram por objeto a "eventual construção de escolas-padrão" no âmbito do *Programa Proinfância*, obedecendo às tipologias dos Projetos-Padrão definidos pelo FNDE. Após a oitiva do órgão, o relator destacou que o Decreto 7.581/2011, que regulamenta o RDC, bem como o Decreto 7.892/2013, que regulamenta o SRP, não contemplavam previsão para a utilização do instituto do registro de preços para obras. Ponderou, contudo, diante da situação fática evidenciada nos autos, que a anulação do certame não seria cabível em razão dos prejuízos sociais decorrentes da paralisação do programa, destacando que a "visão teleológica da lei" e a publicação posterior do Decreto 8.080/2013 (que alterou o Decreto 7.581/2011) são decisivos na análise da questão. Sobre o mencionado decreto, ressaltou que, ao autorizar, de forma literal, a utilização do SRP para obras, não teria extrapolado a Lei 12.462/2011 (RDC). Explicou que, em um SRP, os objetos devem ser padronizáveis, sob pena de não oferecer uma contratação vantajosa, e como as obras, em geral, não são padronizáveis, a lei não dispôs sobre elas de forma direta. No caso concreto, contudo, "a modelagem da licitação foi engenhosamente concebida" de forma a possibilitar a padronização de propostas e a precificação justa das edificações, destacando, além da baixa complexidade técnica e porte das obras, a regionalização dos lotes e a utilização da contratação integrada como fatores determinantes para a padronização da obra. Concluiu, por fim, que "o *mens legis* do dispositivo questionado foi plenamente atendido. A licitação em escopo teve o poder de escolher a melhor proposta (...)". Ressalvou, por fim, os riscos de se licitar, generalizadamente, obras por registro de preço, motivo pelo qual propôs o acompanhamento do programa, desde a construção até o pós-obra.

[23] É o que defende, por exemplo, Maçahico Tisaka, engenheiro, conselheiro do Crea-SP, membro titular da Câmara de Construção Civil e consultor Empresarial, que considera ilegítimo o uso de registro de preços em obras e serviços de engenharia (TISAKA, Maçahico. Órgãos públicos realizam contratações ilegais. Disponível em: <http://construcaomercado.pini.com.br/negocios-incorporacao-construcao/97/orgaos-publicos-realizam-contratacoes-ilegais-283643-1.aspx>).

várias obras, em vários locais diferentes, para vários órgãos, mesmo para os casos em que exista projeto padrão, haja vista a ocorrência de fatores que podem alterar as condições preestabelecidas inicialmente – preço e projeto básico, em virtude, por exemplo, dos custos previstos na tabela SINAPI, frete, preço da mão de obra, condições do solo.[24]

9.3.1.1.2 Ata de Registro de Preços

Ao definir a Ata de Registro de Preços (ARP), o regulamento repete *ipsis litteris* a definição do Decreto nº 7.892/2013, que regulamenta o Sistema de Registro de Preços previsto no art. 15 da Lei nº 8.666/1993. Como já observamos em outra obra, importa consinar, de plano, que a ARP não é um contrato. Também não possui, apesar do nome, características semelhantes a uma ata comum, na qual são relatados todos os fatos concernentes a certa reunião ou sessão, como sempre ocorre nas licitações de um modo geral. Distingue-se bastante dessa, em face do conteúdo de compromisso vinculativo que carrega, pois se destina ao registro dos preços e das condições formulados por licitantes, estabelecendo o vínculo obrigacional para que, se necessário, decorra uma contratação.

Mariense Escobar observa, com propriedade, que a ARP configura documento lavrado à feição de um pré-contrato e firmado pelos participantes com a Administração, para que dela decorra, subsequentemente, um termo de contrato.[25]

A ARP é, por conseguinte, o documento que registrará os preços das propostas classificadas na licitação — e, logicamente, os fornecedores —, de acordo com os critérios estabelecidos no edital, bem como as condições para os contratos que poderão serem celebrados futuramente entre os que registraram os preços e o Poder Público.

---

[24] CONTROLADORIA-GERAL DA UNIÃO – CGU. Secretaria Federal de Controle Interno. *Sistema de Registro de Preços* – Perguntas e Respostas. Edição Revisada 2014. Disponível em < http://www.cgu.gov.br/Publicacoes/auditoria-e-fiscalizacao/arquivos/sistemaregistroprecos.pdf>.

[25] ESCOBAR. *O sistema de registro de preços nas compras públicas*: teoria e prática, p. 59.

Como observa Eliana Leão, a ARP constitui-se num verdadeiro "pacto leonino" em relação aos que têm seus preços registrados, uma vez que, apesar de obrigá-los ao fornecimento do objeto, até o limite máximo estimado para o consumo, em um determinado período, caso haja a solicitação por parte da Administração, não impõe ao Poder Público nenhuma obrigatoriedade de compra.[26]

9.3.1.1.3 Órgão gerenciador

A definição de órgão gerenciador também reproduz, como não poderia deixar de ser, a constante no Decreto nº 7.892/2013. Trata-se do ente público responsável pela condução do conjunto de procedimentos do certame para registro de preços e gerenciamento da ARP dele decorrente.

Logo, o órgão gerenciador é o grande gestor do registro de preços, dirigindo, administrando e conduzindo a licitação.

No entanto, evidencia-se um problema que pode ter relevo de proporções: o termo "órgão" tem recebido da doutrina jurídico-administrativa diversas significações, muitos até identificando-o como o próprio agente público. Forte corrente, entrementes, com universal aceitação dos publicistas contemporâneos, amolda a conceituação aos ditames da pessoa jurídica (sujeito de direitos e obrigações). Por conseguinte, há de ser considerado como órgão gerenciador não o agente, mas, sim, a instituição.[27]

---

[26] LEÃO. *O sistema de registro de preços*: uma revolução nas licitações, p. 138.

[27] Por outro lado, há de ser sopesado o fato de que as Comissões de Licitação também são consideradas órgãos, o que, em termos práticos, aumenta bastante as dificuldades operacionais. Diogenes Gasparini, em explanação sobre o conceito desse colegiado, alinhavou: "A comissão de licitação é um grupo de pessoas, um colégio de pessoas de, no mínimo, três, (...). Qual é a natureza jurídica da Comissão? Certamente não é uma pessoa física, certamente não é uma pessoa jurídica; a comissão é um órgão, é um setor da Administração Pública responsável por uma dada incumbência. No caso, dirigir e julgar uma licitação. Então, Comissão de Licitação é um órgão, um órgão administrativo, como existem tantos. A Administração Pública tem inúmeros órgãos através dos quais ela desempenha a sua atividade. Então, a Comissão de Licitação é exatamente um órgão, um órgão administrativo. (...) É um órgão colegiado, diferente, portanto, de um órgão simples" (*Palestra ocorrida no 6º Seminário Nacional de Direito Administrativo*, promovido pela Editora NDJ, São Paulo, em 12 nov. 1999). Da mesma forma, em palestra posterior, Jessé Torres: "(...) repetimos, a Comissão é um órgão, as decisões são do órgão, não das pessoas; todos os que integram o órgão respondem

9.3.1.1.4 Órgão participante

Igualmente, a definição de órgão participante segue a forma do Decreto nº 7.892/2013. Órgão participante será o ente da Administração Pública que participa dos procedimentos iniciais do SRP/RDC e, logicamente, integra a ARP.

Diferentemente do órgão gerenciador, se divisa total impossibilidade de o órgão participante ser confundido com a comissão de licitação, uma vez que facilmente se verifica que a expressão objetiva indicar a(s) pessoa(s) jurídica(s) — órgãos ou entidades públicos — que poderá(ão) usufruir dos registros realizados, contratando, quando necessário, com aqueles que tiveram seus preços registrados. São, pois, beneficiários da licitação. Como já explicitado, o registro de preços é o sistema de contratações adequado quando existirem diversos órgãos ou entidades agregados a serem atendidos numa mesma localidade, sendo estes, assim, os participantes.

9.3.1.1.5 Órgão aderente (Órgão não participante)

Aqui uma mudança em relação ao Decreto nº 7.892/2013: substituiu-se a o nome do ator, pois o decreto do SRP genérico adota a expressão "órgão não participante". No mais, nenhuma novidade, e nem poderia haver, já que, "aderente" ou "não participante", alude-se a órgão ou entidade da Administração que, não tendo participado dos procedimentos iniciais da licitação, adere a uma ARP.

Essa prática popularizou-se no âmbito das licitações através da denominação "carona", ou seja, a participação daqueles que, não tendo compartilhado da competição (não constando, em decorrência da ARP), consultam o órgão gerenciador, solicitando o uso da mesma.

---

pelas decisões tomadas pelo órgão". Com isso, Órgão Gerenciador poderia ser o Ministério que instaurou a licitação ou a comissão de licitação instituída para dar vazão aos trabalhos referentes ao registro de preços perseguido, o que, na prática, poderá acarretar problemas judiciais quanto ao sujeito da ação.

Os artigos 102 e 103, comentados mais a frente, estabelecem limites e outros procedimentos para essa adesão.

9.3.1.1.6 Órgão participante de compra nacional

Tal como consta no Decreto nº 7.892/2013, o regulamento do SRP/RDC conceitua "órgão participante de compra nacional" como o ente que, em função de participação em programa ou projeto federal, é contemplado no registro de preços, independentemente de manifestação formal. Em outras palavras, os órgãos participantes, contemplados pelo projeto ou programa do governo federal, poderão integrar a ARP sem a necessidade de se manifestarem formalmente, devendo, entretanto, consoante a definição posterior de "compras nacionais", indicar suas demandas previamente.

9.3.1.1.7 Compra nacional

O conceito de compra nacional, para fins de registro de preços, foi introduzido no ordenamento jurídico pelo Decreto nº 8.250/2014, que o inseriu nas definições do regulamento do regime geral das licitações (Decreto nº 7.892/2013).

No âmbito do RDC, a formulação é a mesma, com a inclusão, entre os objetos alcançados, das obras de natureza padronizada.

Assim, compra nacional, no SRP/RDC, engloba não só a compra de bens, mas também a contratação serviços e obras com características padronizadas, inclusive de engenharia, em que o órgão gerenciador conduz os procedimentos visando à execução descentralizada de programa ou projeto federal, mediante prévia indicação da demanda pelos entes beneficiados.

Sobre a inserção, as observações do Advogado da União Clovis Celso Boechat:

> Verifica-se, assim, que o regulamento do SRP/RDC, em péssima técnica redacional, engloba nas "compras nacionais" não só as compras propriamente ditas, mas também os serviços, inclusive os de engenharia, e as obras, desde que "com características padronizadas", ou seja, não sujeitas a especificidades em concreto.

Evidencia-se a intenção do Poder Executivo federal de utilizar o SRP como instrumento de execução de seus programas e/ou projetos nas demais esferas federativas, como forma de descentralização de políticas públicas.

Sobre a inserção, comentamos:[28]

> Nesse contexto, insere na regulamentação de registro de preços o desenvolvimento de aquisição ou contratação denominado "Compra Nacional", por meio da qual designa um órgão público para a condução dos procedimentos para registro de preços destinado à execução descentralizada de programa ou governo federal. Isso fica claro quando faculta a todos os entes federativos participantes da ARP o uso de recursos decorrentes de transferências legais e voluntárias da União. Assim, autoriza o uso de recursos financeiros da União, repassados por convênios e outros instrumentos congêneres de colaboração, para fins de contratação de bens e serviços por meio da ARP.
>
> Dessa forma, como observou Flavia Daniel Vianna, os órgãos e entidades de todas as esferas governamentais (União, Estados, Municípios e Distrito Federal) beneficiados pelo projeto, participarão, através do registro de preços, da mesma ARP implantada pelo órgão gerenciador, que levará em conta a indicação da demanda de cada participante para estipular os quantitativos máximos estimados.[29]
>
> Um exemplo deste modelo de compras é a experiência do Fundo Nacional de Educação (FNDE) com seu projeto de Registro de Preços Nacional. O órgão trabalha em regime de colaboração com Estados e Municípios para que estes possam adquirir ônibus, bicicletas, computadores, brinquedos e mobiliário escolar.

9.3.2 Modos de disputa no SRP/RDC

Segundo o art. 90 do regulamento, a licitação de SRP/RDC poderá adotar qualquer modo de disputa previsto (aberto, fechado ou combinado), ocorrendo por intermédio

---

[28] BITTENCOURT, Sidney. *Licitação de Registro de Preços* – Comentários ao Decreto nº 7.892, de 23 de janeiro de 2013, alterado pelo Decreto nº 8.250, de 23 de maio de 2014. 4. ed. rev. e ampl. Belo Horizonte: Fórum, 2015.

[29] VIANNA, Flavia Daniel. *O que muda no SRP com o novo Decreto Federal nº 8.250, de 23 de maio de 2014*.

do critério de julgamento *menor preço, maior desconto ou técnica e preço*, e sempre precedida de ampla pesquisa de mercado. Sobre os modos de disputa, *vide* em 8.2.3 (As formas de disputa nas licitações que adotem o RDC)), os subitens: 8.2.3.2 (O modo de disputa aberto), 8.2.3.3 (O modo de disputa fechado) e 8.2.3.4 (A combinação dos dois modos de disputa). Quanto ao critério menor preço ou maior desconto, verifique-se o subitem 8.2.4.1 (Licitação adotando o critério *menor preço* ou *maior desconto*).

9.3.3 A indicação orçamentária

Na licitação de SRP/RDC, consoante o previsto no art. 91 do regulamento, a indicação da dotação orçamentária somente será necessária para a formalização do contrato ou instrumento equivalente.

Sempre se sustentou, em função das peculiaridades do registro de preços, que a demonstração de existência orçamentária deveria ocorrer tão somente em data anterior à assinatura do contrato. Tal, inclusive, constava na Orientação Normativa nº 20/2009 da AGU: "Na licitação para registro de preços, a indicação da dotação orçamentária é exigível apenas antes da assinatura do contrato".

A previsão expressa pôs fim a essa efêmera discussão, porquanto, apesar do inciso III, §2º, do art. 7º e do art. 14 da Lei nº 8.666/93 preconizarem como condição para a instauração da licitação, a obrigatória indicação da dotação orçamentária, é certo que seria imprópria à exigência para o registro de preços, pois nele não há certeza quanto às futuras contratações.

O TCU também já havia decidido nesse sentido:

> Acórdão nº 1279/2008 – [...] o registro de preços não é uma modalidade de licitação, e sim, um mecanismo que a Administração dispõe para formar um banco de preços de fornecedores, cujo procedimento de coleta ocorre por concorrência ou pregão. Em razão de ser um mecanismo de obtenção de preços junto aos fornecedores para um período estabelecido, sem um compromisso efetivo de aquisição, entendemos ser desnecessário, por ocasião do edital, o estabelecimento de dotação orçamentária. Todavia, por ocasião

de uma futura contratação, torna-se imprescindível a dotação orçamentária para custeio da despesa correspondente, na forma do art. 11 do Decreto 3931/2001. Assim, acolhemos a justificativa. [...]

Consigne-se, todavia, a crítica do Prof. Antônio Militão, ao avaliar a mesma inserção no Decreto nº 7.892/2013:

> Este parágrafo afronta as condições estabelecidas na Lei nº 8.666, de 21 de junho de 1993, em seu art. 7º, II, c, para as licitações de serviços, bem como no art. 14 para as licitações de compras. Desse modo, em face da hierarquia das leis, entendemos ser o mesmo ilegal. Havendo a desobrigação da indicação de dotação orçamentária para realização de licitação para obtenção de registro de preços, esta circunstância desmotivará o licitante que irá registrar um preço, porquanto, o mesmo não teria conhecimento acerca da fonte de recursos. Desse modo, a cláusula de obrigação de pagamento que deve existir no processo de licitação, por exigência do inciso XXI, do art. 37 da Constituição Federal, ficaria desvalida, gerando insegurança no oferecimento do preço a ser registrado.[30]

9.3.4 Atos concernentes ao Órgão Gerenciador

Tal como nas licitações de registro de preços definidas pelo Decreto nº 7.892/2013, a condução do SRP/RDC deverá ser assumida por um órgão (órgão gerenciador), que promoverá a licitação, assumirá a responsabilidade do cumprimento de todas as exigências licitatórias, tanto da fase interna quando da externa, e administrará o registro de preços.

Nesse passo, o art. 92 do regulamento determina que o órgão gerenciador divulgue a intenção de promover o registro de preços, visando permitir a participação de outros órgãos ou entidades públicas. O redator do decreto não se preocupou em detalhar esse procedimento, conhecido, em face do decreto do regime geral de licitações, sob a sigla IRP, o qual, no art. 4º, o institui.

---

[30] MILITÃO, Antônio. *Registro de preços*: considerações acerca das modificações introduzidas no Sistema de Registro de Preços pelo Decreto nº 7.892, de 23 de janeiro de 2013.

Art. 4º – Fica instituído o procedimento de Intenção de Registro de Preços – IRP, a ser operacionalizado por módulo do Sistema de Administração e Serviços Gerais – SIASG, que deverá ser utilizado pelos órgãos e entidades integrantes do Sistema de Serviços Gerais – SISG, para registro e divulgação dos itens a serem licitados e para a realização dos atos previstos nos incisos II e V do *caput* do art. 5º e dos atos previstos no inciso II e *caput* do art. 6º.

Tratamos da matéria em livro específico:[31]

> Entre as atribuições do Órgão Gerenciador, o decreto anterior determinava a realização de convite, mediante correspondência eletrônica ou outro meio eficaz, aos órgãos e entidades, para participarem do registro de preços. Ao mesmo tempo, por inúmeras razões, o Ministério do Planejamento, Orçamento e Gestão (MP), fez surgir, no âmbito do sistema COMPRASNET, uma nova funcionalidade designada Intenção de Registro de Preços (IRP), que substituía o convite. A Intenção de Registro de Preços – IRP, que tem como finalidade permitir à Administração tornar públicas suas intenções de realizar Pregão ou Concorrência para Registro de Preços, com a participação de outros órgãos governamentais que tenham interesse em contratar o mesmo objeto, possibilitando auferir melhores preços por meio de economia de escala. O Ministério do Planejamento Orçamento e Gestão, através da Secretaria de Logística e Tecnologia da Informação e do Departamento de Logística e Serviços Gerais, com amparo no Decreto nº. 3.931 de 19 de setembro de 2001, implantou a funcionalidade denominada "Intenção de Registro de Preços", tornando pública, no âmbito dos usuários do COMPRASNET, as intenções de futuras licitações (Pregões Eletrônicos, Presenciais e Concorrências) para Registro de Preços.

Edson Mazini Moura explica o histórico e o funcionamento da IRP, ainda no âmbito do decreto revogado do regime geral de licitações:

> Embora tal medida tenha trazido muitas vantagens para a Administração, principalmente a contratação de preços mais baixos em virtude da economia de escala provocada pela união das

---

[31] BITTENCOURT, Sidney. *Licitação de Registro de Preços* – Comentários ao Decreto nº 7.892, de 23 de janeiro de 2013, alterado pelo Decreto nº 8.250, de 23 de maio de 2014. 4. ed. rev. e ampl. Belo Horizonte: Fórum, 2015.

demandas de vários órgãos, muitos entes públicos não registravam IRP, pois o procedimento também era determinante para acréscimo de tarefas para o Órgão Gerenciador e aumento do tempo da fase interna da licitação. Após modificações pontuais, o módulo "Divulgação de Compras do SIASG" tornou obrigatória a divulgação da intenção de registrar preços antes de publicar o aviso de licitação para SRP. Na operacionalização, o órgão gerador da necessidade de realização de registro de preços para contratações futuras, deverá divulgá-la, por meio do IRP (...) visando a adesão de outros órgãos interessados na contratação daquele mesmo objeto, via tela do COMPRASNET, incluindo os códigos dos itens de material e serviço que se deseja adquirir, o valor unitário estimado de cada item, local de entrega (município) e quantidade. O acesso ao sistema IRP será disponibilizado para a função de pregoeiro, cabendo ao mesmo como gestor realizar o registro, bem como das decisões que o sistema requer. É importante que o pregoeiro tenha em mãos o Termo de Referência para cadastrá-lo no sistema. Outro procedimento importante — e que deve ser realizado imediatamente —, é a geração de uma lista selecionando os principais materiais e serviços que o órgão adquire ou contrata, sob a forma de registro de preços. A partir dessa relação os órgãos receberão e-mails, sempre que uma IRP for cadastrada e contiver itens que estejam nas respectivas listagens. Ao cadastrar uma IRP, o gestor deverá informar ainda o período de sua divulgação (período para as adesões), além de se estabelecer uma data provável para realização do certame. Em seguida, o gestor de compras de outro órgão poderá consultar o IRP criado e registrar seu interesse em participar do mesmo, selecionando via sistema o item para o qual tenha interesse e definindo o município para entrega. Após o término do período de divulgação, o gestor analisará as adesões registradas confirmando-as ou não no processo licitatório. As adesões aceitas serão incorporadas à demanda inicial do gestor que poderá transferi-la ao SIDEC – Sistema de Divulgação Eletrônica de Compras e Contratações, para que seja então gerado o aviso da licitação, não havendo a necessidade de se cadastrar novamente no sistema os itens a serem licitados. O gestor e os demais participantes informarão o valor estimado de cada item, prevalecendo, no entanto, o valor estimado pelo gestor, que poderá alterar ou não essa informação. O sistema permite, durante o período de divulgação, que as informações registradas sejam alteradas, exceto a descrição do objeto.[32][33]

---

[32] MOURA, Edson Mazini. Parecer Dadm-C/EM/06/C, de 13.11.2012.
[33] Vide <http://www.comprasnet.gov.br/publicacoes/manuais/MANUAL_IRP.pdf>).

Sobre o assunto, os coemntários de Josevan Magalhães:

> O gerenciador, ao alimentar IRP no COMPRASNET, em princípio significa que a fase interna do seu processo licitatório fora concluído, mormente o preço de referência e o respectivo parecer jurídico (§único do art. 38 da Lei 8.666/93). Logo, quando divulga a IRP, é para, tão somente, aguardar a adesão de órgãos participantes que tenham necessariamente a mesma necessidade do objeto a ser licitado. Dessa forma, o gerenciador computará todos os quantitativos do objeto em comum e realizará a licitação com maior poder de barganha.[34]

Nesse contexto, observado o prazo estabelecido pelo órgão gerenciador, os órgãos ou entidades públicas deverão comunicar o interesse em participar do registro de preços, manifestando: a sua concordância com o objeto do registro; indicando a sua estimativa de demanda; e informando o cronograma de contratações (§1º). Tais entes serão os participantes do SRP/RDC.

Na sequência, esgotado o prazo para a manifestação de interesse em participar do registro de preços, o órgão gerenciador deverá:

a) consolidar todas as informações relativas às estimativas individuais de demanda;
b) promover a adequação de termos de referência ou projetos básicos encaminhados, para atender aos requisitos de padronização e racionalização;
c) realizar ampla pesquisa de mercado para a definição dos preços estimados; e
d) apresentar as especificações, termos de referência, projetos básicos, quantitativos e preços estimados aos órgãos ou entidades públicas interessados, para confirmação da intenção de participar do registro de preço.
e) estabelecer, quando necessário, o número máximo de participantes, em conformidade com sua capacidade de gerenciamento.

---

[34] MAGALHÃES, Josevan Duarte. A Intenção de Registro de Preços (IRP) no Comprasnet:uma ferramenta de excelência na gestão pública. Por que não utilizá-la? Disponível em: <http://tdc.net.br/a-intencao-de-registro-de-precos-irp-no-comprasnet-uma-ferramentade-excelencia-na-gestao-publica-por-que-nao-utiliza-la/>.

f) aceitar ou recusar, justificadamente, os quantitativos considerados ínfimos ou a inclusão de novos itens.

g) deliberar quanto à inclusão posterior de participantes que não manifestaram interesse durante o período de divulgação da Intenção de Registro de Preços – IRP.

O §3º deste art. 92, inserido pelo Decreto nº 8.251/2014, faz alusão específica à hipótese de compra nacional, ou seja, aquela em que o gerenciador conduz os procedimentos para registro de preços destinado à execução descentralizada de programa ou projeto federal, mediante prévia indicação da demanda pelos entes federados beneficiados (art. 88, VII): nesse caso, o órgão gerenciador deverá promover a divulgação da ação, a pesquisa de mercado e a consolidação da demanda dos órgãos e entidades da administração direta e indireta da União, dos estados, do Distrito Federal e dos municípios.Anote-se que, nessa situação, se comprovada a "vantajosidade" para a Administração, é facultada aos órgãos ou entidades participantes de compra nacional, a execução da Ata de Registro de Preços – ARP vinculada ao programa ou projeto federal (art. 96, §2º).

Registre-se que outros parágrafos do art. 96 também aludem à hipótese de compra nacional:

a) caso o órgão gerenciador aceite a inclusão de novos itens, o órgão participante demandante deverá providenciar sua especificação ou o termo de referência (se a modalidade empregada for o pregão) ou, ainda, o projeto básico (no caso de concorrência), e a pesquisa de mercado, observado o disposto no art. 96. (§4º);

b) caso o órgão gerenciador aceite a inclusão de novas localidades para entrega do bem ou execução do serviço, o órgão participante responsável pela demanda deverá elaborar, ressalvada a hipótese do §3º do art. 92 (promoção pelo órgão gerenciador da divulgação da ação, a pesquisa de mercado e a consolidação da demanda dos entes da União, dos estados, do Distrito Federal e dos municípios), pesquisa de mercado que contemple a variação de custos locais ou regionais (§5º).

E mais: o §3º do art. 96, tratando especificamente dos recursos a serem utilizados na licitação, autoriza que os entes federados participantes de compra nacional usem recursos de transferências legais ou voluntárias da União, vinculados aos processos ou projetos objeto de descentralização e de recursos próprios para suas demandas de aquisição no âmbito da ARP de compra nacional.

O art. 93 do regulamento autoriza o órgão gerenciador a realizar a subdivisão da quantidade total de cada item em lotes, sempre que comprovada a viabilidade técnica e econômica, de modo a possibilitar maior competitividade, observada a quantidade mínima, o prazo e o local de entrega ou de prestação dos serviços. Na hipótese de adoção dessa solução, a Administração deverá evitar a contratação de mais de uma empresa para a execução do mesmo serviço em uma mesma localidade no âmbito do mesmo órgão ou entidade, com vistas a assegurar a responsabilidade contratual e o princípio da padronização (§2º).

No caso específico de serviços, prevê o §1º do art. 93 que a subdivisão se dará em função da unidade de medida adotada para aferição dos produtos e resultados esperados, sendo observada a demanda específica de cada órgão ou entidade participante.

Também deverão constar do edital da licitação do SRP/RDC, conforme prescreve o art. 94 do regulamento:

a) a especificação ou descrição do objeto, explicitando o conjunto de elementos necessários e suficientes, com nível de precisão adequado, para a caracterização do bem ou serviço, inclusive definindo as respectivas unidades de medida usualmente adotadas;

b) a estimativa de quantidades a serem adquiridas no prazo de validade do registro;

c) a quantidade mínima de unidades a ser cotada, por item ou lote, no caso de bens;

d) as condições quanto aos locais, prazos de entrega, forma de pagamento e, complementarmente, nos

casos de serviços, quando cabíveis, a frequência, periodicidade, características do pessoal, materiais e equipamentos a serem fornecidos e utilizados, procedimentos a serem seguidos, cuidados, deveres, disciplina e controles a serem adotados;
e) o prazo de validade do registro de preço;
f) os órgãos e entidades participantes;
g) os modelos de planilhas de custo, quando couber;
h) as minutas de contratos, quando for o caso; e
i) as penalidades a serem aplicadas por descumprimento das condições estabelecidas.

Quando o edital previr o fornecimento de bens ou prestação de serviços em locais diferentes, é facultada a exigência de apresentação de proposta diferenciada por região, de modo que os custos variáveis por região sejam acrescidos aos respectivos preços (§1º do art. 94).

Consigne-se que, para afastar qualquer dúvida quanto à análise jurídica do edital licitatório, o Decreto nº 8.251/2013 inseriu o §2º no art. 94, definindo que o exame e a aprovação das minutas do instrumento convocatório e do contrato serão efetuados exclusivamente pela assessoria jurídica do órgão gerenciador.

O art. 95 do regulamento lista, didaticamente, as atribuições do órgão gerenciador:
a) promover os atos preparatórios à licitação para registro de preços.
b) definir os itens a serem registrados, os respectivos quantitativos e os órgãos ou entidades participantes.
c) realizar todo o procedimento licitatório.
d) providenciar a assinatura da ata de registro de preços.
e) encaminhar cópia da ata de registro de preços aos órgãos ou entidades participantes.
f) gerenciar a ata de registro de preços, indicando os fornecedores que poderão ser contratados e os respectivos quantitativos e preços.
g) manter controle do saldo da quantidade global de bens e serviços que poderão ser contratados pelos

órgãos aderentes, observado o disposto nos §§3º e 4º do art. 102, que dispõem, respectivamente, que:
- a quantidade global de bens ou serviços que poderão ser contratados pelos órgãos aderentes não poderá ser superior a cinco vezes a quantidade prevista para cada item;
- os fornecedores registrados não serão obrigados a contratar com órgãos aderentes.

h) aplicar eventuais sanções que decorrerem:
- do procedimento licitatório;
- de descumprimento da ata de registro de preços, ressalvado o disposto no art. 96, inc. III do caput, alínea "a" (descumprimento da ata de registro de preços, no que se refere às suas demandas); e
- do descumprimento dos contratos que celebrarem, ainda que não haja o correspondente instrumento.

i) conduzir eventuais negociações dos preços registrados, conforme as regras do art. 105.[35]

j) anular ou revogar o registro de preços.

k) autorizar, excepcional e justificadamente, a prorrogação do prazo previsto no §4º do art. 103 (que informa que os órgãos aderentes deverão concretizar a contratação no prazo de até trinta dias após a indicação do fornecedor pelo órgão gerenciador), respeitado o prazo de vigência da ARP, quando solicitada pelo órgão aderente.

l) realizar pesquisa de mercado para identificação do valor estimado da licitação e consolidar os dados das pesquisas de mercado realizadas pelos órgãos e entidades participantes, inclusive nas hipóteses

---

[35] Art. 105. Quando o preço registrado tornar-se superior ao preço praticado no mercado por motivo superveniente, o órgão gerenciador convocará os fornecedores para negociarem a redução dos preços aos valores praticados pelo mercado.
§1º Os fornecedores que não aceitarem reduzir seus preços aos valores praticados pelo mercado serão liberados do compromisso assumido, sem aplicação de penalidade.
§2º A ordem de classificação dos fornecedores que aceitarem reduzir seus preços aos valores de mercado observará a classificação original.

previstas no §3º do art. 92 (o qual dispõe que, no caso de compra nacional, o órgão gerenciador promoverá a divulgação da ação, a pesquisa de mercado e a consolidação da demanda dos órgãos e entidades) e no §2º do art. 96 (que prevê que, comprovada a "vantajosidade", fica facultada aos órgãos ou entidades participantes de compra nacional, a execução da ARP vinculada ao programa ou projeto federal).

Ademais, no papel de órgão gerenciador, deverá realizar todos os atos de controle e administração do SRP/RDC (§1º do art. 95).

Na execução de suas atribuições, o órgão gerenciador somente considerará os itens e quantitativos referentes aos órgãos ou entidades que confirmarem a intenção de participar do registro de preços, na forma do inc. IV, do §2º, do art. 92 do regulamento (que disciplina que, esgotado o prazo para a manifestação de interesse em participar do registro de preços, deverá apresentar especificações, termos de referência, projetos básicos, quantitativos e preços estimados aos órgãos ou entidades públicas interessados, para confirmação da intenção de participar do registro de preço), ou seja, após analisar e confirmar os pedidos de adesão, estes serão incorporados à demanda inicial.

O art. 96 do regulamento elenca as atribuições dos órgãos ou entidades participantes, a saber:
   a) consultar o órgão gerenciador para obter a indicação do fornecedor e respectivos quantitativos e preços que poderão ser contratados.
   b) fiscalizar o cumprimento dos contratos que celebrarem.
   c) aplicar eventuais sanções que decorrerem do descumprimento da ARP, no que se refere às suas demandas, e do descumprimento dos contratos que celebrarem.

Consoante o previsto no §1º do dispositivo, os órgãos participantes deverão informar ao órgão gerenciador as sanções que aplicarem e o nome do responsável pelo acompanhamento e fiscalização dos contratos que celebrarem.

Encerrada a etapa competitiva, os licitantes poderão reduzir seus preços a valor igual ao da proposta do licitante mais bem classificado (art. 97 do regulamento), quando, então, o órgão gerenciador estabelecerá nova ordem de classificação (§1º). Essa apresentação de novas propostas não prejudicará, no entanto, o resultado do certame em relação ao licitante mais bem classificado (§2º).

Evidentemente, para que tal ocorra, a comissão de licitação deverá consultar os licitantes, na ordem de classificação, acerca do interesse de redução de suas propostas, colocando-os em valor idêntico ao do licitante mais bem classificado. Trata-se de novidade importante, pois a comissão, de certa forma, assume a posição de negociadora, estimulando a redução dos valores apresentados.

Essa faculdade oferecida aos licitantes (redução de preços a valor igual ao da melhor proposta de preços) poderá, decerto, alterar a ordem de classificação, mas não terá nenhuma influência quanto ao primeiro classificado. Dessa forma, só trará consequência para a classificação a partir da segunda melhor proposta.

Vide que o art. 98 do regulamento, com nova redação dada pelo Decreto nº 8.251/2014, confirma essa interpretação, ao consignar a natural obrigação de anotação, na ARP, dos preços e quantitativos do licitante mais bem classificado durante a etapa competitiva, e, na forma de anexo, o registro dos licitantes que aceitarem cotar os bens ou serviços com preços iguais aos do licitante vencedor na sequência da classificação do certame.

Anote-se que a regulamentação do SRP/RDC segue a trilha do Decreto nº 7.892/2013, com redação dada pelo Decreto nº 8.250/2014, instituindo um cadastro de reserva. O texto de todo art. 98 repete, com as devidas adaptações, a redação do art. 11 do supracitado decreto.

Verifica-se, entrementes,' que o redator "pulou" o §1º do mencionado regulamento, que informa que o registro a que se refere o inciso II do *caput* (no decreto em análise seria o §1º) tem por objetivo a formação de cadastro de reserva no caso de impossibilidade de atendimento pelo primeiro colocado da ata, deixando-o, por essa razão, meio sem sentido.

Nesse contexto, mesmo sem consignar que mirava a formação desse cadastro de reserva, fez constar, no §3º, que a habilitação dos fornecedores que o comporão será efetuada nas hipóteses previstas no art. 62 (faculdade da Administração, quando o convocado não assinar o termo de contrato, ou não aceitar ou retirar o instrumento equivalente, revogar a licitação ou convocar os licitantes remanescentes, na ordem de classificação, para a celebração do contrato nas condições ofertadas pelo licitante vencedor) e quando houver necessidade de contratação de fornecedor remanescente, nas hipóteses previstas no art. 107 (ou seja, quando ocorrer revogação do registro de preços em função de o fornecedor: ter descumprido as condições da ARP; não ter retirado a respectiva nota de empenho ou instrumento equivalente, no prazo estabelecido pela administração pública, sem justificativa aceitável; não ter aceitado reduzir o seu preço registrado, na hipótese de este se tornar superior àqueles praticados no mercado; ou ter sofrido as sanções previstas nos incisos III e IV do *caput* do art. 87 da Lei nº 8.666, de 1993, e no art. 7º da Lei nº 10.520, de 17 de julho de 2002).

Flavia Daniel Vianna comenta a questão com desenvoltura, ao analisar os motivos da alteração no decreto de registro de preços do regime geral de licitações:

> Essa alteração pode ter sido efetuada em vista das dificuldades encontradas pelo gerenciador, quando, na confecção da ARP, tinha que convocar para assinatura, tanto o fornecedor vencedor, quanto todos os demais licitantes que aceitassem compor o cadastro reserva, o que acabava gerando atrasos para a publicação da ata, em vista da requisição de assinatura de todos esses fornecedores. Da forma atualmente estipulada, fica claro que a ata de registro de preços é assinada pelo licitante vencedor somente, tendo seu extrato publicado e início de seus efeitos. Isto fica ainda mais evidente, pela nova redação do art. 13, *caput*, que previu que apenas o fornecedor mais bem classificado será convocado para assinar a ata de registro de preços (e não "os fornecedores classificados, observado o disposto no art. 11", que remetia ao cadastro-reserva, como era a redação

anterior, o que fez nascer a tese de que todos deveriam assinar a ARP, fornecedor vencedor e integrantes do cadastro-reserva) e, também, no inc. I do art. 11, que ressalta que será registrado na Ata de Registro de Preços, o licitante melhor classificado (vencedor).[36]

Como, em obediência ao preconizado no art. 13 da Lei nº 12.462/2011, o art. 13 do regulamento informa que as licitações que adotarem o RDC deverão ser preferencialmente realizadas sob a forma eletrônica (pregão), avista-se problemas operacionais para o atendimento ao disposto neste art. 98 quanto ao cadastro de reserva.

O art. 97 indica o momento em que a Administração pode convocar os licitantes interessados em integrar o cadastro de reserva para que eles se amoldem aos preços do primeiro colocado no certame: "após o encerramento da etapa competitiva, os licitantes poderão reduzir seus preços ao valor da proposta do licitante mais bem classificado". De acordo com o estabelecido, a convocação dos licitantes interessados em integrar o cadastro sempre deveria ocorrer ao final da etapa competitiva do certame. Todavia, a aplicação literal do dispositivo pode gerar contratempos. Como é cediço, no pregão, diversamente do que ocorre na modalidade concorrência, a análise das condições de habilitação dos licitantes ocorre após a etapa competitiva. Assim, a proposta apresentada pelo particular classificado em primeiro lugar ao final da etapa competitiva não será necessariamente válida, uma vez que o proponente ainda pode ser inabilitado. Isso significa que, ao convocar os licitantes nesse momento, a Administração estará os obrigando a adequar o valor proposto a uma proposta que ainda não pode servir de parâmetro. No mesmo contexto, também acarretaria a convocação dos licitantes para adequação de preços antes de um eventual exercício de direito de preferência por micro e pequenas empresas, na forma prevista nos arts. 44 e 45 da Lei Complementar nº 123/2006.

---

[36] VIANNA, Flavia Daniel. *O que muda no SRP com o novo Decreto Federal nº 8.250, de 23 de maio de 2014.*

Esse procedimento, como bem anotou a Consultoria Zênite,[37] submeteria a Administração a potencial necessidade de repetir, sistematicamente, a convocação dos particulares, sempre que se alterasse o autor da proposta classificada provisoriamente em primeiro lugar no certame, até que houvesse a confirmação do vencedor da licitação.

Nesse viés, a supracitada consultoria sugeriu um caminho que ratificamos. Para evitar o contratempo, a melhor solução caminha no sentido de a Administração, ao realizar licitações para registro de preços por meio da modalidade pregão (que, repisa-se é modalidade preferencial – na forma eletrônica), apenas proceda ao chamamento dos interessados em compor o cadastro de reserva após a habilitação do licitante classificado em primeiro lugar na etapa de lances (portanto, após eventual exercício do direito de preferência previsto na Lei Complementar nº 123/2006) e antes da respectiva etapa recursal. Assim, definido aquele que apresentou a melhor proposta válida, a Administração solicitaria que os licitantes manifestassem interesse em integrar o cadastro de reserva, igualando seus preços ao daquela proposição.

Dispõe o art. 99 do regulamento que a ARP obrigará os licitantes ao fornecimento de bens ou à prestação de serviço, conforme o caso, observados os preços, as quantidades e demais condições previstas no instrumento convocatório. O texto não é dos melhores, mais natural seria repetir a redação do art. 14 do Decreto nº 7.892/2103, que, de forma correta, informa que a assinatura da ata implica em compromisso de fornecimento nas condições estabelecidas, uma vez que circunscreve documento vinculativo, obrigacional, com característica de compromisso para futura contratação, no qual se registram os preços, fornecedores, órgãos participantes e condições a serem praticadas, conforme as disposições contidas no instrumento convocatório do

---

[37] Equipe de Orientação Zênite. O cadastro de reserva previsto no Decreto nº 7.892/13. *Revista Zênite – Informativo de Licitações e Contratos (ILC)*, Curitiba, n. 236, p. 1025-1031, out. 2013.

certame licitatório e propostas apresentadas.O parágrafo único deste art. 99, versando sobre o prazo de validade da ARP, estabelece que é o edital licitatório que deverá fixá-lo, limitando-o , entretanto, ao mínimo de três meses e ao máximo de doze meses. Destarte, é no instrumento convocatório da licitação que ficará estipulado o prazo de validade do registro, respeitados os prazos mínimo e máximo previstos no ato regulamentar. As eventuais prorrogações do prazo da ARP, caso haja previsão no instrumento convocatório, só serão possíveis até o limite máximo permitido (doze meses) e desde que celebradas em data anterior a de esgotamento do prazo inicialmente estabelecido (naturalmente, através de termo aditivo).

Quanto ao prazo de vigência dos contratos decorrentes da ARP, o art. 100 do regulamento remete à disciplina do edital, desde que sejam observadas as normas da Lei nº 8.666/1993, ou seja, deverão ser atendidas as regras do art. 57, com as alterações impostas pelas Leis nºs 9.648/1998 e 12.349/2010:

> Art. 57 – A duração dos contratos regidos por esta Lei ficará adstrita à vigência dos respectivos créditos orçamentários, exceto quanto aos relativos:
>
> I - aos projetos cujos produtos estejam contemplados nas metas estabelecidas no Plano Plurianual, os quais poderão ser prorrogados se houver interesse da Administração e desde que isso tenha sido previsto no ato convocatório;
>
> II - à prestação de serviços a serem executados de forma contínua, que poderão ter a sua duração prorrogada por iguais e sucessivos períodos com vistas à obtenção de preços e condições mais vantajosas para a administração, limitada a sessenta meses;
>
> III – (Vetado);
>
> IV - ao aluguel de equipamentos e à utilização de programas de informática, podendo a duração estender-se pelo prazo de até 48 (quarenta e oito) meses após o início da vigência do contrato;
>
> V – às hipóteses previstas nos incisos IX, XIX, XXVIII e XXXI do art. 24, cujos contratos poderão ter vigência por até 120 (cento e vinte) meses, caso haja interesse da administração.

§1º Os prazos de início de etapas de execução, de conclusão e de entrega admitem prorrogação, mantidas as demais cláusulas do contrato e assegurada a manutenção de seu equilíbrio econômico-financeiro, desde que ocorra algum dos seguintes motivos, devidamente autuados em processo:

I - alteração do projeto ou especificações, pela Administração;

II - superveniência de fato excepcional ou imprevisível, estranho à vontade das partes, que altere fundamentalmente as condições de execução do contrato;

III - interrupção da execução do contrato ou diminuição do ritmo de trabalho por ordem e no interesse da Administração;

IV - aumento das quantidades inicialmente previstas no contrato, nos limites permitidos por esta Lei;

V - impedimento de execução do contrato por fato ou ato de terceiro reconhecido pela Administração em documento contemporâneo à sua ocorrência;

VI - omissão ou atraso de providências a cargo da Administração, inclusive quanto aos pagamentos previstos de que resulte, diretamente, impedimento ou retardamento na execução do contrato, sem prejuízo das sanções legais aplicáveis aos responsáveis.

§2º Toda prorrogação de prazo deverá ser justificada por escrito e previamente autorizada pela autoridade competente para celebrar o contrato.

§3º É vedado o contrato com prazo de vigência indeterminado.

§4º Em caráter excepcional, devidamente justificado e mediante autorização da autoridade superior, o prazo de que trata o inciso II do *caput* deste artigo poderá ser prorrogado por até doze meses.

Insta registrar, no entanto, que os prazos contratuais dos contratos que adotarem o RDC reger-se-ão pelo supracitado art. 57 da Lei Geral, com exceção de regras próprias estabelecidas pela lei que o instituiu (Lei nº 12.462/2011), consoante o estipulado no art. 39, que prevê que os contratos administrativos celebrados com base no regime diferenciado seguirão o contido na Lei nº 8.666/1993, exceto nas hipóteses de regras específicas nela previstas. "Art. 39 – Os contratos administrativos celebrados com base no RDC reger-se-ão pelas normas da Lei nº 8.666, de 21 de junho de 1993, com exceção das regras específicas previstas nesta Lei".

As situações excepcionais estão anotadas nos arts. 42 e 43 da Lei nº 12.492/2011:

> Art. 42 – Os contratos para a execução das obras previstas no plano plurianual poderão ser firmados pelo período nele compreendido, observado o disposto no *caput* do art. 57 da Lei no 8.666, de 21 de junho de 1993.
>
> Art. 43 – Na hipótese do inciso II do art. 57 da Lei no 8.666, de 21 de junho de 1993, os contratos celebrados pelos entes públicos responsáveis pelas atividades descritas nos incisos I a III do art. 1º desta Lei poderão ter sua vigência estabelecida até a data da extinção da APO. (Redação dada pela Lei nº 12.688/2012)

Assim, verifica-se que as exceções são os contratos: de obras previstas no plano plurianual; e os relativos a serviços contínuos, para os objetos previstos nos incs. I a III do art. 1º da Lei nº 12.462/2011.

9.3.5 Contratos de obras previstas no plano plurianual

É visível a preocupação do elaborador da Lei do RDC no sentido de apresentar uma redação mais clara que a constante, para o mesmo escopo, na Lei nº 8.666/1993 (inc. I do art. 57).

Afastando a dúvida que perdura por décadas, na interpretação do dispositivo da Lei Geral, o art. 42 da Lei do RDC é cristalino: as obras previstas no plano plurianual poderão ser estabelecidas pelo período nele compreendido. Na verdade, trata-se da mesma regra prevista na Lei nº 8.666/1993, mas com indicação direta.

Sobre o assunto, comentamos, ao apreciar o dispositivo da Lei Geral:

> A primeira exceção diz respeito aos contratos relativos aos projetos cujos produtos estejam contemplados nas metas estabelecidas no Plano Plurianual (PPA).
>
> O PPA, previsto no artigo 165 da CF, e regulamentado pelo Decreto 2.829/98, planeja os objetivos perseguidos pelo governo ao longo de um período de quatro anos.

Aprovado por lei quadrienal, tem vigência do segundo ano de um mandato presidencial até o final do primeiro ano do mandato seguinte. Trata-se de ferramenta importante de planejamento, haja vista que estabelece os projetos e os programas de média e longa duração do governo, definindo objetivos e metas da ação pública para o período mencionado.

O PPA é dividido em planos de ações. Cada plano deverá conter os objetivos, o órgão do governo responsável pela execução do projeto, além de valor, prazo de conclusão, fontes de financiamento, indicador que represente a situação que o plano visa a alterar, necessidade de bens e serviços para a correta efetivação do previsto, regionalização do plano, etc.

A previsão no orçamento plurianual é, por conseguinte, condicionante para a contratação em prazo superior ao de vigência do crédito.

Ademais, o PPA condiciona a elaboração de todos os demais planos de âmbito federal, devem sempre harmonizar-se com ele, conforme dispõe o §4º do art. 165 da CF: "Os planos e programas nacionais, regionais e setoriais previstos nesta Constituição serão elaborados em consonância com o plano plurianual e apreciados pelo Congresso Nacional".

Assim, o que tenha sido planejado para 4 anos, por intermédio da Lei do PPA, deverá ser cumprido ano a ano, através da Lei Orçamentária Anual (LOA),ou seja, O PPA e a LOA devem estar, obrigatoriamente, coordenados e integrados, pois, como prevê o §1º do art. 167 da CF, nenhum investimento cuja execução ultrapasse um exercício financeiro poderá ser iniciado sem prévia inclusão no plano plurianual, ou sem lei que autorize a inclusão, sob pena de crime de responsabilidade.

Dessa forma, o que estiver planejado para 4 anos (PPA), será colocado em prática anualmente por intermédio da LOA.

Como assevera Alexandre Vasconcellos, "para viabilizar a concretização das situações planejadas no Plano Plurianual e, obviamente, transformá-las em realidade, em obediência à Lei de Diretrizes Orçamentárias, elabora-se o orçamento anual, no qual são programadas as ações a serem executadas, visando a alcançar os objetivos determinados".[38]

Conforme já esposado, a nosso ver, a situação exposta neste inciso configura a única, dentre as exceções, que possibilita contratações com prazo de duração superior ao da vigência do crédito anual, em face do preceito contido no

---

[38] VASCONCELLOS, Alexandre. *Orçamento público*. 3. ed. Rio de Janeiro: Ferreira 2012, p. 46.

§1º do art. 167 da CF, que informa que os investimentos que necessitem de prazo de duração superior a de um exercício financeiro, deverão ser incluídos nessa categoria, ou seja, terem recursos garantidos para os anos seguintes.

Simone Miqueloto comenta o mandamento:

> De acordo com esse dispositivo, infere-se ser o plano plurianual um plano [...] através do qual se procura ordenar as ações da Administração que levem ao alcance dos objetivos e metas fixados para o período de governo, devendo dele constar, portanto, os recursos necessários para os investimentos a serem realizados pelos órgãos da Administração, como, por exemplo: os contratos que envolvem obras e serviços de engenharia. Somente podem ser contemplados no plano plurianual, obras e serviços que não possam ser iniciados e concluídos em curto prazo. Aliás, a própria expressão diz tudo: plurianual, isto é, o que deve ser executado ao longo de vários anos (normalmente quatro anos). Ressalte-se, ademais, que o plano plurianual diz respeito a investimentos de infra-estrutura.[39]

O dispositivo registra, ainda, que os prazos iniciais dos contratos voltados para projetos contemplados nas metas do orçamento plurianual poderão ser prorrogados, caso haja interesse da Administração, condicionados à expressa previsão no ato convocatório (seja através de licitação ou de seu afastamento) e, é claro, no documento contratual.

A intenção da menção à prorrogação, pelo visto, foi permitir prorrogar o contrato para além dos três anos, desde que exista justificativa plausível de interesse público.

Foi o que também concluiu Joel Niebuhr:

> A possibilidade de prorrogação deve ser interpretada como recurso para estender o contrato para além dos três anos já inicialmente concebidos e contratados, desde que, haja justificativa para tanto, no interesse da Administração e, desde que, o instrumento convocatório admita tal possibilidade.[40]

---

[39] MIQUELOTO, Simone. Da vigência e da prorrogação dos contratos por prazo certo. *ILC – Informativo de Licitações e Contratos*, Curitiba, n. 63, maio 1999.
[40] NIEBUHR, Joel de Menezes. Duração dos contratos administrativos. *ILC – Informativo de Licitações e Contratos*, Curitiba, n. 164, out. 2007.

Vide decisão do TCU sobre a matéria:

Decisão nº 298/99 – Rel. Min. Adhemar Paladini Ghisi – Contratos que visam à aquisição de materiais bélicos [...] somente poderão ter vigência superior ao crédito orçamentário respectivo se contemplados em programas incluídos em plano plurianual.

Adoto como Relatório a Instrução de lavra do Sr. Assessor da 3ª SECEX [...]: "Trata-se de consulta formulada pelo Sr. Ministro da Aeronáutica acerca da possibilidade de aquisição, por parte daquele Ministério, de material bélico, materiais e equipamentos aeronáuticos e combustível de aviação, mediante contratos com prazo de duração superior a um exercício financeiro. A presente consulta está amparada no inciso XVII do art. 1º da Lei nº 8.443/92 e no art. 216 do Regimento Interno/TCU.

2. O consulente tece algumas considerações sobre as dificuldades que a restrição da duração dos contratos a um exercício financeiro estariam trazendo à Força Aérea, além de apresentar alguns argumentos que justificariam a necessidade de se efetuar contratações por mais de um exercício. São os seguintes, os principais pontos apresentados pelo Sr. Ministro da Aeronáutica:

2.1. A duração dos contratos limitada a um ano constituiria fator limitativo à formação de estoques e à antecipação de necessidades. Também geraria dificuldades para o setor industrial do segmento de material bélico e aeronáutico, ante a incerteza causada em relação às encomendas e compras por parte do Ministério. Isso impediria a programação de uma carga de trabalho contínua às indústrias do setor, ocasionando, também, a rotatividade de mão de obra qualificada, o que oneraria os preços unitários dos materiais adquiridos (fl. 03, itens 2 e 3).

2.2. O desenvolvimento e a produção de materiais dos segmentos bélico e aeronáutico demandariam longo tempo, ante a necessidade de absorção de tecnologia, montagem do parque industrial, treinamento de mão de obra, etc. (fl. 04, item 4).

5. Certamente o caso em tela não pode ser enquadrado nas hipóteses estabelecidas nos incisos II e IV acima citados. No que se refere ao inciso I, as aquisições de material bélico, material aeronáutico e combustível de aviação podem ser enquadradas nesse inciso desde que estejam contempladas nas metas estabelecidas no Plano Plurianual.

5.1. O §1º do art. 165 da Constituição Federal dispõe que é justamente a lei instituidora do Plano Plurianual que estabelece as diretrizes, objetivos e metas da administração pública federal para as despesas de capital e para aquelas relativas aos programas de duração continuada.

5.2 O tipo de despesa oriunda das aquisições pretendidas é de capital, na modalidade investimento. Conforme estabelece o §1º do art. 167 da Constituição Federal, "Nenhum investimento cuja execução ultrapasse um exercício financeiro poderá ser iniciado sem prévia inclusão no plano plurianual, ou sem lei que autorize a inclusão, sob pena de crime de responsabilidade".[...]

6.1 Observa-se que, de forma nenhuma, tal dispositivo permite, no caso de bens para entrega futura, que possam ser celebrados contratos de duração plurianual fora das hipóteses previstas no art. 57 da Lei nº 8.666/93. O que aquele parágrafo estabelece é a forma de reajuste das obrigações nos casos de contratos de duração de até três anos, contratos esses que podem ser estabelecidos, desde que a situação esteja enquadrada em algum dos incisos do art. 57 da Lei das Licitações. [...]

7. Portanto, fica claro que as aquisições pretendidas somente poderão realizar-se por meio de contratos que abranjam mais de um exercício de duração, se os produtos respectivos estiverem contemplados nas metas estabelecidas no Plano Plurianual.

8. Ante o exposto, submetemos os autos à consideração superior, propondo que seja informado ao Sr. Ministro da Aeronáutica, que somente poderão ser celebrados contratos com vigência superior a um exercício financeiro, para aquisição de materiais bélicos e aeronáuticos, bem como combustível de aviação, se tais produtos estiverem contemplados nas metas estabelecidas no Plano Plurianual, conforme dispõe o inciso I do art. 57 da Lei nº 8.666/93, e em obediência, também, ao art. 167, §1º, da Constituição Federal.

Apesar de dissipar a velha dúvida, o legislador, não satisfeito, inseriu no texto do art. 42, uma observação que vem suscitando incertezas: dispõe que os contratos atrelados ao plano plurianaual poderão ser firmados pelo período nele compreendido, observando-se o disposto no *caput* do art. 57 da Lei nº 8.666/1993, que estabelece a regra geral para os contratos administrativos, qual seja, a duração adstritiva à vigência do crédito.

Ronny Charles e Michellle Marry elucidam a inserção:

> A remissão feita pelo artigo 42 da Lei nº 12.462/2011 deve ser interpretada no seguinte sentido: embora existente a previsão da obra no plano plurianual, o que autoriza uma vigência contratual

pelo período nele compreendido, será necessária a existência de previsão de recursos orçamentários na LOA, para dar esteio à execução do instrumento contratual no respectivo exercício. Nesse raciocínio, não obstante a previsão no plano plurianual, a ausência da previsão de recursos orçamentários na LOA prejudicaria a execução contratual.[41]

9.3.6 Contratos relativos a serviços contínuos para os objetos previstos nos incs. I a III do art. 1º da Lei nº 12.462/2011

A constante preocupação com os serviços contínuos advém das regras referentes à duração dos contratos administrativos, dispostas na Lei nº 8.666/1993.

Conforme já esposado, como regra geral, o art. 57 do diploma estabelece que a duração dos contratos administrativos está adstrita à vigência dos respectivos créditos orçamentários. Os incisos do dispositivo, todavia, preveem as exceções a essa regra. Segundo, o inc. II, com redação dada pela Lei nº 9.648/98, o preceito de adstrição à vigência do crédito orçamentário não é válido para as prestações de serviços a serem executados de forma contínua, que poderão ter a sua duração prorrogada por iguais e sucessivos períodos, com vistas à obtenção de preços e condições mais vantajosas para a Administração, limitada a sessenta meses.

Nesse contexto, fez-se necessário definir, com precisão, o que seria este serviço, uma vez que a lei não o conceituou, deixando a tarefa, em princípio, para a doutrina, a jurisprudência e, nesse viés, para a regulação infralegal.

Destarte, passou a doutrina a emitir opinamentos e, com isso, a formar o conceito da expressão em sede administrativista.

Conforme destacamos em obra que aprecia os dispositivos da Lei nº 8.666/1993,[42] esta exceção constitui, sem hesitação, a mais preocupante das elencadas na norma, em

---

[41] CHARLES, Ronny; MARRY, Michelle. *RDC – Regime diferenciado de contratações.* Salvador: Juspodivm, 2014, p. 265.
[42] BITTENCOURT, Licitação Passo a Passo. 7. ed, Belo Horizonte: Fórum, 2014.

função da redação do dispositivo portar enorme dificuldade interpretativa.

Tratando da matéria, Justen Filho dispôs que se referem a contratações cujo objeto envolve prestações homogêneas:

> A identificação dos serviços de natureza contínua não se faz a partir do exame, propriamente, da atividade desenvolvida pelos particulares, como execução da prestação contratual. A continuidade do serviço retrata, na verdade, a permanência da necessidade pública a ser satisfeita. Ou seja, o dispositivo abrange os serviços destinados a atender necessidades públicas permanentes, cujo atendimento não exaure prestação semelhante no futuro."(...) O que é fundamental é a necessidade pública permanente e contínua a ser satisfeita através de um serviço.[43]

Da mesma forma, Diógenes Gasparini, Toshio Mukai, Carlos Pinto Coelho Motta, Renato Geraldo Mendes, entre outros:

> São os serviços que não podem sofrer solução de continuidade ou os que não podem ser na sua execução interrompidos. Dessa natureza, são os serviços de vigilância, de manutenção e de limpeza.[44]
>
> (...) por serem imprescindíveis às atividades do órgão ou da entidade pública, não devem ser paralisados, ou seja, devem ser executados de forma continuada por essa razão.[45]
>
> (...) são aqueles que não podem ser interrompidos; fazem-se, sucessivamente, sem solução de continuidade, até seu exaurimento ou conclusão do objetivo. A exemplo, teríamos: limpeza, conservação, manutenção, vigilância, segurança, transporte de valores, de carga ou de passageiros.[46]
>
> (...) são aqueles serviços auxiliares, necessários à Administração para o desempenho de suas atribuições, cuja interrupção possa comprometer a continuidade de suas atividades e cuja contratação deva estender-se por mais de um exercício.[47]

---

[43] JUSTEN FILHO, Marçal. *Comentários à Lei de Licitações e Contratos Administrativos*. 12. ed. São Paulo: Dialética, 2008. p. 668-669.
[44] GASPARINI, Diogenes. *Direito administrativo*. 7. ed. São Paulo: Saraiva, 2002. p. 535.
[45] MUKAI, Toshio. *Licitações e contratos públicos*. 8. ed. São Paulo: Saraiva, 2008. p. 159
[46] MOTTA, Carlos Pinto Coelho. *Eficácia nas Licitações e Contratos*. Belo Horizonte: Del Rey. 7. ed. 1998.
[47] MENDES, Renato Geraldo. *Lei de Licitação e Contratos Anotada*. 4. ed. Curitiba: Zênite, p. 177.

No mesmo diapasão, a posição do TCU (Acórdão n° 132/2008 – Segunda Câmara. Relator: Ministro Aroldo Cedraz):

> Voto do Ministro Relator [...] 29. Na realidade, o que caracteriza o caráter contínuo de um determinado serviço é sua essencialidade para assegurar a integridade do patrimônio público de forma rotineira e permanente, ou para manter o funcionamento das atividades finalísticas do ente administrativo, de modo que sua interrupção possa comprometer a prestação de um serviço público ou o cumprimento da missão institucional.

Certo é, portanto, que os contratos contínuos, no âmbito da Administração Pública, são aqueles voltados para serviços que, devido ao interesse público, devam ser prestados sem nenhum tipo de interrupção, ou seja, sem solução de continuidade.

Ante o entendimento doutrinário e jurisprudencial unânime, formou-se o consenso de que a caracterização de um serviço como continuado requer a demonstração de sua *essencialidade* e *habitualidade* para a Administração contratante.

A essencialidade jungida à existência e à necessidade comprovada da manutenção do contrato, uma vez que a paralisação do serviço demandaria um prejuízo às atividades da Administração; a habitualidade, por sua vez, atrelada à imprescindibilidade, também devidamente comprovada, da atividade a ser prestada via terceiros, permanentemente.

Nesse sentido, foram estabelecidas as normas infralegais que surgiram ao longo do tempo, como, por exemplo, a vetusta IN nº 18/1997, do extinto Ministério da Administração Federal e Reforma do Estado – MARE, que já esposava que "serviços continuados são aqueles serviços auxiliares, necessários à Administração para o desempenho de suas atribuições, cuja interrupção possa comprometer a continuidade de suas atividades e cuja contratação deva estender-se por mais de um exercício financeiro".

Da mesma forma, a definição apresentada no Anexo I da Instrução Normativa nº 2/2008, da Secretaria de Logística e Tecnologia da Informação – SLTI, do Ministério do Planejamento, versa exatamente sobre a contratação de serviços:

"Serviços Continuados: serviços cuja interrupção possa comprometer a continuidade das atividades da Administração e cuja necessidade de contratação deva estender-se por mais de um exercício financeiro e continuamente".

Vide que, para a caracterização de um serviço continuado, a definição da IN aponta para a necessidade de atendimento a dois requisitos: (a) a comprovação de que sua interrupção poderá comprometer a continuidade das atividades da Administração; e (b) a necessidade da contratação se estender por mais de um exercício financeiro. Logo, faz-se necessária a verificação da presença desses dois requisitos.

Nesse contexto, o momento adequado para a verificação é, incontestavelmente, o da elaboração do projeto básico ou do termo de referência, porque é nesse instante que se define o prazo previsto para a execução do contrato.

Assim, há de se apreciar, para a caracterização da espécie, cada caso *de per si*, ressaltando-se que a necessidade permanente de um serviço por si só não o qualifica como continuado, mas, sim, a imperiosa necessidade da prestação ininterrupta para o habitual desenvolvimento das atividades da Administração.

No que tange aos serviços contínuos, a Lei do RDC estabeleceu que, quando eles forem celebrados pelos entes públicos responsáveis pelas atividades descritas nos incs. I a III do seu art. 1º, os contratos poderão ter sua vigência estabelecida até a data da extinção da Autoridade Pública Olímpica (APO).

Na verdade, no momento que escrevemos esta 2ª edição, a regra só terá razão de ser para os contratos derivados das atividades mencionadas nos incs. I e III, uma vez que as regras inerentes ao inc. II já estão superadas (os necessários para a realização da Copa das Confederações da Federação Internacional de Futebol Associação – Fifa 2013 e da Copa do Mundo Fifa 2014, que já transcorreram).

Dessa forma, a regra abarcará os contratos: (a) necessários à realização dos Jogos Olímpicos e Paraolímpicos de 2016, constantes da Carteira de Projetos Olímpicos a ser definida pela Autoridade Pública Olímpica (APO); e (b) de serviços para os aeroportos das capitais dos Estados da Federação distantes até 350 km das cidades sedes dos megaeventos esportivos.

Impende frisar que a regra não afasta a aplicação do inc. II do art. 57 da Lei nº 8.666/93 para os demais contratos de serviços contínuos, mesmo aqueles que passíveis de adoção do RDC.

Nesse pé, insta trazer à colação o que observamos sobre o dispositivo em outro trabalho:[48]

> Ao tratar da hipótese de exceção, o inc. II, do art. 57, da Lei nº 8.666/93, informa que os contratos a serem executados de forma contínua poderão ter a sua duração prorrogada por iguais e sucessivos períodos com vistas à obtenção de preços e condições mais vantajosas para a administração, limitada a sessenta meses.
>
> Art. 57 – A duração dos contratos regidos por esta Lei ficará adstrita à vigência dos respectivos créditos orçamentários, exceto quanto aos relativos:
>
> (...)
>
> II - à prestação de serviços a serem executados de forma contínua, que poderão ter a sua duração prorrogada por iguais e sucessivos períodos com vistas à obtenção de preços e condições mais vantajosas para a administração, limitada a sessenta meses.

Nesse viés, debate-se se poderiam ter a duração fixada por prazo superior ao respectivo exercício financeiro, como ocorre nos contratos atrelados a projetos cujos produtos estejam contemplados nas metas estabelecidas no Plano Plurianual, ou seja, se poderiam ser já firmados com a duração de até 60 meses.

A nosso ver, tal prática é vedada pela CF, que proíbe a assunção de obrigações que excedam os créditos orçamentários, exceto no caso do Plano Plurianual. *Vide* que, o art. 167, que trata da matéria, não excepcionou o serviço contínuo.[49]

---

[48] BITTENCOURT, Sidney. *Licitações de Serviços Continuados ou Não*. A Terceirização na Administração Pública. São Paulo: Matriz, 2015.

[49] Art. 167. São vedados:
I – o início de programas ou projetos não incluídos na lei orçamentária anual;
II – a realização de despesas ou a assunção de obrigações diretas que excedam os créditos orçamentários ou adicionais;

Ao tratarmos das diversas alterações sofridas pelo dispositivo, culminando com o texto ora vigente, concluíamos: Com a "balbúrdia interpretativa" causada (com reflexos no dia a dia da Administração que, sem saber, ao certo, o caminho a seguir, tratou de adotar o sentido literal do texto e inúmeras vezes celebrou "contratos iniciais" com 60 meses de duração), teve o Executivo a sensibilidade de utilizar a MP para correção do erro (pelo menos aqui ela foi útil!). Em consequência, através da MP nº 1.500, de 7.6.1996 (somente dois anos depois!) foi revista a redação desse inc. II, culminando com o texto trazido a lume pela Lei nº 9.648, de 22.5.1998 (...).

Com base em todas as premissas e conceitos antes esposados — mesmo porque o texto legal manteve-se irretocável quanto ao tal período de prorrogação — mantemos

---

III – a realização de operações de créditos que excedam o montante das despesas de capital, ressalvadas as autorizadas mediante créditos suplementares ou especiais com finalidade precisa, aprovados pelo Poder Legislativo por maioria absoluta;
IV – a vinculação de receita de impostos a órgão, fundo ou despesa, ressalvadas a repartição do produto da arrecadação dos impostos a que se referem os arts. 158 e 159, a destinação de recursos para as ações e serviços públicos de saúde, para manutenção e desenvolvimento do ensino e para realização de atividades da administração tributária, como determinado, respectivamente, pelos arts. 198, §2º, 212 e 37, XXII, e a prestação de garantias às operações de crédito por antecipação de receita, previstas no art. 165, §8º, bem como o disposto no §4º deste artigo; (Redação dada pela Emenda Constitucional nº 42, de 19.12.2003)
V – a abertura de crédito suplementar ou especial sem prévia autorização legislativa e sem indicação dos recursos correspondentes;
VI – a transposição, o remanejamento ou a transferência de recursos de uma categoria de programação para outra ou de um órgão para outro, sem prévia autorização legislativa;
VII – a concessão ou a utilização de créditos ilimitados;
VIII – a utilização, sem autorização legislativa específica, de recursos dos orçamentos fiscal e da seguridade social para suprir necessidade ou cobrir déficit de empresas, fundações e fundos, inclusive dos mencionados no art. 165, §5º;
IX – a instituição de fundos de qualquer natureza, sem prévia autorização legislativa.
X – a transferência voluntária de recursos e a concessão de empréstimos, inclusive por antecipação de receita, pelos Governos Federal e Estaduais e suas instituições financeiras, para pagamento de despesas com pessoal ativo, inativo e pensionistas, dos Estados, do Distrito Federal e dos Municípios. (Incluído pela Emenda Constitucional nº 19, de 1998)
XI – a utilização dos recursos provenientes das contribuições sociais de que trata o art. 195, I, a, e II, para a realização de despesas distintas do pagamento de benefícios do regime geral de previdência social de que trata o art. 201. (Incluído pela Emenda Constitucional nº 20, de 1998)

nosso entendimento de que, além da regra do *caput* (duração adstrita à vigência do crédito orçamentário), podem os contratos continuados (ou seja, que, por interesse público, não podem ser interrompidos, sob pena de sério dano à coletividade) se manterem vivos, através de prorrogações sucessivas, até o limite de 60 meses (...).[50]

É o que também sustenta Leon Szklarowsky:

> (...) hoje terá que fazer o contrato para vigorar no exercício, com a possibilidade de prorrogar essa duração por iguais e sucessivos períodos, desde que, prevista no ato convocatório e no contrato. Resulta da disposição legal que a prorrogação não é automática, como se poderia entender, numa interpretação mais apressada. (...) o dispositivo confirma, energicamente, essa exegese, porquanto, deve-se ler que: a duração dos contratos (....) ficará adstrita aos créditos orçamentários, exceto quanto aos relativos *(caput)*: (...) II) à prestação de serviços a serem executados de forma contínua, que poderá ter a sua duração prorrogada (...). Entenda-se que a duração de um exercício (previsto no *caput*), poder ser (faculdade a ser exercida, não automática, não imediata) prorrogada, tendo em vista a obtenção de melhor preço e condições mais vantajosas, que serão aferidos não no momento do contrato originário, como antes, mas por ocasião da realização do aditivo, se realmente for de interesse da Administração essa prorrogação. Caso contrário, o contrato exaure-se pela expiração do prazo não prorrogado e nova licitação far-se-á, obrigatoriamente.[51]

Na mesma sintonia, a orientação da AGU:

> <u>Orientação Normativa AGU nº 38, de 13 de dezembro de 2011 – Nos contratos de prestação de serviços de natureza continuada deve-se observar que: a) o prazo de vigência originário, de regra, é de até 12 meses; b) excepcionalmente, este prazo poderá ser fixado por período superior a 12 meses nos casos em que, diante da peculiaridade e/ou complexidade do objeto, fique tecnicamente

---

[50] BITTENCOURT, Sidney. A questão da duração do contrato administrativo. *Revista Diálogo Jurídico*, Salvador, ano 1, n. 9, dez. 2001. Disponível em: <http://www.direitopublico.com.br/pdf_9/DIALOGO-JURIDICO-09-DEZEMBRO-2001-SIDNEY-BITTENCOURT.pdf>.

[51] SZKLAROWSKY, Leon Frejda. *Duração do contrato administrativo*. Disponível em: <http://www.ambito-juridico.com.br/site/index.php?n_link=revista_artigos_leitura&artigo_id=2150>.

demonstrado o benefício advindo para a administração; e c) é juridicamente possível a prorrogação do contrato por prazo diverso do contratado originariamente.

(...)

A regra legal determina que os serviços a serem executados de forma contínua poderão ter a sua duração prorrogada "por iguais e sucessivos períodos".

Impõe-se buscar o real significado da expressão "igual período". Apreciando seu contexto, levando em consideração o sistema – e adotando o sentido teleológico necessário, fugindo do rigor literal das palavras – Leon Szklarowsky concluiu que a lei faculta a prorrogação não apenas ao período inicialmente proposto, mas pelo período relativo ao exercício do crédito orçamentário, sob pena da quebra de todo o sistema construído.

Em sentido diverso, Antônio Carlos Cintra do Amaral:

Houve quem entendesse que se o contrato de prestação de serviços contínuos fosse celebrado em 1º de outubro de um ano, deveria ter o prazo máximo de três meses, prorrogável por igual período, ou seja, até 31 de março do ano seguinte. Sempre sustentei que tal entendimento, além de não refletir a adequada interpretação da norma legal, conduzia a um desatino administrativo. Entendi que o inc. II do art. 57 era exceção, ampliativa da regra contida no *caput*. Assim, os contratos de prestação de serviços contínuos não tinham prazo máximo. Se, porém, contivessem cláusula de prorrogação, o período da prorrogação deveria ser igual ao do prazo original.[52]

Baseando-se no sentido literal da lei, Toshio Mukai entendeu que a extensão estava atrelada ao prazo previsto no contrato inicial.[53]

A nosso ver, os termos controversos deveriam ser avaliados sob dois focos: o primeiro, mais importante, voltado para a finalidade da regra. O regramento, antes de tudo, tem

---

[52] AMARAL. Duração dos contratos administrativos. In: AMARAL. *Ato administrativo, licitações e contratos administrativos*. 1. ed. 2. tir. p. 120.

[53] MUKAI, Toshio *O novo estatuto jurídico das Licitações e Contratos Públicos*: comentários à Lei nº 8.666/93, com as alterações promovidas pela Lei 8.883/94. 3. ed. São Paulo: Revista dos Tribunais, 1994 p. 64.

por obrigação atender ao interesse coletivo e, obviamente, retratar uma realidade fática, além de coadunar-se, sem ressalvas, com todos os princípios e dispositivos que regulam o assunto, mantendo-se, assim, coerente com o ordenamento jurídico. A regra não pode discrepar desse ordenamento, sob pena de falecer; o segundo, também significativo, diz respeito ao ensinamento do mestre hermeneuta Carlos Maximiliano, qual seja, a presunção de inexistência de palavras inúteis nas leis e, principalmente, de incompatibilidades presumidas entre textos de um mesmo diploma.

No caso, infere-se, sem titubeios, que o primeiro ponto enfocado sobrepõe-se ao segundo – mesmo porque, como é notório, o legislador pátrio não tem, já há algum tempo, atendido à velha máxima da interpretação jurídica, porquanto, não raro, necessita atender a vários *lobbies* na perseguição sempre intensa de recursos para campanhas de reeleição, entre outros fatores.

Em face do exposto, sendo certo que o legislador não poderia manietar a Administração, reduzindo a amplitude de uma exceção talvez mais importante que a própria regra, mesmo porque, ao reescrever o dispositivo, demonstrou, com clareza, a intenção de alargar as facilidades, haja vista que inseriu mais uma alínea facilitadora, nos posicionamos, no sentido de que a expressão "igual período" deveria ser entendida como uma faculdade de prorrogação por período idêntico ao referente ao exercício do crédito do contrato e não por período idêntico ao estabelecido no acordo inicial.

Assim não fosse, esbarrar-se-ia no absoluto absurdo de, por exemplo, ter a Administração, por um motivo qualquer, que celebrar um contrato (com prévia licitação ou não) com uma empresa de limpeza, para asseio e conservação de um hospital público, em outubro, e só poder celebrar um aditamento desse serviço imprescindível para a coletividade (máximo interesse público) por apenas mais dois meses.

O §1º do art. 100 determina que os contratos oriundos de ARP não comportarão aumento da quantidade contratada, não lhes sendo aplicável, por conseguinte, o estabelecido na alínea "b", do inc. I, do art. 65 da Lei Geral de Licitações,[54] no que se refere aos acréscimos,[55] podendo, no entanto, sofrer alterações conforme a mesma Lei Geral (§2º).

O art. 101 do regulamento apenas reafirma o previsto no art. 32 §3º da Lei do RDC:[56] a existência de preços registrados não obriga a Administração a firmar os contratos que deles poderão advir, sendo facultada a realização de licitação específica para contratação de objetos cujos preços constem no sistema, desde que assegurada aos fornecedores registrados a preferência em igualdade de condições (§1º).

O art. 102 do regulamento, consoante o previsto no art. 32, §1º, da Lei do RDC,[57] informa que o ente responsável pela execução de obras ou serviços sob o RDC, e que não tenha participado do certame licitatório, poderá aderir à ARP, respeitado o seu prazo de vigência. Essa prática, conforme já comentado, é denominada de "carona", pois o ente estará se fazendo valer de ARP alheia.

Vide que o regulamento estabelece uma limitação: a adesão às ARP decorrentes de licitações que adotem o RDC só será possível aos órgãos ou entidades responsáveis pela execução de obras ou serviços passíveis de adoção do regime diferenciado.

Nesse caso, reza o §1º que os órgãos aderentes deverão observar o disposto no art. 96 do regulamento, que impõe que:

---

[54] Lei nº 8.666/1993: "Art. 65 – Os contratos regidos por esta lei poderão ser alterados, com as devidas justificativas, nos seguintes casos:
I – unilateralmente pela Administração: (...)
b) quando necessária a modificação do valor contratual em decorrência de acréscimo ou diminuição quantitativa de seu objeto, nos limites permitidos por esta Lei".

[55] Como no SRP não há obrigação de contratar, podendo a Administração solicitar o objeto registrado na medida em que as necessidades forem surgindo, inexiste utilidade prática no uso da faculdade de redução.

[56] Art. 32 – O Sistema de Registro de Preços, especificamente destinado às licitações de que trata esta Lei, reger-se-á pelo disposto em regulamento. (...)
§ 3º A existência de preços registrados não obriga a administração pública a firmar os contratos que deles poderão advir, sendo facultada a realização de licitação específica, assegurada ao licitante, registrada preferência em igualdade de condições.

[57] Art. 32 – O Sistema de Registro de Preços, especificamente destinado às licitações de que trata esta Lei, reger-se-á pelo disposto em regulamento.
§1º Poderá aderir ao sistema referido no *caput* deste artigo qualquer órgão ou entidade responsável pela execução das atividades contempladas no art. 1º desta Lei.

(a) consultem o órgão gerenciador para obter a indicação do fornecedor e respectivos quantitativos e preços que poderão ser contratados; (b) fiscalizem o cumprimento dos contratos que celebrarem; e (c) apliquem eventuais sanções.

O §2º fixa que os órgãos aderentes ("caronas") não poderão contratar quantidade superior à soma das estimativas de demanda dos órgãos participantes e gerenciador. Assim, por exemplo, se a soma das estimativas de demanda do órgão gerenciador e do(s) órgão(s) participante(s) totalizar 100 unidades, a contratação por órgão aderente, individualmente, deverá respeitar esse total.

Buscando solucionar a questão do limite máximo de quantitativo passível de contratação com base no registro de preços — que tanta polêmica tem causado —, o §3º estabelece que a quantidade global de bens ou serviços que poderão ser contratados pelos órgãos aderentes e gerenciador, somados, não poderá ser superior a cinco vezes a quantidade prevista para cada item, com exceção de obras, cujo limite, conforme redação determinada pelo Decreto nº 8.080/2013, não poderá ser superior a três vezes essa quantidade.

Como antecipamos, ao mencionarmos inicialmente o SRP, essa adesão no SRP tem causado polêmica ao longo do tempo. Inicialmente, além dos questionamentos quanto à constitucionalidade e legalidade da prática, pululavam críticas decorrentes da adesão ilimitada, conforme regulamentação inicial (Decreto nº 3.931/2001).

Sobre a matéria, escrevemos:

> O decreto anterior, em texto de difícil interpretação, estabelecia que as aquisições ou contratações adicionais não poderiam exceder, por órgão ou entidade, a cem por cento dos quantitativos registrados na ata de registro de preços. Essa possibilidade, que não possuia sustentação legal, era criadora de sérios problemas para a consecução do interesse público, pois permitia que uma licitação, em que a disputa foi restrita a um determinado patamar, produzisse uma infinidade de demandas contratuais semelhantes, sem qualquer redução dos valores ofertados.[58]

---

[58] BITTENCOURT, Sidney. *Licitação Passo a Passo*. 7 ed. Belo Horizonte: Fórum, 2014.

Constatando a imprópria utilização da ferramenta, o TCU, em Sessão Plenária,[59] determinou ao Ministério do Planejamento, Orçamento e Gestão (MPOG) que adotasse providências com vistas à reavaliação das regras estabelecidas para o registro de preços no Decreto nº 3.931/2001, de forma a estabelecer limites para a adesão a registros de preços realizados por outros órgãos e entidades, visando a preservar os princípios da competição, da igualdade de condições entre os licitantes e da busca da maior vantagem para a Administração Pública, tendo em vista que as regras em vigor permitem a indesejável situação de adesão ilimitada, desvirtuando as finalidades buscadas por essa sistemática.

Em oposição ao determinado pela Corte de Contas federal, o Ministério do Planejamento, em dezembro de 2007, por intermédio da Secretaria de Logística e Tecnologia da Informação, impetrou Pedido de Reexame, arguindo a improcedência dos fundamentos do Acórdão, invocando, principalmente, os princípios da economicidade e da eficiência, considerando que a Ata de Registro de Preços advém de uma licitação altamente competitiva e que o instituto do "carona" atende a determinados pressupostos legais, dentre os quais o da *vantajosidade* para o Poder Público, que é imperioso reconhecer que a fundamentação balizadora da decisão merece revisão, já que, verificou-se que partem de premissas não adequadas à realidade da Administração, que, ao contrário do alegado, tem obtido inúmeras vantagens.

Nesse viés, considerando que se avolumava a inapropriada prática, sem nenhuma atitude efetiva do MPOG, o TCU, em decisão proferida em 23.05.2012, resolveu dar um basta definitivo ao uso dessa distorção na utilização do registro de preços, proferindo o Acórdão nº 1.233/2012-Plenário, no qual determinou:

---

[59] Tratando de possíveis irregularidades numa Ata de Registro de Preços do Pregão do Ministério da Saúde, consoante o decidido no Acórdão nº 1.487/2007.

9.3.2.1.4. a fixação, no termo de convocação, de quantitativos (máximos) a serem contratados por meio dos contratos derivados da ata de registro de preços, previstos no Decreto 3.931/2001, art. 9º, inciso II, é obrigação e não faculdade do gestor (Acórdão 991/2009-TCU– Plenário, Acórdão 1.100/2007-TCU-Plenário e Acórdão 4.411/2010-TCU-2ª Câmara);

9.3.2.1.5. em atenção ao princípio da vinculação ao instrumento convocatório (Lei nº 8.666/1993, art. 3º, *caput*), devem gerenciar a ata de forma que a soma dos quantitativos contratados em todos os contratos derivados da ata não supere o quantitativo máximo previsto no edital;

9.3.3. quando realizarem adesão à ata de registro de preços atentem que:

9.3.3.1. o planejamento da contratação é obrigatório, sendo que, se o objeto for solução de TI, caso seja integrante do SISP, deve executar o processo de planejamento previsto na IN – SLTI/MP 4/2010 (IN – SLTI/MP 4/2010, art. 18, inciso III) ou, caso não o seja, realizar os devidos estudos técnicos preliminares (Lei nº 8.666/1993, art. 6º, inciso IX); 9.3.3.2. devem demonstrar, formalmente, a *vantajosidade* da adesão, nos termos do Decreto 3.931/2001, art. 8º;

9.3.3.3, as regras e condições estabelecidas no certame que originou a ata de registro de preços devem ser conforme as necessidades e condições determinadas na etapa de planejamento da contratação (Lei nº 8.666/1993, art. 6º, inciso IX, alínea "d", c/c o art. 3º, §1º, inciso I, e Lei nº 10.520/2002, art. 3º, inciso II);[60]

Com a edição do Decreto nº 7.892/2013, em atendimento ao TCU, as regras concernentes ao quantitativo decorrente das adesões foram revistas, dispondo a nova regulamentação que não poderão superar, na totalidade, certo quantitativo.[61]

---

[60] O Acórdão foi reiterado por outros de mesmo teor (Acórdãos nºs 1.619/2012, 1.717/2012 e 1.737/2012).

[61] Não poderão superar ao quíntuplo do quantitativo de cada item registrado para esses órgãos, independentemente do número de órgãos não participantes que vierem a aderir, ou seja, se cada "carona" aderir a 100% do quantitativo registrado, a ARP poderá ter, no máximo, cinco órgãos aderentes; se, por outro lado, cada "carona" aderir a apenas 50% do quantitativo registrado, essa ARP poderá ter até dez "caronas", e assim sucessivamente.

Conforme exposto, o SRP/RDC, como não poderia deixar de ser, segue essa linha.

Todavia, verifica-se que a prática da "carona" continua a ser utilizada de forma fraudulenta, merecendo, certamente, novos aperfeiçoamentos. Um exemplo do uso irregular pode ser verificado na matéria veiculada pela revista Veja de 22.12.2014, intitulada "Três stents e uma viagem, com o subtítulo "A barganha é uma das práticas da máfia que envolve empresas e hospitais do Rio: em troca de propinas, médicos usam material de segunda e operam sem necessidade":

> Submeter-se a uma cirurgia para a colocação de prótese no coração já é uma situação de grande stress para qualquer um. Mas, pior que isso, é descobrir depois, que o procedimento foi em vão — ou que o material implantado era da pior qualidade. Pois esse tipo de barbaridade vem ocorrendo na rede pública — e mesmo em hospitais privados — há décadas. Ela é parte de um esquema de corrupção ramificado e poderoso que agora começa a ser desbaratado. Uma investigação da Polícia Federal do Rio de Janeiro, ainda em curso, identificou uma rede que envolve dezenas de médicos, além de donos e diretores de hospitais que recebem propinas para comprar certos produtos de determinados fornecedores (até agora, dezesseis foram identificados). Para fazerem a roda da corrupção girar, essas empresas distribuem aos profissionais de saúde, de viagens e carros importados a consultórios novos e dinheiro vivo — transportado em carro blindado. A propina varia de 10% a 20% do valor das compras, invariavelmente superfaturadas. Essa máfia drenou, por baixo, 120 milhões de reais só nos principais hospitais federais do Rio. (...) Próteses e órteses são o tipo de material mais caro na escala de compras da saúde. E, por terem uma míriade de especificações técnicas, sua seleção pelo médico carrega sempre um grau de subjetividade. **Para dar legitimidade às escolhas, a máfia passou a recorrer a uma brecha legal que permite abandonar a tabela padrão do SUS e recorrer à chamada "licitação por adesão",** por meio da qual ela conseguia estabelecer novos patamares de preços. Um médico do setor vascular de um hospital público explicou à VEJA como isso funciona: "A fornecedora convence um hospital federal do interior, menos visado, a abrir licitação de um produto e põe um preço lá no alto. Ganha e, depois, outros hospitais aderem a esse valor". A manobra já operou

o milagre de fazer uma prótese que custa 14 000 reais na tabela do SUS, alcançar o preço de 100 000 reais. (grifamos).[62]

Segundo o previsto no §4º, os fornecedores registrados não serão obrigados a contratar com órgãos aderentes.

Consoante o consignado no §5º, o fornecimento de bens ou a prestação de serviços a órgãos aderentes não prejudicará a obrigação de cumprimento da ata de registro de preços em relação aos órgãos gerenciador e participantes.

O art. 103 do regulamento indica o procedimento a ser observado pelo órgão gerenciador na indicação dos fornecedores que poderão ser contratados pelos órgãos participantes e aderentes, bem como as quantidades e os preços, de acordo com a ordem de classificação. Nesse caso, conforme preconiza o §1º, deverá ser observada a seguinte ordem, quando da indicação de fornecedor aos órgãos participantes:

(a) o fornecedor registrado mais bem classificado, até o esgotamento dos respectivos quantitativos oferecidos;

(b) os fornecedores registrados que registraram seus preços em valor igual ao do licitante mais bem classificado, conforme a ordem de classificação; e

(c) os demais fornecedores registrados, conforme a ordem de classificação, pelos seus preços registrados.

No caso de solicitação de indicação de fornecedor por órgão aderente, o órgão gerenciador indicará o fornecedor registrado mais bem classificado e os demais licitantes que registraram seus preços em valor igual ao do licitante mais bem classificado (§2º)

Os §§3º e 4º disciplinam procedimentos referentes aos órgãos aderentes: deverão propor a celebração de contrato aos fornecedores indicados pelo órgão gerenciador seguindo a ordem de classificação e concretizar a contratação no prazo

---

[62] RITTO, Cecília. Três stents e uma viagem. A barganha é uma das práticas da máfia que envolve empresas e hospitais do Rio: em troca de propinas, médicos usam material de segunda e operam sem necessidade. *Veja*, 22 dez. 2014.

de até trinta dias após a indicação do fornecedor pelo órgão gerenciador, respeitado o prazo de vigência da ARP.

O art. 104 do regulamento dispõe que o órgão gerenciador, cumprindo a sua condição de gerente do sistema, avaliará trimestralmente a compatibilidade entre o preço registrado e o valor de mercado. Constatando que o preço registrado é superior ao valor de mercado, ficarão vedadas novas contratações até a adoção das providências cabíveis (§1º).

Quando o preço registrado tornar-se superior ao preço praticado no mercado por motivo superveniente, prevê o art. 105 do regulamento que o órgão gerenciador convocará os fornecedores para negociarem a redução dos preços aos valores praticados pelo mercado.

Ainda com relação à constatação de preço superior ao praticado no mercado, o §1º estabelece que os fornecedores que não aceitarem reduzir seus preços aos valores praticados pelo mercado serão liberados do compromisso assumido, sem aplicação de penalidade.

No que diz respeito à ordem de classificação dos fornecedores que aceitarem reduzir seus preços aos valores de mercado, reza o §2º que observar-se-á a classificação original.

O art. 106 do regulamento trata do uso de atas de registros de preços entre entes federativos, prevendo que os órgãos ou entidades da Administração Pública federal não poderão participar ou aderir à ARP cujo órgão gerenciador integre a Administração Pública de estado, do Distrito Federal ou de município, ressalvada a faculdade de a Autoridade Pública Olímpica (APO) aderir às atas gerenciadas pelos respectivos consorciados. A regra mantém coerência com os procedimentos previstos no Decreto de registro de preços Geral do regime geral de licitações: o art. 22, §§8º e 9º, do Decreto nº 7.892/13 também anota a vedação.

Ademais, o dispositivo atende à orientação normativa da Advocacia-Geral da União (AGU) nº 21, de 01.04.2009, que preconiza, versando sobre o registro de preços normatizado pelo Decreto n° 7.892/2013, que "é vedada aos órgãos públicos federais a adesão à ata de registro de preços quando a licitação tiver sido realizada pela administração pública estadual, municipal ou do Distrito Federal, bem como por entidades paraestatais".

Essa proibição, a nosso ver, não tem sustentação lógica, uma vez que impede que órgãos federais possam valer-se da economia de escala atingida numa licitação para o registro de preços de maior vulto de estados ou municípios, auferindo custos reduzidos.

Com entendimento diverso, Juliano Heinen considera a medida compreensível, porque as compras em nível nacional possuem abrangência que destoa dos aspectos regionais e locais:

> Veja que, neste caso, a União não poderia se valer da ata de registro de um município, dado que este contrata normalmente em menor escala e, neste caso, os preços possivelmente serão mais altos. Sem contar que a publicidade do SRP será diferente em cada entidade federada, ou seja, menor em termos municipais do que em âmbito federal.[63]

Anote-se que a parte final do artigo faz uma ressalva: é facultada à APO aderir a qualquer ata de registro de preços, desde que, gerada por consorciados.

Por outro lado, o parágrafo único do art. 106 autoriza os órgãos ou entidades públicas estaduais, municipais ou do Distrito Federal a participarem da ARP gerenciada pela Administração Pública federal ou aderir a ela, observado o disposto no §1º do art. 92[64] e no *caput* do art. 102.[65]

---

[63] HEINEN, Juliano. Regime Diferenciado de Contratações – Lei nº 12.462/2011. Porto Alegre: Livraria do Advogado, 2015, p. 173.

[64] Art. 92 (...) §1º Observado o prazo estabelecido pelo órgão gerenciador, os órgãos ou entidades públicas interessados em participar do registro de preços deverão:
I – manifestar sua concordância com o objeto do registro de preços; e
II – indicar a sua estimativa de demanda e o cronograma de contratações.

[65] Art. 102. O órgão ou entidade pública responsável pela execução das obras ou serviços contemplados no art. 2º que não tenha participado do certame licitatório, poderá aderir à ata de registro de preços, respeitado o seu prazo de vigência.

O art. 107 do regulamento circunscreve as hipóteses de extinção prematura do registro de preços por iniciativa da Administração. O dispositivo consigna que o registro de preços será revogado quando o fornecedor: (a) descumprir as condições da ata de registro de preços; (b) não retirar a respectiva nota de empenho ou instrumento equivalente, no prazo estabelecido pela administração pública, sem justificativa aceitável; (c) não aceitar reduzir o seu preço registrado, na hipótese de este se tornar superior àqueles praticados no mercado; e (d) sofrer as sanções previstas nos incs. III e IV, do art. 87, da Lei nº 8.666/1993,[66] e no art. 7º da Lei nº 10.520/2002.[67]

Pelo teor do §1º deste art. 107, verifica-se que, além das hipóteses do *caput*, que anotam motivos explícitos para a revogação, ela também poderá ocorrer por iniciativa da Administração, baseada em conveniência e oportunidade; ou por solicitação do fornecedor, com base em fato superveniente, devidamente comprovado, que justifique a impossibilidade de cumprimento da proposta. Consoante preconiza o §2º do mesmo artigo, ocorrendo descumprimento das condições da ARP; não retirada da respectiva nota de empenho ou instrumento equivalente, no prazo estabelecido pela

---

[66] Lei nº 8.666/1993: "Art. 87. Pela inexecução total ou parcial do contrato a Administração poderá, garantida a prévia defesa, aplicar ao contratado as seguintes sanções: (...)
III – suspensão temporária de participação em licitação e impedimento de contratar com a Administração, por prazo não superior a 2 (dois) anos;
IV – declaração de inidoneidade para licitar ou contratar com a Administração Pública enquanto perdurarem os motivos determinantes da punição ou até que seja promovida a reabilitação perante a própria autoridade que aplicou a penalidade, que será concedida sempre que o contratado ressarcir a Administração pelos prejuízos resultantes e após decorrido o prazo da sanção aplicada com base no inciso anterior".

[67] Lei nº 10.520/2002: "Art. 7º Quem, convocado dentro do prazo de validade da sua proposta, não celebrar o contrato, deixar de entregar ou apresentar documentação falsa exigida para o certame, ensejar o retardamento da execução de seu objeto, não mantiver a proposta, falhar ou fraudar na execução do contrato, comportar-se de modo inidôneo ou cometer fraude fiscal, ficará impedido de licitar e contratar com a União, Estados, Distrito Federal ou Municípios e, será descredenciado no Sicaf, ou nos sistemas de cadastramento de fornecedores a que se refere o inciso XIV do art. 4º desta Lei, pelo prazo de até 5 (cinco) anos, sem prejuízo das multas previstas em edital e no contrato e das demais cominações legais".

Administração, sem justificativa aceitável; ou no caso de a empresa sofrer as sanções previstas nos incs. III e IV do art. 87 da Lei nº 8.666/1993, e no art. 7º da Lei nº 10.520/2002, a revogação deverá ser formalizada por intermédio de decisão da autoridade competente do órgão gerenciador, assegurados o contraditório e a ampla defesa.

Evidentemente, a revogação do registro de preços de um fornecedor não prejudicará o registro dos preços dos demais licitantes (§3º).

Por fim, o art. 108 do regulamento circunscreve que, no âmbito da Administração Pública federal, competirá ao Ministro de Estado do Planejamento, Orçamento e Gestão estabelecer normas complementares operacionais referentes ao SRP/RDC.

9.4 O Catálogo Eletrônico de Padronização

O art. 33 da Lei do RDC define que o Catálogo Eletrônico de Padronização de compras, serviços e obras consiste num sistema informatizado, de gerenciamento centralizado, destinado a permitir a padronização dos itens a serem adquiridos pela Administração que estarão disponíveis para a realização de licitação.

Segundo o parágrafo único do artigo, o Catálogo Eletrônico de Padronização poderá ser utilizado em licitações cujo critério de julgamento seja a oferta de menor preço ou de maior desconto e conterá toda a documentação e procedimentos da fase interna da licitação, assim como as especificações dos respectivos objetos, conforme disposto em regulamento.

O art. 109 do decreto regulamentar repete o texto do art. 33 da Lei do RDC, estabelecendo, no seu parágrafo único, que a gerência do Catálogo Eletrônico de Padronização ocorrerá de maneira centralizada por intermédio da Secretaria de Logística e Tecnologia da Informação do Ministério do Planejamento, Orçamento e Gestão.

O art. 110 do regulamento informa que o Catálogo Eletrônico de Padronização conterá: a especificação de bens, serviços ou obras; a descrição de requisitos de habilitação de licitantes, conforme o objeto da licitação; e os modelos diversos (de instrumentos convocatórios, minutas de contratos, termos de referência, projetos-referência e outros documentos necessários ao procedimento de licitação que possam ser padronizados).

Dispõe o §1º do art. 110 que o Catálogo Eletrônico de Padronização será destinado especificamente a bens, serviços e obras que possam ser adquiridos ou contratados pela administração pública pelo critério de julgamento menor preço ou maior desconto.

Por derradeiro, o §2º do art. 110 consigna que o projeto básico da licitação será obtido a partir da adaptação do "projeto de referência" às peculiaridades do local onde a obra será realizada, considerando aspectos relativos ao solo e à topografia do terreno, bem como aos preços dos insumos da região em que será implantado o empreendimento.

REFERÊNCIAS

AGU defende contratação diferenciada para obras da Copa e das Olimpíadas e contesta Ministério Público. Disponível em: <http://agenciabrasil.ebc.com.br/noticia/2011-06-14/agu-defende-contratacao-diferenciada-para-obras-da-copa-e-das-olimpiadas-e-contesta-ministerio-public>.

AMARAL, Antônio Carlos Cintra do. *Ato administrativo, licitações e contratos administrativos*. 1. ed. 2. tir. São Paulo: Malheiros, 1995.

ALTOUNIAN, Cláudio Sarian. *Obras públicas*: licitação, contratação, fiscalização e utilização. 3. ed. Belo Horizonte: Fórum, 2012.

ANDRADE, Ricardo Barretto de; VELOSO, Vitor Lanza. Uma visão geral sobre o Regime Diferenciado de Contratações Públicas. *Informativo Justen, Pereira, Oliveira e Talamini*, Curitiba, n. 60, fev. 2012. Disponível em: <http://www.justen.com.br/pdfs/IE60/ie60_ricardo_e_vitor_rdc.pdf>.

ATRASOS na Copa são preocupantes. *O Globo*, Rio de Janeiro, 25 maio 2012.

BARBOSA, Rui. *Oração aos moços*. São Paulo: Martin Claret, 2003.

BARIANI JUNIOR, Percival José. Da publicidade dos instrumentos convocatórios das licitações pelo RDC, dos modos de disputa e dos critérios de julgamento. In: CAMMAROSANO, Márcio; DAL POZZO, Augusto Neves; VALIM, Rafael (Coord.). *Regime Diferenciado de Contratações Públicas*: RDC: Lei nº 12.462/11: aspectos fundamentais. Belo Horizonte: Fórum, 2011. p. 75-82.

BAZILLI, Roberto Ribeiro; MIRANDA, Sandra Julien. *Licitação à luz do direito positivo*: atualizado conforme a Emenda Constitucional nº 19, de 04.06.1998, e a Lei nº 9.648, de 27.05.1998. São Paulo: Malheiros, 1999.

BERLOFFA, Ricardo Ribas da Costa. *A nova modalidade de licitação*: pregão: breves comentários à Lei Federal nº 10.520/02: Lei do Pregão. Porto Alegre: Síntese, 2002.

BICALHO, Alécia Paolucci Nogueira; MOTTA, Carlos Pinto Coelho (*in memoriam*). *RDC – Comentários ao Regime de Contratações*. Belo Horizonte: Fórum, 2014.

BITTENCOURT, Sidney. A questão da duração do contrato administrativo. *Revista Diálogo Jurídico*, Salvador, ano 1, n. 9, dez. 2001. Disponível em: <http://www.direitopublico.com.br/pdf_9/DIALOGO-JURIDICO-09-DEZEMBRO-2001-SIDNEY-BITTENCOURT.pdf>.

BITTENCOURT, Sidney. *As licitações públicas e o Estatuto Nacional das Microempresas*: comentários aos artigos específicos sobre licitação pública contemplados pela Lei Complementar nº 123, de 14.12.2006. 2. ed. Belo Horizonte: Fórum, 2012.

BITTENCOURT, Sidney. Comentários às alterações impostas ao art. 3º da Lei nº 8.666/93 pela Lei nº 12.349/10. *ILC – Informativo de Licitações e Contratos*, Curitiba, v. 18, n. 206, abr. 2011.

BITTENCOURT, Sidney. *Curso básico de licitação*. Rio de Janeiro: Revan, 1998.

BITTENCOURT, Sidney. *Curso básico de licitação*. 3. ed. São Paulo: Lex-Aduaneiras, 2011.

BITTENCOURT, Sidney. *Licitação de registro de preços*: comentários ao Decreto nº 3.931, de 19 de setembro de 2001. 2. ed. Belo Horizonte: Fórum, 2008.

BITTENCOURT, Sidney. *Licitação de Registro de Preços* - Comentários ao Decreto nº 7.892, de 23 de janeiro de 2013, alterado pelo Decreto nº 8.250, de 23 de maio de 2014. 4. ed. rev. e ampl. Belo Horizonte: Fórum, 2015.

BITTENCOURT, Sidney. *Licitações de Serviços Continuados ou Não*: A Terceirização na Administração Pública. São Paulo: Matrix, 2015.

BITTENCOURT, Sidney. *Licitações de Tecnologia da Informação - TI*, Leme: JHMizuno, 2015.

BITTENCOURT, Sidney. *Licitação passo a passo*: comentando todos os artigos da Lei nº 8.666/93. 6. ed. Belo Horizonte: Fórum, 2010.

BITTENCOURT, Sidney. *Licitações públicas para concursos*. Rio de Janeiro: Campus Elsevier, 2012.

BITTENCOURT, Sidney. *Manual de convênios administrativos*: também enfocando os contratos de repasse e os termos de parceria. 3. ed. Belo Horizonte: Fórum, 2012.

BITTENCOURT, Sidney. *Parceria Público-Privada passo a passo*: comentários à Lei nº 11.079/04, que institui normas gerais para licitação e contratação de PPP na Administração Pública. 2. ed. Belo Horizonte: Fórum, 2011.

BITTENCOURT, Sidney. *Pregão eletrônico*: Decreto nº 5.450, de 31 de maio de 2005, Lei nº 10.520, de 17 de julho de 2002, Considerando também a Lei Complementar nº 123/2006, que estabelece tratamento diferenciado e favorecido às microempresas e empresas de pequeno porte. 3. ed. Belo Horizonte: Fórum, 2010.

BITTENCOURT, Sidney. *Pregão passo a passo*: Lei nº 10.520, de 17 de julho de 2002: comentários aos artigos do diploma legal que institui a modalidade de licitação pregão para todos os entes da Federação. 4. ed. Belo Horizonte: Fórum, 2010.

BITTENCOURT, Sidney. *Pregão presencial*. 2. ed. Belo Horizonte: Fórum, 2012.

BOECHAT, Clóvis Celso Velasco. Em parecer emitido em 2007. Anotações pessoais.
BRITTO, Alzemeri Martins Ribeiro de; VALADÃO, Perpétua Leal Ivo. Sanções penais e administrativas em sede de convênios com entidades privadas. *Blog Agnes Sobbé*, 23 jun. 2006. Disponível em: <http://direito-e-justica.blogspot.com/2009/06/sancoes-penais-e-administrativas-em.html>.

CAMPOS, Guilherme. Saída para reduzir burocracia. *O Globo*, Rio de Janeiro, 16 jul. 2012.

CARDOSO, André Guskow. O Regime Diferenciado de Contratações Públicas: a questão da publicidade do orçamento estimado. *Informativo Justen, Pereira, Oliveira e Talamini*, Curitiba, n. 58, dez. 2011. Disponível em: <http://www.justen.com.br/pdfs/IE58/Andre_RDC.pdf>.

CARVALHOSA, Modesto. *Comentários à Lei de Sociedades Anônimas*. 2. ed. São Paulo: Saraiva, 2003. v. 4, t. 2.

CHARLES, Ronny; MARRY, Michelle. *RDC – Regime Diferenciado de Contratações*. Salvador: JusPodivm, 2014.

CHIARADIA, Benedito Dantas. *As licitações e os contratos administrativos*. Rio de Janeiro: GZ, 2013.

CHIAVENATO, Idalberto. *Teoria geral da administração*. 6. ed. Rio de Janeiro: Campus, 2001. v. 1.

CINTRA DO AMARAL, Antônio Carlos. Eficiência na Licitação ou Eficácia da Contratação?. *Comentários CELC*, n. 172, 1º jun. 2010. Disponível em: <http://www.celc.com.br/comentarios/pdf/172>.

CINTRA, Luiz Antonio. Diferenciado para quem?. *Carta Capital*, São Paulo, 27 jun. 2012.

CITADINI, Antonio Roque. Os certificados de qualidade e o Tribunal de Contas do Estado. Disponível em: <http://www.citadini.com.br/artigos/dci000828.htm>.

DI PIETRO, Maria Sylvia Zanella. *Direito administrativo*. 25. ed. São Paulo: Atlas, 2012.

DI PIETRO, Maria Sylvia Zanella. *Discricionariedade administrativa na Constituição de 1988*. 2. ed. São Paulo: Atlas, 2001.

ESCOBAR, João Carlos Mariense. *O sistema de registro de preços nas compras públicas*: teoria e prática, Porto Alegre: Livraria do Advogado, 1996.

FERREIRA, Daniel; SANTOS, José Anacleto Abduch. Licitações para a Copa do Mundo e Olimpíadas: comentários sobre algumas inovações da Lei nº 12.462/2011. *Fórum de Contratação e Gestão Pública – FCGP*, Belo Horizonte, ano 10, n. 117, p. 46-58, set. 2011.

FIGUEIREDO, Lúcia Valle. *Direitos dos licitantes*. 3. ed. São Paulo: Malheiros, 1992.

FIGUEIREDO, Marcelo. *Probidade administrativa*. 4. ed. São Paulo: Malheiros, 2000.

FREITAS, Juarez. O controle dos atos administrativos e os princípios fundamentais. 4. ed. São Paulo: Malheiros, 2009.

GARCIA, Flávio Amaral. Regime Diferenciado de Contratações Públicas: RDC: a nova sistemática da Lei nº 12.462 de 05.08.11. Disponível em: <http://download.rj.gov.br/documentos/10112/607009/DLFE-41555.pdf/PGEPalestraRDCDr.FlavioAmaral.pdf>.

GASPARINI, Diogenes. *Direito administrativo*. 7. ed. São Paulo: Saraiva, 2002.

GASPARINI, Diogenes. Princípios e normas gerais. In: SEMINÁRIO DE DIREITO ADMINISTRATIVO, 2, TCMSP, 2004. *Licitação e contrato*: direito aplicado. Disponível em: <http://www.tcm.sp.gov.br/legislacao/doutrina/14a18_06_04/diogenes_gasparini4.htm>

GRAU, Eros Roberto. *A ordem econômica na Constituição de 1988*: interpretação e crítica. São Paulo: Malheiros, 1995.

GUIMARÃES, Edgar. Diligências nas licitações. Disponível em: <http://www.edgarguimaraes.com.br/v2/arquivos/download/PUBLICACOES_DILIGENCIAS_NAS_LICITACOES.pdf>.

GUIMARÃES, Fernando Vernalha; MOREIRA, Egon Bockmann Moreira. Por que é necessário um "regime diferenciado". *Gazeta do Povo*, 05 jul. 2011.

GURGEL diz que RDC para a Copa é inconstitucional. *Estadão*, São Paulo, 09 set. 2011. Disponível em: <http://www.estadao.com.br/noticias/nacional,gurgel-diz-que-rdc-para-a-copa-e-inconstitucional,770505,0.htm>.

HEINEN, Juliano. *Regime Diferenciado de Contratações*, Porto Alegre: Livraria do Advogado, 2015.

JACOBY FERNANDES, Jorge Ulisses. *Comentando as licitações públicas*. Rio de Janeiro: Temas & Idéias, 2002. (Série Grandes Nomes, n. 2).

JACOBY FERNANDES, Jorge Ulisses. Objetivos do Regime Diferenciado de Contratações Públicas: RDC. *Capital Público*, n. 28, 2011.

JACOBY FERNANDES, Jorge Ulisses. *Sistema de registro de preços e pregão presencial e eletrônico*. 3. ed. Belo Horizonte: Fórum, 2008.

JUSTEN FILHO, Marçal. *Comentários à Lei de Licitações e Contratos Administrativos*: de acordo com a Lei Federal nº 8.666, de 21.6.1993. 8. ed. São Paulo: Dialética, 2001.

JUSTEN FILHO, Marçal. *Comentários à Lei de Licitações e Contratos Administrativos*. 11. ed. São Paulo: Dialética, 2005.

JUSTEN FILHO, Marçal. *Comentários ao RDC*. São Paulo: Dialética, 2013.

LEÃO, Eliana Goulart. *O sistema de registro de preços*: uma revolução nas licitações, Campinas: Bookseller, 1997.

LEFÈVRE, Mônica Bandeira de Mello. A inversão de fases e as alterações na fase de habilitação. *Informativo Justen, Pereira, Oliveira e Talamini*, Curitiba, n. 55, set. 2011. Disponível em: <http://www.justen.com.br/pdfs/ie55/IE55-monica.pdf>.

LEPIANI, Giancarlo. Barcelona, 20 anos depois: a Olimpíada e a nova cidade. *Veja*, São Paulo, 08 abr. 2012. Disponível em: <http://veja.abril.com.br/noticia/esporte/barcelona-20-anos-depois-a-olimpiada-e-uma-nova-cidade>.

LEPIANI, Giancarlo. Legado olímpico: depois das medalhas, o maior desafio. *Veja*, São Paulo, 07 abr. 2012. Disponível em: <http://veja.abril.com.br/noticia/esporte/legado-olimpico-depois-das-medalhas-o-principal-desafio>.

LICITAÇÃO: Ministro do TCU detalha modelo de contratações da Copa em Cuiabá. Disponível em: <http://www.rcc.com.br/v8/rccdigital/detail.asp?iNews=2501&iType=64>.

LIMA, Rui Cirne. *Princípios do direito administrativo*. 5. ed. São Paulo: Revista dos Tribunais, 1982.

LIRA, Bruno; NÓBREGA, Marcos. O Estatuto do RDC é contrário aos cartéis em licitação?: uma breve análise baseada na teoria dos leilões. *Revista Brasileira de Direito Público – RBDP*, Belo Horizonte, ano 9, n. 35, p. 37-60, out./dez. 2011.

MADEIRA, José Maria Pinheiro. *Administração pública*. 11. ed. Rio de Janeiro: Campus Elsevier, 2010.

MAGALHÃES, Josevan Duarte. A Intenção de Registro de Preços (IRP) no Comprasnet: uma ferramenta de excelência na gestão pública. Por que não utilizá-la?. Disponível em: <http://tdc.net.br/a-intencao-de-registro-de-precos-irp-no-comprasnet-uma-ferramentade-excelencia-na-gestao-publica-por-que-nao-utiliza-la/>.

MARQUES. Maria Silvia Bastos; PINHEIRO, Augusto Ivan. A cidade e o legado. *O Globo*, Rio de Janeiro, 21 jan. 2012.

MARTINS, Ricardo Marcondes. Comissão de licitação na Lei nº 12.462/11. *In*: CAMMAROSANO, Márcio; DAL POZZO, Augusto Neves; VALIM, Rafael (Coord.). *Regime Diferenciado de Contratações Públicas*: RDC. Belo Horizonte: Fórum, 2011.

MÁXIMO, Wellton. *RDC não agilizou obras da Copa do Mundo, mostra levantamento*. Disponível em <http://agenciabrasil.ebc.com.br/geral/noticia/2014-05/rdc-nao-agilizou-obras-da-copa-do-mundo-mostra-levantamento>.

MAZZAROPPI, Fabianne Gusso. *A inconstitucionalidade do Regime Diferenciado de Contratação*. Disponível em: <http://seminarioitalobrasileiro.com.br/arquivos/504-507.pdf>.

MEIRELLES, Hely Lopes. *Direito administrativo brasileiro*. 26. ed. São Paulo: Malheiros, 2001.

MEIRELLES, Hely Lopes. *Direito administrativo brasileiro*. 28. ed. São Paulo: Malheiros, 2003.

MELLO, Celso Antônio Bandeira de. *Curso de direito administrativo*, 31. ed, São Paulo: Malheiros, 2014.

MELLO, Celso Antônio Bandeira de. *Curso de direito administrativo*. 12. ed. São Paulo: Malheiros, 1999.

MELLO, Celso Antônio Bandeira de. *Elementos de direito administrativo*. 3. ed. São Paulo: Malheiros, 1992.

MENDES, Renato Geraldo. *Lei de Licitação e Contratos Anotada*, 4. ed. Curitiba: Zênite. 2007.

MILITÃO, Antônio. *Registro de preços*: considerações acerca das modificações introduzidas no Sistema de Registro de Preços pelo Decreto nº 7.892, de 23 de janeiro de 2013.

MIQUELOTO, Simone. Da vigência e da prorrogação dos contratos por prazo certo. *ILC – Informativo de Licitações e Contratos*, Curitiba, n. 63, maio 1999.

MOREIRA NETO, Diogo de Figueiredo. *Curso de direito administrativo*. 8. ed. Rio de Janeiro: Forense, 1989.

MOREIRA. Egon Bockmann; GUIMARÃES, Fernando Vernalha. *Licitação pública*. São Paulo: Atlas, 2012.

MOTTA, Carlos Pinto Coelho. *Eficácia nas Licitações e Contratos*, 7. ed. Belo Horizonte: Del Rey, 1998.

MOTTA, Carlos Pinto Coelho. Licitações para a Copa. *Estado de Minas*, Belo Horizonte, 16 jun. 2011.

MOURA, Edson Mazini. Parecer DAdM-C/EM/06/C, de 13.11.2012.

MUKAI, Toshio *O novo estatuto jurídico das Licitações e Contratos Públicos*: comentários à Lei nº 8.666/93, com as alterações promovidas pela Lei 8.883/94. 3. ed. São Paulo: Revista dos Tribunais, 1994.

MUKAI, Toshio. Contratações Diferenciadas para Eventos Esportivos: flexibilizações para quê e para quem?. *Revista Síntese Licitações, Contratos e Convênios*, São Paulo, n. 6, dez./jan. 2011/2012.

MUKAI, Toshio. *Licitações e contratos públicos*. 8. ed. São Paulo: Saraiva, 2008.

NESTER, Alexandre Wagner. Os critérios de julgamento previstos no Regime Diferenciado de Contratações Públicas. *Informativo Justen, Pereira, Oliveira e Talamini*, Curitiba, n. 58, dez. 2011. Disponível em: <http://www.justen.com.br/pdfs/IE58/Nester_RDC.pdf>.

NIEBUHR, Joel de Menezes. Duração dos contratos administrativos. *ILC – Informativo de Licitações e Contratos*, Curitiba, n. 164, out. 2007.

O "LEGADO" de Pequim-2008. *O Globo*, Rio de Janeiro, 10 abr. 2012.

OLIVEIRA, Fernão Justen de. A convocação dos licitantes remanescentes no Regime Diferenciado de Contratações Públicas. *Informativo Justen, Pereira, Oliveira e Talamini*, Curitiba, n. 59, jan. 2012. Disponível em: <http://www.justen.com.br/pdfs/ie59/ie59_fernao_rdc.pdf>.

OLIVEIRA, Ivo Ferreira de. *Diligências nas licitações públicas*. Curitiba: JM Ed., 2001.

PEIXOTO, Ariosto Mila. RDC: Regime Diferenciado de Contratações. Disponível em: <http://licitacao.uol.com.br/artdescricao.asp?cod=99>.

PEREIRA, Gabriel Senra da Cunha; PEREIRA, Fausto Vieira da Cunha; WERNKE, Ana Vitória. O sigilo no Regime Diferenciado de Contratações Públicas. *Cunha, Pereira e Massara Advogados Associados*, 03 nov. 2011. Disponível em: <http://www.cunhapereira.adv.br/artigos/o-sigilo-no-regime-diferenciado-de-contratacoes-publicas>.

PEREIRA, Merval. RDC em discussão. *O Globo*, Rio de Janeiro, 07 set. 2011.

POMBO, Rodrigo Goulart de Freitas. Critérios de Desempate e Preferências no RDC. *Informativo Justen, Pereira, Oliveira e Talamini*, Curitiba, n. 57, nov. 2011. Disponível em: <http://www.justen.com.br/pdfs/IE57/IE57-rodrigo.pdf>.

PONTE, Luis Roberto. Em defesa do Regime Diferenciado de Contratações. *Sociedade Brasileira de Direito Público – SBDP*, 06 set. 2011. Disponível em: <http://www.sbdp.org.br/arquivos/material/961_Guilherme_Jardim_Jurksaitis_-_Em_defesa_do_RDC_-_versao_pa..pdf>.

PONTE, Luis Roberto. RDC, um escárnio aos princípios éticos da Lei 8666. *Câmara Brasileira da Indústria da Construção – CBIC*, 29 jun. 2011. Disponível em: <http://www.cbic.org.br/artigo/rdc-um-escarnio-aos-principios-eticos-da-lei-8666>.

RDC pode ser retrocesso na transparência das contas públicas. *Instituto Ethos*, 21 jun. 2011. Disponível em: <http://institutoethos.blogspot.com.br/2011/06/regime-diferenciado-de-contratacoes.html>.

RESENDE, Antônio José Calhau de. O princípio da razoabilidade dos atos do Poder Público. *Revista do Legislativo*, Belo Horizonte, p. 56-57, abr./dez. 1999. Disponível em: <http://consulta.almg.gov.br/opencms/export/sites/default/consulte/publicacoes_assembleia/periodicas/revistas/arquivos/pdfs/26/calhau26.pdf>.

REZENDE, Renato Monteiro de. O Regime Diferenciado de Contratações Públicas: comentários à Lei nº 12.462, de 2011. *Textos para Discussão*, n. 100, ago. 2011. Disponível em: <http://www.senado.gov.br/senado/conleg/textos_discussao/TD100-RenatoRezende.pdf>.

RIGOLIN, Ivan Barbosa. *Comentando as licitações públicas*. Rio de Janeiro: Temas & Idéias, 2001. (Série Grandes Nomes, n. 1).

RIGOLIN, Ivan Barbosa. Municípios já podem inverter as fases da licitação: o sepultamento das normas gerais de licitação. *Fórum de Contratação e Gestão Pública – FCGP*, Belo Horizonte, ano 11, n. 124, p. 76-80, abr. 2012. Parecer.

RIGOLIN, Ivan Barbosa. RDC: Regime Diferenciado de Contratações Públicas. ago. 2011. Disponível em: <http://www.acopesp.org.br/artigos/artigo%20139.pdf>. Acesso em: 27 dez. 2011.

RIGOLIN, Ivan Barbosa. RDC: Regime Diferenciado de Contratações Públicas. *Fórum de Contratação e Gestão Pública – FCGP*, Belo Horizonte, ano 10, n. 117, set. 2011. Disponível em: <http://www.bidforum.com.br/bid/PDI0006.aspx?pdiCntd=75003>.

RIGOLIN, Ivan Barbosa. Recomendações sobre o edital e para a comissão de licitações. Disponível em: <http://www.acopesp.org.br/artigos/Dr.%20Ivan%20Barbosa%20Rigolin/artigo%20141.pdf>.

RITTO, Cecília. Três stents e uma viagem. A barganha é uma das práticas da máfia que envolve empresas e hospitais do Rio: em troca de propinas, médicos usam material de segunda e operam sem necessidade. *Veja*, 22 dez. 2014.

ROCHA, Lucas Martins Magalhães da. Regime Diferenciado de Contratações: RDC começa a ser utilizado em Licitações. *Azevedo Sette Advogados*, 15 dez. 2011. Disponível em: <http://www.azevedosette.com.br/ppp/artigos/exibir/regime_diferenciado_de_contratacoes_rdc_comeca_a_ser_utilizado_em_licitacoes/130>.

RODRIGUES, Raimilan Seneterri da Silva. Custos indiretos em contratos administrativos: estudo sistemático do BDI. *ILC – Informativo de Licitações e Contratos*, Curitiba, v. 19, n. 215, p. 45-51, jan. 2012.

ROMERO, William. *O sigilo orçamentário nas negociações do RDC*. Disponível em: < http://www.justen.com.br//informativo.php?&informativo=78&artigo=1063&l=pt>.

ROST, Maria Augusta. As exigências de amostra e de carta de solidariedade no Regime Diferenciado de Contratações Públicas. *Informativo Justen, Pereira, Oliveira e Talamini*, Curitiba, n. 57, nov. 2011. Disponível em: <http://www.justen.com.br/pdfs/IE57/IE57-maria.pdf>.

SALOMÃO, Ricardo. Emenda Constitucional nº 19/98. *Jornal do Commercio*, 12 nov. 1998.

SAMPAIO. Ricardo Alexandre. Cuidados que devem ser observados quando da adesão a atas de registro de preços de outros órgãos e entidades. *ILC – Informativo de Licitações e Contratos*, Curitiba, v. 19, n. 219, maio 2012.

SANTANA, Jair Eduardo. Edital de pregão presencial e eletrônico: essencialidades. Disponível em: <http://www.jairsantana.com.br/admin/arquivos/Edital_essencialidades.pdf>.

SANTANA, Jair Eduardo. *Termo de referência*: valor estimado na licitação. 2. ed. Curitiba: Negócios Jurídicos, 2010.

SANTOS, Brenia D. G. dos. Sigilo do orçamento estimado no RDC – qual a novidade trazida pelo Decreto n. 8.080/2013?, Disponível em: <http://www.governet.com.br/noticia.php?cod=4377>.

SANTOS, Luis Wagner Mazzaro Almeida; COSTA, Luiz Sérgio Madeiro da. O RDC e outras mudanças recentes em licitações, contratos e convênios: impactos na auditoria de obras públicas. Disponível em: <http://www.ibraop.org.br/XIVSinaop/docs/LuizWagner.pdf>.

SANTOS, Volnei Moreira dos. *A lei do pregão no município*: uma visão prática e operacional. São Paulo: Verbo Jurídico, 2008.

SOUTO, Marcos Juruena Villela. *Direito administrativo contratual*. Rio de Janeiro: Lumen Juris, 2004.

SOUTO, Marcos Juruena Villela. *Licitações e contratos administrativos*: Lei nº 8.666, de 21.06.93, comentada. Rio de Janeiro: Esplanada, 1994.

SOUTO, Marcos Juruena Villela; GARCIA, Flávio Amaral. Sistema de registro de preços: o efeito "carona". *Boletim de Licitações e Contratos – BLC*, São Paulo, ano 20, n. 3, mar. 2007.

SUNDFELD, Carlos Ari; SHAPIRO, Mario. Uma copa para uma nova licitação?. Disponível em: <http://fgvnoticias.fgv.br/noticia/uma-copa-para-uma-nova-licitacao-artigo-de-carlos-ari-sundfeld-e-mario-schapiro>.

SZKLAROWSKY, Leon Frejda. *Duração do contrato administrativo*. Disponível em: <http://www.ambito-juridico.com.br/site/index.php?n_link=revista_artigos_leitura&artigo_id=2150>.

TAVARNARO, Giovana Harue Jojima. Princípios do processo administrativo. Disponível em: <http://www.kplus.com.br/materia.asp?co=104&rv=Direito>.

TISAKA, Maçahico. Órgãos públicos realizam contratações ilegais. Disponível em: <http://construcaomercado.pini.com.br/negocios-incorporacao-construcao/97/orgaos-publicos-realizam-contratacoes-ilegais-283643-1.aspx>.

TCU já reduziu desperdício de dinheiro público em obras da Copa em mais de R$ 500 milhões. Disponível em: <http://copadomundo.uol.com.br/noticias/redacao/2012/03/21/tcu-ja-reduziu-desperdicio-de-dinheiro-publico-em-obras-da-copa-em-mais-de-r-500-milhoes.htm>.

VALLE, Vanice Regina Lírio do. Viabilidade jurídica do regime diferenciado de contratações: sobre a arte de evitar que a cauda abane o cachorro. *Fórum de Contratação e Gestão Pública – FCGP*, Belo Horizonte, ano 10, n. 117, set. 2011. Disponível em: <http://www.bidforum.com.br/bid/PDI0006.aspx?pdiCntd=75019>.

VASCONCELLOS, Alexandre. *Orçamento público*. 3. ed. Rio de Janeiro: Ferreira 2012.

VIANNA, Flavia Daniel. Breves apontamentos sobre o Regime Diferenciado de Contratações Públicas: RDC: Lei nº 12.462, de 5 de agosto de 2011. *Revista Síntese de Licitações, Contratos e Convênios*, São Paulo, n. 5, out./nov. 2011.

VIANNA, Flavia Daniel. *Ferramenta contra o Fracionamento Ilegal de Despesa* - A união do Sistema de Registro de Preços e a modalidade Pregão. São Paulo: Scortecci, 2009.

VIANNA, Flavia Daniel. *Manual do Sistema de Registro de Preços (SRP)*. São Caetano do Sul: Vianna, 2012. VIANNA, Flavia Daniel. *O que muda no SRP com o novo Decreto federal nº 8.250, de 23 de maio de 2014*.

VITAL, André Luiz Francisco da Silva. Regime Diferenciado de Contratações: parecer. Disponível em: <http://img.msisites.com.br/Parecer%20RDC[1](1).pdf>.

LEGISLAÇÃO

LEI Nº 12.462, DE 4 DE AGOSTO DE 2011

(DOU, 05.08.2011, ed. extra; retif. 10.08.2011)

Institui o Regime Diferenciado de Contratações Públicas - RDC; altera a Lei nº 10.683, de 28 de maio de 2003, que dispõe sobre a organização da Presidência da República e dos Ministérios, a legislação da Agência Nacional de Aviação Civil (Anac) e a legislação da Empresa Brasileira de Infraestrutura Aeroportuária (Infraero); cria a Secretaria de Aviação Civil, cargos de Ministro de Estado, cargos em comissão e cargos de Controlador de Tráfego Aéreo; autoriza a contratação de controladores de tráfego aéreo temporários; altera as Leis nos 11.182, de 27 de setembro de 2005, 5.862, de 12 de dezembro de 1972, 8.399, de 7 de janeiro de 1992, 11.526, de 4 de outubro de 2007, 11.458, de 19 de março de 2007, e 12.350, de 20 de dezembro de 2010, e a Medida Provisória nº 2.185-35, de 24 de agosto de 2001; e revoga dispositivos da Lei nº 9.649, de 27 de maio de 1998.

A PRESIDENTA DA REPÚBLICA Faço saber que o Congresso Nacional decreta e eu sanciono a seguinte Lei:

Capítulo I
Do Regime Diferenciado de Contratações Públicas - RDC

Seção I
Aspectos Gerais

Art. 1º É instituído o Regime Diferenciado de Contratações Públicas (RDC), aplicável exclusivamente às licitações e contratos necessários à realização:
I - dos Jogos Olímpicos e Paraolímpicos de 2016, constantes da Carteira de Projetos Olímpicos a ser definida pela Autoridade Pública Olímpica (APO); e
II - da Copa das Confederações da Federação Internacional de Futebol Associação - Fifa 2013 e da Copa do Mundo Fifa 2014, definidos pelo Grupo Executivo - Gecopa 2014 do Comitê Gestor instituído para definir, aprovar e supervisionar as ações previstas no Plano Estratégico das Ações do Governo Brasileiro para a realização da Copa do Mundo Fifa 2014 - CGCOPA 2014, restringindo-se, no caso de obras públicas, às constantes da matriz de responsabilidades celebrada entre a União, Estados, Distrito Federal e Municípios;
III - de obras de infraestrutura e de contratação de serviços para os aeroportos das capitais dos Estados da Federação distantes até 350 km (trezentos e cinquenta quilômetros) das cidades sedes dos mundiais referidos nos incisos I e II.
IV - das ações integrantes do Programa de Aceleração do Crescimento (PAC) (Incluído pela Lei nº 12.688, de 2012)
§1º O RDC tem por objetivos:
I - ampliar a eficiência nas contratações públicas e a competitividade entre os licitantes;
II - promover a troca de experiências e tecnologias em busca da melhor relação entre custos e benefícios para o setor público;
III - incentivar a inovação tecnológica; e
IV - assegurar tratamento isonômico entre os licitantes e a seleção da proposta mais vantajosa para a administração pública.

§2º A opção pelo RDC deverá constar de forma expressa do instrumento convocatório e resultará no afastamento das normas contidas na Lei nº 8.666, de 21 de junho de 1993, exceto nos casos expressamente previstos nesta Lei.

Art. 2º Na aplicação do RDC, deverão ser observadas as seguintes definições:

I - empreitada integral: quando se contrata um empreendimento em sua integralidade, compreendendo a totalidade das etapas de obras, serviços e instalações necessárias, sob inteira responsabilidade da contratada até a sua entrega ao contratante em condições de entrada em operação, atendidos os requisitos técnicos e legais para sua utilização em condições de segurança estrutural e operacional e com as características adequadas às finalidades para a qual foi contratada;

II - empreitada por preço global: quando se contrata a execução da obra ou do serviço por preço certo e total;

III - empreitada por preço unitário: quando se contrata a execução da obra ou do serviço por preço certo de unidades determinadas;

IV - projeto básico: conjunto de elementos necessários e suficientes, com nível de precisão adequado, para, observado o disposto no parágrafo único deste artigo:

a) caracterizar a obra ou serviço de engenharia, ou complexo de obras ou serviços objeto da licitação, com base nas indicações dos estudos técnicos preliminares;

b) assegurar a viabilidade técnica e o adequado tratamento do impacto ambiental do empreendimento; e

c) possibilitar a avaliação do custo da obra ou serviço e a definição dos métodos e do prazo de execução;

V - projeto executivo: conjunto dos elementos necessários e suficientes à execução completa da obra, de acordo com as normas técnicas pertinentes; e

VI - tarefa: quando se ajusta mão de obra para pequenos trabalhos por preço certo, com ou sem fornecimento de materiais.

Parágrafo único. O projeto básico referido no inciso IV do *caput* deste artigo deverá conter, no mínimo, sem frustrar o caráter competitivo do procedimento licitatório, os seguintes elementos:

I - desenvolvimento da solução escolhida de forma a fornecer visão global da obra e identificar seus elementos constitutivos com clareza;

II - soluções técnicas globais e localizadas, suficientemente detalhadas, de forma a restringir a necessidade de reformulação ou de variantes durante as fases de elaboração do projeto executivo e de realização das obras e montagem a situações devidamente comprovadas em ato motivado da administração pública;

III - identificação dos tipos de serviços a executar e de materiais e equipamentos a incorporar à obra, bem como especificações que assegurem os melhores resultados para o empreendimento;

IV - informações que possibilitem o estudo e a dedução de métodos construtivos, instalações provisórias e condições organizacionais para a obra;

V - subsídios para montagem do plano de licitação e gestão da obra, compreendendo a sua programação, a estratégia de suprimentos, as normas de fiscalização e outros dados necessários em cada caso, exceto, em relação à respectiva licitação, na hipótese de contratação integrada;

VI - orçamento detalhado do custo global da obra, fundamentado em quantitativos de serviços e fornecimentos propriamente avaliados.

Art. 3º As licitações e contratações realizadas em conformidade com o RDC deverão observar os princípios da legalidade, da impessoalidade, da moralidade, da igualdade, da publicidade, da eficiência, da probidade administrativa, da economicidade, do desenvolvimento nacional sustentável, da vinculação ao instrumento convocatório e do julgamento objetivo.

Art. 4º Nas licitações e contratos de que trata esta Lei serão observadas as seguintes diretrizes:

I - padronização do objeto da contratação relativamente às especificações técnicas e de desempenho e, quando for o caso, às condições de manutenção, assistência técnica e de garantia oferecidas;

II - padronização de instrumentos convocatórios e minutas de contratos, previamente aprovados pelo órgão jurídico competente;

III - busca da maior vantagem para a administração pública, considerando custos e benefícios, diretos e indiretos, de natureza econômica, social ou ambiental, inclusive os relativos à manutenção, ao desfasamento de bens e resíduos, ao índice de depreciação econômica e a outros fatores de igual relevância;

IV - condições de aquisição, de seguros e de pagamento compatíveis com as do setor privado, inclusive mediante pagamento de remuneração variável conforme desempenho, na forma do art. 10 desta Lei;
V - utilização, sempre que possível, nas planilhas de custos constantes das propostas oferecidas pelos licitantes, de mão de obra, materiais, tecnologias e matérias-primas existentes no local da execução, conservação e operação do bem, serviço ou obra, desde que não se produzam prejuízos à eficiência na execução do respectivo objeto e que seja respeitado o limite do orçamento estimado para a contratação; e
VI - parcelamento do objeto, visando à ampla participação de licitantes, sem perda de economia de escala.
§1º As contratações realizadas com base no RDC devem respeitar, especialmente, as normas relativas à:
I - disposição final ambientalmente adequada dos resíduos sólidos gerados pelas obras contratadas;
II - mitigação por condicionantes e compensação ambiental, que serão definidas no procedimento de licenciamento ambiental;
III - utilização de produtos, equipamentos e serviços que, comprovadamente, reduzam o consumo de energia e recursos naturais;
IV - avaliação de impactos de vizinhança, na forma da legislação urbanística;
V - proteção do patrimônio cultural, histórico, arqueológico e imaterial, inclusive por meio da avaliação do impacto direto ou indireto causado pelas obras contratadas; e
VI - acessibilidade para o uso por pessoas com deficiência ou com mobilidade reduzida.
§2º O impacto negativo sobre os bens do patrimônio cultural, histórico, arqueológico e imaterial tombados deverá ser compensado por meio de medidas determinadas pela autoridade responsável, na forma da legislação aplicável.

Seção II
Das Regras Aplicáveis às Licitações no Âmbito do RDC

Subseção I
Do Objeto da Licitação

Art. 5º O objeto da licitação deverá ser definido de forma clara e precisa no instrumento convocatório, vedadas especificações excessivas, irrelevantes ou desnecessárias.
Art. 6º Observado o disposto no §3º, o orçamento previamente estimado para a contratação será tornado público apenas e imediatamente após o encerramento da licitação, sem prejuízo da divulgação do detalhamento dos quantitativos e das demais informações necessárias para a elaboração das propostas.
§1º Nas hipóteses em que for adotado o critério de julgamento por maior desconto, a informação de que trata o *caput* deste artigo constará do instrumento convocatório.
§2º No caso de julgamento por melhor técnica, o valor do prêmio ou da remuneração será incluído no instrumento convocatório.
§3º Se não constar do instrumento convocatório, a informação referida no *caput* deste artigo possuirá caráter sigiloso e será disponibilizada estrita e permanentemente aos órgãos de controle externo e interno.
Art. 7º No caso de licitação para aquisição de bens, a administração pública poderá:
I - indicar marca ou modelo, desde que formalmente justificado, nas seguintes hipóteses:
a) em decorrência da necessidade de padronização do objeto;
b) quando determinada marca ou modelo comercializado por mais de um fornecedor for a única capaz de atender às necessidades da entidade contratante; ou
c) quando a descrição do objeto a ser licitado puder ser melhor compreendida pela identificação de determinada marca ou modelo aptos a servir como referência, situação em que será obrigatório o acréscimo da expressão "ou similar ou de melhor qualidade";
II - exigir amostra do bem no procedimento de pré-qualificação, na fase de julgamento das propostas ou lances, desde que justificada a necessidade da sua apresentação;
III - solicitar a certificação da qualidade do produto ou do processo de fabricação, inclusive sob o aspecto ambiental, por qualquer instituição oficial competente ou por entidade credenciada; e
IV - solicitar, motivadamente, carta de solidariedade emitida pelo fabricante, que assegure a execução do contrato, no caso de licitante revendedor ou distribuidor.

Art. 8º Na execução indireta de obras e serviços de engenharia, são admitidos os seguintes regimes:
I - empreitada por preço unitário;
II - empreitada por preço global;
III - contratação por tarefa;
IV - empreitada integral; ou
V - contratação integrada.
§1º Nas licitações e contratações de obras e serviços de engenharia serão adotados, preferencialmente, os regimes discriminados nos incisos II, IV e V do *caput* deste artigo.
§2º No caso de inviabilidade da aplicação do disposto no §1º deste artigo, poderá ser adotado outro regime previsto no *caput* deste artigo, hipótese em que serão inseridos nos autos do procedimento os motivos que justificaram a exceção.
§3º O custo global de obras e serviços de engenharia deverá ser obtido a partir de custos unitários de insumos ou serviços menores ou iguais à mediana de seus correspondentes ao Sistema Nacional de Pesquisa de Custos e Índices da Construção Civil (Sinapi), no caso de construção civil em geral, ou na tabela do Sistema de Custos de Obras Rodoviárias (Sicro), no caso de obras e serviços rodoviários.
§4º No caso de inviabilidade da definição dos custos consoante o disposto no §3º deste artigo, a estimativa de custo global poderá ser apurada por meio da utilização de dados contidos em tabela de referência formalmente aprovada por órgãos ou entidades da administração pública federal, em publicações técnicas especializadas, em sistema específico instituído para o setor ou em pesquisa de mercado.
§5º Nas licitações para a contratação de obras e serviços, com exceção daquelas onde for adotado o regime previsto no inciso V do *caput* deste artigo, deverá haver projeto básico aprovado pela autoridade competente, disponível para exame dos interessados em participar do processo licitatório.
§6º No caso de contratações realizadas pelos governos municipais, estaduais e do Distrito Federal, desde que não envolvam recursos da União, o custo global de obras e serviços de engenharia a que se refere o §3º deste artigo poderá também ser obtido a partir de outros sistemas de custos já adotados pelos respectivos entes e aceitos pelos respectivos tribunais de contas.
§7º É vedada a realização, sem projeto executivo, de obras e serviços de engenharia para cuja concretização tenha sido utilizado o RDC, qualquer que seja o regime adotado.
Art. 9º Nas licitações de obras e serviços de engenharia, no âmbito do RDC, poderá ser utilizada a contratação integrada, desde que técnica e economicamente justificada.
§1º A contratação integrada compreende a elaboração e o desenvolvimento dos projetos básico e executivo, a execução de obras e serviços de engenharia, a montagem, a realização de testes, a pré-operação e todas as demais operações necessárias e suficientes para a entrega final do objeto.
§2º No caso de contratação integrada:
I - o instrumento convocatório deverá conter anteprojeto de engenharia que contemple os documentos técnicos destinados a possibilitar a caracterização da obra ou serviço, incluindo:
a) a demonstração e a justificativa do programa de necessidades, a visão global dos investimentos e as definições quanto ao nível de serviço desejado;
b) as condições de solidez, segurança, durabilidade e prazo de entrega, observado o disposto no *caput* e no §1º do art. 6º desta Lei;
c) a estética do projeto arquitetônico; e
d) os parâmetros de adequação ao interesse público, à economia na utilização, à facilidade na execução, aos impactos ambientais e à acessibilidade;
II - o valor estimado da contratação será calculado com base nos valores praticados pelo mercado, nos valores pagos pela administração pública em serviços e obras similares ou na avaliação do custo global da obra, aferida mediante orçamento sintético ou metodologia expedita ou paramétrica; e
III - será adotado o critério de julgamento de técnica e preço.
§3º Caso seja permitida no anteprojeto de engenharia a apresentação de projetos com metodologias diferenciadas de execução, o instrumento convocatório estabelecerá critérios objetivos para avaliação e julgamento das propostas.
§4º Nas hipóteses em que for adotada a contratação integrada, é vedada a celebração de termos aditivos aos contratos firmados, exceto nos seguintes casos:

I - para recomposição do equilíbrio econômico-financeiro decorrente de caso fortuito ou força maior; e
II - por necessidade de alteração do projeto ou das especificações para melhor adequação técnica aos objetivos da contratação, a pedido da administração pública, desde que não decorrentes de erros ou omissões por parte do contratado, observados os limites previstos no §1º do art. 65 da Lei nº 8.666, de 21 de junho de 1993.
Art. 10. Na contratação das obras e serviços, inclusive de engenharia, poderá ser estabelecida remuneração variável vinculada ao desempenho da contratada, com base em metas, padrões de qualidade, critérios de sustentabilidade ambiental e prazo de entrega definidos no instrumento convocatório e no contrato.
Parágrafo único. A utilização da remuneração variável será motivada e respeitará o limite orçamentário fixado pela administração pública para a contratação.
Art. 11. A administração pública poderá, mediante justificativa expressa, contratar mais de uma empresa ou instituição para executar o mesmo serviço, desde que não implique perda de economia de escala, quando:
I - o objeto da contratação puder ser executado de forma concorrente e simultânea por mais de um contratado; ou
II - a múltipla execução for conveniente para atender à administração pública.
§1º Nas hipóteses previstas no *caput* deste artigo, a administração pública deverá manter o controle individualizado da execução do objeto contratual relativamente a cada uma das contratadas.
§2º O disposto no *caput* deste artigo não se aplica aos serviços de engenharia.

Subseção II
Do Procedimento Licitatório

Art. 12. O procedimento de licitação de que trata esta Lei observará as seguintes fases, nesta ordem:
I - preparatória;
II - publicação do instrumento convocatório;
III - apresentação de propostas ou lances;
IV - julgamento;
V - habilitação;
VI - recursal; e
VII - encerramento.
Parágrafo único. A fase de que trata o inciso V do *caput* deste artigo poderá, mediante ato motivado, anteceder as referidas nos incisos III e IV do *caput* deste artigo, desde que expressamente previsto no instrumento convocatório.
Art. 13. As licitações deverão ser realizadas preferencialmente sob a forma eletrônica, admitida a presencial.
Parágrafo único. Nos procedimentos realizados por meio eletrônico, a administração pública poderá determinar, como condição de validade e eficácia, que os licitantes pratiquem seus atos em formato eletrônico.
Art. 14. Na fase de habilitação das licitações realizadas em conformidade com esta Lei, aplicar-se-á, no que couber, o disposto nos arts. 27 a 33 da Lei nº 8.666, de 21 de junho de 1993, observado o seguinte:
I - poderá ser exigida dos licitantes a declaração de que atendem aos requisitos de habilitação;
II - será exigida a apresentação dos documentos de habilitação apenas pelo licitante vencedor, exceto no caso de inversão de fases;
III - no caso de inversão de fases, só serão recebidas as propostas dos licitantes previamente habilitados; e
IV - em qualquer caso, os documentos relativos à regularidade fiscal poderão ser exigidos em momento posterior ao julgamento das propostas, apenas em relação ao licitante mais bem classificado.
Parágrafo único. Nas licitações disciplinadas pelo RDC:
I - será admitida a participação de licitantes sob a forma de consórcio, conforme estabelecido em regulamento; e
II - poderão ser exigidos requisitos de sustentabilidade ambiental, na forma da legislação aplicável.
Art. 15. Será dada ampla publicidade aos procedimentos licitatórios e de pré-qualificação disciplinados por esta Lei, ressalvadas as hipóteses de informações cujo sigilo seja imprescindível à segurança da sociedade e do Estado, devendo ser adotados os

seguintes prazos mínimos para apresentação de propostas, contados a partir da data de publicação do instrumento convocatório:
I - para aquisição de bens:
a) 5 (cinco) dias úteis, quando adotados os critérios de julgamento pelo menor preço ou pelo maior desconto; e
b) 10 (dez) dias úteis, nas hipóteses não abrangidas pela alínea *a* deste inciso;
II - para a contratação de serviços e obras:
a) 15 (quinze) dias úteis, quando adotados os critérios de julgamento pelo menor preço ou pelo maior desconto; e
b) 30 (trinta) dias úteis, nas hipóteses não abrangidas pela alínea *a* deste inciso;
III - para licitações em que se adote o critério de julgamento pela maior oferta: 10 (dez) dias úteis; e
IV - para licitações em que se adote o critério de julgamento pela melhor combinação de técnica e preço, pela melhor técnica ou em razão do conteúdo artístico: 30 (trinta) dias úteis.
§1º A publicidade a que se refere o *caput* deste artigo, sem prejuízo da faculdade de divulgação direta aos fornecedores, cadastrados ou não, será realizada mediante:
I - publicação de extrato do edital no Diário Oficial da União, do Estado, do Distrito Federal ou do Município, ou, no caso de consórcio público, do ente de maior nível entre eles, sem prejuízo da possibilidade de publicação de extrato em jornal diário de grande circulação; e
II - divulgação em sítio eletrônico oficial centralizado de divulgação de licitações ou mantido pelo ente encarregado do procedimento licitatório na rede mundial de computadores.
§2º No caso de licitações cujo valor não ultrapasse R$150.000,00 (cento e cinquenta mil reais) para obras ou R$80.000,00 (oitenta mil reais) para bens e serviços, inclusive de engenharia, é dispensada a publicação prevista no inciso I do §1º deste artigo.
§3º No caso de parcelamento do objeto, deverá ser considerado, para fins da aplicação do disposto no §2º deste artigo, o valor total da contratação.
§4º As eventuais modificações no instrumento convocatório serão divulgadas nos mesmos prazos dos atos e procedimentos originais, exceto quando a alteração não comprometer a formulação das propostas.

Art. 16. Nas licitações, poderão ser adotados os modos de disputa aberto e fechado, que poderão ser combinados na forma do regulamento.

Art. 17. O regulamento disporá sobre as regras e procedimentos de apresentação de propostas ou lances, observado o seguinte:
I - no modo de disputa aberto, os licitantes apresentarão suas ofertas por meio de lances públicos e sucessivos, crescentes ou decrescentes, conforme o critério de julgamento adotado;
II - no modo de disputa fechado, as propostas apresentadas pelos licitantes serão sigilosas até a data e hora designadas para que sejam divulgadas; e
III - nas licitações de obras ou serviços de engenharia, após o julgamento das propostas, o licitante vencedor deverá reelaborar e apresentar à administração pública, por meio eletrônico, as planilhas com indicação dos quantitativos e dos custos unitários, bem como do detalhamento das Bonificações e Despesas Indiretas (BDI) e dos Encargos Sociais (ES), com os respectivos valores adequados ao lance vencedor.
§1º Poderão ser admitidos, nas condições estabelecidas em regulamento:
I - a apresentação de lances intermediários, durante a disputa aberta; e
II - o reinício da disputa aberta, após a definição da melhor proposta e para a definição das demais colocações, sempre que existir uma diferença de pelo menos 10% (dez por cento) entre o melhor lance e o do licitante subsequente.
§2º Consideram-se intermediários os lances:
I - iguais ou inferiores ao maior já ofertado, quando adotado o julgamento pelo critério da maior oferta; ou
II - iguais ou superiores ao menor já ofertado, quando adotados os demais critérios de julgamento.

Art. 18. Poderão ser utilizados os seguintes critérios de julgamento:
I - menor preço ou maior desconto;
II - técnica e preço;
III - melhor técnica ou conteúdo artístico;
IV - maior oferta de preço; ou

V - maior retorno econômico.
§1º O critério de julgamento será identificado no instrumento convocatório, observado o disposto nesta Lei.
§2º O julgamento das propostas será efetivado pelo emprego de parâmetros objetivos definidos no instrumento convocatório.
§3º Não serão consideradas vantagens não previstas no instrumento convocatório, inclusive financiamentos subsidiados ou a fundo perdido.
Art. 19. O julgamento pelo menor preço ou maior desconto considerará o menor dispêndio para a administração pública, atendidos os parâmetros mínimos de qualidade definidos no instrumento convocatório.
§1º Os custos indiretos, relacionados com as despesas de manutenção, utilização, reposição, depreciação e impacto ambiental, entre outros fatores, poderão ser considerados para a definição do menor dispêndio, sempre que objetivamente mensuráveis, conforme dispuser o regulamento.
§2º O julgamento por maior desconto terá como referência o preço global fixado no instrumento convocatório, sendo o desconto estendido aos eventuais termos aditivos.
§3º No caso de obras ou serviços de engenharia, o percentual de desconto apresentado pelos licitantes deverá incidir linearmente sobre os preços de todos os itens do orçamento estimado constante do instrumento convocatório.
Art. 20. No julgamento pela melhor combinação de técnica e preço, deverão ser avaliadas e ponderadas as propostas técnicas e de preço apresentadas pelos licitantes, mediante a utilização de parâmetros objetivos obrigatoriamente inseridos no instrumento convocatório.
§1º O critério de julgamento a que se refere o *caput* deste artigo será utilizado quando a avaliação e a ponderação da qualidade técnica das propostas que superarem os requisitos mínimos estabelecidos no instrumento convocatório forem relevantes aos fins pretendidos pela administração pública, e destinar-se-á exclusivamente a objetos:
I - de natureza predominantemente intelectual e de inovação tecnológica ou técnica; ou
II - que possam ser executados com diferentes metodologias ou tecnologias de domínio restrito no mercado, pontuando-se as vantagens e qualidades que eventualmente forem oferecidas para cada produto ou solução.
§2º É permitida a atribuição de fatores de ponderação distintos para valorar as propostas técnicas e de preço, sendo o percentual de ponderação mais relevante limitado a 70% (setenta por cento).
Art. 21. O julgamento pela melhor técnica ou pelo melhor conteúdo artístico considerará exclusivamente as propostas técnicas ou artísticas apresentadas pelos licitantes com base em critérios objetivos previamente estabelecidos no instrumento convocatório, no qual será definido o prêmio ou a remuneração que será atribuída aos vencedores.
Parágrafo único. O critério de julgamento referido no *caput* deste artigo poderá ser utilizado para a contratação de projetos, inclusive arquitetônicos, e trabalhos de natureza técnica, científica ou artística, excluindo-se os projetos de engenharia.
Art. 22. O julgamento pela maior oferta de preço será utilizado no caso de contratos que resultem em receita para a administração pública.
§1º Quando utilizado o critério de julgamento pela maior oferta de preço, os requisitos de qualificação técnica e econômico-financeira poderão ser dispensados, conforme dispuser o regulamento.
§2º No julgamento pela maior oferta de preço, poderá ser exigida a comprovação do recolhimento de quantia a título de garantia, como requisito de habilitação, limitada a 5% (cinco por cento) do valor ofertado.
§3º Na hipótese do §2º deste artigo, o licitante vencedor perderá o valor da entrada em favor da administração pública caso não efetive o pagamento devido no prazo estipulado.
Art. 23. No julgamento pelo maior retorno econômico, utilizado exclusivamente para a celebração de contratos de eficiência, as propostas serão consideradas de forma a selecionar a que proporcionará a maior economia para a administração pública decorrente da execução do contrato.
§1º O contrato de eficiência terá por objeto a prestação de serviços, que pode incluir

a realização de obras e o fornecimento de bens, com o objetivo de proporcionar economia ao contratante, na forma de redução de despesas correntes, sendo o contratado remunerado com base em percentual da economia gerada.

§2º Na hipótese prevista no *caput* deste artigo, os licitantes apresentarão propostas de trabalho e de preço, conforme dispuser o regulamento.

§3º Nos casos em que não for gerada a economia prevista no contrato de eficiência:
I - a diferença entre a economia contratada e a efetivamente obtida será descontada da remuneração da contratada;
II - se a diferença entre a economia contratada e a efetivamente obtida for superior à remuneração da contratada, será aplicada multa por inexecução contratual no valor da diferença; e
III - a contratada sujeitar-se-á, ainda, a outras sanções cabíveis caso a diferença entre a economia contratada e a efetivamente obtida seja superior ao limite máximo estabelecido no contrato.

Art. 24. Serão desclassificadas as propostas que:
I - contenham vícios insanáveis;
II - não obedeçam às especificações técnicas pormenorizadas no instrumento convocatório;
III - apresentem preços manifestamente inexequíveis ou permaneçam acima do orçamento estimado para a contratação, inclusive nas hipóteses previstas no art. 6º desta Lei;
IV - não tenham sua exequibilidade demonstrada, quando exigido pela administração pública; ou
V - apresentem desconformidade com quaisquer outras exigências do instrumento convocatório, desde que insanáveis.

§1º A verificação da conformidade das propostas poderá ser feita exclusivamente em relação à proposta mais bem classificada.

§2º A administração pública poderá realizar diligências para aferir a exequibilidade das propostas ou exigir dos licitantes que ela seja demonstrada, na forma do inciso IV do *caput* deste artigo.

§3º No caso de obras e serviços de engenharia, para efeito de avaliação da exequibilidade e de sobrepreço, serão considerados o preço global, os quantitativos e os preços unitários considerados relevantes, conforme dispuser o regulamento.

Art. 25. Em caso de empate entre 2 (duas) ou mais propostas, serão utilizados os seguintes critérios de desempate, nesta ordem:
I - disputa final, em que os licitantes empatados poderão apresentar nova proposta fechada em ato contínuo à classificação;
II - a avaliação do desempenho contratual prévio dos licitantes, desde que exista sistema objetivo de avaliação instituído;
III - os critérios estabelecidos no art. 3º da Lei nº 8.248, de 23 de outubro de 1991, e no §2º do art. 3º da Lei nº 8.666, de 21 de junho de 1993; e
IV - sorteio.

Parágrafo único. As regras previstas no *caput* deste artigo não prejudicam a aplicação do disposto no art. 44 da Lei Complementar nº 123, de 14 de dezembro de 2006.

Art. 26. Definido o resultado do julgamento, a administração pública poderá negociar condições mais vantajosas com o primeiro colocado.

Parágrafo único. A negociação poderá ser feita com os demais licitantes, segundo a ordem de classificação inicialmente estabelecida, quando o preço do primeiro colocado, mesmo após a negociação, for desclassificado por sua proposta permanecer acima do orçamento estimado.

Art. 27. Salvo no caso de inversão de fases, o procedimento licitatório terá uma fase recursal única, que se seguirá à habilitação do vencedor.

Parágrafo único. Na fase recursal, serão analisados os recursos referentes ao julgamento das propostas ou lances e à habilitação do vencedor.

Art. 28. Exauridos os recursos administrativos, o procedimento licitatório será encerrado e encaminhado à autoridade superior, que poderá:
I - determinar o retorno dos autos para saneamento de irregularidades que forem supríveis;
II - anular o procedimento, no todo ou em parte, por vício insanável;
III - revogar o procedimento por motivo de conveniência e oportunidade; ou

IV - adjudicar o objeto e homologar a licitação.

Subseção III
Dos Procedimentos Auxiliares das Licitações no Âmbito do RDC

Art. 29. São procedimentos auxiliares das licitações regidas pelo disposto nesta Lei:
I - pré-qualificação permanente;
II - cadastramento;
III - sistema de registro de preços; e
IV - catálogo eletrônico de padronização.
Parágrafo único. Os procedimentos de que trata o *caput* deste artigo obedecerão a critérios claros e objetivos definidos em regulamento.

Art. 30. Considera-se pré-qualificação permanente o procedimento anterior à licitação destinado a identificar:
I - fornecedores que reúnam condições de habilitação exigidas para o fornecimento de bem ou a execução de serviço ou obra nos prazos, locais e condições previamente estabelecidos; e
II - bens que atendam às exigências técnicas e de qualidade da administração pública.
§1º O procedimento de pré-qualificação ficará permanentemente aberto para a inscrição dos eventuais interessados.
§2º A administração pública poderá realizar licitação restrita aos pré-qualificados, nas condições estabelecidas em regulamento.
§3º A pré-qualificação poderá ser efetuada nos grupos ou segmentos, segundo as especialidades dos fornecedores.
§4º A pré-qualificação poderá ser parcial ou total, contendo alguns ou todos os requisitos de habilitação ou técnicos necessários à contratação, assegurada, em qualquer hipótese, a igualdade de condições entre os concorrentes.
§5º A pré-qualificação terá validade de 1 (um) ano, no máximo, podendo ser atualizada a qualquer tempo.

Art. 31. Os registros cadastrais poderão ser mantidos para efeito de habilitação dos inscritos em procedimentos licitatórios e serão válidos por 1 (um) ano, no máximo, podendo ser atualizados a qualquer tempo.
§1º Os registros cadastrais serão amplamente divulgados e ficarão permanentemente abertos para a inscrição de interessados.
§2º Os inscritos serão admitidos segundo requisitos previstos em regulamento.
§3º A atuação do licitante no cumprimento de obrigações assumidas será anotada no respectivo registro cadastral.
§4º A qualquer tempo poderá ser alterado, suspenso ou cancelado o registro do inscrito que deixar de satisfazer as exigências de habilitação ou as estabelecidas para admissão cadastral.

Art. 32. O Sistema de Registro de Preços, especificamente destinado às licitações de que trata esta Lei, reger-se-á pelo disposto em regulamento.
§1º Poderá aderir ao sistema referido no *caput* deste artigo qualquer órgão ou entidade responsável pela execução das atividades contempladas no art. 1º desta Lei.
§2º O registro de preços observará, entre outras, as seguintes condições:
I - efetivação prévia de ampla pesquisa de mercado;
II - seleção de acordo com os procedimentos previstos em regulamento;
III - desenvolvimento obrigatório de rotina de controle e atualização periódicos dos preços registrados;
IV - definição da validade do registro; e
V - inclusão, na respectiva ata, do registro dos licitantes que aceitarem cotar os bens ou serviços com preços iguais ao do licitante vencedor na sequência da classificação do certame, assim como dos licitantes que mantiverem suas propostas originais.
§3º A existência de preços registrados não obriga a administração pública a firmar os contratos que deles poderão advir, sendo facultada a realização de licitação específica, assegurada ao licitante registrado preferência em igualdade de condições.

Art. 33. O catálogo eletrônico de padronização de compras, serviços e obras consiste em sistema informatizado, de gerenciamento centralizado, destinado a permitir a padronização dos itens a serem adquiridos pela administração pública que estarão disponíveis para a realização de licitação.
Parágrafo único. O catálogo referido no *caput* deste artigo poderá ser utilizado em licitações cujo critério de julgamento seja a

oferta de menor preço ou de maior desconto e conterá toda a documentação e procedimentos da fase interna da licitação, assim como as especificações dos respectivos objetos, conforme disposto em regulamento.

Subseção IV
Da Comissão de Licitação

Art. 34. As licitações promovidas consoante o RDC serão processadas e julgadas por comissão permanente ou especial de licitações, composta majoritariamente por servidores ou empregados públicos pertencentes aos quadros permanentes dos órgãos ou entidades da administração pública responsáveis pela licitação.

§1º As regras relativas ao funcionamento das comissões de licitação e da comissão de cadastramento de que trata esta Lei serão estabelecidas em regulamento.

§2º Os membros da comissão de licitação responderão solidariamente por todos os atos praticados pela comissão, salvo se posição individual divergente estiver registrada na ata da reunião em que houver sido adotada a respectiva decisão.

Subseção V
Da Dispensa e Inexigibilidade de Licitação

Art. 35. As hipóteses de dispensa e inexigibilidade de licitação estabelecidas nos arts. 24 e 25 da Lei nº 8.666, de 21 de junho de 1993, aplicam-se, no que couber, às contratações realizadas com base no RDC.
Parágrafo único. O processo de contratação por dispensa ou inexigibilidade de licitação deverá seguir o procedimento previsto no art. 26 da Lei nº 8.666, de 21 de junho de 1993.

Subseção VI
Das Condições Específicas para a Participação nas Licitações e para a Contratação no RDC

Art. 36. É vedada a participação direta ou indireta nas licitações de que trata esta Lei:
I - da pessoa física ou jurídica que elaborar o projeto básico ou executivo correspondente;
II - da pessoa jurídica que participar de consórcio responsável pela elaboração do projeto básico ou executivo correspondente;
III - da pessoa jurídica da qual o autor do projeto básico ou executivo seja administrador, sócio com mais de 5% (cinco por cento) do capital votante, controlador, gerente, responsável técnico ou subcontratado; ou
IV - do servidor, empregado ou ocupante de cargo em comissão do órgão ou entidade contratante ou responsável pela licitação.
§1º Não se aplica o disposto nos incisos I, II e III do *caput* deste artigo no caso das contratações integradas.
§2º O disposto no *caput* deste artigo não impede, nas licitações para a contratação de obras ou serviços, a previsão de que a elaboração de projeto executivo constitua encargo do contratado, consoante preço previamente fixado pela administração pública.
§3º É permitida a participação das pessoas físicas ou jurídicas de que tratam os incisos II e III do *caput* deste artigo em licitação ou na execução do contrato, como consultor ou técnico, nas funções de fiscalização, supervisão ou gerenciamento, exclusivamente a serviço do órgão ou entidade pública interessados.
§4º Para fins do disposto neste artigo, considera-se participação indireta a existência de qualquer vínculo de natureza técnica, comercial, econômica, financeira ou trabalhista entre o autor do projeto, pessoa física ou jurídica, e o licitante ou responsável pelos serviços, fornecimentos e obras, incluindo-se os fornecimentos de bens e serviços a estes necessários.
§5º O disposto no §4º deste artigo aplica-se aos membros da comissão de licitação.

Art. 37. É vedada a contratação direta, sem licitação, de pessoa jurídica na qual haja administrador ou sócio com poder de direção que mantenha relação de parentesco, inclusive por afinidade, até o terceiro grau civil com:
I - detentor de cargo em comissão ou função de confiança que atue na área responsável pela demanda ou contratação; e
II - autoridade hierarquicamente superior

no âmbito de cada órgão ou entidade da administração pública.

Art. 38. Nos processos de contratação abrangidos por esta Lei, aplicam-se as preferências para fornecedores ou tipos de bens, serviços e obras previstos na legislação, em especial as referidas:
I - no art. 3º da Lei nº 8.248, de 23 de outubro de 1991;
II - no art. 3º da Lei nº 8.666, de 21 de junho de 1993; e
III - nos arts. 42 a 49 da Lei Complementar nº 123, de 14 de dezembro de 2006.

Seção III
Das Regras Específicas Aplicáveis aos Contratos Celebrados no Âmbito do RDC

Art. 39. Os contratos administrativos celebrados com base no RDC reger-se-ão pelas normas da Lei nº 8.666, de 21 de junho de 1993, com exceção das regras específicas previstas nesta Lei.

Art. 40. É facultado à administração pública, quando o convocado não assinar o termo de contrato ou não aceitar ou retirar o instrumento equivalente no prazo e condições estabelecidos:
I - revogar a licitação, sem prejuízo da aplicação das cominações previstas na Lei nº 8.666, de 21 de junho de 1993, e nesta Lei; ou
II - convocar os licitantes remanescentes, na ordem de classificação, para a celebração do contrato nas condições ofertadas pelo licitante vencedor.

Parágrafo único. Na hipótese de nenhum dos licitantes aceitar a contratação nos termos do inciso II do *caput* deste artigo, a administração pública poderá convocar os licitantes remanescentes, na ordem de classificação, para a celebração do contrato nas condições ofertadas por estes, desde que o respectivo valor seja igual ou inferior ao orçamento estimado para a contratação, inclusive quanto aos preços atualizados nos termos do instrumento convocatório.

Art. 41. Na hipótese do inciso XI do art. 24 da Lei nº 8.666, de 21 de junho de 1993, a contratação de remanescente de obra, serviço ou fornecimento de bens em consequência de rescisão contratual observará a ordem de classificação dos licitantes remanescentes e as condições por estes ofertadas, desde que não seja ultrapassado o orçamento estimado para a contratação.

Art. 42. Os contratos para a execução das obras previstas no plano plurianual poderão ser firmados pelo período nele compreendido, observado o disposto no *caput* do art. 57 da Lei nº 8.666, de 21 de junho de 1993.

Art. 43. Na hipótese do inciso II do art. 57 da Lei nº 8.666, de 21 de junho de 1993, os contratos celebrados pelos entes públicos responsáveis pelas atividades descritas nos incisos I a III do art. 1º desta Lei poderão ter sua vigência estabelecida até a data da extinção da APO. (Redação dada pela Lei nº 12.688, de 2012)

Art. 44. As normas referentes à anulação e revogação das licitações previstas no art. 49 da Lei nº 8.666, de 21 de junho de 1993, aplicar-se-ão às contratações realizadas com base no disposto nesta Lei.

Seção IV
Dos Pedidos de Esclarecimento, Impugnações e Recursos

Art. 45. Dos atos da administração pública decorrentes da aplicação do RDC caberão:
I - pedidos de esclarecimento e impugnações ao instrumento convocatório no prazo mínimo de:
a) até 2 (dois) dias úteis antes da data de abertura das propostas, no caso de licitação para aquisição ou alienação de bens; ou
b) até 5 (cinco) dias úteis antes da data de abertura das propostas, no caso de licitação para contratação de obras ou serviços;
II - recursos, no prazo de 5 (cinco) dias úteis contados a partir da data da intimação ou da lavratura da ata, em face:
a) do ato que defira ou indefira pedido de pré-qualificação de interessados;
b) do ato de habilitação ou inabilitação de licitante;
c) do julgamento das propostas;
d) da anulação ou revogação da licitação;
e) do indeferimento do pedido de inscrição em registro cadastral, sua alteração ou cancelamento;
f) da rescisão do contrato, nas hipóteses previstas no inciso I do art. 79 da Lei nº 8.666, de 21 de junho de 1993;

g) da aplicação das penas de advertência, multa, declaração de inidoneidade, suspensão temporária de participação em licitação e impedimento de contratar com a administração pública; e

III - representações, no prazo de 5 (cinco) dias úteis contados a partir da data da intimação, relativamente a atos de que não caiba recurso hierárquico.

§1º Os licitantes que desejarem apresentar os recursos de que tratam as alíneas *a, b* e *c* do inciso II do *caput* deste artigo deverão manifestar imediatamente a sua intenção de recorrer, sob pena de preclusão.

§2º O prazo para apresentação de contrarrazões será o mesmo do recurso e começará imediatamente após o encerramento do prazo recursal.

§3º É assegurado aos licitantes vista dos elementos indispensáveis à defesa de seus interesses.

§4º Na contagem dos prazos estabelecidos nesta Lei, excluir-se-á o dia do início e incluir-se-á o do vencimento.

§5º Os prazos previstos nesta Lei iniciam e expiram exclusivamente em dia de expediente no âmbito do órgão ou entidade.

§6º O recurso será dirigido à autoridade superior, por intermédio da autoridade que praticou o ato recorrido, cabendo a esta reconsiderar sua decisão no prazo de 5 (cinco) dias úteis ou, nesse mesmo prazo, fazê-lo subir, devidamente informado, devendo, neste caso, a decisão do recurso ser proferida dentro do prazo de 5 (cinco) dias úteis, contados do seu recebimento, sob pena de apuração de responsabilidade.

Art. 46. Aplica-se ao RDC o disposto no art. 113 da Lei nº 8.666, de 21 de junho de 1993.

Seção V
Das Sanções Administrativas

Art. 47. Ficará impedido de licitar e contratar com a União, Estados, Distrito Federal ou Municípios, pelo prazo de até 5 (cinco) anos, sem prejuízo das multas previstas no instrumento convocatório e no contrato, bem como das demais cominações legais, o licitante que:

I - convocado dentro do prazo de validade da sua proposta não celebrar o contrato, inclusive nas hipóteses previstas no parágrafo único do art. 40 e no art. 41 desta Lei;

II - deixar de entregar a documentação exigida para o certame ou apresentar documento falso;

III - ensejar o retardamento da execução ou da entrega do objeto da licitação sem motivo justificado;

IV - não mantiver a proposta, salvo se em decorrência de fato superveniente, devidamente justificado;

V - fraudar a licitação ou praticar atos fraudulentos na execução do contrato;

VI - comportar-se de modo inidôneo ou cometer fraude fiscal; ou

VII - der causa à inexecução total ou parcial do contrato.

§1º A aplicação da sanção de que trata o *caput* deste artigo implicará ainda o descredenciamento do licitante, pelo prazo estabelecido no *caput* deste artigo, dos sistemas de cadastramento dos entes federativos que compõem a Autoridade Pública Olímpica.

§2º As sanções administrativas, criminais e demais regras previstas no Capítulo IV da Lei nº 8.666, de 21 de junho de 1993, aplicam-se às licitações e aos contratos regidos por esta Lei.

Capítulo II
Outras Disposições

Seção I
Alterações da Organização da Presidência da República e dos Ministérios

Art. 48. A Lei nº 10.683, de 28 de maio de 2003, passa a vigorar com as seguintes alterações:

"**Art. 1º** A Presidência da República é constituída, essencialmente:

I - pela Casa Civil;

II - pela Secretaria-Geral;

III - pela Secretaria de Relações Institucionais;

IV - pela Secretaria de Comunicação Social;

V - pelo Gabinete Pessoal;

VI - pelo Gabinete de Segurança Institucional;

VII - pela Secretaria de Assuntos Estratégicos;

VIII - pela Secretaria de Políticas para as Mulheres;
IX - pela Secretaria de Direitos Humanos;
X - pela Secretaria de Políticas de Promoção da Igualdade Racial;
XI - pela Secretaria de Portos; e
XII - pela Secretaria de Aviação Civil.
§1º (...)
X - o Conselho de Aviação Civil.
(...)" (NR)
"Art. 2º À Casa Civil da Presidência da República compete:
I - assistir direta e imediatamente ao Presidente da República no desempenho de suas atribuições, especialmente:
a) na coordenação e na integração das ações do Governo;
b) na verificação prévia da constitucionalidade e legalidade dos atos presidenciais;
c) na análise do mérito, da oportunidade e da compatibilidade das propostas, inclusive das matérias em tramitação no Congresso Nacional, com as diretrizes governamentais;
d) na avaliação e monitoramento da ação governamental e da gestão dos órgãos e entidades da administração pública federal;
II - promover a publicação e a preservação dos atos oficiais.
Parágrafo único. A Casa Civil tem como estrutura básica:
I - o Conselho Deliberativo do Sistema de Proteção da Amazônia;
II - a Imprensa Nacional;
III - o Gabinete;
IV - a Secretaria-Executiva; e
V - até 3 (três) Subchefias." (NR)
"Art. 3º (...)
§1º À Secretaria-Geral da Presidência da República compete ainda:
I - supervisão e execução das atividades administrativas da Presidência da República e, supletivamente, da Vice-Presidência da República; e
II - avaliação da ação governamental e do resultado da gestão dos administradores, no âmbito dos órgãos integrantes da Presidência da República e Vice-Presidência da República, além de outros determinados em legislação específica, por intermédio da fiscalização contábil, financeira, orçamentária, operacional e patrimonial.

§2º A Secretaria-Geral da Presidência da República tem como estrutura básica:
I - o Conselho Nacional de Juventude;
II - o Gabinete;
III - a Secretaria-Executiva;
IV - a Secretaria Nacional de Juventude;
V - até 5 (cinco) Secretarias; e
VI - 1 (um) órgão de Controle Interno.
§3º Caberá ao Secretário-Executivo da Secretaria-Geral da Presidência da República exercer, além da supervisão e da coordenação das Secretarias integrantes da estrutura da Secretaria-Geral da Presidência da República subordinadas ao Ministro de Estado, as funções que lhe forem por este atribuídas." (NR)
"Art. 6º Ao Gabinete de Segurança Institucional da Presidência da República compete:
I - assistir direta e imediatamente ao Presidente da República no desempenho de suas atribuições;
II - prevenir a ocorrência e articular o gerenciamento de crises, em caso de grave e iminente ameaça à estabilidade institucional;
III - realizar o assessoramento pessoal em assuntos militares e de segurança;
IV - coordenar as atividades de inteligência federal e de segurança da informação;
V - zelar, assegurado o exercício do poder de polícia, pela segurança pessoal do Chefe de Estado, do Vice-Presidente da República e respectivos familiares, dos titulares dos órgãos essenciais da Presidência da República e de outras autoridades ou personalidades quando determinado pelo Presidente da República, bem como pela segurança dos palácios presidenciais e das residências do Presidente e do Vice-Presidente da República.
§1º (Revogado).
§2º (Revogado). (...)
§4º O Gabinete de Segurança Institucional da Presidência da República tem como estrutura básica:
I - a Agência Brasileira de Inteligência (Abin);
II - o Gabinete;
III - a Secretaria-Executiva; e
IV - até 3 (três) Secretarias." (NR)
"Art. 11-A. Ao Conselho de Aviação Civil, presidido pelo Ministro de Estado

Chefe da Secretaria de Aviação Civil da Presidência da República, com composição e funcionamento estabelecidos pelo Poder Executivo, compete estabelecer as diretrizes da política relativa ao setor de aviação civil."
"Art. 24-D. À Secretaria de Aviação Civil compete:
I - formular, coordenar e supervisionar as políticas para o desenvolvimento do setor de aviação civil e das infraestruturas aeroportuária e aeronáutica civil, em articulação, no que couber, com o Ministério da Defesa;
II - elaborar estudos e projeções relativos aos assuntos de aviação civil e de infraestruturas aeroportuária e aeronáutica civil e sobre a logística do transporte aéreo e do transporte intermodal e multimodal, ao longo de eixos e fluxos de produção em articulação com os demais órgãos governamentais competentes, com atenção às exigências de mobilidade urbana e acessibilidade;
III - formular e implementar o planejamento estratégico do setor, definindo prioridades dos programas de investimentos;
IV - elaborar e aprovar os planos de outorgas para exploração da infraestrutura aeroportuária, ouvida a Agência Nacional de Aviação Civil (Anac);
V - propor ao Presidente da República a declaração de utilidade pública, para fins de desapropriação ou instituição de servidão administrativa, dos bens necessários à construção, manutenção e expansão da infraestrutura aeronáutica e aeroportuária;
VI - administrar recursos e programas de desenvolvimento da infraestrutura de aviação civil;
VII - coordenar os órgãos e entidades do sistema de aviação civil, em articulação com o Ministério da Defesa, no que couber; e
VIII - transferir para Estados, Distrito Federal e Municípios a implantação, administração, operação, manutenção e exploração de aeródromos públicos, direta ou indiretamente.
Parágrafo único. A Secretaria de Aviação Civil tem como estrutura básica o Gabinete, a Secretaria-Executiva e até 3 (três) Secretarias."

"Art. 25. (...)
Parágrafo único. São Ministros de Estado:
I - os titulares dos Ministérios;
II - os titulares das Secretarias da Presidência da República;
III - o Advogado-Geral da União;
IV - o Chefe da Casa Civil da Presidência da República;
V - o Chefe do Gabinete de Segurança Institucional da Presidência da República;
VI - o Chefe da Controladoria-Geral da União;
VII - o Presidente do Banco Central do Brasil." (NR)
"Art. 27. (...)
VII - Ministério da Defesa: (...)
y) infraestrutura aeroespacial e aeronáutica;
z) operacionalização do Sistema de Proteção da Amazônia (Sipam); (...)
XII - (...)
i) (...)
6. (revogado); (...)
XIV - (...)
m) articulação, coordenação, supervisão, integração e proposição das ações do Governo e do Sistema Nacional de Políticas sobre Drogas nos aspectos relacionados com as atividades de prevenção, repressão ao tráfico ilícito e à produção não autorizada de drogas, bem como aquelas relacionadas com o tratamento, a recuperação e a reinserção social de usuários e dependentes e ao Plano Integrado de Enfrentamento ao Crack e outras Drogas;
n) política nacional de arquivos; e
o) assistência ao Presidente da República em matérias não afetas a outro Ministério; (...)" (NR)
"Art. 29. (...)
VI - do Ministério da Cultura: o Conselho Superior do Cinema, o Conselho Nacional de Política Cultural, a Comissão Nacional de Incentivo à Cultura e até 6 (seis) Secretarias;
VII - do Ministério da Defesa: o Conselho Militar de Defesa, o Comando da Marinha, o Comando do Exército, o Comando da Aeronáutica, o Estado-Maior Conjunto das Forças Armadas, a Escola Superior de Guerra, o Centro Gestor e Operacional do Sistema de Proteção da Amazônia (Censipam), o Hospital das Forças Armadas, a Representação Brasileira na Junta Interamericana de

Defesa, até 3 (três) Secretarias e um órgão de Controle Interno; (...)
XIV - do Ministério da Justiça: o Conselho Nacional de Política Criminal e Penitenciária, o Conselho Nacional de Segurança Pública, o Conselho Federal Gestor do Fundo de Defesa dos Direitos Difusos, o Conselho Nacional de Combate à Pirataria e Delitos contra a Propriedade Intelectual, o Conselho Nacional de Arquivos, o Conselho Nacional de Políticas sobre Drogas, o Departamento de Polícia Federal, o Departamento de Polícia Rodoviária Federal, o Departamento de Polícia Ferroviária Federal, a Defensoria Pública da União, o Arquivo Nacional e até 6 (seis) Secretarias; (...)
§3º (Revogado). (...)
§8º Os profissionais da Segurança Pública Ferroviária oriundos do grupo Rede, Rede Ferroviária Federal (RFFSA), da Companhia Brasileira de Trens Urbanos (CBTU) e da Empresa de Trens Urbanos de Porto Alegre (Trensurb) que estavam em exercício em 11 de dezembro de 1990, passam a integrar o Departamento de Polícia Ferroviária Federal do Ministério da Justiça." (NR)
Art. 49. São transferidas as competências referentes à aviação civil do Ministério da Defesa para a Secretaria de Aviação Civil.
Art. 50. O acervo patrimonial dos órgãos transferidos, incorporados ou desmembrados por esta Lei será transferido para os Ministérios, órgãos e entidades que tiverem absorvido as correspondentes competências.
Parágrafo único. O quadro de servidores efetivos dos órgãos de que trata este artigo será transferido para os Ministérios e órgãos que tiverem absorvido as correspondentes competências.
Art. 51. O Ministério da Defesa e o Ministério do Planejamento, Orçamento e Gestão adotarão, até 1º de junho de 2011, as providências necessárias para a efetivação das transferências de que trata esta Lei, inclusive quanto à movimentação das dotações orçamentárias destinadas aos órgãos transferidos.
Parágrafo único. No prazo de que trata o caput, o Ministério da Defesa prestará o apoio administrativo e jurídico necessário para garantir a continuidade das atividades da Secretaria de Aviação Civil.

Art. 52. Os servidores e militares requisitados pela Presidência da República em exercício, em 31 de dezembro de 2010, no Centro Gestor e Operacional do Sistema de Proteção da Amazônia, no Arquivo Nacional e na Secretaria Nacional de Políticas sobre Drogas, poderão permanecer à disposição, respectivamente, do Ministério da Defesa e do Ministério da Justiça, para exercício naquelas unidades, bem como ser novamente requisitados caso tenham retornado aos órgãos ou entidades de origem antes de 18 de março de 2011.
§1º Os servidores e militares de que trata o *caput* poderão ser designados para o exercício de Gratificações de Representação da Presidência da República ou de Gratificação de Exercício em Cargo de Confiança nos órgãos da Presidência da República devida aos militares enquanto permanecerem nos órgãos para os quais foram requisitados.
§2º (Revogado pela Medida Provisória nº 568, de 2012)
§3º Aplica-se o disposto no parágrafo único do art. 2º da Lei nº 9.007, de 17 de março de 1995, aos servidores referidos neste artigo.

Seção II
Das Adaptações da Legislação da Anac

Art. 53. A Lei nº 11.182, de 27 de setembro de 2005, passa a vigorar com as seguintes alterações:
"Art. 3º A Anac, no exercício de suas competências, deverá observar e implementar as orientações, diretrizes e políticas estabelecidas pelo governo federal, especialmente no que se refere a: (...)" (NR)
"Art. 8º (...)
XXII - aprovar os planos diretores dos aeroportos;
XXIII - (revogado); (...)
XXVII - (revogado);
XXVIII - fiscalizar a observância dos requisitos técnicos na construção, reforma e ampliação de aeródromos e aprovar sua abertura ao tráfego; (...)
XXXIX - apresentar ao Ministro de Estado Chefe da Secretaria de Aviação Civil da Presidência da República proposta de orçamento;

XL - elaborar e enviar o relatório anual de suas atividades à Secretaria de Aviação Civil da Presidência da República e, por intermédio da Presidência da República, ao Congresso Nacional; (...)
XLVII - (revogado); (...)" (NR)
"Art. 11 (...)
I - propor, por intermédio do Ministro de Estado Chefe da Secretaria de Aviação Civil da Presidência da República, ao Presidente da República, alterações do regulamento da Anac; (...)" (NR)
"Art. 14. (...)
§2º Cabe ao Ministro de Estado Chefe da Secretaria de Aviação Civil da Presidência da República instaurar o processo administrativo disciplinar, que será conduzido por comissão especial constituída por servidores públicos federais estáveis, competindo ao Presidente da República determinar o afastamento preventivo, quando for o caso, e proferir julgamento." (NR)

Seção III
Da Adaptação da Legislação da Infraero

Art. 54. O art. 2º da Lei nº 5.862, de 12 de dezembro de 1972, passa a vigorar com a seguinte redação:
"Art. 2º A Infraero terá por finalidade implantar, administrar, operar e explorar industrial e comercialmente a infraestrutura aeroportuária que lhe for atribuída pela Secretaria de Aviação Civil da Presidência da República. (...)" (NR)

Seção IV
Da Adaptação do Programa
Federal de Auxílio a Aeroportos

Art. 55. O art. 1º da Lei nº 8.399, de 7 de janeiro de 1992, passa a vigorar com as seguintes alterações:
"Art. 1º (...)
§2º A parcela de 20% (vinte por cento) especificada neste artigo constituirá o suporte financeiro do Programa Federal de Auxílio a Aeroportos a ser proposto e instituído de acordo com os Planos Aeroviários Estaduais e estabelecido por meio de convênios celebrados entre os Governos Estaduais e a Secretaria de Aviação Civil da Presidência da República.

§3º Serão contemplados com os recursos dispostos no §2º os aeroportos estaduais constantes dos Planos Aeroviários e que sejam objeto de convênio específico firmado entre o Governo Estadual interessado e a Secretaria de Aviação Civil da Presidência da República. (...)" (NR)

Seção V
Dos Cargos Decorrentes da
Reestruturação da Secretaria
de Aviação Civil

Art. 56. É criado o cargo de Ministro de Estado Chefe da Secretaria de Aviação Civil da Presidência da República.
Art. 57. É criado o cargo em comissão, de Natureza Especial, de Secretário-Executivo da Secretaria de Aviação Civil da Presidência da República.
Art. 58. São criados, no âmbito da administração pública federal, os seguintes cargos em comissão do Grupo-Direção e Assessoramento Superiores destinados à Secretaria de Aviação Civil:
I - 2 (dois) DAS-6;
II - 9 (nove) DAS-5;
III - 23 (vinte e três) DAS-4;
IV - 39 (trinta e nove) DAS-3;
V - 35 (trinta e cinco) DAS-2;
VI - 19 (dezenove) DAS-1.
Art. 59. É transformado o cargo, de Natureza Especial, de Secretário Nacional de Políticas sobre Drogas no cargo, de Natureza Especial, de Assessor Chefe da Assessoria Especial do Presidente da República.
Art. 60. A Tabela *a* do Anexo I da Lei no 11.526, de 4 de outubro de 2007, passa a vigorar acrescida da seguinte linha:

Assessor Chefe da Assessoria Especial do Presidente da República	11.179,36

Seção VI
Do Pessoal Destinado ao
Controle de Tráfego Aéreo

Art. 61. O art. 2º da Lei nº 11.458, de 19 de março de 2007, passa a vigorar com a seguinte redação:
"Art. 2º A contratação de que trata esta Lei será de, no máximo, 160 (cento e sessenta)

pessoas, com validade de até 2 (dois) anos, podendo ser prorrogada por sucessivos períodos até 18 de março de 2013.

§1º Prorrogações para períodos posteriores à data prevista no *caput* deste artigo poderão ser autorizadas, por ato conjunto dos Ministros de Estado da Defesa e do Planejamento, Orçamento e Gestão, mediante justificativa dos motivos que impossibilitaram a total substituição dos servidores temporários por servidores efetivos admitidos nos termos do inciso II do art. 37 da Constituição Federal.

§2º Na hipótese do §1º deste artigo, regulamento estabelecerá critérios de substituição gradativa dos servidores temporários.

§3º Nenhum contrato de que trata esta Lei poderá superar a data limite de 1º de dezembro de 2016." (NR)

Art. 62. São criados, no Quadro de Pessoal do Comando da Aeronáutica, 100 (cem) cargos efetivos de Controlador de Tráfego Aéreo, de nível intermediário, integrantes do Grupo-Defesa Aérea e Controle de Tráfego Aéreo, código Dacta-1303.

Seção VII
Da Criação do Fundo Nacional de Aviação Civil (FNAC)

Art. 63. É instituído o Fundo Nacional de Aviação Civil (FNAC), de natureza contábil, vinculado à Secretaria de Aviação Civil da Presidência da República, para destinação dos recursos do sistema de aviação civil.

§1º São recursos do FNAC: (Redação dada pela Lei nº 12.648, de 2012)
I - os referentes ao adicional tarifário previsto no art. 1º da Lei nº 7.920, de 12 de dezembro de 1989; (Incluído pela Lei nº 12.648, de 2012)
II - os referidos no art. 1º da Lei nº 9.825, de 23 de agosto de 1999; (Incluído pela Lei nº 12.648, de 2012)
III - os valores devidos como contrapartida à União em razão das outorgas de infraestrutura aeroportuária; (Incluído pela Lei nº 12.648, de 2012)
IV - os rendimentos de suas aplicações financeiras; e (Incluído pela Lei nº 12.648, de 2012)
V - outros que lhe forem atribuídos. (Incluído pela Lei nº 12.648, de 2012)

§2º Os recursos do FNAC serão aplicados exclusivamente no desenvolvimento e fomento do setor de aviação civil e das infraestruturas aeroportuária e aeronáutica civil. (Redação dada pela Lei nº 12.648, de 2012)

§3º As despesas do FNAC correrão à conta de dotações orçamentárias específicas alocadas no orçamento geral da União, observados os limites anuais de movimentação e empenho e de pagamento.

§4º Deverão ser disponibilizadas, anualmente, pela Secretaria de Aviação Civil da Presidência da República, em seu sítio eletrônico, informações contábeis e financeiras, além de descrição dos resultados econômicos e sociais obtidos pelo FNAC.

§5º Os recursos do FNAC também poderão ser aplicados no desenvolvimento, na ampliação e na reestruturação de aeroportos concedidos, desde que tais ações não constituam obrigação do concessionário, conforme estabelecido no contrato de concessão, nos termos das normas expedidas pela Agência Nacional de Aviação Civil - ANAC e pela Secretaria de Aviação Civil da Presidência da República - SAC, observadas as respectivas competências. (Incluído pela Lei nº 12.648, de 2012)

Capítulo III
Disposições Finais

Art. 64. O Poder Executivo federal regulamentará o disposto no Capítulo I desta Lei.

Art. 65. Até que a Autoridade Pública Olímpica defina a Carteira de Projetos Olímpicos, aplica-se, excepcionalmente, o disposto nesta Lei às contratações decorrentes do inciso I do art. 1º desta Lei, desde que sejam imprescindíveis para o cumprimento das obrigações assumidas perante o Comitê Olímpico Internacional e o Comitê Paraolímpico Internacional, e sua necessidade seja fundamentada pelo contratante da obra ou serviço.

Art. 66. Para os projetos de que tratam os incisos I a III do art. 1º desta Lei, o prazo estabelecido no inciso II do art. 8º da Medida Provisória nº 2.185-35, de 24 de agosto de 2001, passa a ser o de 31 de dezembro de 2013.

Art. 67. A Lei nº 12.350, de 20 de dezembro de 2010, passa a vigorar acrescida do seguinte art. 62-A:

"**Art. 62-A.** Para efeito da análise das operações de crédito destinadas ao financiamento dos projetos para os Jogos Olímpicos e Paraolímpicos, para a Copa das Confederações da Federação Internacional de Futebol Associação - Fifa 2013 e para a Copa do Mundo Fifa 2014, a verificação da adimplência será efetuada pelo número do registro no Cadastro Nacional da Pessoa Jurídica (CNPJ) principal que represente a pessoa jurídica do mutuário ou tomador da operação de crédito."

Art. 68. O inciso II do §1º do art. 8º da Medida Provisória nº 2.185-35, de 24 de agosto de 2001, passa a vigorar com a seguinte redação:

"**Art. 8º** (...)

§1º (...)

II - os empréstimos ou financiamentos tomados perante organismos financeiros multilaterais e instituições de fomento e cooperação ligadas a governos estrangeiros, o Banco Nacional de Desenvolvimento Econômico e Social (BNDES) e a Caixa Econômica Federal, que tenham avaliação positiva da agência financiadora, e desde que contratados no prazo de 2 (dois) anos, contados a partir da publicação da Lei de conversão da Medida Provisória nº 527, de 18 de março de 2011, e destinados exclusivamente à complementação de programas em andamento; (...)" (NR)

Capítulo IV
Das Revogações

Art. 69. Revogam-se:

I - os §§1º e 2º do art. 6º, o item 6 da alínea *i* do inciso XII do art. 27 e o §3º do art. 29, todos da Lei nº 10.683, de 28 de maio de 2003;
II - os §§4º e 5º do art. 16 da Lei nº 9.649, de 27 de maio de 1998; e
III - os incisos XXIII, XXVII e XLVII do art. 8º e o §2º do art. 10 da Lei nº 11.182, de 27 de setembro de 2005.

Art. 70. Esta Lei entra em vigor na data de sua publicação, produzindo efeitos financeiros, no tocante ao art. 52 desta Lei, a contar da transferência dos órgãos ali referidos.

Brasília, 4 de agosto de 2011; 190º da Independência e 123º da República.

DILMA ROUSSEFF

Jose Eduardo Cardoso
Nelson Henrique Barbosa Filho
Iraneth Rodrigues Monteiro
Orlando Silva de Jesus Júnior
Luís Inácio Lucena Adams
Wagner Bittencourt de Oliveira

DECRETO Nº 7.581, DE 11 DE OUTUBRO DE 2011 (*DOU*, 13.10.2011)

Regulamenta o Regime Diferenciado de Contratações Públicas - RDC, de que trata a Lei nº 12.462, de 5 de agosto de 2011.

A PRESIDENTA DA REPÚBLICA, no uso da atribuição que lhe confere o art. 84, inciso IV, e tendo em vista o disposto na Lei nº 12.462, de 5 de agosto de 2011,

DECRETA:

Art. 1º O Regime Diferenciado de Contratações Públicas - RDC, de que trata a Lei nº 12.462, de 5 de agosto de 2011, fica regulamentado por este Decreto.

Título I
Disposições Gerais

Art. 2º O RDC aplica-se exclusivamente às licitações e contratos necessários à realização:
I - dos Jogos Olímpicos e Paraolímpicos de 2016, constantes da Carteira de Projetos Olímpicos a ser definida pela Autoridade Pública Olímpica - APO;
II - da Copa das Confederações da *Fédération Internationale de Football Association* - FIFA 2013 e da Copa do Mundo FIFA 2014, definidos em instrumento próprio pelo Grupo Executivo da Copa do Mundo FIFA 2014 - GECOPA, vinculado ao Comitê Gestor da Copa do Mundo FIFA 2014 - CGCOPA; e
III - de obras de infraestrutura e à contratação de serviços para os aeroportos das capitais dos Estados distantes até trezentos e cinquenta quilômetros das cidades sedes das competições referidas nos incisos I e II do *caput*.
Parágrafo único. Nos casos de obras públicas necessárias à realização da Copa das Confederações da FIFA 2013 e da Copa do Mundo FIFA 2014, aplica-se o RDC às obras constantes da matriz de responsabilidade celebrada entre a União, Estados, Distrito Federal e Municípios.

Título II
Do Procedimento da Licitação

Capítulo I
Das Vedações

Art. 3º É vedada a participação direta ou indireta nas licitações:
I - da pessoa física ou jurídica que elaborar o projeto básico ou executivo correspondente;
II - da pessoa jurídica que participar de consórcio responsável pela elaboração do projeto básico ou executivo correspondente;
III - da pessoa jurídica na qual o autor do projeto básico ou executivo seja administrador, sócio com mais de cinco por cento do capital votante, controlador, gerente, responsável técnico ou subcontratado; ou
IV - do servidor, empregado ou ocupante de cargo em comissão do órgão ou entidade contratante ou responsável pela licitação.
§1º Caso adotado o regime de contratação integrada:
I - não se aplicam as vedações previstas nos incisos I, II e III do *caput*; e
II - é vedada a participação direta ou indireta nas licitações da pessoa física ou jurídica que elaborar o anteprojeto de engenharia.
§2º O disposto no *caput* não impede, nas licitações para a contratação de obras ou serviços, a previsão de que a elaboração do projeto executivo constitua encargo do contratado, consoante preço previamente fixado pela administração pública.
§3º É permitida a participação das pessoas jurídicas de que tratam os incisos II e III do *caput* em licitação ou na execução do contrato como consultores ou técnicos, nas funções de fiscalização, supervisão ou gerenciamento, exclusivamente a serviço do órgão ou entidade pública interessados.

§4º Para fins do disposto neste artigo, considera-se participação indireta a existência de qualquer vínculo de natureza técnica, comercial, econômica, financeira ou trabalhista entre o autor do projeto, pessoa física ou jurídica, e o licitante ou responsável pelos serviços, fornecimentos e obras, incluindo-se o fornecimento de bens e serviços a estes necessários.

§5º O disposto no §4º aplica-se aos membros da comissão de licitação.

Capítulo II
Da Fase Interna

Seção I
Dos Atos Preparatórios

Art. 4º Na fase interna a administração pública elaborará os atos e expedirá os documentos necessários para caracterização do objeto a ser licitado e para definição dos parâmetros do certame, tais como:
I - justificativa da contratação e da adoção do RDC;
II - definição:
a) do objeto da contratação;
b) do orçamento e preço de referência, remuneração ou prêmio, conforme critério de julgamento adotado;
c) dos requisitos de conformidade das propostas;
d) dos requisitos de habilitação;
e) das cláusulas que deverão constar do contrato, inclusive as referentes a sanções e, quando for o caso, a prazos de fornecimento; e
f) do procedimento da licitação, com a indicação da forma de execução, do modo de disputa e do critério de julgamento;
III - justificativa técnica, com a devida aprovação da autoridade competente, no caso de adoção da inversão de fases prevista no parágrafo único do art. 14;
IV - justificativa para:
a) a fixação dos fatores de ponderação na avaliação das propostas técnicas e de preço, quando escolhido o critério de julgamento por técnica e preço;
b) a indicação de marca ou modelo;
c) a exigência de amostra;
d) a exigência de certificação de qualidade do produto ou do processo de fabricação; e
e) a exigência de carta de solidariedade emitida pelo fabricante;
V - indicação da fonte de recursos suficiente para a contratação;
VI - declaração de compatibilidade com o plano plurianual, no caso de investimento cuja execução ultrapasse um exercício financeiro;
VII - termo de referência que contenha conjunto de elementos necessários e suficientes, com nível de precisão adequado, para caracterizar os serviços a serem contratados ou os bens a serem fornecidos;
VIII - projeto básico ou executivo para a contratação de obras e serviços de engenharia;
IX - justificativa da vantajosidade da divisão do objeto da licitação em lotes ou parcelas para aproveitar as peculiaridades do mercado e ampliar a competitividade, desde que a medida seja viável técnica e economicamente e não haja perda de economia de escala;
X - instrumento convocatório;
XI - minuta do contrato, quando houver; e
XII - ato de designação da comissão de licitação.

Art. 5º O termo de referência, projeto básico ou projeto executivo poderá prever requisitos de sustentabilidade ambiental, além dos previstos na legislação aplicável.

Seção II
Da Comissão de Licitação

Art. 6º As licitações serão processadas e julgadas por comissão permanente ou especial.

§1º As comissões de que trata o *caput* serão compostas por, no mínimo, três membros tecnicamente qualificados, sendo a maioria deles servidores ou empregados públicos pertencentes aos quadros permanentes dos órgãos ou entidades responsáveis pela licitação.

§2º Os membros da comissão de licitação responderão solidariamente por todos os atos praticados pela comissão, salvo se posição individual divergente estiver registrada na ata da reunião em que adotada a decisão.

Art. 7º São competências da comissão de licitação:
I - elaborar as minutas dos editais e contratos ou utilizar minuta padrão

elaborada pela Comissão do Catálogo Eletrônico de Padronização, e submetê-las ao órgão jurídico;
II - processar licitações, receber e responder a pedidos de esclarecimentos, receber e decidir as impugnações contra o instrumento convocatório;
III - receber, examinar e julgar as propostas conforme requisitos e critérios estabelecidos no instrumento convocatório;
IV - desclassificar propostas nas hipóteses previstas no art. 40;
V - receber e examinar os documentos de habilitação, declarando habilitação ou inabilitação de acordo com os requisitos estabelecidos no instrumento convocatório;
VI - receber recursos, apreciar sua admissibilidade e, se não reconsiderar a decisão, encaminhá-los à autoridade competente;
VII - dar ciência aos interessados das decisões adotadas nos procedimentos;
VIII - encaminhar os autos da licitação à autoridade competente para adjudicar o objeto, homologar a licitação e convocar o vencedor para a assinatura do contrato;
IX - propor à autoridade competente a revogação ou a anulação da licitação; e
X - propor à autoridade competente a aplicação de sanções.
§1º É facultado à comissão de licitação, em qualquer fase da licitação, promover as diligências que entender necessárias.
§2º É facultado à comissão de licitação, em qualquer fase da licitação, desde que não seja alterada a substância da proposta, adotar medidas de saneamento destinadas a esclarecer informações, corrigir impropriedades na documentação de habilitação ou complementar a instrução do processo.

Seção III
Do instrumento convocatório

Art. 8º O instrumento convocatório definirá:
I - o objeto da licitação;
II - a forma de execução da licitação, eletrônica ou presencial;
III - o modo de disputa, aberto, fechado ou com combinação, os critérios de classificação para cada etapa da disputa e as regras para apresentação de propostas e de lances;
IV - os requisitos de conformidade das propostas;
V - o prazo de apresentação de proposta pelos licitantes, que não poderá ser inferior ao previsto no art. 15 da Lei nº 12.462, de 2011;
VI - os critérios de julgamento e os critérios de desempate;
VII - os requisitos de habilitação;
VIII - a exigência, quando for o caso:
a) de marca ou modelo;
b) de amostra;
c) de certificação de qualidade do produto ou do processo de fabricação; e
d) de carta de solidariedade emitida pelo fabricante;
IX - o prazo de validade da proposta;
X - os prazos e meios para apresentação de pedidos de esclarecimentos, impugnações e recursos;
XI - os prazos e condições para a entrega do objeto;
XII - as formas, condições e prazos de pagamento, bem como o critério de reajuste, quando for o caso;
XIII - a exigência de garantias e seguros, quando for o caso;
XIV - os critérios objetivos de avaliação do desempenho do contratado, bem como os requisitos da remuneração variável, quando for o caso;
XV - as sanções;
XVI - a opção pelo RDC; e
XVII - outras indicações específicas da licitação.
§1º Integram o instrumento convocatório, como anexos:
I - o termo de referência mencionado no inciso VII do *caput* do art. 4º, o projeto básico ou executivo, conforme o caso;
II - a minuta do contrato, quando houver;
III - o acordo de nível de serviço, quando for o caso; e
IV - as especificações complementares e as normas de execução.
§2º No caso de obras ou serviços de engenharia, o instrumento convocatório conterá ainda:
I - o cronograma de execução, com as etapas necessárias à medição, ao monitoramento e ao controle das obras;
II - a exigência de que os licitantes apresentem, em suas propostas, a composição analítica do percentual dos Benefícios e

Despesas Indiretas - BDI e dos Encargos Sociais - ES, discriminando todas as parcelas que o compõem; e

III - a exigência de que o contratado conceda livre acesso aos seus documentos e registros contábeis, referentes ao objeto da licitação, para os servidores ou empregados do órgão ou entidade contratante e dos órgãos de controle interno e externo.

Art. 9º O orçamento previamente estimado para a contratação será tornado público apenas e imediatamente após a adjudicação do objeto, sem prejuízo da divulgação no instrumento convocatório do detalhamento dos quantitativos e das demais informações necessárias para a elaboração das propostas.

§1º O orçamento previamente estimado estará disponível permanentemente aos órgãos de controle externo e interno.

§2º O instrumento convocatório deverá conter:

I - o orçamento previamente estimado, quando adotado o critério de julgamento por maior desconto;

II - o valor da remuneração ou do prêmio, quando adotado o critério de julgamento por melhor técnica ou conteúdo artístico; e

III - o preço mínimo de arrematação, quando adotado o critério de julgamento por maior oferta.

Art. 10. A possibilidade de subcontratação de parte da obra ou dos serviços de engenharia deverá estar prevista no instrumento convocatório.

§1º A subcontratação não exclui a responsabilidade do contratado perante a administração pública quanto à qualidade técnica da obra ou do serviço prestado.

§2º Quando permitida a subcontratação, o contratado deverá apresentar documentação do subcontratado que comprove sua habilitação jurídica, regularidade fiscal e a qualificação técnica necessária à execução da parcela da obra ou do serviço subcontratado.

Seção IV
Da Publicação

Art. 11. A publicidade do instrumento convocatório, sem prejuízo da faculdade de divulgação direta aos fornecedores, cadastrados ou não, será realizada mediante:

I - publicação de extrato do instrumento convocatório no Diário Oficial da União, do Estado, do Distrito Federal ou do Município, conforme o caso, ou, no caso de consórcio público, do ente de maior nível entre eles, sem prejuízo da possibilidade de publicação em jornal diário de grande circulação; e

II - divulgação do instrumento convocatório em sítio eletrônico oficial centralizado de publicidade de licitações ou sítio mantido pelo órgão ou entidade responsável pelo procedimento licitatório.

§1º O extrato do instrumento convocatório conterá a definição precisa, suficiente e clara do objeto, a indicação dos locais, dias e horários em que poderá ser consultada ou obtida a íntegra do instrumento convocatório, bem como o endereço onde ocorrerá a sessão pública, a data e hora de sua realização e a indicação de que a licitação, na forma eletrônica, será realizada por meio da internet.

§2º A publicação referida no inciso I do *caput* também poderá ser feita em sítios eletrônicos oficiais da administração pública, desde que certificados digitalmente por autoridade certificadora credenciada no âmbito da Infraestrutura de Chaves Públicas Brasileira - ICP-Brasil.

§3º No caso de licitações cujo valor não ultrapasse R$150.000,00 (cento e cinquenta mil reais) para obras ou R$80.000,00 (oitenta mil reais) para bens e serviços, inclusive de engenharia, fica dispensada a publicação prevista no inciso I do *caput*.

§4º No caso de parcelamento do objeto, deverá ser considerado, para fins da aplicação do disposto no §3º, o valor total da contratação.

§5º Eventuais modificações no instrumento convocatório serão divulgadas nos mesmos prazos dos atos e procedimentos originais, exceto quando a alteração não comprometer a formulação das propostas.

Art. 12. Caberão pedidos de esclarecimento e impugnações ao instrumento convocatório nos prazos e conforme descrito no art. 45, inciso I do *caput*, da Lei nº 12.462, de 2011.

Capítulo III
Da Fase Externa

Seção I
Disposições Gerais

Art. 13. As licitações deverão ser realizadas preferencialmente sob a forma eletrônica.
§1º Nos procedimentos sob a forma eletrônica, a administração pública poderá determinar, como condição de validade e eficácia, que os licitantes pratiquem seus atos em formato eletrônico.
§2º As licitações sob a forma eletrônica poderão ser processadas por meio do sistema eletrônico utilizado para a modalidade pregão, de que trata o Decreto nº 5.450, de 31 de maio de 2005.
Art. 14. Após a publicação do instrumento convocatório inicia-se a fase de apresentação de propostas ou lances.
Parágrafo único. A fase de habilitação poderá, desde que previsto no instrumento convocatório, anteceder à fase de apresentação de propostas ou lances.

Seção II
Da Apresentação das Propostas ou Lances

Subseção I
Disposições Gerais

Art. 15. As licitações poderão adotar os modos de disputa aberto, fechado ou combinado.
Art. 16. Os licitantes deverão apresentar na abertura da sessão pública declaração de que atendem aos requisitos de habilitação.
§1º Os licitantes que se enquadrem como microempresa ou empresa de pequeno porte deverão apresentar também declaração de seu enquadramento.
§2º Nas licitações sob a forma eletrônica, constará do sistema a opção para apresentação pelos licitantes das declarações de que trata este artigo.
§3º Os licitantes, nas sessões públicas, deverão ser previamente credenciados para oferta de lances nos termos do art. 19.
Art. 17. A comissão de licitação verificará a conformidade das propostas com os requisitos estabelecidos no instrumento convocatório quanto ao objeto e ao preço.
Parágrafo único. Serão imediatamente desclassificados, mediante decisão motivada, os licitantes cujas propostas não estejam em conformidade com os requisitos.

Subseção II
Do Modo de Disputa Aberto

Art. 18. No modo de disputa aberto, os licitantes apresentarão suas propostas em sessão pública por meio de lances públicos e sucessivos, crescentes ou decrescentes, conforme o critério de julgamento adotado.
Parágrafo único. O instrumento convocatório poderá estabelecer intervalo mínimo de diferença de valores entre os lances.
Art. 19. Caso a licitação de modo de disputa aberto seja realizada sob a forma presencial, serão adotados, adicionalmente, os seguintes procedimentos:
I - as propostas iniciais serão classificadas de acordo com a ordem de vantajosidade;
II - a comissão de licitação convidará individual e sucessivamente os licitantes, de forma sequencial, a apresentar lances verbais, a partir do autor da proposta menos vantajosa, seguido dos demais; e
III - a desistência do licitante em apresentar lance verbal, quando convocado, implicará sua exclusão da etapa de lances verbais e a manutenção do último preço por ele apresentado, para efeito de ordenação das propostas.
Art. 20. O instrumento convocatório poderá estabelecer a possibilidade de apresentação de lances intermediários pelos licitantes durante a disputa aberta.
Parágrafo único. São considerados intermediários os lances:
I - iguais ou inferiores ao maior já ofertado, mas superiores ao último lance dado pelo próprio licitante, quando adotado o julgamento pelo critério da maior oferta de preço; ou
II - iguais ou superiores ao menor já ofertado, mas inferiores ao último lance dado pelo próprio licitante, quando adotados os demais critérios de julgamento.
Art. 21. Após a definição da melhor proposta, se a diferença em relação à proposta classificada em segundo lugar for de pelo menos dez por cento, a comissão de licitação

poderá admitir o reinício da disputa aberta, nos termos estabelecidos no instrumento convocatório, para a definição das demais colocações.

§1º Após o reinício previsto no *caput*, os licitantes serão convocados a apresentar lances.

§2º Os licitantes poderão apresentar lances nos termos do parágrafo único do art. 20.

§3º Os lances iguais serão classificados conforme a ordem de apresentação.

Subseção III
Do modo de disputa fechado

Art. 22. No modo de disputa fechado, as propostas apresentadas pelos licitantes serão sigilosas até a data e hora designadas para sua divulgação.

Parágrafo único. No caso de licitação presencial, as propostas deverão ser apresentadas em envelopes lacrados, abertos em sessão pública e ordenadas conforme critério de vantajosidade.

Subseção IV
Da combinação dos modos de disputa

Art. 23. O instrumento convocatório poderá estabelecer que a disputa seja realizada em duas etapas, sendo a primeira eliminatória.

Art. 24. Os modos de disputa poderão ser combinados da seguinte forma:

I - caso o procedimento se inicie pelo modo de disputa fechado, serão classificados para a etapa subsequente os licitantes que apresentarem as três melhores propostas, iniciando-se então a disputa aberta com a apresentação de lances sucessivos, nos termos dos arts. 18 e 19; e

II - caso o procedimento se inicie pelo modo de disputa aberto, os licitantes que apresentarem as três melhores propostas oferecerão propostas finais, fechadas.

Seção III
Do Julgamento das Propostas

Subseção I
Disposições Gerais

Art. 25. Poderão ser utilizados como critérios de julgamento:

I - menor preço ou maior desconto;
II - técnica e preço;
III - melhor técnica ou conteúdo artístico;
IV - maior oferta de preço; ou
V - maior retorno econômico.

§1º O julgamento das propostas observará os parâmetros definidos no instrumento convocatório, sendo vedado computar vantagens não previstas, inclusive financiamentos subsidiados ou a fundo perdido.

§2º O julgamento das propostas deverá observar a margem de preferência prevista no art. 3º da Lei nº 8.666, de 21 de junho de 1993, observado o disposto no Decreto nº 7.546, de 2 de agosto de 2011.

Subseção II
Menor Preço ou Maior Desconto

Art. 26. O critério de julgamento pelo menor preço ou maior desconto considerará o menor dispêndio para a administração pública, atendidos os parâmetros mínimos de qualidade definidos no instrumento convocatório.

§1º Os custos indiretos, relacionados às despesas de manutenção, utilização, reposição, depreciação e impacto ambiental, entre outros fatores, poderão ser considerados para a definição do menor dispêndio, sempre que objetivamente mensuráveis, conforme parâmetros definidos no instrumento convocatório.

§2º Parâmetros adicionais de mensuração de custos indiretos poderão ser estabelecidos em ato do Secretário de Logística e Tecnologia da Informação do Ministério do Planejamento, Orçamento e Gestão.

Art. 27. O critério de julgamento por maior desconto utilizará como referência o preço total estimado, fixado pelo instrumento convocatório.

Parágrafo único. No caso de obras ou serviços de engenharia, o percentual de desconto apresentado pelos licitantes incidirá linearmente sobre os preços de todos os itens do orçamento estimado constante do instrumento convocatório.

Subseção III
Técnica e Preço

Art. 28. O critério de julgamento pela melhor combinação de técnica e preço será utilizado exclusivamente nas licitações destinadas a contratar objeto:

I - de natureza predominantemente intelectual e de inovação tecnológica ou técnica; ou

II - que possa ser executado com diferentes metodologias ou tecnologias de domínio restrito no mercado, pontuando-se as vantagens e qualidades oferecidas para cada produto ou solução.

Parágrafo único. Será escolhido o critério de julgamento a que se refere o *caput* quando a avaliação e a ponderação da qualidade técnica das propostas que superarem os requisitos mínimos estabelecidos no instrumento convocatório forem relevantes aos fins pretendidos.

Art. 29. No julgamento pelo critério de melhor combinação de técnica e preço, deverão ser avaliadas e ponderadas as propostas técnicas e de preço apresentadas pelos licitantes, segundo fatores de ponderação objetivos previstos no instrumento convocatório.

§1º O fator de ponderação mais relevante será limitado a setenta por cento.

§2º Poderão ser utilizados parâmetros de sustentabilidade ambiental para a pontuação das propostas técnicas.

§3º O instrumento convocatório estabelecerá pontuação mínima para as propostas técnicas, cujo não atingimento implicará desclassificação.

Subseção IV
Melhor Técnica ou Conteúdo Artístico

Art. 30. O critério de julgamento pela melhor técnica ou pelo melhor conteúdo artístico poderá ser utilizado para a contratação de projetos e trabalhos de natureza técnica, científica ou artística, incluídos os projetos arquitetônicos e excluídos os projetos de engenharia.

Art. 31. O critério de julgamento pela melhor técnica ou pelo melhor conteúdo artístico considerará exclusivamente as propostas técnicas ou artísticas apresentadas pelos licitantes, segundo parâmetros objetivos inseridos no instrumento convocatório.

§1º O instrumento convocatório definirá o prêmio ou a remuneração que será atribuída ao vencedor.

§2º Poderão ser utilizados parâmetros de sustentabilidade ambiental para a pontuação das propostas nas licitações para contratação de projetos.

§3º O instrumento convocatório poderá estabelecer pontuação mínima para as propostas, cujo não atingimento implicará desclassificação.

Art. 32. Nas licitações que adotem o critério de julgamento pelo melhor conteúdo artístico a comissão de licitação será auxiliada por comissão especial integrada por, no mínimo, três pessoas de reputação ilibada e notório conhecimento da matéria em exame, que podem ser servidores públicos.

Parágrafo único. Os membros da comissão especial a que se refere o *caput* responderão por todos os atos praticados, salvo se posição individual divergente estiver registrada na ata da reunião em que adotada a decisão.

Subseção V
Maior Oferta de Preço

Art. 33. O critério de julgamento pela maior oferta de preço será utilizado no caso de contratos que resultem em receita para a administração pública.

§1º Poderá ser dispensado o cumprimento dos requisitos de qualificação técnica e econômico-financeira.

§2º Poderá ser requisito de habilitação a comprovação do recolhimento de quantia como garantia, limitada a cinco por cento do valor mínimo de arrematação.

§3º Na hipótese do §2º, o licitante vencedor perderá a quantia em favor da administração pública caso não efetue o pagamento devido no prazo estipulado.

Art. 34. Os bens e direitos a serem licitados pelo critério previsto no art. 33 serão previamente avaliados para fixação do valor mínimo de arrematação.

Art. 35. Os bens e direitos arrematados serão pagos à vista, em até um dia útil contado da data da assinatura da ata lavrada no local do julgamento ou da data de notificação.

§1º O instrumento convocatório poderá prever que o pagamento seja realizado mediante entrada em percentual não inferior a cinco por cento, no prazo referido no *caput*, com pagamento do restante no prazo estipulado no mesmo instrumento, sob pena de perda em favor da administração pública do valor já recolhido.

§2º O instrumento convocatório estabelecerá as condições para a entrega do bem ao arrematante.

Subseção VI
Maior Retorno Econômico

Art. 36. No critério de julgamento pelo maior retorno econômico as propostas serão consideradas de forma a selecionar a que proporcionar a maior economia para a administração pública decorrente da execução do contrato.

§1º O critério de julgamento pelo maior retorno econômico será utilizado exclusivamente para a celebração de contrato de eficiência.

§2º O contrato de eficiência terá por objeto a prestação de serviços, que poderá incluir a realização de obras e o fornecimento de bens, com o objetivo de proporcionar economia ao órgão ou entidade contratante, na forma de redução de despesas correntes.

§3º O instrumento convocatório deverá prever parâmetros objetivos de mensuração da economia gerada com a execução do contrato, que servirá de base de cálculo da remuneração devida ao contratado.

§4º Para efeito de julgamento da proposta, o retorno econômico é o resultado da economia que se estima gerar com a execução da proposta de trabalho, deduzida a proposta de preço.

Art. 37. Nas licitações que adotem o critério de julgamento pelo maior retorno econômico, os licitantes apresentarão:

I - proposta de trabalho, que deverá contemplar:
a) as obras, serviços ou bens, com respectivos prazos de realização ou fornecimento; e
b) a economia que se estima gerar, expressa em unidade de medida associada à obra, bem ou serviço e expressa em unidade monetária; e

II - proposta de preço, que corresponderá a um percentual sobre a economia que se estima gerar durante determinado período, expressa em unidade monetária.

Subseção VII
Preferência e Desempate

Art. 38. Nos termos da Lei Complementar nº 123, de 14 de dezembro de 2006, considera-se empate aquelas situações em que a proposta apresentada pela microempresa ou empresa de pequeno porte seja igual ou até dez por cento superior à proposta mais bem classificada.

§1º Nas situações descritas no *caput*, a microempresa ou empresa de pequeno porte que apresentou proposta mais vantajosa poderá apresentar nova proposta de preço inferior à proposta mais bem classificada.

§2º Caso não seja apresentada a nova proposta de que trata o §1º, as demais microempresas ou empresas de pequeno porte licitantes com propostas até dez por cento superiores à proposta mais bem classificada serão convidadas a exercer o mesmo direito, conforme a ordem de vantajosidade de suas propostas.

Art. 39. Nas licitações em que após o exercício de preferência de que trata o art. 38 esteja configurado empate em primeiro lugar, será realizada disputa final entre os licitantes empatados, que poderão apresentar nova proposta fechada, conforme estabelecido no instrumento convocatório.

§1º Mantido o empate após a disputa final de que trata o *caput*, as propostas serão ordenadas segundo o desempenho contratual prévio dos respectivos licitantes, desde que haja sistema objetivo de avaliação instituído.

§2º Caso a regra prevista no §1º não solucione o empate, será dada preferência:

I - em se tratando de bem ou serviço de informática e automação, nesta ordem:
a) aos bens e serviços com tecnologia desenvolvida no País;
b) aos bens e serviços produzidos de acordo com o processo produtivo básico definido pelo Decreto nº 5.906, de 26 de setembro de 2006;
c) produzidos no País;
d) produzidos ou prestados por empresas brasileiras; e
e) produzidos ou prestados por empresas que invistam em pesquisa e no desenvolvimento de tecnologia no País; ou

II - em se tratando de bem ou serviço não abrangido pelo inciso I do §2º, nesta ordem:
a) produzidos no País;
b) produzidos ou prestados por empresas brasileiras; e
c) produzidos ou prestados por empresas que invistam em pesquisa e no desenvolvimento de tecnologia no País.

§3º Caso a regra prevista no §2º não solucione o empate, será realizado sorteio.

Subseção VIII
Análise e Classificação de Proposta

Art. 40. Na verificação da conformidade da melhor proposta apresentada com os requisitos do instrumento convocatório, será desclassificada aquela que:
I - contenha vícios insanáveis;
II - não obedeça às especificações técnicas previstas no instrumento convocatório;
III - apresente preço manifestamente inexequível ou permaneça acima do orçamento estimado para a contratação, inclusive nas hipóteses previstas no *caput* do art. 9º;
IV - não tenha sua exequibilidade demonstrada, quando exigido pela administração pública; ou
V - apresente desconformidade com quaisquer outras exigências do instrumento convocatório, desde que insanável.
§1º A comissão de licitação poderá realizar diligências para aferir a exequibilidade da proposta ou exigir do licitante que ela seja demonstrada.
§2º Nas licitações de obras ou serviços de engenharia, o licitante da melhor proposta apresentada deverá reelaborar e apresentar à comissão de licitação, por meio eletrônico, conforme prazo estabelecido no instrumento convocatório, planilha com os valores adequados ao lance vencedor, em que deverá constar:
a) indicação dos quantitativos e dos custos unitários, vedada a utilização de unidades genéricas ou indicadas como verba;
b) composição dos custos unitários quando diferirem daqueles constantes dos sistemas de referências adotados nas licitações; e
c) detalhamento das Bonificações e Despesas Indiretas - BDI e dos Encargos Sociais - ES.
Art. 41. Nas licitações de obras e serviços de engenharia, consideram-se inexequíveis as propostas com valores globais inferiores a setenta por cento do menor dos seguintes valores:
I - média aritmética dos valores das propostas superiores a cinquenta por cento do valor do orçamento estimado pela administração pública, ou
II - valor do orçamento estimado pela administração pública.
§1º A administração deverá conferir ao licitante a oportunidade de demonstrar a exequibilidade da sua proposta.

§2º Na hipótese de que trata o §1º, o licitante deverá demonstrar que o valor da proposta é compatível com a execução do objeto licitado no que se refere aos custos dos insumos e aos coeficientes de produtividade adotados nas composições de custos unitários.
§3º A análise de exequibilidade da proposta não considerará materiais e instalações a serem fornecidos pelo licitante em relação aos quais ele renuncie a parcela ou à totalidade da remuneração, desde que a renúncia esteja expressa na proposta.
Art. 42. Nas licitações de obras e serviços de engenharia, a economicidade da proposta será aferida com base nos custos globais e unitários.
§1º O valor global da proposta não poderá superar o orçamento estimado pela administração pública com base nos parâmetros previstos nos §§3º, 4º ou 6º do art. 8º da Lei nº 12.462, de 2011.
§2º No caso de adoção do regime de empreitada por preço unitário ou de contratação por tarefa, os custos unitários dos itens materialmente relevantes das propostas não podem exceder os custos unitários estabelecidos no orçamento estimado pela administração pública, observadas as seguintes condições:
I - serão considerados itens materialmente relevantes aqueles que representem pelo menos oitenta por cento do valor total do orçamento estimado ou sejam considerados essenciais à funcionalidade da obra ou do serviço de engenharia; e
II - em situações especiais, devidamente comprovadas pelo licitante em relatório técnico circunstanciado aprovado pela administração pública, poderão ser aceitos custos unitários superiores àqueles constantes do orçamento estimado em relação aos itens materialmente relevantes.
§3º Se o relatório técnico de que trata o inciso II do §2º não for aprovado pela administração pública, aplica-se o disposto no art. 62, salvo se o licitante apresentar nova proposta, com adequação dos custos unitários propostos aos limites previstos no §2º, sem alteração do valor global da proposta.
§4º No caso de adoção do regime de empreitada por preço global ou de empreitada

integral, serão observadas as seguintes condições:

I – no cálculo do valor da proposta, poderão ser utilizados custos unitários diferentes daqueles previstos nos §§3º, 4º ou 6º do art. 8º da Lei nº 12.462, de 2011, desde que o valor global da proposta e o valor de cada etapa prevista no cronograma físico-financeiro seja igual ou inferior ao valor calculado a partir do sistema de referência utilizado;

II - em situações especiais, devidamente comprovadas pelo licitante em relatório técnico circunstanciado, aprovado pela administração pública, os valores das etapas do cronograma físico-financeiro poderão exceder o limite fixado no inciso I; e

III - as alterações contratuais sob alegação de falhas ou omissões em qualquer das peças, orçamentos, plantas, especificações, memoriais ou estudos técnicos preliminares do projeto básico não poderão ultrapassar, no seu conjunto, dez por cento do valor total do contrato.

§5º O orçamento estimado das obras e serviços de engenharia será aquele resultante da composição dos custos unitários diretos do sistema de referência utilizado, acrescida do percentual de BDI de referência.

§6º A diferença percentual entre o valor global do contrato e o obtido a partir dos custos unitários do orçamento estimado pela administração pública não poderá ser reduzida, em favor do contratado, em decorrência de aditamentos contratuais que modifiquem a composição orçamentária.

Art. 43. Após o encerramento da fase de apresentação de propostas, a comissão de licitação classificará as propostas por ordem decrescente de vantajosidade.

§1º Quando a proposta do primeiro classificado estiver acima do orçamento estimado, a comissão de licitação poderá negociar com o licitante condições mais vantajosas.

§2º A negociação de que trata o §1º poderá ser feita com os demais licitantes, segundo a ordem de classificação, quando o primeiro colocado, após a negociação, for desclassificado por sua proposta permanecer superior ao orçamento estimado.

Art. 44. Encerrado o julgamento, será disponibilizada a respectiva ata, com a ordem de classificação das propostas.

Seção IV
Da Habilitação

Art. 45. Nas licitações regidas pelo RDC será aplicado, no que couber, o disposto nos arts. 27 a 33 da Lei nº 8.666, de 1993.

Art. 46. Será exigida a apresentação dos documentos de habilitação apenas pelo licitante classificado em primeiro lugar.

§1º Poderá haver substituição parcial ou total dos documentos por certificado de registro cadastral e certificado de pré-qualificação, nos termos do instrumento convocatório.

§2º Em caso de inabilitação, serão requeridos e avaliados os documentos de habilitação dos licitantes subsequentes, por ordem de classificação.

Art. 47. O instrumento convocatório definirá o prazo para a apresentação dos documentos de habilitação.

Art. 48. Quando utilizado o critério de julgamento pela maior oferta de preço, nas licitações destinadas à alienação, a qualquer título, dos bens e direitos da administração pública, os requisitos de qualificação técnica e econômico-financeira poderão ser dispensados, se substituídos pela comprovação do recolhimento de quantia como garantia, limitada a cinco por cento do valor mínimo de arrematação.

Parágrafo único. O disposto no *caput* não dispensa os licitantes da apresentação dos demais documentos exigidos para a habilitação.

Art. 49. Em qualquer caso, os documentos relativos à regularidade fiscal poderão ser exigidos em momento posterior ao julgamento das propostas, apenas em relação ao licitante mais bem classificado.

Art. 50. Caso ocorra a inversão de fases prevista no parágrafo único do art. 14:

I - os licitantes apresentarão simultaneamente os documentos de habilitação e as propostas;

II - serão verificados os documentos de habilitação de todos os licitantes; e

III - serão julgadas apenas as propostas dos licitantes habilitados.

Seção V
Da Participação em Consórcio

Art. 51. Quando permitida a participação na licitação de pessoas jurídicas organizadas em consórcio, serão observadas as seguintes condições:
I - comprovação do compromisso público ou particular de constituição de consórcio, subscrito pelos consorciados;
II - indicação da pessoa jurídica responsável pelo consórcio, que deverá atender às condições de liderança fixadas no instrumento convocatório;
III - apresentação dos documentos exigidos no instrumento convocatório quanto a cada consorciado, admitindo-se, para efeito de qualificação técnica, o somatório dos quantitativos de cada consorciado;
IV - comprovação de qualificação econômico-financeira, mediante:
a) apresentação do somatório dos valores de cada consorciado, na proporção de sua respectiva participação, podendo a administração pública estabelecer, para o consórcio, um acréscimo de até trinta por cento dos valores exigidos para licitante individual; e
b) demonstração, por cada consorciado, do atendimento aos requisitos contábeis definidos no instrumento convocatório; e
V - impedimento de participação de consorciado, na mesma licitação, em mais de um consórcio ou isoladamente.
§1º O instrumento convocatório deverá exigir que conste cláusula de responsabilidade solidária:
I - no compromisso de constituição de consórcio a ser firmado pelos licitantes; e
II - no contrato a ser celebrado pelo consórcio vencedor.
§2º No consórcio de empresas brasileiras e estrangeiras, a liderança caberá, obrigatoriamente, à empresa brasileira, observado o disposto no inciso II do *caput*.
§3º O licitante vencedor fica obrigado a promover, antes da celebração do contrato, a constituição e o registro do consórcio, nos termos do compromisso referido no inciso I do *caput*.
§4º A substituição de consorciado deverá ser expressamente autorizada pelo órgão ou entidade contratante.
§5º O instrumento convocatório poderá, no interesse da administração pública, fixar a quantidade máxima de pessoas jurídicas organizadas por consórcio.
§6º O acréscimo previsto na alínea "a" do inciso IV do *caput* não será aplicável aos consórcios compostos, em sua totalidade, por microempresas e empresas de pequeno porte.

Seção VI
Dos Recursos

Art. 52. Haverá fase recursal única, após o término da fase de habilitação.
Art. 53. Os licitantes que desejarem recorrer em face dos atos do julgamento da proposta ou da habilitação deverão manifestar imediatamente, após o término de cada sessão, a sua intenção de recorrer, sob pena de preclusão.
Parágrafo único. Nas licitações sob a forma eletrônica, a manifestação de que trata o *caput* deve ser efetivada em campo próprio do sistema.
Art. 54. As razões dos recursos deverão ser apresentadas no prazo de cinco dias úteis contado a partir da data da intimação ou da lavratura da ata, conforme o caso.
§1º O prazo para apresentação de contrarrazões será de cinco dias úteis e começará imediatamente após o encerramento do prazo a que se refere o *caput*.
§2º É assegurado aos licitantes obter vista dos elementos dos autos indispensáveis à defesa de seus interesses.
Art. 55. Na contagem dos prazos estabelecidos no art. 54, exclui-se o dia do início e inclui-se o do vencimento.
Parágrafo único. Os prazos se iniciam e expiram exclusivamente em dia útil no âmbito do órgão ou entidade responsável pela licitação.
Art. 56. O recurso será dirigido à autoridade superior, por intermédio da autoridade que praticou o ato recorrido, que apreciará sua admissibilidade, cabendo a esta reconsiderar sua decisão no prazo de cinco dias úteis ou, nesse mesmo prazo, fazê-lo subir, devidamente informado, devendo, neste caso, a decisão do recurso ser proferida dentro do prazo de cinco dias úteis, contado do seu recebimento, sob pena de apuração de responsabilidade.

Art. 57. O acolhimento de recurso implicará invalidação apenas dos atos insuscetíveis de aproveitamento.
Art. 58. No caso da inversão de fases prevista no parágrafo único do art. 14, os licitantes poderão apresentar recursos após a fase de habilitação e após a fase de julgamento das propostas.

Seção VII
Do Encerramento

Art. 59. Finalizada a fase recursal, a administração pública poderá negociar condições mais vantajosas com o primeiro colocado.
Art. 60. Exaurida a negociação prevista no art. 59, o procedimento licitatório será encerrado e os autos encaminhados à autoridade superior, que poderá:
I - determinar o retorno dos autos para saneamento de irregularidades que forem supríveis;
II - anular o procedimento, no todo ou em parte, por vício insanável;
III - revogar o procedimento por motivo de conveniência e oportunidade; ou
IV - adjudicar o objeto, homologar a licitação e convocar o licitante vencedor para a assinatura do contrato, preferencialmente em ato único.
§1º As normas referentes a anulação e revogação de licitações previstas no art. 49 da Lei nº 8.666, de 1993, aplicam-se às contratações regidas pelo RDC.
§2º Caberá recurso no prazo de cinco dias úteis contado a partir da data da anulação ou revogação da licitação, observado o disposto nos arts. 53 a 57, no que couber.
Art. 61. Convocado para assinar o termo de contrato, aceitar ou retirar o instrumento equivalente, o interessado deverá observar os prazos e condições estabelecidos, sob pena de decair o direito à contratação, sem prejuízo das sanções previstas em lei.
Art. 62. É facultado à administração pública, quando o convocado não assinar o termo de contrato, ou não aceitar ou retirar o instrumento equivalente, no prazo e condições estabelecidos:
I - revogar a licitação, sem prejuízo da aplicação das cominações previstas na Lei nº 8.666, de 1993, e neste Decreto; ou

II - convocar os licitantes remanescentes, na ordem de classificação, para a celebração do contrato nas condições ofertadas pelo licitante vencedor.
Parágrafo único. Na hipótese de nenhum dos licitantes aceitar a contratação nos termos do inciso II do *caput*, a administração pública poderá convocar os licitantes remanescentes, na ordem de classificação, para a celebração do contrato nas condições ofertadas por estes, desde que o valor seja igual ou inferior ao orçamento estimado para a contratação, inclusive quanto aos preços atualizados, nos termos do instrumento convocatório.

Título III
Dos Contratos e de sua Execução

Art. 63. Os contratos administrativos celebrados serão regidos pela Lei nº 8.666, de 1993, com exceção das regras específicas previstas na Lei nº 12.462, de 2011, e neste Decreto.
Art. 64. Os contratos para a execução das obras previstas no plano plurianual poderão ser firmados pelo período nele compreendido, observado o disposto no *caput* do art. 57 da Lei nº 8.666, de 1993.
Art. 65. Na hipótese do inciso II do *caput* do art. 57 da Lei nº 8.666, de 1993, os contratos regidos por este Decreto poderão ter sua vigência estabelecida até a data da extinção da APO.
Art. 66. Nos contratos de obras e serviços de engenharia, a execução de cada etapa será precedida de projeto executivo para a etapa e da conclusão e aprovação, pelo órgão ou entidade contratante, dos trabalhos relativos às etapas anteriores.
Parágrafo único. O projeto executivo de etapa posterior poderá ser desenvolvido concomitantemente com a execução das obras e serviços de etapa anterior, desde que autorizado pelo órgão ou entidade contratante.
Art. 67. A inexecução total ou parcial do contrato enseja a sua rescisão, com as consequências contratuais, legais e regulamentares.
§1º Não haverá rescisão contratual em razão de fusão, cisão ou incorporação do contratado, ou de substituição de consorciado, desde que mantidas as condições de habilitação previamente atestadas.

§2º Os contratos de eficiência referidos no art. 36 deverão prever que nos casos em que não for gerada a economia estimada:
I - a diferença entre a economia contratada e a efetivamente obtida será descontada da remuneração do contratado;
II - será aplicada multa por inexecução contratual se a diferença entre a economia contratada e a efetivamente obtida for superior à remuneração do contratado, no valor da referida diferença; e
III - aplicação de outras sanções cabíveis, caso a diferença entre a economia contratada e a efetivamente obtida seja superior ao limite máximo estabelecido no contrato.
Art. 68. Caberá recurso no prazo de cinco dias úteis a partir da data da intimação ou da lavratura da ata da rescisão do contrato, nas hipóteses previstas no inciso I do *caput* do art. 79 da Lei nº 8.666, de 1993, observado o disposto nos arts. 53 a 57, no que couber.
Art. 69. Na hipótese do inciso XI do *caput* do art. 24 da Lei nº 8.666, de 1993, a contratação de remanescente de obra, serviço ou fornecimento de bens em consequência de rescisão contratual observará a ordem de classificação dos licitantes e as condições por estes ofertadas, desde que não seja ultrapassado o orçamento estimado para a contratação.

Título IV
Disposições Específicas

Capítulo I
Da Remuneração Variável

Art. 70. Nas licitações de obras e serviços, inclusive de engenharia, poderá ser estabelecida remuneração variável, vinculada ao desempenho do contratado, com base em metas, padrões de qualidade, parâmetros de sustentabilidade ambiental e prazo de entrega definidos pela administração pública no instrumento convocatório, observado o conteúdo do projeto básico, do projeto executivo ou do termo de referência.
§1º A utilização da remuneração variável respeitará o limite orçamentário fixado pela administração pública para a contratação e será motivada quanto:
I - aos parâmetros escolhidos para aferir o desempenho do contratado;
II - ao valor a ser pago; e
III - ao benefício a ser gerado para a administração pública.
§2º Eventuais ganhos provenientes de ações da administração pública não serão considerados no cômputo do desempenho do contratado.
§3º O valor da remuneração variável deverá ser proporcional ao benefício a ser gerado para a administração pública.
§4º Nos casos de contratação integrada, deverá ser observado o conteúdo do anteprojeto de engenharia na definição dos parâmetros para aferir o desempenho do contratado.

Capítulo II
Da Contratação Simultânea

Art. 71. A administração pública poderá, mediante justificativa, contratar mais de uma empresa ou instituição para executar o mesmo serviço, desde que não implique perda de economia de escala, quando:
I - o objeto da contratação puder ser executado de forma concorrente e simultânea por mais de um contratado; e
II - a múltipla execução for conveniente para atender à administração pública.
Parágrafo único. A contratação simultânea não se aplica às obras ou serviços de engenharia.
Art. 72. A administração pública deverá manter o controle individualizado dos serviços prestados por contratado.
Parágrafo único. O instrumento convocatório deverá disciplinar os parâmetros objetivos para a alocação das atividades a serem executadas por contratado.

Capítulo III
Da Contratação Integrada

Art. 73. Nas licitações de obras e serviços de engenharia, poderá ser utilizada a contratação integrada, desde que técnica e economicamente justificada.
§1º O objeto da contratação integrada compreende a elaboração e o desenvolvimento dos projetos básico e executivo, a execução de obras e serviços de engenharia, a montagem, a realização de testes, a pré-operação e todas as demais operações necessárias e suficientes para entrega final do objeto.

§2º Será adotado o critério de julgamento técnica e preço.

Art. 74. O instrumento convocatório das licitações para contratação de obras e serviços de engenharia sob o regime de contratação integrada deverá conter anteprojeto de engenharia com informações e requisitos técnicos destinados a possibilitar a caracterização do objeto contratual, incluindo:

I - a demonstração e a justificativa do programa de necessidades, a visão global dos investimentos e as definições quanto ao nível de serviço desejado;
II - as condições de solidez, segurança, durabilidade e prazo de entrega;
III - a estética do projeto arquitetônico; e
IV - os parâmetros de adequação ao interesse público, à economia na utilização, à facilidade na execução, aos impactos ambientais e à acessibilidade.

§1º Deverão constar do anteprojeto, quando couber, os seguintes documentos técnicos:
I - concepção da obra ou serviço de engenharia;
II - projetos anteriores ou estudos preliminares que embasaram a concepção adotada;
III - levantamento topográfico e cadastral;
IV - pareceres de sondagem; e
V - memorial descritivo dos elementos da edificação, dos componentes construtivos e dos materiais de construção, de forma a estabelecer padrões mínimos para a contratação.

§2º Caso seja permitida no anteprojeto de engenharia a apresentação de projetos com metodologia diferenciadas de execução, o instrumento convocatório estabelecerá critérios objetivos para avaliação e julgamento das propostas.

§3º O anteprojeto deverá possuir nível de definição suficiente para proporcionar a comparação entre as propostas recebidas das licitantes.

Art. 75. O orçamento e o preço total para a contratação serão estimados com base nos valores praticados pelo mercado, nos valores pagos pela administração pública em contratações similares ou na avaliação do custo global da obra, aferida mediante orçamento sintético ou metodologia expedita ou paramétrica.

Art. 76. Nas hipóteses em que for adotada a contratação integrada, fica vedada a celebração de termos aditivos aos contratos firmados, exceto se verificada uma das seguintes hipóteses:

I - recomposição do equilíbrio econômico-financeiro, devido a caso fortuito ou força maior;
II - necessidade de alteração do projeto ou das especificações para melhor adequação técnica aos objetivos da contratação, a pedido da administração pública, desde que não decorrentes de erros ou omissões por parte do contratado, observados os limites previstos no §1º do art. 65 da Lei nº 8.666, de 1993.

Título V
Dos Procedimentos Auxiliares

Capítulo I
Disposições Gerais

Art. 77. São procedimentos auxiliares das licitações regidas por este Decreto:
I - cadastramento;
II - pré-qualificação;
III - sistema de registro de preços; e
IV - catálogo eletrônico de padronização.

Capítulo II
Do Cadastramento

Art. 78. Os registros cadastrais serão feitos por meio do Sistema de Cadastramento Unificado de Fornecedores - SICAF, conforme disposto Decreto nº 3.722, de 9 de janeiro de 2001.

Art. 79. Caberá recurso no prazo de cinco dias úteis contado a partir da data da intimação ou do indeferimento do pedido de inscrição em registro cadastral, de sua alteração ou de seu cancelamento, observado o disposto nos arts. 53 a 57, no que couber.

Capítulo III
Da Pré-Qualificação

Art. 80. A administração pública poderá promover a pré-qualificação destinada a identificar:
I - fornecedores que reúnam condições de qualificação técnica exigidas para o fornecimento de bem ou a execução de serviço ou obra nos prazos, locais e condições previamente estabelecidos; e

II - bens que atendam às exigências técnicas e de qualidade estabelecida pela administração pública.

§1º A pré-qualificação poderá ser parcial ou total, contendo alguns ou todos os requisitos de habilitação técnica necessários à contratação, assegurada, em qualquer hipótese, a igualdade de condições entre os concorrentes.

§2º A pré-qualificação de que trata o inciso I do *caput* poderá ser efetuada por grupos ou segmentos de objetos a serem contratados, segundo as especialidades dos fornecedores.

Art. 81. O procedimento de pré-qualificação ficará permanentemente aberto para a inscrição dos eventuais interessados.

Art. 82. A pré-qualificação terá validade máxima de um ano, podendo ser atualizada a qualquer tempo.

Parágrafo único. A validade da pré-qualificação de fornecedores não será superior ao prazo de validade dos documentos apresentados pelos interessados.

Art. 83. Sempre que a administração pública entender conveniente iniciar procedimento de pré-qualificação de fornecedores ou bens, deverá convocar os interessados para que demonstrem o cumprimento das exigências de qualificação técnica ou de aceitação de bens, conforme o caso.

§1º A convocação de que trata o *caput* será realizada mediante:

I - publicação de extrato do instrumento convocatório no Diário Oficial da União, do Estado, do Distrito Federal ou do Município, conforme o caso, sem prejuízo da possibilidade de publicação de extrato em jornal diário de grande circulação; e

II - divulgação em sítio eletrônico oficial centralizado de publicidade de licitações ou sítio mantido pelo órgão ou entidade.

§2º A convocação explicitará as exigências de qualificação técnica ou de aceitação de bens, conforme o caso.

Art. 84. Será fornecido certificado aos pré-qualificados, renovável sempre que o registro for atualizado.

Art. 85. Caberá recurso no prazo de cinco dias úteis contado a partir da data da intimação ou da lavratura da ata do ato que defira ou indefira pedido de pré-qualificação de interessados, observado o disposto nos arts. 53 a 57, no que couber.

Art. 86. A administração pública poderá realizar licitação restrita aos pré-qualificados, justificadamente, desde que:

I - a convocação para a pré-qualificação discrimine que as futuras licitações serão restritas aos pré-qualificados;

II - na convocação a que se refere o inciso I do *caput* conste estimativa de quantitativos mínimos que a administração pública pretende adquirir ou contratar nos próximos doze meses e de prazos para publicação do edital; e

III - a pré-qualificação seja total, contendo todos os requisitos de habilitação técnica necessários à contratação.

§1º O registro cadastral de pré-qualificados deverá ser amplamente divulgado e deverá estar permanentemente aberto aos interessados, obrigando-se a unidade por ele responsável a proceder, no mínimo anualmente, a chamamento público para a atualização dos registros existentes e para o ingresso de novos interessados.

§2º Só poderão participar da licitação restrita aos pré-qualificados os licitantes que, na data da publicação do respectivo instrumento convocatório:

I - já tenham apresentado a documentação exigida para a pré-qualificação, ainda que o pedido de pré-qualificação seja deferido posteriormente; e

II - estejam regularmente cadastrados.

§3º No caso de realização de licitação restrita, a administração pública enviará convite por meio eletrônico a todos os pré-qualificados no respectivo segmento.

§4º O convite de que trata o §3º não exclui a obrigação de atendimento aos requisitos de publicidade do instrumento convocatório.

Capítulo IV
Do Sistema de Registro de Preços

Art. 87. O Sistema de Registro de Preços destinado especificamente ao RDC - SRP/RDC será regido pelo disposto neste Decreto.

Art. 88. Para os efeitos deste Decreto, considera-se:

I - Sistema de Registro de Preços - SRP - conjunto de procedimentos para registro formal de preços relativos à prestação de serviços, inclusive de engenharia, e aquisição de bens, para contratações futuras;

II - ata de registro de preços – documento vinculativo, obrigacional, com característica de compromisso para futura contratação, em que se registram os preços, fornecedores, órgãos participantes e condições a serem praticadas, conforme as disposições contidas no instrumento convocatório e propostas apresentadas;

III - órgão gerenciador – órgão ou entidade pública responsável pela condução do conjunto de procedimentos do certame para registro de preços e gerenciamento da ata de registro de preços dele decorrente;

IV - órgão participante – órgão ou entidade da administração pública que participe dos procedimentos iniciais do SRP e integre a ata de registro de preços; e

V - órgão aderente – órgão ou entidade da administração pública que, não tendo participado dos procedimentos iniciais da licitação, adere a uma ata de registro de preços.

Art. 89. O SRP/RDC poderá ser adotado nas seguintes hipóteses:

I - quando, pelas características do bem ou serviço, houver necessidade de contratações frequentes;

II - quando for mais conveniente a aquisição de bens com previsão de entregas parceladas ou contratação de serviços remunerados por unidade de medida ou em regime de tarefa;

III - quando for conveniente a aquisição de bens ou a contratação de serviços para atendimento a mais de um órgão ou entidade, ou a programas de governo; e

IV - quando, pela natureza do objeto, não for possível definir previamente o quantitativo a ser demandado pela administração pública.

Art. 90. A licitação para o registro de preços:

I - poderá ser realizada por qualquer dos modos de disputa previstos neste Decreto, combinados ou não;

II - ocorrerá utilizando-se critério de julgamento menor preço ou maior desconto; e

III - será precedida de ampla pesquisa de mercado.

Art. 91. Na licitação para registro de preços, a indicação da dotação orçamentária só será necessária para a formalização do contrato ou instrumento equivalente.

Art. 92. A licitação para registro de preços será precedida de divulgação de intenção de registro de preços com a finalidade de permitir a participação de outros órgãos ou entidades públicas.

§1º Observado o prazo estabelecido pelo órgão gerenciador, os órgãos ou entidades públicas interessados em participar do registro de preços deverão:

I - manifestar sua concordância com o objeto do registro de preços; e

II - indicar a sua estimativa de demanda e o cronograma de contratações.

§2º Esgotado o prazo para a manifestação de interesse em participar do registro de preços, o órgão gerenciador:

I - consolidará todas as informações relativas às estimativas individuais de demanda;

II - promoverá a adequação de termos de referência ou projetos básicos encaminhados, para atender aos requisitos de padronização e racionalização;

III - realizará ampla pesquisa de mercado para a definição dos preços estimados; e

IV - apresentará as especificações, termos de referência, projetos básicos, quantitativos e preços estimados aos órgãos ou entidades públicas interessados, para confirmação da intenção de participar do registro de preço.

Art. 93. O órgão gerenciador poderá subdividir a quantidade total de cada item em lotes, sempre que comprovada a viabilidade técnica e econômica, de forma a possibilitar maior competitividade, observada a quantidade mínima, o prazo e o local de entrega ou de prestação dos serviços.

§1º No caso de serviços, a subdivisão se dará em função da unidade de medida adotada para aferição dos produtos e resultados esperados, e será observada a demanda específica de cada órgão ou entidade participante.

§2º Na situação prevista no §1º, será evitada a contratação de mais de uma empresa para a execução do mesmo serviço em uma mesma localidade no âmbito do mesmo órgão ou entidade, com vistas a assegurar a responsabilidade contratual e o princípio da padronização.

Art. 94. Constará do instrumento convocatório para registro de preços, além das exigências previstas no art. 8º:

I - a especificação ou descrição do objeto, explicitando o conjunto de elementos necessários e suficientes, com nível de precisão adequado, para a caracterização do bem ou

serviço, inclusive definindo as respectivas unidades de medida usualmente adotadas;
II - a estimativa de quantidades a serem adquiridas no prazo de validade do registro;
III - a quantidade mínima de unidades a ser cotada, por item ou lote, no caso de bens;
IV - as condições quanto aos locais, prazos de entrega, forma de pagamento e, complementarmente, nos casos de serviços, quando cabíveis, a frequência, periodicidade, características do pessoal, materiais e equipamentos a serem fornecidos e utilizados, procedimentos a serem seguidos, cuidados, deveres, disciplina e controles a serem adotados;
V - o prazo de validade do registro de preço;
VI - os órgãos e entidades participantes;
VII - os modelos de planilhas de custo, quando couber;
VIII - as minutas de contratos decorrentes do SRP/RDC, quando for o caso; e
IX - as penalidades a serem aplicadas por descumprimento das condições estabelecidas.
Parágrafo único. Quando o instrumento convocatório previr o fornecimento de bens ou prestação de serviços em locais diferentes, é facultada a exigência de apresentação de proposta diferenciada por região, de modo que os custos variáveis por região sejam acrescidos aos respectivos preços.
Art. 95. Caberá ao órgão gerenciador:
I - promover os atos preparatórios à licitação para registro de preços, conforme o art. 92;
II - definir os itens a serem registrados, os respectivos quantitativos e os órgãos ou entidades participantes;
III - realizar todo o procedimento licitatório;
IV - providenciar a assinatura da ata de registro de preços;
V - encaminhar cópia da ata de registro de preços aos órgãos ou entidades participantes;
VI - gerenciar a ata de registro de preços, indicando os fornecedores que poderão ser contratados e os respectivos quantitativos e preços, conforme as regras do art. 103;
VII - manter controle do saldo da quantidade global de bens e serviços que poderão ser contratados pelos órgãos aderentes, observado o disposto nos §§3º e 4º do art. 102;

VIII - aplicar eventuais sanções que decorrerem:
a) do procedimento licitatório;
b) de descumprimento da ata de registro de preços, ressalvado o disposto no art. 96, inciso III do *caput*, alínea "a"; e
c) do descumprimento dos contratos que celebrarem, ainda que não haja o correspondente instrumento;
IX - conduzir eventuais negociações dos preços registrados, conforme as regras do art. 105; e
X - anular ou revogar o registro de preços.
§1º O órgão gerenciador realizará todos os atos de controle e administração do SRP/RDC.
§2º O órgão gerenciador somente considerará os itens e quantitativos referentes aos órgãos ou entidades que confirmarem a intenção de participar do registro de preços, na forma do inciso IV do §2º do art. 92.
Art. 96. Caberá aos órgãos ou entidades participantes:
I - consultar o órgão gerenciador para obter a indicação do fornecedor e respectivos quantitativos e preços que poderão ser contratados;
II - fiscalizar o cumprimento dos contratos que celebrarem; e
III - aplicar eventuais sanções que decorrerem:
a) do descumprimento da ata de registro de preços, no que se refere às suas demandas; e
b) do descumprimento dos contratos que celebrarem, ainda que não haja o correspondente instrumento.
Parágrafo único. Os órgãos participantes deverão informar ao órgão gerenciador:
I - as sanções que aplicarem; e
II - o nome do responsável pelo acompanhamento e fiscalização dos contratos que celebrarem.
Art. 97. Após o encerramento da etapa competitiva, os licitantes poderão reduzir seus preços ao valor igual ao da proposta do licitante mais bem classificado.
§1º Havendo apresentação de novas propostas na forma do *caput*, o órgão gerenciador estabelecerá nova ordem de classificação, observadas as regras do art. 98.
§2º A apresentação de novas propostas na forma do *caput* não prejudicará o resultado do certame em relação ao licitante mais bem classificado.

Art. 98. Serão registrados na ata de registro de preços, nesta ordem:
I - os preços e quantitativos do licitante mais bem classificado durante a etapa competitiva;
II - os preços e quantitativos dos licitantes que houverem aceitado cotar seus bens ou serviços em valor igual ao do licitante mais bem classificado; e
III - os preços e quantitativos dos demais licitantes classificados, conforme a ordem de classificação.
Parágrafo único. Se houver mais de um licitante na situação de que trata o inciso II do *caput*, serão classificados segundo a ordem da última proposta apresentada durante a fase competitiva.

Art. 99. A ata de registro de preços obriga os licitantes ao fornecimento de bens ou à prestação de serviço, conforme o caso, observados os preços, quantidades e demais condições previstas no instrumento convocatório.
Parágrafo único. O prazo de validade da ata de registro de preços será definido pelo instrumento convocatório, limitado ao mínimo de três meses e ao máximo de doze meses.

Art. 100. Os contratos decorrentes do SRP/RDC terão sua vigência conforme as disposições do instrumento convocatório, observadas, no que couber, as normas da Lei nº 8.666, de 1993.
§1º Os contratos decorrentes do SRP/RDC não poderão sofrer acréscimo de quantitativos.
§2º Os contratos decorrentes do SRP/RDC poderão ser alterados conforme as normas da Lei nº 8.666, de 1993, ressalvado o disposto no §1º.

Art. 101. A existência de preços registrados não obriga a administração pública a firmar os contratos que deles poderão advir.
Parágrafo único. Será facultada a realização de licitação específica para contratação de objetos cujos preços constam do sistema, desde que assegurada aos fornecedores registrados a preferência em igualdade de condições.

Art. 102. O órgão ou entidade pública responsável pela execução das obras ou serviços contemplados no art. 2º que não tenha participado do certame licitatório, poderá aderir à ata de registro de preços, respeitado o seu prazo de vigência.
§1º Os órgãos aderentes deverão observar o disposto no art. 96.
§2º Os órgãos aderentes não poderão contratar quantidade superior à soma das estimativas de demanda dos órgãos gerenciador e participantes.
§3º A quantidade global de bens ou serviços que poderão ser contratados pelos órgãos aderentes não poderá ser superior a cinco vezes a quantidade prevista para cada item.
§4º Os fornecedores registrados não serão obrigados a contratar com órgãos aderentes.
§5º O fornecimento de bens ou a prestação de serviços a órgãos aderentes não prejudicará a obrigação de cumprimento da ata de registro de preços em relação aos órgãos gerenciador e participantes.

Art. 103. Quando solicitado, o órgão gerenciador indicará os fornecedores que poderão ser contratados pelos órgãos ou entidades participantes ou aderentes, e os respectivos quantitativos e preços, conforme a ordem de classificação.
§1º O órgão gerenciador observará a seguinte ordem quando da indicação de fornecedor aos órgãos participantes:
I - o fornecedor registrado mais bem classificado, até o esgotamento dos respectivos quantitativos oferecidos;
II - os fornecedores registrados que registraram seus preços em valor igual ao do licitante mais bem classificado, conforme a ordem de classificação; e
III - os demais fornecedores registrados, conforme a ordem de classificação, pelos seus preços registrados.
§2º No caso de solicitação de indicação de fornecedor por órgão aderente, o órgão gerenciador indicará o fornecedor registrado mais bem classificado e os demais licitantes que registraram seus preços em valor igual ao do licitante mais bem classificado.
§3º Os órgãos aderentes deverão propor a celebração de contrato aos fornecedores indicados pelo órgão gerenciador seguindo a ordem de classificação.
§4º Os órgãos aderentes deverão concretizar a contratação no prazo de até trinta dias após a indicação do fornecedor pelo órgão gerenciador, respeitado o prazo de vigência da ata.

Art. 104. O órgão gerenciador avaliará trimestralmente a compatibilidade entre o preço registrado e o valor de mercado.
Parágrafo único. Constatado que o preço registrado é superior ao valor de mercado, ficarão vedadas novas contratações até a adoção das providências cabíveis, conforme o art. 105.
Art. 105. Quando o preço registrado tornar-se superior ao preço praticado no mercado por motivo superveniente, o órgão gerenciador convocará os fornecedores para negociarem a redução dos preços aos valores praticados pelo mercado.
§1º Os fornecedores que não aceitarem reduzir seus preços aos valores praticados pelo mercado serão liberados do compromisso assumido, sem aplicação de penalidade.
§2º A ordem de classificação dos fornecedores que aceitarem reduzir seus preços aos valores de mercado observará a classificação original.
Art. 106. Os órgãos ou entidades da administração pública federal não poderão participar ou aderir a ata de registro de preços cujo órgão gerenciador integre a administração pública de Estado, do Distrito Federal ou de Município, ressalvada a faculdade de a APO aderir às atas gerenciadas pelos respectivos consorciados.
Parágrafo único. Os órgãos ou entidades públicas estaduais, municipais ou do Distrito Federal poderão participar ou aderir a ata de registro de preços gerenciada pela administração pública federal, observado o disposto no §1º do art. 92 e no *caput* do art. 102.
Art. 107. O registro de preços será revogado quando o fornecedor:
I - descumprir as condições da ata de registro de preços;
II - não retirar a respectiva nota de empenho ou instrumento equivalente, no prazo estabelecido pela administração pública, sem justificativa aceitável;
III - não aceitar reduzir o seu preço registrado, na hipótese de este se tornar superior àqueles praticados no mercado; e
IV - sofrer as sanções previstas nos incisos III e IV do *caput* do art. 87 da Lei nº 8.666, de 1993, e no art. 7º da Lei nº 10.520, de 17 de julho de 2002.
§1º A revogação do registro poderá ocorrer:
I - por iniciativa da administração pública, conforme conveniência e oportunidade; ou
II - por solicitação do fornecedor, com base em fato superveniente devidamente comprovado que justifique a impossibilidade de cumprimento da proposta.
§2º A revogação do registro nas hipóteses previstas nos incisos I, II e IV do *caput* será formalizada por decisão da autoridade competente do órgão gerenciador, assegurados o contraditório e a ampla defesa.
§3º A revogação do registro em relação a um fornecedor não prejudicará o registro dos preços dos demais licitantes.
Art. 108. No âmbito da administração pública federal competirá ao Ministro de Estado do Planejamento, Orçamento e Gestão estabelecer normas complementares necessárias para a operação do SRP/RDC.

Capítulo V
Do Catálogo Eletrônico de Padronização

Art. 109. O Catálogo Eletrônico de Padronização é o sistema informatizado destinado à padronização de bens, serviços e obras a serem adquiridos ou contratados pela administração pública.
Parágrafo único. O Catálogo Eletrônico de Padronização será gerenciado de forma centralizada pela Secretaria de Logística e Tecnologia da Informação do Ministério do Planejamento, Orçamento e Gestão.
Art. 110. O Catálogo Eletrônico de Padronização conterá:
I - a especificação de bens, serviços ou obras;
II - descrição de requisitos de habilitação de licitantes, conforme o objeto da licitação; e
III - modelos de:
a) instrumentos convocatórios;
b) minutas de contratos;
c) termos de referência e projetos referência; e
d) outros documentos necessários ao procedimento de licitação que possam ser padronizados.
§1º O Catálogo Eletrônico de Padronização será destinado especificamente a bens, serviços e obras que possam ser adquiridos ou contratados pela administração

pública pelo critério de julgamento menor preço ou maior desconto.

§2º O projeto básico da licitação será obtido a partir da adaptação do "projeto de referência" às peculiaridades do local onde a obra será realizada, considerando aspectos relativos ao solo e à topografia do terreno, bem como aos preços dos insumos da região que será implantado o empreendimento.

Título VI
Das Sanções

Art. 111. Serão aplicadas sanções nos termos do art. 47 da Lei nº 12.462, de 2011, sem prejuízo das multas previstas no instrumento convocatório.

§1º Caberá recurso no prazo de cinco dias úteis contado a partir da data da intimação ou da lavratura da ata da aplicação das penas de advertência, multa, suspensão temporária de participação em licitação, impedimento de contratar com a administração pública e declaração de inidoneidade, observado o disposto nos arts. 53 a 57, no que couber.

§2º As penalidades serão obrigatoriamente registradas no SICAF.

Título VII
Disposições Finais

Art. 112. Na contagem dos prazos estabelecidos neste Decreto, exclui-se o dia do início e inclui-se o do vencimento.

Parágrafo único. Os prazos estabelecidos neste Decreto se iniciam e expiram exclusivamente em dia útil no âmbito do órgão ou entidade responsável pela licitação ou contratante.

Art. 113. Competirá ao Ministro de Estado do Planejamento, Orçamento e Gestão expedir normas e procedimentos complementares para a execução deste Decreto no âmbito da administração pública federal.

Art. 114. Este Decreto entra em vigor na data de sua publicação.

Brasília, 11 de outubro de 2011; 190º da Independência e 123º da República.

DILMA ROUSSEFF

Guido Mantega
Miriam Belchior
Orlando Silva de Jesus Júnior
Luís Inácio Lucena Adams
Jorge Hage Sobrinho
Wagner Bittencourt de Oliveira

LEI Nº 8.666, DE 21 DE JUNHO DE 1993 – ARTIGOS EXPRESSAMENTE MENCIONADOS NA LEI DO RDC
(*DOU* 22.06.1993, rep. 06.07.1994; retif. 06.07.1994)

Regulamenta o art. 37, inciso XXI, da Constituição Federal, institui normas para licitações e contratos da Administração Pública e dá outras providências.

(...)

Art. 3º A licitação destina-se a garantir a observância do princípio constitucional da isonomia, a seleção da proposta mais vantajosa para a administração e a promoção do desenvolvimento nacional sustentável e será processada e julgada em estrita conformidade com os princípios básicos da legalidade, da impessoalidade, da moralidade, da igualdade, da publicidade, da probidade administrativa, da vinculação ao instrumento convocatório, do julgamento objetivo e dos que lhes são correlatos. (Redação dada pela Lei nº 12.349, de 2010)

§1º É vedado aos agentes públicos:

I - admitir, prever, incluir ou tolerar, nos atos de convocação, cláusulas ou condições que comprometam, restrinjam ou frustrem o seu caráter competitivo, inclusive nos casos de sociedades cooperativas, e estabeleçam preferências ou distinções em razão da naturalidade, da sede ou domicílio dos licitantes ou de qualquer outra circunstância impertinente ou irrelevante para o específico objeto do contrato, ressalvado o disposto nos §§5º a 12 deste artigo e no art. 3º da Lei nº 8.248, de 23 de outubro de 1991; (Redação dada pela Lei nº 12.349, de 2010)

II - estabelecer tratamento diferenciado de natureza comercial, legal, trabalhista, previdenciária ou qualquer outra, entre empresas brasileiras e estrangeiras, inclusive no que se refere a moeda, modalidade e local de pagamentos, mesmo quando envolvidos financiamentos de agências internacionais, ressalvado o disposto no parágrafo seguinte e no art. 3º da Lei nº 8.248, de 23 de outubro de 1991.

§2º Em igualdade de condições, como critério de desempate, será assegurada preferência, sucessivamente, aos bens e serviços:

I - (Revogado pela Lei nº 12.349, de 2010)

II - produzidos no País;

III - produzidos ou prestados por empresas brasileiras.

IV - produzidos ou prestados por empresas que invistam em pesquisa e no desenvolvimento de tecnologia no País. (Incluído pela Lei nº 11.196, de 2005)

§3º A licitação não será sigilosa, sendo públicos e acessíveis ao público os atos de seu procedimento, salvo quanto ao conteúdo das propostas, até a respectiva abertura.

§4º (Vetado).

§5º Nos processos de licitação previstos no *caput*, poderá ser estabelecido margem de preferência para produtos manufaturados e para serviços nacionais que atendam a normas técnicas brasileiras. (Incluído pela Lei nº 12.349, de 2010)

§6º A margem de preferência de que trata o §5º será estabelecida com base em estudos revistos periodicamente, em prazo não superior a 5 (cinco) anos, que levem em consideração: (Incluído pela Lei nº 12.349, de 2010)

I - geração de emprego e renda; (Incluído pela Lei nº 12.349, de 2010)

II - efeito na arrecadação de tributos federais, estaduais e municipais; (Incluído pela Lei nº 12.349, de 2010)

III - desenvolvimento e inovação tecnológica realizados no País; (Incluído pela Lei nº 12.349, de 2010)

IV - custo adicional dos produtos e serviços; e (Incluído pela Lei nº 12.349, de 2010)

V - em suas revisões, análise retrospectiva de resultados. (Incluído pela Lei nº 12.349, de 2010)

§7º Para os produtos manufaturados e serviços nacionais resultantes de desenvolvimento e inovação tecnológica realizados no País, poderá ser estabelecido margem de preferência adicional àquela prevista no §5º. (Incluído pela Lei nº 12.349, de 2010)

§8º As margens de preferência por produto, serviço, grupo de produtos ou grupo de serviços, a que se referem os §§5º e 7º, serão

definidas pelo Poder Executivo federal, não podendo a soma delas ultrapassar o montante de 25% (vinte e cinco por cento) sobre o preço dos produtos manufaturados e serviços estrangeiros. (Incluído pela Lei nº 12.349, de 2010)
§9º As disposições contidas nos §§5º e 7º deste artigo não se aplicam aos bens e aos serviços cuja capacidade de produção ou prestação no País seja inferior: (Incluído pela Lei nº 12.349, de 2010)
I - à quantidade a ser adquirida ou contratada; ou (Incluído pela Lei nº 12.349, de 2010)
II - ao quantitativo fixado com fundamento no §7º do art. 23 desta Lei, quando for o caso. (Incluído pela Lei nº 12.349, de 2010)
§10. A margem de preferência a que se refere o §5º poderá ser estendida, total ou parcialmente, aos bens e serviços originários dos Estados Partes do Mercado Comum do Sul - Mercosul. (Incluído pela Lei nº 12.349, de 2010)
§11. Os editais de licitação para a contratação de bens, serviços e obras poderão, mediante prévia justificativa da autoridade competente, exigir que o contratado promova, em favor de órgão ou entidade integrante da administração pública ou daqueles por ela indicados a partir de processo isonômico, medidas de compensação comercial, industrial, tecnológica ou acesso a condições vantajosas de financiamento, cumulativamente ou não, na forma estabelecida pelo Poder Executivo federal. (Incluído pela Lei nº 12.349, de 2010)
§12. Nas contratações destinadas à implantação, manutenção e ao aperfeiçoamento dos sistemas de tecnologia de informação e comunicação, considerados estratégicos em ato do Poder Executivo federal, a licitação poderá ser restrita a bens e serviços com tecnologia desenvolvida no País e produzidos de acordo com o processo produtivo básico de que trata a Lei nº 10.176, de 11 de janeiro de 2001. (Incluído pela Lei nº 12.349, de 2010)
§13. Será divulgada na internet, a cada exercício financeiro, a relação de empresas favorecidas em decorrência do disposto nos §§5º, 7º, 10, 11 e 12 deste artigo, com indicação do volume de recursos destinados a cada uma delas. (Incluído pela Lei nº 12.349, de 2010)

(...)

Art. 24. É dispensável a licitação
I - para obras e serviços de engenharia de valor até 10% (dez por cento) do limite previsto na alínea "a", do inciso I do artigo anterior, desde que não se refiram a parcelas de uma mesma obra ou serviço ou ainda para obras e serviços da mesma natureza e no mesmo local que possam ser realizadas conjunta e concomitantemente; (Redação dada pela Lei nº 9.648, de 1998)
II - para outros serviços e compras de valor até 10% (dez por cento) do limite previsto na alínea "a", do inciso II do artigo anterior e para alienações, nos casos previstos nesta Lei, desde que não se refiram a parcelas de um mesmo serviço, compra ou alienação de maior vulto que possa ser realizada de uma só vez; (Redação dada pela Lei nº 9.648, de 1998)
III - nos casos de guerra ou grave perturbação da ordem;
IV - nos casos de emergência ou de calamidade pública, quando caracterizada urgência de atendimento de situação que possa ocasionar prejuízo ou comprometer a segurança de pessoas, obras, serviços, equipamentos e outros bens, públicos ou particulares, e somente para os bens necessários ao atendimento da situação emergencial ou calamitosa e para as parcelas de obras e serviços que possam ser concluídas no prazo máximo de 180 (cento e oitenta) dias consecutivos e ininterruptos, contados da ocorrência da emergência ou calamidade, vedada a prorrogação dos respectivos contratos;
V - quando não acudirem interessados à licitação anterior e esta, justificadamente, não puder ser repetida sem prejuízo para a Administração, mantidas, neste caso, todas as condições preestabelecidas;
VI - quando a União tiver que intervir no domínio econômico para regular preços ou normalizar o abastecimento;
VII - quando as propostas apresentadas consignarem preços manifestamente superiores aos praticados no mercado nacional, ou forem incompatíveis com os fixados pelos órgãos oficiais competentes, casos em que, observado o parágrafo único do art. 48 desta Lei e, persistindo a situação, será admitida a adjudicação direta dos bens ou serviços, por valor não superior

ao constante do registro de preços, ou dos serviços; (Vide §3º do art. 48)
VIII - para a aquisição, por pessoa jurídica de direito público interno, de bens produzidos ou serviços prestados por órgão ou entidade que integre a Administração Pública e que tenha sido criado para esse fim específico em data anterior à vigência desta Lei, desde que o preço contratado seja compatível com o praticado no mercado; (Redação dada pela Lei nº 8.883, de 1994)
IX - quando houver possibilidade de comprometimento da segurança nacional, nos casos estabelecidos em decreto do Presidente da República, ouvido o Conselho de Defesa Nacional; (Regulamento)
X - para a compra ou locação de imóvel destinado ao atendimento das finalidades precípuas da administração, cujas necessidades de instalação e localização condicionem a sua escolha, desde que o preço seja compatível com o valor de mercado, segundo avaliação prévia; (Redação dada pela Lei nº 8.883, de 1994)
XI - na contratação de remanescente de obra, serviço ou fornecimento, em conseqüência de rescisão contratual, desde que atendida a ordem de classificação da licitação anterior e aceitas as mesmas condições oferecidas pelo licitante vencedor, inclusive quanto ao preço, devidamente corrigido;
XII - nas compras de hortifrutigranjeiros, pão e outros gêneros perecíveis, no tempo necessário para a realização dos processos licitatórios correspondentes, realizadas diretamente com base no preço do dia; (Redação dada pela Lei nº 8.883, de 1994)
XIII - na contratação de instituição brasileira incumbida regimental ou estatutariamente da pesquisa, do ensino ou do desenvolvimento institucional, ou de instituição dedicada à recuperação social do preso, desde que a contratada detenha inquestionável reputação ético-profissional e não tenha fins lucrativos; (Redação dada pela Lei nº 8.883, de 1994)
XIV - para a aquisição de bens ou serviços nos termos de acordo internacional específico aprovado pelo Congresso Nacional, quando as condições ofertadas forem manifestamente vantajosas para o Poder Público; (Redação dada pela Lei nº 8.883, de 1994)

XV - para a aquisição ou restauração de obras de arte e objetos históricos, de autenticidade certificada, desde que compatíveis ou inerentes às finalidades do órgão ou entidade.
XVI - para a impressão dos diários oficiais, de formulários padronizados de uso da administração, e de edições técnicas oficiais, bem como para prestação de serviços de informática a pessoa jurídica de direito público interno, por órgãos ou entidades que integrem a Administração Pública, criados para esse fim específico; (Incluído pela Lei nº 8.883, de 1994)
XVII - para a aquisição de componentes ou peças de origem nacional ou estrangeira, necessários à manutenção de equipamentos durante o período de garantia técnica, junto ao fornecedor original desses equipamentos, quando tal condição de exclusividade for indispensável para a vigência da garantia; (Incluído pela Lei nº 8.883, de 1994)
XVIII - nas compras ou contratações de serviços para o abastecimento de navios, embarcações, unidades aéreas ou tropas e seus meios de deslocamento quando em estada eventual de curta duração em portos, aeroportos ou localidades diferentes de suas sedes, por motivo de movimentação operacional ou de adestramento, quando a exiguidade dos prazos legais puder comprometer a normalidade e os propósitos das operações e desde que seu valor não exceda ao limite previsto na alínea "a" do inciso II do art. 23 desta Lei: (Incluído pela Lei nº 8.883, de 1994)
XIX - para as compras de material de uso pelas Forças Armadas, com exceção de materiais de uso pessoal e administrativo, quando houver necessidade de manter a padronização requerida pela estrutura de apoio logístico dos meios navais, aéreos e terrestres, mediante parecer de comissão instituída por decreto; (Incluído pela Lei nº 8.883, de 1994)
XX - na contratação de associação de portadores de deficiência física, sem fins lucrativos e de comprovada idoneidade, por órgãos ou entidades da Administração Pública, para a prestação de serviços ou fornecimento de mão-de-obra, desde que o preço contratado seja compatível com o praticado no mercado. (Incluído pela Lei nº 8.883, de 1994)

XXI - para a aquisição de bens e insumos destinados exclusivamente à pesquisa científica e tecnológica com recursos concedidos pela Capes, pela Finep, pelo CNPq ou por outras instituições de fomento a pesquisa credenciadas pelo CNPq para esse fim específico; (Redação dada pela Lei nº 12.349, de 2010)
XXII - na contratação de fornecimento ou suprimento de energia elétrica e gás natural com concessionário, permissionário ou autorizado, segundo as normas da legislação específica; (Incluído pela Lei nº 9.648, de 1998)
XXIII - na contratação realizada por empresa pública ou sociedade de economia mista com suas subsidiárias e controladas, para a aquisição ou alienação de bens, prestação ou obtenção de serviços, desde que o preço contratado seja compatível com o praticado no mercado. (Incluído pela Lei nº 9.648, de 1998)
XXIV - para a celebração de contratos de prestação de serviços com as organizações sociais, qualificadas no âmbito das respectivas esferas de governo, para atividades contempladas no contrato de gestão. (Incluído pela Lei nº 9.648, de 1998)
XXV - na contratação realizada por Instituição Científica e Tecnológica - ICT ou por agência de fomento para a transferência de tecnologia e para o licenciamento de direito de uso ou de exploração de criação protegida. (Incluído pela Lei nº 10.973, de 2004)
XXVI - na celebração de contrato de programa com ente da Federação ou com entidade de sua administração indireta, para a prestação de serviços públicos de forma associada nos termos do autorizado em contrato de consórcio público ou em convênio de cooperação. (Incluído pela Lei nº 11.107, de 2005)
XXVII - na contratação da coleta, processamento e comercialização de resíduos sólidos urbanos recicláveis ou reutilizáveis, em áreas com sistema de coleta seletiva de lixo, efetuados por associações ou cooperativas formadas exclusivamente por pessoas físicas de baixa renda reconhecidas pelo poder público como catadores de materiais recicláveis, com o uso de equipamentos compatíveis com as normas técnicas, ambientais e de saúde pública. (Redação dada pela Lei nº 11.445, de 2007).

XXVIII - para o fornecimento de bens e serviços, produzidos ou prestados no País, que envolvam, cumulativamente, alta complexidade tecnológica e defesa nacional, mediante parecer de comissão especialmente designada pela autoridade máxima do órgão. (Incluído pela Lei nº 11.484, de 2007).
XXIX - na aquisição de bens e contratação de serviços para atender aos contingentes militares das Forças Singulares brasileiras empregadas em operações de paz no exterior, necessariamente justificadas quanto ao preço e à escolha do fornecedor ou executante e ratificadas pelo Comandante da Força. (Incluído pela Lei nº 11.783, de 2008)
XXX - na contratação de instituição ou organização, pública ou privada, com ou sem fins lucrativos, para a prestação de serviços de assistência técnica e extensão rural no âmbito do Programa Nacional de Assistência Técnica e Extensão Rural na Agricultura Familiar e na Reforma Agrária, instituído por lei federal. (Incluído pela Lei nº 12.188, de 2.010) Vigência
XXXI - nas contratações visando ao cumprimento do disposto nos arts. 3º, 4º, 5º e 20 da Lei nº 10.973, de 2 de dezembro de 2004, observados os princípios gerais de contratação dela constantes. (Incluída pela Lei nº 12.349, de 2010)
Parágrafo único. Os percentuais referidos nos incisos I e II do *caput* deste artigo serão 20% (vinte por cento) para compras, obras e serviços contratados por consórcios públicos, sociedade de economia mista, empresa pública e por autarquia ou fundação qualificadas, na forma da lei, como Agências Executivas. (Redação dada pela Lei nº 11.107, de 2005)
Art. 25. É inexigível a licitação quando houver inviabilidade de competição, em especial:
I - para aquisição de materiais, equipamentos, ou gêneros que só possam ser fornecidos por produtor, empresa ou representante comercial exclusivo, vedada a preferência de marca, devendo a comprovação de exclusividade ser feita através de atestado fornecido pelo órgão de registro do comércio do local em que se realizaria a licitação ou a obra ou o serviço, pelo Sindicato, Federação ou Confederação Patronal, ou, ainda, pelas entidades equivalentes;

II - para a contratação de serviços técnicos enumerados no art. 13 desta Lei, de natureza singular, com profissionais ou empresas de notória especialização, vedada a inexigibilidade para serviços de publicidade e divulgação;
III - para contratação de profissional de qualquer setor artístico, diretamente ou através de empresário exclusivo, desde que consagrado pela crítica especializada ou pela opinião pública.
§1º Considera-se de notória especialização o profissional ou empresa cujo conceito no campo de sua especialidade, decorrente de desempenho anterior, estudos, experiências, publicações, organização, aparelhamento, equipe técnica, ou de outros requisitos relacionados com suas atividades, permita inferir que o seu trabalho é essencial e indiscutivelmente o mais adequado à plena satisfação do objeto do contrato.
§2º Na hipótese deste artigo e em qualquer dos casos de dispensa, se comprovado superfaturamento, respondem solidariamente pelo dano causado à Fazenda Pública o fornecedor ou o prestador de serviços e o agente público responsável, sem prejuízo de outras sanções legais cabíveis.
Art. 26. As dispensas previstas nos §§2º e 4º do art. 17 e no inciso III e seguintes do art. 24, as situações de inexigibilidade referidas no art. 25, necessariamente justificadas, e o retardamento previsto no final do parágrafo único do art. 8º desta Lei deverão ser comunicados, dentro de 3 (três) dias, à autoridade superior, para ratificação e publicação na imprensa oficial, no prazo de 5 (cinco) dias, como condição para a eficácia dos atos. (Redação dada pela Lei nº 11.107, de 2005)
Parágrafo único. O processo de dispensa, de inexigibilidade ou de retardamento, previsto neste artigo, será instruído, no que couber, com os seguintes elementos:
I - caracterização da situação emergencial ou calamitosa que justifique a dispensa, quando for o caso;
II - razão da escolha do fornecedor ou executante;
III - justificativa do preço.
IV - documento de aprovação dos projetos de pesquisa aos quais os bens serão alocados. (Incluído pela Lei nº 9.648, de 1998)

Art. 27. Para a habilitação nas licitações exigir-se-á dos interessados, exclusivamente, documentação relativa a:
I - habilitação jurídica;
II - qualificação técnica;
III - qualificação econômico-financeira;
IV - regularidade fiscal e trabalhista; (Redação dada pela Lei nº 12.440, de 2011)
V - cumprimento do disposto no inciso XXXIII do art. 7º da Constituição Federal. (Incluído pela Lei nº 9.854, de 1999)
Art. 28. A documentação relativa à habilitação jurídica, conforme o caso, consistirá em:
I - cédula de identidade;
II - registro comercial, no caso de empresa individual;
III - ato constitutivo, estatuto ou contrato social em vigor, devidamente registrado, em se tratando de sociedades comerciais, e, no caso de sociedades por ações, acompanhado de documentos de eleição de seus administradores;
IV - inscrição do ato constitutivo, no caso de sociedades civis, acompanhada de prova de diretoria em exercício;
V - decreto de autorização, em se tratando de empresa ou sociedade estrangeira em funcionamento no País, e ato de registro ou autorização para funcionamento expedido pelo órgão competente, quando a atividade assim o exigir.
Art. 29. A documentação relativa à regularidade fiscal e trabalhista, conforme o caso, consistirá em: (Redação dada pela Lei nº 12.440, de 2011)
I - prova de inscrição no Cadastro de Pessoas Físicas (CPF) ou no Cadastro Geral de Contribuintes (CGC);
II - prova de inscrição no cadastro de contribuintes estadual ou municipal, se houver, relativo ao domicílio ou sede do licitante, pertinente ao seu ramo de atividade e compatível com o objeto contratual;
III - prova de regularidade para com a Fazenda Federal, Estadual e Municipal do domicílio ou sede do licitante, ou outra equivalente, na forma da lei;
IV - prova de regularidade relativa à Seguridade Social e ao Fundo de Garantia por Tempo de Serviço (FGTS), demonstrando situação regular no cumprimento dos encargos sociais instituídos por lei. (Redação dada pela Lei nº 8.883, de 1994)

V - prova de inexistência de débitos inadimplidos perante a Justiça do Trabalho, mediante a apresentação de certidão negativa, nos termos do Título VII-A da Consolidação das Leis do Trabalho, aprovada pelo Decreto-Lei nº 5.452, de 1º de maio de 1943. (Incluído pela Lei nº 12.440, de 2011)

Art. 30. A documentação relativa à qualificação técnica limitar-se-á a:

I - registro ou inscrição na entidade profissional competente;

II - comprovação de aptidão para desempenho de atividade pertinente e compatível em características, quantidades e prazos com o objeto da licitação, e indicação das instalações e do aparelhamento e do pessoal técnico adequados e disponíveis para a realização do objeto da licitação, bem como da qualificação de cada um dos membros da equipe técnica que se responsabilizará pelos trabalhos;

III - comprovação, fornecida pelo órgão licitante, de que recebeu os documentos, e, quando exigido, de que tomou conhecimento de todas as informações e das condições locais para o cumprimento das obrigações objeto da licitação;

IV - prova de atendimento de requisitos previstos em lei especial, quando for o caso.

§1º A comprovação de aptidão referida no inciso II do *caput* deste artigo, no caso das licitações pertinentes a obras e serviços, será feita por atestados fornecidos por pessoas jurídicas de direito público ou privado, devidamente registrados nas entidades profissionais competentes, limitadas as exigências a: (Redação dada pela Lei nº 8.883, de 1994)

I - capacitação técnico-profissional: comprovação do licitante de possuir em seu quadro permanente, na data prevista para entrega da proposta, profissional de nível superior ou outro devidamente reconhecido pela entidade competente, detentor de atestado de responsabilidade técnica por execução de obra ou serviço de características semelhantes, limitadas estas exclusivamente às parcelas de maior relevância e valor significativo do objeto da licitação, vedadas as exigências de quantidades mínimas ou prazos máximos; (Incluído pela Lei nº 8.883, de 1994)

II - (Vetado).
a) (Vetado).
b) (Vetado).

§2º As parcelas de maior relevância técnica e de valor significativo, mencionadas no parágrafo anterior, serão definidas no instrumento convocatório. (Redação dada pela Lei nº 8.883, de 1994)

§3º Será sempre admitida a comprovação de aptidão através de certidões ou atestados de obras ou serviços similares de complexidade tecnológica e operacional equivalente ou superior.

§4º Nas licitações para fornecimento de bens, a comprovação de aptidão, quando for o caso, será feita através de atestados fornecidos por pessoa jurídica de direito público ou privado.

§5º É vedada a exigência de comprovação de atividade ou de aptidão com limitações de tempo ou de época ou ainda em locais específicos, ou quaisquer outras não previstas nesta Lei, que inibam a participação na licitação.

§6º As exigências mínimas relativas a instalações de canteiros, máquinas, equipamentos e pessoal técnico especializado, considerados essenciais para o cumprimento do objeto da licitação, serão atendidas mediante a apresentação de relação explícita e da declaração formal da sua disponibilidade, sob as penas cabíveis, vedada as exigências de propriedade e de localização prévia.

§7º (Vetado).
I - (Vetado).
II - (Vetado).

§8º No caso de obras, serviços e compras de grande vulto, de alta complexidade técnica, poderá a Administração exigir dos licitantes a metodologia de execução, cuja avaliação, para efeito de sua aceitação ou não, antecederá sempre à análise dos preços e será efetuada exclusivamente por critérios objetivos.

§9º Entende-se por licitação de alta complexidade técnica aquela que envolva alta especialização, como fator de extrema relevância para garantir a execução do objeto a ser contratado, ou que possa comprometer a continuidade da prestação de serviços públicos essenciais.

§10. Os profissionais indicados pelo licitante para fins de comprovação da capacitação

técnico-profissional de que trata o inciso I do §1º deste artigo deverão participar da obra ou serviço objeto da licitação, admitindo-se a substituição por profissionais de experiência equivalente ou superior, desde que aprovada pela administração. (Incluído pela Lei nº 8.883, de 1994)
§11. (Vetado).
§12. (Vetado).
Art. 31. A documentação relativa à qualificação econômico-financeira limitar-se-á a:
I - balanço patrimonial e demonstrações contábeis do último exercício social, já exigíveis e apresentados na forma da lei, que comprovem a boa situação financeira da empresa, vedada a sua substituição por balancetes ou balanços provisórios, podendo ser atualizados por índices oficiais quando encerrado há mais de 3 (três) meses da data de apresentação da proposta;
II - certidão negativa de falência ou concordata expedida pelo distribuidor da sede da pessoa jurídica, ou de execução patrimonial, expedida no domicílio da pessoa física;
III - garantia, nas mesmas modalidades e critérios previstos no *caput* e §1º do art. 56 desta Lei, limitada a 1% (um por cento) do valor estimado do objeto da contratação.
§1º A exigência de índices limitar-se-á à demonstração da capacidade financeira do licitante com vistas aos compromissos que terá que assumir caso lhe seja adjudicado o contrato, vedada a exigência de valores mínimos de faturamento anterior, índices de rentabilidade ou lucratividade. (Redação dada pela Lei nº 8.883, de 1994)
§2º A Administração, nas compras para entrega futura e na execução de obras e serviços, poderá estabelecer, no instrumento convocatório da licitação, a exigência de capital mínimo ou de patrimônio líquido mínimo, ou ainda as garantias previstas no §1º do art. 56 desta Lei, como dado objetivo de comprovação da qualificação econômico-financeira dos licitantes e para efeito de garantia ao adimplemento do contrato a ser ulteriormente celebrado.
§3º O capital mínimo ou o valor do patrimônio líquido a que se refere o parágrafo anterior não poderá exceder a 10% (dez por cento) do valor estimado da contratação, devendo a comprovação ser feita relativamente à data da apresentação da proposta,
na forma da lei, admitida a atualização para esta data através de índices oficiais.
§4º Poderá ser exigida, ainda, a relação dos compromissos assumidos pelo licitante que importem diminuição da capacidade operativa ou absorção de disponibilidade financeira, calculada esta em função do patrimônio líquido atualizado e sua capacidade de rotação.
§5º A comprovação de boa situação financeira da empresa será feita de forma objetiva, através do cálculo de índices contábeis previstos no edital e devidamente justificados no processo administrativo da licitação que tenha dado início ao certame licitatório, vedada a exigência de índices e valores não usualmente adotados para correta avaliação de situação financeira suficiente ao cumprimento das obrigações decorrentes da licitação. (Redação dada pela Lei nº 8.883, de 1994)
§6º (Vetado).
Art. 32. Os documentos necessários à habilitação poderão ser apresentados em original, por qualquer processo de cópia autenticada por cartório competente ou por servidor da administração ou publicação em órgão da imprensa oficial. (Redação dada pela Lei nº 8.883, de 1994)
§1º A documentação de que tratam os arts. 28 a 31 desta Lei poderá ser dispensada, no todo ou em parte, nos casos de convite, concurso, fornecimento de bens para pronta entrega e leilão.
§2º O certificado de registro cadastral a que se refere o §1º do art. 36 substitui os documentos enumerados nos arts. 28 a 31, quanto às informações disponibilizadas em sistema informatizado de consulta direta indicado no edital, obrigando-se a parte a declarar, sob as penalidades legais, a superveniência de fato impeditivo da habilitação. (Redação dada pela Lei nº 9.648, de 1998)
§3º A documentação referida neste artigo poderá ser substituída por registro cadastral emitido por órgão ou entidade pública, desde que previsto no edital e o registro tenha sido feito em obediência ao disposto nesta Lei.
§4º As empresas estrangeiras que não funcionem no País, tanto quanto possível, atenderão, nas licitações internacionais,

às exigências dos parágrafos anteriores mediante documentos equivalentes, autenticados pelos respectivos consulados e traduzidos por tradutor juramentado, devendo ter representação legal no Brasil com poderes expressos para receber citação e responder administrativa ou judicialmente.

§5º Não se exigirá, para a habilitação de que trata este artigo, prévio recolhimento de taxas ou emolumentos, salvo os referentes a fornecimento do edital, quando solicitado, com os seus elementos constitutivos, limitados ao valor do custo efetivo de reprodução gráfica da documentação fornecida.

§6º O disposto no §4º deste artigo, no §1º do art. 33 e no §2º do art. 55, não se aplica às licitações internacionais para a aquisição de bens e serviços cujo pagamento seja feito com o produto de financiamento concedido por organismo financeiro internacional de que o Brasil faça parte, ou por agência estrangeira de cooperação, nem nos casos de contratação com empresa estrangeira, para a compra de equipamentos fabricados e entregues no exterior, desde que para este caso tenha havido prévia autorização do Chefe do Poder Executivo, nem nos casos de aquisição de bens e serviços realizada por unidades administrativas com sede no exterior.

Art. 33. Quando permitida na licitação a participação de empresas em consórcio, observar-se-ão as seguintes normas:

I - comprovação do compromisso público ou particular de constituição de consórcio, subscrito pelos consorciados;

II - indicação da empresa responsável pelo consórcio que deverá atender às condições de liderança, obrigatoriamente fixadas no edital;

III - apresentação dos documentos exigidos nos arts. 28 a 31 desta Lei por parte de cada consorciado, admitindo-se, para efeito de qualificação técnica, o somatório dos quantitativos de cada consorciado, e, para efeito de qualificação econômico-financeira, o somatório dos valores de cada consorciado, na proporção de sua respectiva participação, podendo a Administração estabelecer, para o consórcio, um acréscimo de até 30% (trinta por cento) dos valores exigidos para licitante individual, inexigível este acréscimo para os

consórcios compostos, em sua totalidade, por micro e pequenas empresas assim definidas em lei;

IV - impedimento de participação de empresa consorciada, na mesma licitação, através de mais de um consórcio ou isoladamente;

V - responsabilidade solidária dos integrantes pelos atos praticados em consórcio, tanto na fase de licitação quanto na de execução do contrato.

§1º No consórcio de empresas brasileiras e estrangeiras a liderança caberá, obrigatoriamente, à empresa brasileira, observado o disposto no inciso II deste artigo.

§2º O licitante vencedor fica obrigado a promover, antes da celebração do contrato, a constituição e o registro do consórcio, nos termos do compromisso referido no inciso I deste artigo.

(...)

Art. 49. A autoridade competente para a aprovação do procedimento somente poderá revogar a licitação por razões de interesse público decorrente de fato superveniente devidamente comprovado, pertinente e suficiente para justificar tal conduta, devendo anulá-la por ilegalidade, de ofício ou por provocação de terceiros, mediante parecer escrito e devidamente fundamentado.

§1º A anulação do procedimento licitatório por motivo de ilegalidade não gera obrigação de indenizar, ressalvado o disposto no parágrafo único do art. 59 desta Lei.

§2º A nulidade do procedimento licitatório induz à do contrato, ressalvado o disposto no parágrafo único do art. 59 desta Lei.

§3º No caso de desfazimento do processo licitatório, fica assegurado o contraditório e a ampla defesa.

§4º O disposto neste artigo e seus parágrafos aplica-se aos atos do procedimento de dispensa e de inexigibilidade de licitação.

(...)

Art. 57. A duração dos contratos regidos por esta Lei ficará adstrita à vigência dos respectivos créditos orçamentários, exceto quanto aos relativos:

I - aos projetos cujos produtos estejam contemplados nas metas estabelecidas no Plano Plurianual, os quais poderão ser prorrogados se houver interesse da

Administração e desde que isso tenha sido previsto no ato convocatório;
II - à prestação de serviços a serem executados de forma contínua, que poderão ter a sua duração prorrogada por iguais e sucessivos períodos com vistas à obtenção de preços e condições mais vantajosas para a administração, limitada a sessenta meses; (Redação dada pela Lei nº 9.648, de 1998)
III - (Vetado).
IV - ao aluguel de equipamentos e à utilização de programas de informática, podendo a duração estender-se pelo prazo de até 48 (quarenta e oito) meses após o início da vigência do contrato.
V - às hipóteses previstas nos incisos IX, XIX, XXVIII e XXXI do art. 24, cujos contratos poderão ter vigência por até 120 (cento e vinte) meses, caso haja interesse da administração. (Incluído pela Lei nº 12.349, de 2010)
§1º Os prazos de início de etapas de execução, de conclusão e de entrega admitem prorrogação, mantidas as demais cláusulas do contrato e assegurada a manutenção de seu equilíbrio econômico-financeiro, desde que ocorra algum dos seguintes motivos, devidamente autuados em processo:
I - alteração do projeto ou especificações, pela Administração;
II - superveniência de fato excepcional ou imprevisível, estranho à vontade das partes, que altere fundamentalmente as condições de execução do contrato;
III - interrupção da execução do contrato ou diminuição do ritmo de trabalho por ordem e no interesse da Administração;
IV - aumento das quantidades inicialmente previstas no contrato, nos limites permitidos por esta Lei;
V - impedimento de execução do contrato por fato ou ato de terceiro reconhecido pela Administração em documento contemporâneo à sua ocorrência;
VI - omissão ou atraso de providências a cargo da Administração, inclusive quanto aos pagamentos previstos de que resulte, diretamente, impedimento ou retardamento na execução do contrato, sem prejuízo das sanções legais aplicáveis aos responsáveis.
§2º Toda prorrogação de prazo deverá ser justificada por escrito e previamente autorizada pela autoridade competente para celebrar o contrato.

§3º É vedado o contrato com prazo de vigência indeterminado.
§4º Em caráter excepcional, devidamente justificado e mediante autorização da autoridade superior, o prazo de que trata o inciso II do *caput* deste artigo poderá ser prorrogado por até doze meses. (Incluído pela Lei nº 9.648, de 1998)
(...)
Art. 65. Os contratos regidos por esta Lei poderão ser alterados, com as devidas justificativas, nos seguintes casos:
(...)
§1º O contratado fica obrigado a aceitar, nas mesmas condições contratuais, os acréscimos ou supressões que se fizerem nas obras, serviços ou compras, até 25% (vinte e cinco por cento) do valor inicial atualizado do contrato, e, no caso particular de reforma de edifício ou de equipamento, até o limite de 50% (cinqüenta por cento) para os seus acréscimos.
(...)
Art. 79. A rescisão do contrato poderá ser:
I - determinada por ato unilateral e escrito da Administração, nos casos enumerados nos incisos I a XII e XVII do artigo anterior;
(...)
Art. 81. A recusa injustificada do adjudicatário em assinar o contrato, aceitar ou retirar o instrumento equivalente, dentro do prazo estabelecido pela Administração, caracteriza o descumprimento total da obrigação assumida, sujeitando-o às penalidades legalmente estabelecidas.
Parágrafo único. O disposto neste artigo não se aplica aos licitantes convocados nos termos do art. 64, §2º desta Lei, que não aceitarem a contratação, nas mesmas condições propostas pelo primeiro adjudicatário, inclusive quanto ao prazo e preço.
Art. 82. Os agentes administrativos que praticarem atos em desacordo com os preceitos desta Lei ou visando a frustrar os objetivos da licitação sujeitam-se às sanções previstas nesta Lei e nos regulamentos próprios, sem prejuízo das responsabilidades civil e criminal que seu ato ensejar.
Art. 83. Os crimes definidos nesta Lei, ainda que simplesmente tentados, sujeitam os seus autores, quando servidores públicos, além das sanções penais, à perda do cargo, emprego, função ou mandato eletivo.

Art. 84. Considera-se servidor público, para os fins desta Lei, aquele que exerce, mesmo que transitoriamente ou sem remuneração, cargo, função ou emprego público.

§1º Equipara-se a servidor público, para os fins desta Lei, quem exerce cargo, emprego ou função em entidade paraestatal, assim consideradas, além das fundações, empresas públicas e sociedades de economia mista, as demais entidades sob controle, direto ou indireto, do Poder Público.

§2º A pena imposta será acrescida da terça parte, quando os autores dos crimes previstos nesta Lei forem ocupantes de cargo em comissão ou de função de confiança em órgão da Administração direta, autarquia, empresa pública, sociedade de economia mista, fundação pública, ou outra entidade controlada direta ou indiretamente pelo Poder Público.

Art. 85. As infrações penais previstas nesta Lei pertinem às licitações e aos contratos celebrados pela União, Estados, Distrito Federal, Municípios, e respectivas autarquias, empresas públicas, sociedades de economia mista, fundações públicas, e quaisquer outras entidades sob seu controle direto ou indireto.

Art. 86. O atraso injustificado na execução do contrato sujeitará o contratado à multa de mora, na forma prevista no instrumento convocatório ou no contrato.

§1º A multa a que alude este artigo não impede que a Administração rescinda unilateralmente o contrato e aplique as outras sanções previstas nesta Lei.

§2º A multa, aplicada após regular processo administrativo, será descontada da garantia do respectivo contratado.

§3º Se a multa for de valor superior ao valor da garantia prestada, além da perda desta, responderá o contratado pela sua diferença, a qual será descontada dos pagamentos eventualmente devidos pela Administração ou ainda, quando for o caso, cobrada judicialmente.

Art. 87. Pela inexecução total ou parcial do contrato a Administração poderá, garantida a prévia defesa, aplicar ao contratado as seguintes sanções:

I - advertência;

II - multa, na forma prevista no instrumento convocatório ou no contrato;

III - suspensão temporária de participação em licitação e impedimento de contratar com a Administração, por prazo não superior a 2 (dois) anos;

IV - declaração de inidoneidade para licitar ou contratar com a Administração Pública enquanto perdurarem os motivos determinantes da punição ou até que seja promovida a reabilitação perante a própria autoridade que aplicou a penalidade, que será concedida sempre que o contratado ressarcir a Administração pelos prejuízos resultantes e após decorrido o prazo da sanção aplicada com base no inciso anterior.

§1º Se a multa aplicada for superior ao valor da garantia prestada, além da perda desta, responderá o contratado pela sua diferença, que será descontada dos pagamentos eventualmente devidos pela Administração ou cobrada judicialmente.

§2º As sanções previstas nos incisos I, III e IV deste artigo poderão ser aplicadas juntamente com a do inciso II, facultada a defesa prévia do interessado, no respectivo processo, no prazo de 5 (cinco) dias úteis.

§3º A sanção estabelecida no inciso IV deste artigo é de competência exclusiva do Ministro de Estado, do Secretário Estadual ou Municipal, conforme o caso, facultada a defesa do interessado no respectivo processo, no prazo de 10 (dez) dias da abertura de vista, podendo a reabilitação ser requerida após 2 (dois) anos de sua aplicação.

Art. 88. As sanções previstas nos incisos III e IV do artigo anterior poderão também ser aplicadas às empresas ou aos profissionais que, em razão dos contratos regidos por esta Lei:

I - tenham sofrido condenação definitiva por praticarem, por meios dolosos, fraude fiscal no recolhimento de quaisquer tributos;

II - tenham praticado atos ilícitos visando a frustrar os objetivos da licitação;

III - demonstrem não possuir idoneidade para contratar com a Administração em virtude de atos ilícitos praticados.

Art. 89. Dispensar ou inexigir licitação fora das hipóteses previstas em lei, ou deixar de observar as formalidades pertinentes à dispensa ou à inexigibilidade:

Pena - detenção, de 3 (três) a 5 (cinco) anos, e multa.

Parágrafo único. Na mesma pena incorre aquele que, tendo comprovadamente concorrido para a consumação da ilegalidade, beneficiou-se da dispensa ou inexigibilidade ilegal, para celebrar contrato com o Poder Público.

Art. 90. Frustrar ou fraudar, mediante ajuste, combinação ou qualquer outro expediente, o caráter competitivo do procedimento licitatório, com o intuito de obter, para si ou para outrem, vantagem decorrente da adjudicação do objeto da licitação:
Pena - detenção, de 2 (dois) a 4 (quatro) anos, e multa.

Art. 91. Patrocinar, direta ou indiretamente, interesse privado perante a Administração, dando causa à instauração de licitação ou à celebração de contrato, cuja invalidação vier a ser decretada pelo Poder Judiciário:
Pena - detenção, de 6 (seis) meses a 2 (dois) anos, e multa.

Art. 92. Admitir, possibilitar ou dar causa a qualquer modificação ou vantagem, inclusive prorrogação contratual, em favor do adjudicatário, durante a execução dos contratos celebrados com o Poder Público, sem autorização em lei, no ato convocatório da licitação ou nos respectivos instrumentos contratuais, ou, ainda, pagar fatura com preterição da ordem cronológica de sua exigibilidade, observado o disposto no art. 121 desta Lei: (Redação dada pela Lei nº 8.883, de 1994)
Pena - detenção, de dois a quatro anos, e multa. (Redação dada pela Lei nº 8.883, de 1994)
Parágrafo único. Incide na mesma pena o contratado que, tendo comprovadamente concorrido para a consumação da ilegalidade, obtém vantagem indevida ou se beneficia, injustamente, das modificações ou prorrogações contratuais.

Art. 93. Impedir, perturbar ou fraudar a realização de qualquer ato de procedimento licitatório:
Pena - detenção, de 6 (seis) meses a 2 (dois) anos, e multa.

Art. 94. Devassar o sigilo de proposta apresentada em procedimento licitatório, ou proporcionar a terceiro o ensejo de devassá-lo:
Pena - detenção, de 2 (dois) a 3 (três) anos, e multa.

Art. 95. Afastar ou procura afastar licitante, por meio de violência, grave ameaça, fraude ou oferecimento de vantagem de qualquer tipo:
Pena - detenção, de 2 (dois) a 4 (quatro) anos, e multa, além da pena correspondente à violência.
Parágrafo único. Incorre na mesma pena quem se abstém ou desiste de licitar, em razão da vantagem oferecida.

Art. 96. Fraudar, em prejuízo da Fazenda Pública, licitação instaurada para aquisição ou venda de bens ou mercadorias, ou contrato dela decorrente:
I - elevando arbitrariamente os preços;
II - vendendo, como verdadeira ou perfeita, mercadoria falsificada ou deteriorada;
III - entregando uma mercadoria por outra;
IV - alterando substância, qualidade ou quantidade da mercadoria fornecida;
V - tornando, por qualquer modo, injustamente, mais onerosa a proposta ou execução do contrato:
Pena - detenção, de 3 (três) a 6 (seis) anos, e multa.

Art. 97. Admitir à licitação ou celebrar contrato com empresa ou profissional declarado inidôneo:
Pena - detenção, de 6 (seis) meses a 2 (dois) anos, e multa.
Parágrafo único. Incide na mesma pena aquele que, declarado inidôneo, venha a licitar ou a contratar com a Administração.

Art. 98. Obstar, impedir ou dificultar, injustamente, a inscrição de qualquer interessado nos registros cadastrais ou promover indevidamente a alteração, suspensão ou cancelamento de registro do inscrito:
Pena - detenção, de 6 (seis) meses a 2 (dois) anos, e multa.

Art. 99. A pena de multa cominada nos arts. 89 a 98 desta Lei consiste no pagamento de quantia fixada na sentença e calculada em índices percentuais, cuja base corresponderá ao valor da vantagem efetivamente obtida ou potencialmente auferível pelo agente.
§1º Os índices a que se refere este artigo não poderão ser inferiores a 2% (dois por cento), nem superiores a 5% (cinco por cento) do valor do contrato licitado ou celebrado com dispensa ou inexigibilidade de licitação.

§2º O produto da arrecadação da multa reverterá, conforme o caso, à Fazenda Federal, Distrital, Estadual ou Municipal.

Art. 100. Os crimes definidos nesta Lei são de ação penal pública incondicionada, cabendo ao Ministério Público promovê-la.

Art. 101. Qualquer pessoa poderá provocar, para os efeitos desta Lei, a iniciativa do Ministério Público, fornecendo-lhe, por escrito, informações sobre o fato e sua autoria, bem como as circunstâncias em que se deu a ocorrência.

Parágrafo único. Quando a comunicação for verbal, mandará a autoridade reduzi-la a termo, assinado pelo apresentante e por duas testemunhas.

Art. 102. Quando em autos ou documentos de que conhecerem, os magistrados, os membros dos Tribunais ou Conselhos de Contas ou os titulares dos órgãos integrantes do sistema de controle interno de qualquer dos Poderes verificarem a existência dos crimes definidos nesta Lei, remeterão ao Ministério Público as cópias e os documentos necessários ao oferecimento da denúncia.

Art. 103. Será admitida ação penal privada subsidiária da pública, se esta não for ajuizada no prazo legal, aplicando-se, no que couber, o disposto nos arts. 29 e 30 do Código de Processo Penal.

Art. 104. Recebida a denúncia e citado o réu, terá este o prazo de 10 (dez) dias para apresentação de defesa escrita, contado da data do seu interrogatório, podendo juntar documentos, arrolar as testemunhas que tiver, em número não superior a 5 (cinco), e indicar as demais provas que pretenda produzir.

Art. 105. Ouvidas as testemunhas da acusação e da defesa e praticadas as diligências instrutórias deferidas ou ordenadas pelo juiz, abrir-se-á, sucessivamente, o prazo de 5 (cinco) dias a cada parte para alegações finais.

Art. 106. Decorrido esse prazo, e conclusos os autos dentro de 24 (vinte e quatro) horas, terá o juiz 10 (dez) dias para proferir a sentença.

Art. 107. Da sentença cabe apelação, interponível no prazo de 5 (cinco) dias.

Art. 108. No processamento e julgamento das infrações penais definidas nesta Lei, assim como nos recursos e nas execuções que lhes digam respeito, aplicar-se-ão, subsidiariamente, o Código de Processo Penal e a Lei de Execução Penal.

(...)

Art. 113. O controle das despesas decorrentes dos contratos e demais instrumentos regidos por esta Lei será feito pelo Tribunal de Contas competente, na forma da legislação pertinente, ficando os órgãos interessados da Administração responsáveis pela demonstração da legalidade e regularidade da despesa e execução, nos termos da Constituição e sem prejuízo do sistema de controle interno nela previsto.

§1º Qualquer licitante, contratado ou pessoa física ou jurídica poderá representar ao Tribunal de Contas ou aos órgãos integrantes do sistema de controle interno contra irregularidades na aplicação desta Lei, para os fins do disposto neste artigo.

§2º Os Tribunais de Contas e os órgãos integrantes do sistema de controle interno poderão solicitar para exame, até o dia útil imediatamente anterior à data de recebimento das propostas, cópia de edital de licitação já publicado, obrigando-se os órgãos ou entidades da Administração interessada à adoção de medidas corretivas pertinentes que, em função desse exame, lhes forem determinadas. (Redação dada pela Lei nº 8.883, de 1994)

LEI COMPLEMENTAR Nº 123, DE 14 DE DEZEMBRO DE 2006 – ARTIGOS EXPRESSAMENTE MENCIONADOS PELA LEI DO RDC (*DOU* 15.12.2006, rep. 31.01.2009, 31.01.2012 e 06.03.2012)

Institui o Estatuto Nacional da Microempresa e da Empresa de Pequeno Porte.

Art. 42. Nas licitações públicas, a comprovação de regularidade fiscal das microempresas e empresas de pequeno porte somente será exigida para efeito de assinatura do contrato.

Art. 43. As microempresas e empresas de pequeno porte, por ocasião da participação em certames licitatórios, deverão apresentar toda a documentação exigida para efeito de comprovação de regularidade fiscal, mesmo que esta apresente alguma restrição.

§1º Havendo alguma restrição na comprovação da regularidade fiscal, será assegurado o prazo de 2 (dois) dias úteis, cujo termo inicial corresponderá ao momento em que o proponente for declarado o vencedor do certame, prorrogáveis por igual período, a critério da Administração Pública, para a regularização da documentação, pagamento ou parcelamento do débito, e emissão de eventuais certidões negativas ou positivas com efeito de certidão negativa.

§2º A não-regularização da documentação, no prazo previsto no §1º deste artigo, implicará decadência do direito à contratação, sem prejuízo das sanções previstas no art. 81 da Lei nº 8.666, de 21 de junho de 1993, sendo facultado à Administração convocar os licitantes remanescentes, na ordem de classificação, para a assinatura do contrato, ou revogar a licitação.

Art. 44. Nas licitações será assegurada, como critério de desempate, preferência de contratação para as microempresas e empresas de pequeno porte.

§1º Entende-se por empate aquelas situações em que as propostas apresentadas pelas microempresas e empresas de pequeno porte sejam iguais ou até 10% (dez por cento) superiores à proposta mais bem classificada.

§2º Na modalidade de pregão, o intervalo percentual estabelecido no §1º deste artigo será de até 5% (cinco por cento) superior ao melhor preço.

Art. 45. Para efeito do disposto no art. 44 desta Lei Complementar, ocorrendo o empate, proceder-se-á da seguinte forma:
I - a microempresa ou empresa de pequeno porte mais bem classificada poderá apresentar proposta de preço inferior àquela considerada vencedora do certame, situação em que será adjudicado em seu favor o objeto licitado;
II - não ocorrendo a contratação da microempresa ou empresa de pequeno porte, na forma do inciso I do *caput* deste artigo, serão convocadas as remanescentes que porventura se enquadrem na hipótese dos §§1º e 2º do art. 44 desta Lei Complementar, na ordem classificatória, para o exercício do mesmo direito;
III - no caso de equivalência dos valores apresentados pelas microempresas e empresas de pequeno porte que se encontrem nos intervalos estabelecidos nos §§1º e 2º do art. 44 desta Lei Complementar, será realizado sorteio entre elas para que se identifique aquela que primeiro poderá apresentar melhor oferta.

§1º Na hipótese da não-contratação nos termos previstos no *caput* deste artigo, o objeto licitado será adjudicado em favor da proposta originariamente vencedora do certame.

§2º O disposto neste artigo somente se aplicará quando a melhor oferta inicial não tiver sido apresentada por microempresa ou empresa de pequeno porte.

§3º No caso de pregão, a microempresa ou empresa de pequeno porte mais bem classificada será convocada para apresentar nova proposta no prazo máximo de 5 (cinco) minutos após o encerramento dos lances, sob pena de preclusão.

Art. 46. A microempresa e a empresa de pequeno porte titular de direitos creditórios decorrentes de empenhos liquidados por órgãos e entidades da União, Estados, Distrito Federal e Município não pagos

em até 30 (trinta) dias contados da data de liquidação poderão emitir cédula de crédito microempresarial.
Parágrafo único. A cédula de crédito microempresarial é título de crédito regido, subsidiariamente, pela legislação prevista para as cédulas de crédito comercial, tendo como lastro o empenho do poder público, cabendo ao Poder Executivo sua regulamentação no prazo de 180 (cento e oitenta) dias a contar da publicação desta Lei Complementar.
Art. 47. Nas contratações públicas da União, dos Estados e dos Municípios, poderá ser concedido tratamento diferenciado e simplificado para as microempresas e empresas de pequeno porte objetivando a promoção do desenvolvimento econômico e social no âmbito municipal e regional, a ampliação da eficiência das políticas públicas e o incentivo à inovação tecnológica, desde que previsto e regulamentado na legislação do respectivo ente.
Art. 48. Para o cumprimento do disposto no art. 47 desta Lei Complementar, a administração pública poderá realizar processo licitatório:
I - destinado exclusivamente à participação de microempresas e empresas de pequeno porte nas contratações cujo valor seja de até R$80.000,00 (oitenta mil reais);
II - em que seja exigida dos licitantes a subcontratação de microempresa ou de empresa de pequeno porte, desde que o percentual máximo do objeto a ser subcontratado não exceda a 30% (trinta por cento) do total licitado;

III - em que se estabeleça cota de até 25% (vinte e cinco por cento) do objeto para a contratação de microempresas e empresas de pequeno porte, em certames para a aquisição de bens e serviços de natureza divisível.
§1º O valor licitado por meio do disposto neste artigo não poderá exceder a 25% (vinte e cinco por cento) do total licitado em cada ano civil.
§2º Na hipótese do inciso II do *caput* deste artigo, os empenhos e pagamentos do órgão ou entidade da administração pública poderão ser destinados diretamente às microempresas e empresas de pequeno porte subcontratadas.
Art. 49. Não se aplica o disposto nos arts. 47 e 48 desta Lei Complementar quando:
I - os critérios de tratamento diferenciado e simplificado para as microempresas e empresas de pequeno porte não forem expressamente previstos no instrumento convocatório;
II - não houver um mínimo de 3 (três) fornecedores competitivos enquadrados como microempresas ou empresas de pequeno porte sediados local ou regionalmente e capazes de cumprir as exigências estabelecidas no instrumento convocatório;
III - o tratamento diferenciado e simplificado para as microempresas e empresas de pequeno porte não for vantajoso para a administração pública ou representar prejuízo ao conjunto ou complexo do objeto a ser contratado;
IV - a licitação for dispensável ou inexigível, nos termos dos arts. 24 e 25 da Lei nº 8.666, de 21 de junho de 1993.

LEI Nº 8.248, DE 23 DE OUTUBRO DE 1991 – ARTIGO EXPRESSAMENTE MENCIONADO PELA LEI DO RDC (*DOU* 24.10.1991)

Dispõe sobre a capacitação e competitividade do setor de informática e automação, e dá outras providências.

Art. 3º Os órgãos e entidades da Administração Pública Federal, direta ou indireta, as fundações instituídas e mantidas pelo Poder Público e as demais organizações sob o controle direto ou indireto da União darão preferência, nas aquisições de bens e serviços de informática e automação, observada a seguinte ordem, a: (Redação dada pela Lei nº 10.176, de 2001)

I - bens e serviços com tecnologia desenvolvida no País; (Redação dada pela Lei nº 10.176, de 2001)

II - bens e serviços produzidos de acordo com processo produtivo básico, na forma a ser definida pelo Poder Executivo. (Redação dada pela Lei nº 10.176, de 2001)

§1º Revogado. (Redação dada pela Lei nº 10.176, de 2001)

§2º Para o exercício desta preferência, levar-se-ão em conta condições equivalentes de prazo de entrega, suporte de serviços, qualidade, padronização, compatibilidade e especificação de desempenho e preço. (Redação dada pela Lei nº 10.176, de 2001)

§3º A aquisição de bens e serviços de informática e automação, considerados como bens e serviços comuns nos termos do parágrafo único do art. 1º da Lei nº 10.520, de 17 de julho de 2002, poderá ser realizada na modalidade pregão, restrita às empresas que cumpram o Processo Produtivo Básico nos termos desta Lei e da Lei nº 8.387, de 30 de dezembro de 1991. (Redação dada pela Lei nº 11.077, de 2004)

Esta obra foi composta em fonte Palatino Linotype,
corpo 11,5 e impressa em papel Offset 75g (miolo) e
Supremo 250g (capa) pela Paulinelli Serviços Gráficos.
Belo Horizonte/MG, maio de 2015.